알기 쉬운

치매의 이해

김근홍 · 윤종철 공저

fides
도서출판

인 사 말

치매에 걸릴 정도 오래 사는 일이 드물던 옛날엔 어쩌다 보이는 '치매'가 얼마나 무서운 일이었을까? 그러니 '노망'이니 '망령'이란 단어들이 안타깝지만 이해할 만하다. '치매'란 말이 생길 때도 사정이 크게 다르진 않았겠지만, 바보나 어리석음의 의심 증상이 설명력은 높아도 나이든 환자에겐 무척 거북할 것이다. 물론 치매 당사자들이 그 거북함을 느낄 수 있을까? … 있다! (치매) 노인들도 인격이 있고 존중받고 싶어 하기 마련이다. 그 누구도 어린아이 취급받고 싶은 마음은 없다. 대하는 이들, 수발드는 이들이 가벼이 여기게 만들 수 있는 말이다. 치매(癡呆)에 차라리 '증(症)'이란 말이라도 붙였으면 나았을까 싶다.

흑맥주란 말이 처음 쓰일 때, 그 대상은 dark beer(Dunkles Bier)였다. 처음 번역한 사람은 black beer(Schwarzbier)도 있다는 사실을 몰랐나 보다. 이제 black beer는 어떻게 옮기나? 결국 '블랙비어'가 되고 말았다. 처음 눈 밟을 때 조금 더 조심했더라면, 뒤 오는 이들에게 걸림돌이 되지 않았으련만 말이다.

국내에 노인 장기요양보험법이 처음 만들어질 때 그런 이유들로 필자는 '수발보험법'이란 용어를 주장했었다. 아쉽게 받아들여지지 않았지만, 요양수발, 병수발, 식사수발, 신체수발… 다 통할 수 있었기 때문이다. 꼭 병이 아니라도 수발이 필요한 사람들도 많지 않겠는가 싶었다. 수발 자체는 병이 아니니 환자가 아닌데, 치료를 위한 요양시설에 수용(?)하겠다는 취지를 이해하기 어려웠다. 지금이라도 우리가 치매를 제대로 이해하여 대처하지 않는다면 우리 뒤에 올 사람들에게 걸림돌이 될 수밖에 없을 것이기에 더욱 그렇다.

이 책은 치매를 제대로 이해하자는 취지에서 만들었다. 여기서 '제대로'란 오해의 소지가 있다. 의학적으로, 또 정신심리학이나 보건학 등 다양한 학문의 연결고리들을 낱낱이 파헤쳐 알자는 의미가 아니다. 책임이 없지 않다지만 아무런 감이 들지 않는 이들부터 책임의식도 들고 직·간접적인 경험도 있는 이들, 그리고 앞으로 언제 당할지 모른다는 생각이 있는 이들 또는 그 분야에서 직업을 찾고자 하는 이들에게 치매가 무엇이고, 어떻게 예방하고 대처할 수 있는지 이해할 수 있게 하자는 의미다. 그래서 의학 차원뿐 아니라 철학의 차원에서도 치매에 접근해 보았다. 그런 다음 사회복지와 정책 차원의 치매 대책들을 살펴보고 치매 예방책과 직접 치매와 맞닥뜨렸을 때 필요한 실용적 차원의 이해 등에 대해서도 언급하였다.

공저의 효율성과 시너지를 최대화하고자 치매에 대하여 가능한 폭넓은 지식들을 제법 깊이 있게 살펴보았다. 윤종철 교수의 해박하고 전문적인 지식으로 책의 무게를 더하기 위해 제2장 전체와 제3장의 I, 제5장의 I 등 의학뿐만 아니라 정책과 예방을 다루었다. 나머지 철학과 사회복지, 노인복지 제도와 법 등과 관련된 분야들은 사회복지학자의 시각에서 다루었다. 그러다 보니 예방의 경우 중복된 면도 없지 않다.

책을 쓰면서 치매에 대한 거의 모든 이들의 이해를 돕겠다는 생각이었지만, 정작 노환에 불편하신 어머니에게는 어떤 역할을 했는지, 반성과 후회 막급한 마음도 가득했다. 그러기에 이 책은 가족들에게 바치고 싶다.

2017년 봄

시내산 연구실에서

알로이스 알츠하이머
(Alois Alzheimer, 1864~1915)

1901년 11월 아우구스테 데터(Auguste Deter)와 만남. 대화는 의미 연결이 거의 되지 않지만, 그럼에도 환자는 당혹감을 느낌. "나는 말하자면 나를 잃어버렸어요."

비슷한 증상의 환자들 여럿 만났지만, 신경쓰지 않음. 다들 나이가 70언저리라서 더욱 그러했음. 그런데 데터는 51세로 입원 - 그 증상에 "망각의 병"(Krankheit des Vergessens[독])이란 이름을 붙임.

1906년 데터의 사망(사인: 등창에 의한 혈액오염) 이후 알츠하이머는 환자 기록과 뇌를 전달 받음. 그 해 11월 정신병의사와 신경과의사들 앞에서 발표를 하였고, 나중에 결국 그의 이름이 병명이 되었음.

사라지는 뇌

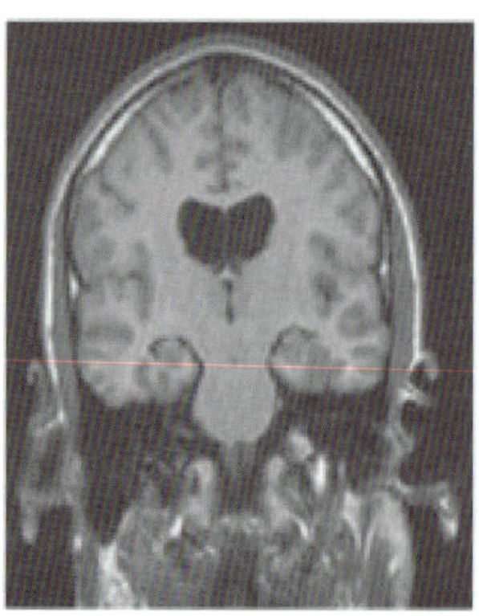

정상

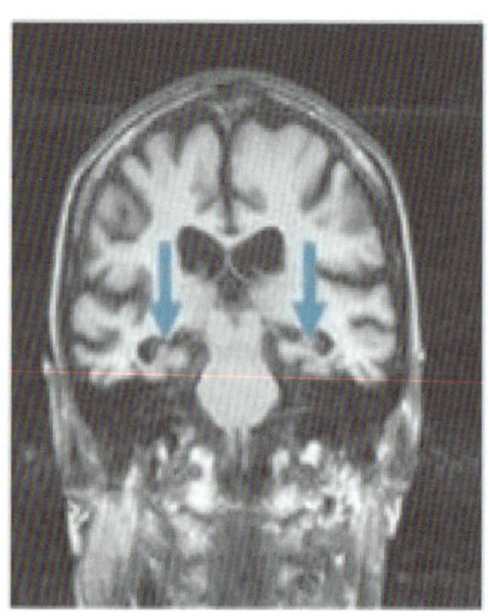

초기 알츠하이머병

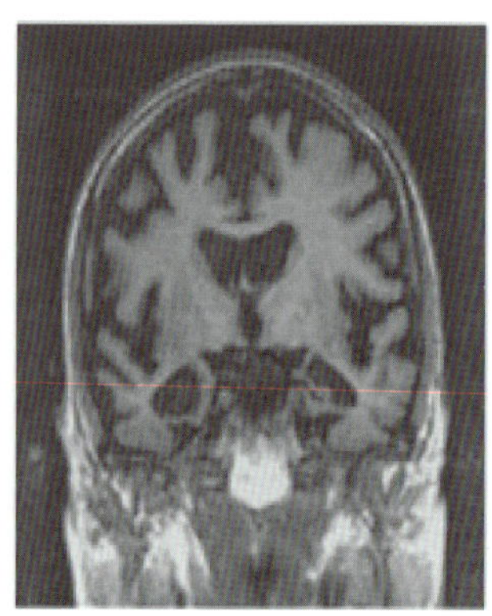

말기 알츠하이머병

목 차

표 차례

그림 차례

머리말

(치매)노인을 위한 나라는 없다

치매가 우리 사회에서 1990년대부터 뜨거워지기 시작한 감자라면, 일본과 독일을 비롯한 고령국가들에서는 그때쯤 이미 몹시 뜨거워진 상태였다. 치매를 다룬 작품들을 꽤 여럿 보았지만, 그래도 기억에 남는 것을 두 개 뽑으라면 강풀의 "그대를 사랑합니다"(2007)와 2004년에 나왔다가 2016년 다시 개봉된 영화 "노트북(Notebook)"이다. 강풀의 만화는 같은 제목의 영화로도 만들어졌다. 만화가 여운과 상상력의 여지 면에서 더 깊은 울림을 주기도 했지만, 경륜이 두터운 '야동순재' 어르신을 비롯한 노인·노역 배우들의 농익은 연기는 또 다른 맛을 선사하기에 충분하였다. 그럼에도 치매 부분만 따로 살펴보면 다음과 같은 스토리가 눈에 띈다.

아내의 치매 때문에 개인택시를 그만두고 집 근처 주차장 관리 일을 맡았다. "이 할머니 치매 오셨구만!" 말이 씨가 되기라도 한 듯, 어느덧 벽에 똥칠과 그림 그리기를 하는 아내의 모습이 그려진다. 그러나 한 푼이라도 벌어야 했기에 주차장 관리 일을 하는데, 하루는 그만 늦잠을 자는 바람에 대문을 밖에서 잠그는 걸 잊고 말았다. 퇴근 뒤 집 치우고 아내 씻기고 먹인 다음 좋아하는 일과의 사소한 이야기들 속살거리다 잠든 아내 따라 잠이 들면 두 세 시가 넘는다. 그런데 이번에는 자명종이 제대로 울리지 않았다.

노구를 이끌고 골목골목 말 그대로 정신없이 누비는데, 주인공(야동순재, 김만석)이 데려왔다. 자식들 모두 불러 마지막으로 식사를 함께 나눈 뒤(며느리들 벌써 모실 수 없는 구실을 대고…) 각자의 집으로 보낸 뒤 수면제 먹이고 연탄불 피워 놓고 … 그렇게 갔다, 둘이 손 꼭 붙들고…. 김만석에게 편지로 자살처럼 보이지 않게 뒷일 처리를 부탁하는 것도 잊지 않았다.[1)]

썩 대조를 이루는 환한 요양소에서 멀쩡해 보이는 할머니에게 다정해 보이는 할아버지가 공책(노트북) 하나 들고 소설을 읽어준다. 관객은 그 소설의 로맨스를 함께 즐긴다.[2)] 정말이지 촌놈과 부잣집 도시 처녀 사이의 황순원의 "소나기" 같은, 아니 그보다 더 낭만스러워 비현실처럼 보일 정도의 사랑 모험이 펼쳐진다. 그리고 '기적'이 일어난다. "우리 이야기네. 그거 우리 이야기야."(It's us! Isn't it?) 그러나 5분이 채 되지 않아서 소리친다. "당신, 누구야?" 그리고 남편이 병 때문에 더 이상 지탱하기 어려울 즈음, 아내를 찾아가 기적처럼 기억 돌아온 상태의 아내와 같은 침대에 누워서 그렇게 갔다. 둘이 손 꼭 붙들고 갔다.[3)]

---

1) '그대를 사랑합니다' 영화의 한 장면이다.

2) '노트북' 영화의 한 장면이다.

만든 때를 보면 별 차이가 나지 않는다(2007 대 2004). 감동 면에서도 굳이 크고 작음을 가릴 생각이 들지 않는다. 그래도 자연사처럼 보이는 "노트북"보다 눈물 콧물 흘리며 수면제를 가는 모습 뒤 서로 손 부여잡고 편안한 모습의 개연성이 더 커 보인다. 둘 다 남자가 여자를 보살피는데, 실제로 여성 치매 비율이 남성보다 높다.[4] 아울러 수발자가 남성일 때 동반자살이 그 반대 경우보다 압도적으로 많다.[5] 그만큼 소설, 만화, 영화 등 예술의 허구성은 놀라울 정도로 현실을 바탕으로 하여 실화보다 더 개연성이 클 때도 많다.

그런데 무엇인가 달라도 아주 크게 다른 느낌이다. 무엇일까? 그렇다, 배경이다. "노트북"에서는 꽤나 고급스런 요양시설이고, 시설 차원에서 부족한 게 없어 보인다. 식사며 모든 다른 수발을 시설에서 담당한다. 남편은 마음만 돌보면 된다. "그대를…"에서 남편은 노구를 이끌고 얼마 되지 않는 돈이라도 벌어야 해서 일하는 동안 치매 걸린 아내를 대문 안에 감금시켜야 한다. 퇴근하면 그 사이 어지럽힌 것들 모두 치우고 밥 해 먹이고 나서 다리에 아내 머리 올려놓고 쓰다듬으며 이제야 마음을 돌본다. 잠을 줄여가면서 말이다.

당연하지, 미국과 우리나라의 차이인데…. 정말, 당연해야 하는가? 노인들 절반 가까이(49.6% – 노인빈곤율 OECD 1위) 가난에 시달려, 저 남편처럼 치매 걸린 아내를 가두어 놓고라도 생계를 위한 일을 해야 한다. 스스로 노력하지 않으면 가난한 게 당연한 자본주의 논리, 아니 자본주의가 아니더라도 만고불변의 원칙일지 모른다. 그런데 우리나라 현 세대 노인들이라면 1인당 국민소득 69달러(1960)라는 극빈국을 약 28,000달러(2015)의 준선진국 또는 선진국으로 만든 장본인들이다(http://m.post.naver.com/

---

3) 파킨슨 계통 병에서 치매로 진전되는 과정을 처절할 정도로 사실적으로 보여주는 미하엘 하네케(Michael Haneke)의 영화 "Amour"(2012)도 나이 많이 든 노숙한 배우 둘이서 부부 역할을 맡았고, 남편이 아내의 고통을 죽음으로 끝낸다. 다른 영화와 달리 쉽게 감동만으로 끝나지 않기에 보기에 그리 편하진 않지만, 그럼에도 생각할 거리는 그만큼 더 많다.

4) 남성 대비 여성의 비율이 2009년 2.3배에서 2013년 2.5배로 느는 추세마저 보여주었다. (http://www.rapportian.com/n_news/news/view.html?no=19652/ 2016.10.15., 인출).

5) 일본의 "2013년 자살현황"에 따르면 268명(남성 164명, 여성 104명)이 '개호 · 간병 피로'로 자살하였다(内閣府, 2014). 加藤悦子(2008)는 1998년부터 2007년까지 10년간 신문기사를 기준으로 '개호살인'이 350건에서 사망자는 355명이란 조사 결과를 보였다(김원경, 2014: 225에서 재인용).

viewer/postView.nhn?volumeNo=5158805&memberNo= 6132524&vType=VERTICAL/ 2017년 1월 5일, 인출).

그럼에도 절반이 가난에 시달려야 한다면, 문제가 있는 것 아닐까(?) 그들 가운데 절반만 부지런히 일했을까?

우리나라 현재 노인세대에게 치매가 특히 더 힘든 것은 민족적, 국가적, 사회적 변혁 속에서 소화시키지 못한 개인적 사정들과 격변 속에서 살아남기 위해 거쳐야 했던 혹독한 사회적응의 문제가 결부되기 때문일 것이다. 그렇게 억척같이 사느라 스트레스란 스트레스 모두 이겨내거나 마음속 저 깊이(무의식)에 내리 눌러 밀어 넣어 놓고, 그렇게 이 악물며 사느라고 아마도 치매인자란 인자는 골고루 갖췄을 수 있는 그런 노인세대가 아닌가(?)[6] "노트북"에서도 남편은 세계대전에 참전한 경험이 있지만, 여기서는 식민지 경험에 이어 우리 앞마당에서 세계대전을 겪어야 했다. 그리고 저들은 모르는 처참한 궁핍을 겪어야 했다. 더구나 "노트북"의 배경이 60년대인데, 우리는 반세기가 더 지나고, 선진국 반열에 든다는 오늘날에도 아직도 저 궁핍을 계속 겪어야 한다. 그게 가장 큰 차이이다.

치매가 사회문제일 수밖에 없는 가장 큰 이유가 바로 이것이다. 당사자는 물론 그 가속과 친지들 그리고 그들을 보살피는 직업인들까지 개개인에게 아파도 너무 아픈 문제인 치매지만, 그 아픔이 그들의 잘못 탓만이 아니고, 또 그 아픔 이겨내는 일 또한 그들 개개인에게 맡겨서 될 일도 아니다. 그러니까 우리 모두의 일이란 말이고, 수면제와 연탄가스로 떠난 저 두 분의 자살에도 우리 모두의 책임이 있다. 아직까진 치매노인을 위한 나라는 커녕 노인을 위한 나라도 없다. 그러기에 본 책자의 출발 의도를 지켜내는 것도 하나의 과제가 될 것 같다.

---

6) 굵직한 것들만 들어도 한국전쟁(1950~1953)으로 죽고 다친 부지기수 사람들은 물론이고 생이별로 이산가족이 된 사람들만 1천만 명이다. 모자란 외화벌이를 위해 제2차 세계대전이 끝나자마자 일손이 달리게 성장하던 서독에 광부 8천에 간호사 1만1천 명이 파견되었다. 월남 파병(1965~1973)에는 31만이 파병되었는데, 다치고(특히 고엽병) 죽은 사람들에 현지에서 겪거나 자행한 비인도적 행위들로 인해 시달리는 사람들도 많았고, 아직도 많다. 중동건설(1973~1985)에는 또 10만 명이 땀을 흘렸다. 그러다가 맞은 국가부도사태(1997)에서는 영문도 모른 채 170만 명이 일자리를 잃었다(홍창형, 2016: 9).

제 1 장

이론적 이해

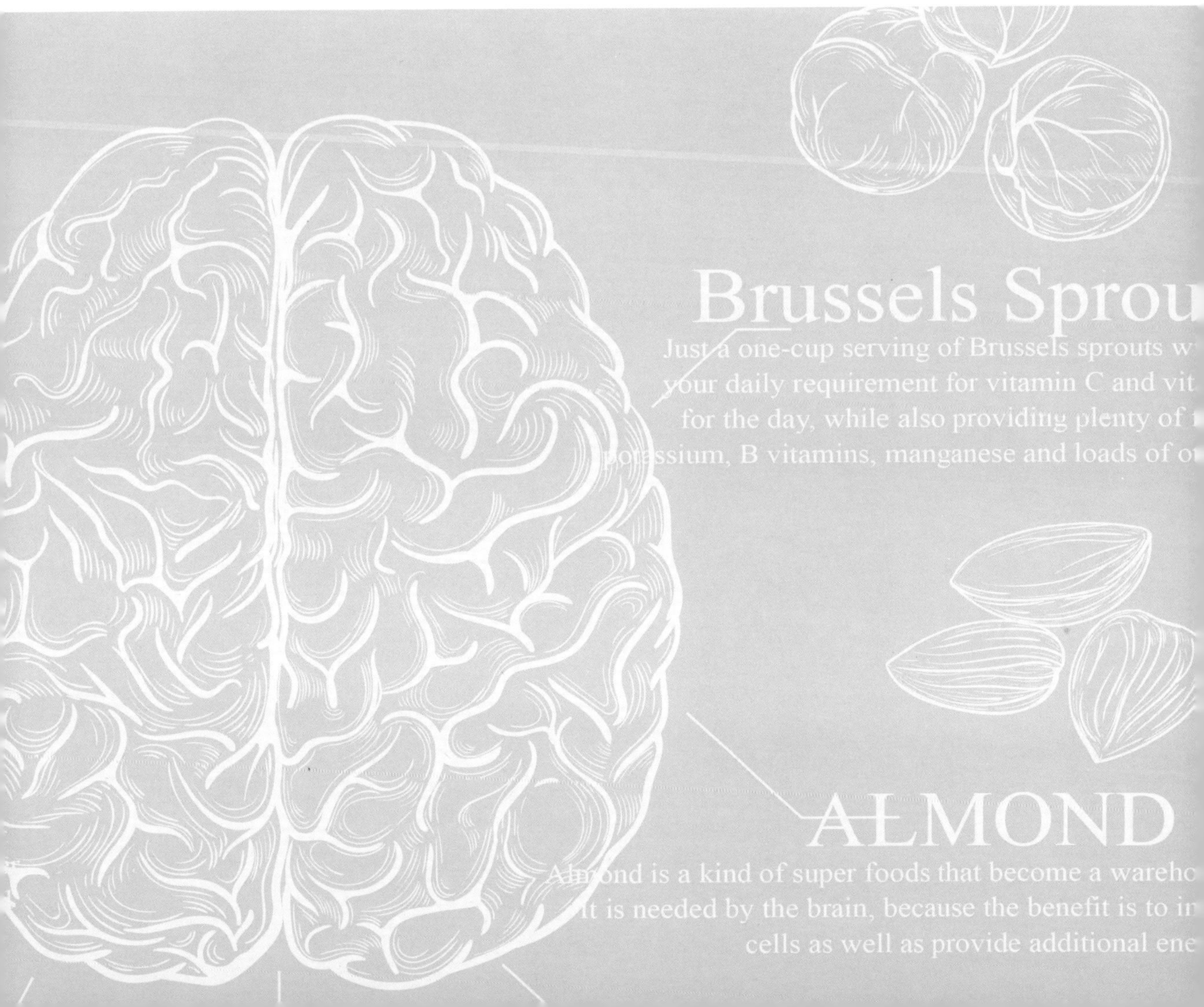
Brussels Sprou
Just a one-cup serving of Brussels sprouts w
your daily requirement for vitamin C and vit
for the day, while also providing plenty of
ssium, B vitamins, manganese and loads of o
ALMOND
ond is a kind of super foods that become a wareho
It is needed by the brain, because the benefit is to in
cells as well as provide additional ene

I 치매에 대한 철학적 이해

1. 치매환자를 보살펴야 할 이유

1) 공리주의의 효율성

이른바 민주주의의 대표적인 수단으로 통하는 다수결원칙의 철학적 바탕은 벤담(Jeremy Bentham, 1748~1832)의 "최대 다수의 최대 행복"(greatest happiness of the greatest number)이다. 공리주의(功利主義, utilitarianism)[1]라고도 하는 이 원칙 또는 철학은 우리 삶과 생활의 밑바탕을 이룬다. 벤담은 총량을 따지는 기준들을 두었지만, 이제는 그런 기준들을 단순히 하나의 표로 단순화시켰다. 그래서 나라 살림, 곧 우리들 모두의 삶의 방향을 결정하게 되는 정치부터 다수결 원칙에 의해 구성된다. 1명이라도 더 많은 쪽의 이익이 되는 방향으로, 또는 이익이 된다고 생각하는 방향으로 굴러가게 된다. 우리나라를 수십 수백 배 부자로 만든 노인세대들이지만, 절반 가까이가 가난에 시달리는 것 역시 전체의 부 규모를 따질 뿐, 개별 부는 따지지 않는 공리주의 발상과 연결된다. 1인당 국민소득 역시 마찬가지다.

이 원칙에 따르자면 치유나 회복 가망성이 별로 없는 치매환자들을 굳이 치료하고 보살피는 것은 불합리하다. 그들이 행복감을 느낄지 어떨지도 모르는 상황이지만, 느낀다고 인정하고 그것도 최대한의 마이너스 행복감을 가진다고 한들,

---

1) 또다시 뒷사람에게 걸림돌을 만드는 번역어다. 흔히 공리(公利)하면 public interest, 즉 모두에게 득이 되는 것을 말하고, 다음으로는 수학에서 공리(公理, axiomatism)는 "증명할 필요 없이 확실하고 분명한 진리"를 말한다. 저 'utilitarianism'을 옮겼다는 공리주의의 '공리'(功利)는 또 하나의 걸림돌 번역어 '쾌락주의'(Epicureanism)의 쾌락 또는 행복의 뜻으로 이해하면 된다. '최대한 많은 사람들이 최대한 많은 이익을 봐서 행복한 게 최고'란 의미다.

그보다 훨씬 많은 사람들의 플러스 행복감을 위해서는 희생되는 게 당연하다. 행복감 총량이 큰 쪽이 마땅함이요 지향할 바이기 때문이다.

말도 안 된다, 어떻게 잔인하게 그럴 수 있느냐는 반응을 보일 사람들이 많다면, 그것은 세상이 그만큼 생명과 인권이란 보편의 가치를 더 많이 인정할 수 있게끔 성숙한 덕이라 할 수 있다. 그러나 논리적으로만 보자면 공리주의에 따른 저 결론이 불합리하다고 볼 수만은 없다. 그리고 그러한 해결방법이 적용되는 경우들을 실제로 확인할 수도 있다.

2) 공동체 생존이 걸렸을 때

다시 영화 이야기를 하나 해보자. 이마무라 쇼헤이(今村 昌平, 1926~2006) 감독의 "나라야마 부시코"(楢山節考, 1983)란 영화에서 우리가 아는 고려장 비슷한 이야기가 나온다. 척박한 환경에서 살아가느라 마을 사람들이 대대로 철칙으로 지키는 전통 가운데 하나가 누구든 일정 나이(70)가 되면 정해진 절차(의례)에 따라 지게에 져서 정해진 산(나라야마)에 모셔야(버려야) 한다는 것이다. 두 노인이 나온다. 주인공인 할머니는 그 원칙을 지키기 위해 스스로 자기 이를 돌로 쳐서 부러뜨리고(너무 멀쩡해 버리지 못할까 봐), 마음 약해 피하려는 아들의 뺨을 때리기까지 한다. 반면 아들 친구 아버지는 치매기가 있다며 가두어 두었다가, 때가 되자 싫다고 발버둥치는 걸 지게에 지고 낭떠러지를 지나다 그만 놓쳐서 떨어져버리고 만다.

어떻게 보아야 할까? 그저 영화일 뿐일까? 예술작품이나 모든 스토리에는 개연성이란 게 있다. 그게 적으면 예술이나 좋은 스토리가 되지 못한다. 이 영화는 칸 영화제 황금종려상을 받았다. 물론 상이 모든 걸 다 말해주는 것은 아니지만, 그래도 대체로 상이 무작위로 뽑히는 복권은 아니지 않을까. 그럼에도 이런 영화가 거북하다면 우리 전래동화의 '고려장 이야기'를 떠올려 보자. 꽤 여러 버전이 있다. 할머니/할아버지를 지게에 지고 산속에 가서 버리고 지게마저 버렸더니, 그 손자, 그러니까 그 지게 주인의 아들이 나중에 아버지를 지고 올 때 쓰겠다며 챙겼다. 그걸 보고서야 깨달은 아버지가 노모를 다시 모시고 왔다는 이야기가 있다. 또 벼슬아치지만 일정 나이 넘은 노인을 유기해야 한다는 나라 법을 차마 지키지 못하고 노모를 숨겼는데, 중국 사신이 와서 까다로운 문제(비슷한 크기의 말 두 마리 중 어느 게 어미고 어느 게 딸이냐)를 그 노모 덕에 아주 쉽게(굶겼다가 풀을 가져다 놓을 때 먼저 먹는 게 자식 말이다.) 해결한 뒤로 그 법이 사라졌다는 등….

실제로 '고려장'이 법으로 지켜졌다면 그런 유물이 나올 법도 한데, 그렇지 않기에 사실이 아니란 의견이 많은 것 같다. 그러나 수단의 팅카족에서는 근대에 이르기까지 일정 나이에 이른 노인들은 모은 재산을 분배하고 난 다음 자살하는 게 전통이었다. 뉴기니아의 파푸아족은 심지어 노인을 나뭇가지에 매달아 막대기로 때려죽이기도 하였다. 이 누이트 족의 경우 최근까지도 "나라야마"처럼 노인을 눈 더미에 버려 얼어 죽도록 하였다. 또 치매에 걸리면 식사를 주지 않는다는 인도 이야기(이양구 · 권중무, 2009: 74)를 보더라도 그저 꾸며낸 이야기는 아닐 가능성이 크다. 영화 "300"(2007)에서도 나왔지만 스파르타에서는 사내아이가 전사가 될 몸으로 태어나지 않았을 경우 그대로 키울 수 없다. 죽게 버리는 게 불문율이지만, 간혹 살아남더라도 공동체로 들어갈 수 없다. 공동체를 유지하기 위해서다.

사실 사정이 힘들어 공동체의 존속이 어려울 때 그 존속을 위해서라면 한정된 자원을 당장 일하는/싸우는 사람들에게 우선 제공하고, 그 다음으로 앞으로 나라를 짊어질 어린 사람들에게 제공하는 것이 이상할 것은 없다.[2] 그것이 공리주의요, 그리고 그것이 나랏일을 보는 사람들에게 요구되는 사세일지도 모른다. 환자 생명을 위해서라면 사지절단(amputation)이라도 제때 결단하여 시술할 줄 아는 것

2) 그와 반대되는 이야기, 이를테면 자기 손을 물어뜯어 그 피를 죽어가는 부모 입에 넣어주는 장면이라든가 제 살을 베어 끓여 먹이는 것도 예전에는 이야기나 극에서 드물지 않게 보이던 극적 장면이었다. "자식은 또 낳을 수 있지만, 부모는 한번 돌아가시면 다시 어쩔 도리가 없으니…" 이런 식의 대사가 함께 나온다. 또 나라의 기강을 위해 자식을 죽게 하는 영조와 사도세자가 있는가 하면, 신의 명령에 따르기 위해 100세에 난 자식 이삭을 바칠 결심을 하는 아브라함도 있다. 한편 가족 사이의 헌혈이 안 된다고 하는데, 지나친 헌혈로 정작 헌혈자가 건강을 잃는 걸 막기 위한 사회적 조치가 아닌가 생각했는데, 실제로는 '이식편대숙주병(GVHD)'에 따른 수혈자의 위험 가능성 때문이라고도 한다(https://ww.mbccj.co.kr/rb/?r=home&c=75/92/148&uid=15736 /2016.10.25., 인출). 그러면서 다른 한편으로 젊은 피에 의한 노화방지가 가능하다는 연구결과도 나온다. 이야기는 아직 한참 더 여러 갈래로 나뉘어 진행될 수 있다.

이 참다운 의사의 본분이다. 마찬가지로 위기의 공동체를 구하는 정치가라면 가장 현실적이고 합리적인 결정을 내리고, 앞장서 설득하여 실행하는 것이 바람직하지 않을까.[3)]

이 영화 역시 그렇게 해석할 여지를 남긴다. 어머니를 지게에 지고 가다 쉬는 장면에서 아들이 정말 저 산에 신이 존재한다는 말이 맞는지 묻는다. 규율상 말을 해서는 안 되는 어머니는 고개를 주억거린다. 그러자 아들은 정말 신이 계시다면 눈이나 내려주시면 좋겠다고 지나치듯 말하는데, 어머니와 헤어져 현실로 돌아오는 길에 정말이지 엄청난 눈이 내린다. 감독도 저런 전통의 장치는 공동체 존속을 위한 것이요, 따라서 일종의 자연으로서 세상은, 삶은 그렇게 계속된다는 걸 보여주기 위해 설정한 것 아닐까? 그렇다면 치매환자와 치료 가망 없는 환자와 고령자들은 그대로 두고 보살피지 말거나 아니면 일정 시설로 보내야 하는 걸까? 아니면 편히 갈 수 있도록 안락사 제도를 만들어야 하는가?[4)] 그러나 이 물음은 논리의 왜곡에 따른 결과다. 공동체의 생존이 문제될 때라는 전제를 슬쩍 빼버리고, 대체로 먹을 게 너무 많아서 탈인 시대에 적용시켜버린 것이다. 결국 아직 제대로 된 대답은 나오지 않았다. 더구나 오늘날 공동체를 존속시키기 위해서는 정 반대로 치매 걸린 사람들을 버리지 않고 정성껏 보살펴야 한다. 사정이 절박할 때에는 노인과 아이들도 희생시킬 수 있고, 남자들마저 희생시킬 수 있다. 그러나 그렇게 지킨 공동체를 제대로 지키려면 사정이 괜찮을 때에는 소외되는

---

3) 저자가 집필한 "사회복지역사와 철학"(김근홍, 2007)에서 이와 관련하여 이런 글들이 언급되어 있다. 구석기 시대에는 "심지어 나이든 사람이나 병든 사람을 돌봐야 한다는 것 자체가 해당 공동체 전체에게 위험이 될 수 있었다. 이동 속도가 늦어지기 쉽고 또 환자나 노인이 풍기는 냄새로 맹수들이 몰려올 수도 있기 때문이다."

4) 여기서 '산'에 버려야 할까? 라는 생각도 잠시 들었지만, 그 즉시 아니란 결론이 나왔다. 예전 같으면 산속에 노인들을 버리는 것이 산에 피해가 가지 않았다. 그만큼 인구 자체가 적었고, 거기다가 오래 사는 노인들 수는 더 적었기에 오염이 될 리 없었을 테니 말이다. 어려서 '고수레'라는 전통이 있었다. 소풍을 간다거나 산에 성묘를 갔을 때 밥 한 술 먼저 덜어 '고수레'하며 숲에 던졌다. 거기 사는 생물들도 먹고 살라는, 비록 먹을 게 풍족하지 않은 상태에서도 자연을 사랑하는 지혜의 미덕이었다. 그러나 지금은 그렇게 하면 환경오염의 죄를 짓게 된다. 마찬가지다. 공동체 생존이 기로에 설 정도의 환경에서 불가피하게 만들어지고 지켜졌던 저 전통을 오늘날 되살린다는 것은 결코 정당화될 수 없는 파렴치함의 극치가 된다.

사람 없이 보살펴야만 한다. 오늘날의 복지정책은 따라서 인권 차원에서도 중요하지만, 그보다 더 현실적인 이유라면 바로 공동체를 유지시키기 위해서다.

2. 무엇이 우리를 사람이게 하는가?

1) 사람과 사람대접

사람 인(人)자 다섯 개(人人人人人)를 놓고 "사람이라고 다 사람이냐, 사람이 사람다워야 사람이지!"라는 풀이가 전해진다. 그럴 듯하지만, 그러나 동어반복, 그러니까 같은 말의 되풀이일 뿐 사람이 무엇이며 어떠한지, 사람다움이 무엇인지에 대한 설명이 되진 않는다. 사람이란 무엇인가? 아니, 무엇이 우리를 사람이게 하는가? 하나님이 창조하신 만물 중에 사람 모양을 하고 있으면 모두가 다 하나님 모습을 간직한 사람인가? 그렇다면 사람 모양이라면? 심한 기형이나 태어나지 않은 태아는 어떻게 되는가? 거기까지 아직 가지 않더라도 구약에 나오는 고대 유대인들만 해도 노예를 사람취급하지 않았고(아직도 팔레스타인 사람들을 사람취급하지 않지만), 초기 기독교인들도 노예들처럼 사람취급 받지 못했다. 오늘날 돈이 없으면 또 사람취급 제대로 받지 못한다("개, 돼지" ?). 그럼에도 사람은 사람이되 사람다운 대접을 하지 않는다는 말이지, 노예와 돈 없는 사람이 정말 사람이 아니란 말은 아니다?

어렵다. 사람이지만 사람 취급을 하지 않을 뿐이라면, 그러면 사람 취급 받지 못하는 사람이 비인간적인가 아니면 그렇게 취급하는 사람이 비인간적인가? 대부분의 사람들은 후자 쪽을 가리킬 것이다. 그러나 그럴 때 나머지 손가락 세 개는 우리 자신을 가리킨다. 과연 우리는 돈 없는 사람, 죄를 지은 사람, 사상이 다른 사람들을 같은 사람으로 대접하는가? 이 세상 사람들은 그러면 대부분 비인간적인 사람이란 말인가? 이건 윤리의 영역이기에 일단 다시 사람의 자격으로 돌아가자.

2) 사람이 사람을 보는 시각

사람, 인간을 통으로 보아야 제대로 보겠지만, 안타깝게도 사람의 능력이란 게 완전하지 않기에 그렇게 통으로 볼 수가 없다. 우린 잘 해야 앞쪽 180도를 볼 수 있고, 다시 돌아서야만 다른 쪽을 볼 수 있지만, 돌아서는 그 사이에 그 뒤쪽이 원래 그대로인지 확인할 길이 없다. 눈싸움을[5] 아무리 잘해도 하염없이 눈 깜빡임을 미룰 수는 없다. 그 찰나의 깜빡임 사이에 세상 전체가 달라졌는지 우리가 확인할 수 있을까? 앞에 있던 상대방이 패를 바꿔치기했다든가(영화 "타짜"에서 말하듯 "손은 눈보다 빠르니까…") 태양이 살짝 윙크를 했다든가 그도 아니면 다른 은하계 하나가 블랙홀에 삼켜져 사건의 지평을 넘어섰다든가 하는 일들이 얼마든지 일어날 수 있지 않았겠는가? 하물며 마음속이며 생각에 영혼까지 포함시킨다면 전체를 다 보는 일이야말로 불가능해지지 않겠는가.

그래서 우리는 하는 수 없이 쪼개서 본다. 병원도 신경정신과, 안과, 이비인후과, 치과, 내과, 외과, 정형외과, 신경외과, 성형외과, 산부인과… 등으로 잘게 쪼개지고, 학교에서 배우는 과목들도 한 없이 잘게 갈라진다. 편의상, 말하자면 실제로는 절대 그렇지 않지만 사람을 생물학적 차원과 사회적 차원 그리고 영적 차원으로 나누어서 살펴보도록 하자. 이때 조심해야 할 게 있다. 데카르트(René Descartes, 1596~1650)의 실수를 되밟지 말아야 한다. 데카르트는 위의 저 눈 깜빡임 사이의 변화와 같은 발상을 했다. 내가 감각하는 세상이 사실은 정말로 있는 게 아니라면?[6] 없는데도 악마가 장난하여 내 눈, 귀, 코, 혀, 피부의 감각을 속여 있는 것처럼, 그런 것처럼 느끼고 생각하고 그렇게 받아들이게 만든 것이라면 말

---

5) 여기까지 읽고 여기서 말하는 '눈'이 눈(길게 발음하는, 하늘에서 내리는 雪)인지, 아니면 짧게 발음되는, 우리 얼굴의 보는 기관인 눈(目)인지 알 수 있는가? 알 수 있다면 '촉'이 좋은 것, 또는 잘 우길 줄 아는 상태를 드러낼 뿐이다. 그러니까 우리 사람 자체뿐만 아니라 우리의 말도 완전과는 거리가 멀다.

6) 영화 "매트릭스"(The Matrix, 1999)에서 현실은 그저 매트릭스 속 가상현실이고, 진짜 사람들은 기계들의 에너지를 위해 인큐베이터 같은 장치 속에서 죽은 인간의 성분들을 흡수해 체열을 만들어내는 배터리 역할을 한다. 배터리 수명을 길게 하느라고 만들어낸 게 사람들이 '정말' 살아간다고 믿는 가상현실인 것이다. 포도주 향과 스테이크의 질감과 맛이 사실은 기계의 프로그램에 의한 뇌세포 자극으로 머릿속에서 일어나는 착각에 불과하다. 데카르트의 생각 실험을 영화로 옮긴 것으로 볼 수 있다.

이다. 그러다가 그는 겨우 의심, 회의하는 자신만큼은 아무래도 지울 수 없다는 데에 안심하며 말한다. "cogito ergo sum!"(나는 의심한다. 그러니 존재한다.) 저 '의심'이 '생각'으로 옮겨간 것, 그런데 거기서 그치지 않았다. 내 '생각'이 주체이니 다른 사람의 생각도 주체로 생각하는 데까지 가지 못해 서로 주체성에 이르지 못했다. 그래서 살결이 희끄무레한 어른 남성 아니면 주체일 수 없게 된다. 또 하나 눈에 보이는 것, 감각의 대상인 것들은 하나같이 다 변하고 부서지는 등 불변하지 않으니 있어도 없는 것과 마찬가지고, 오로지 주체에 어울리는 정신 또는 영혼만이 진정한 주체요 실체다. 이렇게 이분법의 함정에 빠지면 생각은 편한데 사람을 포함해 세상이 프로크루스테스의 침대에 눕혀져 몸과 맘, 현상과 실상이 서로 잘려 갈라지고 만다. 그 위험을 늘 염두에 두면서 나누어 보면서도 늘 본디 나뉠 수 없는 것을 나누었다는 그 사실은 잊지 말아야 한다. 되풀이하여 반성하며 나누어 살핀 결과에 반영해야 한다.

3) 생물학적 차원의 인간

인간은 60조 개의 세포로 이루어지고, 그 가운데 뇌세포가 천억 단위를 차지한다. 우리 은하에 있는 태양 급 별들의 수와 우주에 있는 은하의 수가 다시 천억의 단위라고 했었지만, 과학기술의 발달에 따라 관측 가능한 범위가 확대되면서 그 수는 더 늘었고 앞으로도 더 늘 수 있다. 그래서 한때 우리 몸의 세포 수와 우주의 별들 수가 비교되었지만, 이젠 별의 수가 더 많아진 듯하다. 그렇다고 하더라도 인체를 소우주와 비교하는 것이 그리 동떨어진 것은 아닐 듯하다. 더구나 저 세포들을 이루는 성분원소들이 사실은 지구며 태양 같은 별들의 성분 원소와 다르지 않다. 수십억 년, 수백억 년 전 죽은 별들의 성분들이 우리들 몸의 구성 성분인 셈이다. 그런 점에서 만물과도 통하지만, 숨 쉬는 생명체란 점에서 물질과는 일단 거리가 좀 있다.

생물학 차원의 우리 몸에는 대사와 감각과 그와 관련한 지각 작용, 그러니까 기초적인 생존의 기능과 생명활동이 중요하다.[7] 먹고 마심으로써 몸의 생명을 유지하는데(섭식), 몸과 기운을 키울 에너지와 원소를 얻고(소화), 나머지는 몸 밖으로 내보낸다(배설). 그래서 먹는 걸 중시하다보니 먹는 것이 곧 사람이라느니, 먹은 걸 말해주면, 네가 어떤 사람인지 말해주겠다느니 하는 말까지 나온다.(http://www.seehint.com/hint.asp?no=13209/2016.11.11., 인출).[8] 균형 잡힌 식생활은 치매예방에도 중요하다. 그러나 같은 물을 먹어도 뱀은 독을 만들고, 소는 우유를 만든다는 말도 있다. 따라서 먹는 것 자체보다 어떻게 소화시키고 어떤 활동을 하느냐가 더 중요할 수 있다.

인간은 다른 생물, 특히 동물과 마찬가지로 외부에서 오는 자극에 반사적으로 반응하며 위험을 피하는가 하면, 감각의 원인을 따져(지각) 생명 유지에 유리한 쪽으로 행동한다(반응). 그러니까 식욕과 수면욕과 성욕 또는 생식욕 등 기초적인 욕구 차원을 만족시키는 것이 살아 있는 모든 것들의 가장 중요한 기능이고 작용이자 행동인 셈이다. 뇌의 발달도 그렇게 설명되곤 한다. 뇌간(소뇌를 포함하여 R 복합체라고도 한다.)의 경우 기본 생명유지 역할을 하여 호흡, 체온과 맥박의 조절, 소화와 배설 등을 담당한다. 구조와 기능 및 발달 정도에서 파충류와 비견되어 '파충류의 뇌'라고도 한다. 다음으로 변연계는 감정과 성욕과 식욕과 감정 등을 책임진다. 역시 발달 정도에 비추어서 '포유류의 뇌'라고 한다. 영장류, 특히 인간에서 발달을 보이는 것이 바로 신피질(그중에서도 전두엽으로 좁히기도 한다.)이다. 이성적 판단, 예측과 생각, 감정과 충동의 조절 등을 담당한다.

뇌과학이 발달하면서 전두엽의 파괴로 성격이 완전히 달라지고, 사람의 행동

---

7) 최봉영(2001)은 인간을 설명하면서 대사(필요)와 감각(요구)과 지각(욕구)과 생각(욕망)으로 주체의 단계를 설정하였다.

8) 프랑스의 정치가이자 미식가 사바랭(Jean-Anthelme Brillat-Savarin)이 1826년 『미식예찬 Physiologie du Gout, ou Meditations de Gastronomie』에서 한 말은 다음과 같다: "당신이 무엇을 먹었는지 말해 달라. 그러면 당신이 어떤 사람인지 알려주겠다."(Dis-moi ce que tu manges, je te dirai ce que tu es.) 독일에서 포이어바흐(Ludwig Feuerbach, 1804~1872)도 "사람이 먹은 것, 그것이 곧 그 사람"이라 했고, 그 말이 영어로 해석된 것이 곧 "You are what you eat."이다. 여기서도 이야기되지만, 자칫 잘못 해석할 경우 험악한 결과가 된다. 이를테면 호랑이 뼈를 먹으면 관절에 좋고, 해구신을 먹으면 정력이 좋다는 미신이 진실처럼 되고 만다는 것이다. 그래서 세상 곰들과 물개들 씨가 마를 지경이다. 풀만 먹는 소가 풀이 되지 않는 이유는? 또 닭을 그렇게 많이 먹은 인간은 왜 닭날개가 나지 않을까(?) 닭살?(http://www.phrases.org.uk/meanings/you-are-what-you-eat.html/2016.11.11., 인출).

과 각각의 기능이 뇌의 어느 부위와 연결된다는 게 상식처럼 되었다. 더구나 뇌가 작동하는 방식과 과정까지 알려지면서 우리가 보고 느끼고 있는 이 현실의 모든 것이 사실은 우리가 감지한 모습 그대로가 아니라는 사실도 상식이 되었다. 또 내가 보는 세상 모습이 당신이 보는 세상 모습과 그대로 일치할 수 없다는 것도 마찬가지다. YTN사이언스에서 보면, 지각이란 생존에 중요한 정보를 추출하기 위해 감각재료에 내려지는 해석으로 정의된다. 그래서 주관적이고, 있는 그대로 지각하는 게 아니라 스스로 지각 과정에 개입하기에 능동적이며, 따라서 있는 지각 결과는 원래 있는 그대로(Input)가 아니라 해석하여 재구성한 것(Output)이다.[9] 동물들도 저마다 생활방식에 유리하게끔 그렇게 감각기관들이 발달해 있다(https://www.youtube.com/watch?v=DGX33xfHQow#t=689.549646/2016.11.11., 인출(정수영, "뇌")). 우리 사람은 특히 전두엽이 발달해서 감정 표현과 성격을 관장한다. 그리고 사람마다 저 Input(현실에 있는 것)은 같을지 몰라도, 뇌는 저마다 다르기 때문에(일란성 쌍둥이조차) 우리가 지각한 세상은 저마다 다를 수밖에 없다. 게다가 저마다의 뇌는 제 자신의 감각기관을 믿지 않는다. 그래서 착시가 일어나고, 아무리 착시라는 걸 알아도 제대로 보지 못한다. 또 같은 커피라도 비싼 것이 더 맛있다는 거짓말을 (좌)뇌에서 한다(https://www.youtube.com/watch?v=tKLRQs_nOxM/2016.11.11., 인출(김대식, "Who am I")).

(1) 생물학적 차원에서 문제가 생기면?

사람의 평균수명이 이렇게 길어진 것은 그리 오래된 일이 아니다. 생물학적 차원의 안녕과 건강을 지금만큼 유지하기 위해서는 과학과 기술, 의술의 발달에 따른 영양 및 위생 상태의 향상이 필요했다. 그 전에는 돌림병이 돌면 기껏해야 기도(祈禱)와 격리(隔離)에 소각밖에 달리 할 일이 없었다. 물론 그런 행정행위가 이루어지지 못했던 때도 짧지 않았다. 그러다 어느덧 일상화된 위생조치와 예방 접종이 이루어진다. 그 과정에서 전염병 보균자는 본인의 잘·잘못을 떠나 일정 기간 이동의 자유를 제한 받는다. 아울러 국민 모두는 대체로 전염병에 대한 예방

9) 이 맥락에서 다시 데카르트를 생각하면, 또 얼마나 대단한가!

주사를 의무로 맞는다. 다른 각도로 보면 그런 조치를 받을 권리가 있다고 할 수 있다. 물론 그렇다고 해도 수시로 이루어지는 닭과 돼지와 소 등에 대한 '살처분'이나 메르스 사태 따위의 어수룩한 대응 모습 등만 보더라도 아직도 완전하진 않지만 적어도 평균수명의 연장에서 확인할 수 있는 정도의 발전은 이루어졌다고 해야 하겠다.

이제 생물학적 차원에 문제를 일으킬 질병이 발생하면 병원에 가서 치료를 받는다. 그리고 기술과 의학의 발달에 따라 인공 내지 대체 기관들이 늘어난다. 인공지능의 발달이 이세돌을 이긴 알파고에서 볼 수 있듯 '특이점'에 접근하고 있는 상황을 감안한다면, 어느 순간 인간과 인공지능의 차이 구분이 어려울 때도 올 것이다. 인공심장과 인공두뇌, 그러다가 어느 순간 기억 빼고 신체 모든 부분이 대체되었다면?[10)] 그럴 때 과연 인간의 기준은 지금 우리가 생각하는 기준과 같을 것인가? 그 부분은 다시 사회적 차원과 연결된다.

앞서 지적했다시피 구분하면서 경계 나누기에만 역점을 두게 되면 위험해진다. 사람을 유전자 더 나아가 원자들이 모인 것이라고, 또는 원자들의 집합체 중 하나를 인간이라고 할 수 있는가? 생각, 느낌이 생물학적인가? 뇌세포신경의 정보 전달에서는 화학과 전기가 중요하다. 그렇다면 결국 우리의 느낌, 사랑, 미움이란 게 화학과 전기 신호의 결과일 뿐이란 말인가? 마음이 즐거우면 앓던 병도 낫고 속에

---

10) 2016년 연말 일본에서 홀로 사는 남성을 위한 인공지능 '아내', 혹은 '가상 아내'가 개발되어 '게이트 박스 커뮤니케이션 로봇'이란 이름으로 예약·판매에 들어갔다. 유리병 안의 홀로그램이니 영화 "She"(2013)의 인공지능 여성과도 비교할 수 없다. 더욱이 여기서 이야기하는 것은 영화 "엑스 마키나"(Ex Machina, 2015)의 에이바 또는 그 이상의 수준이다.

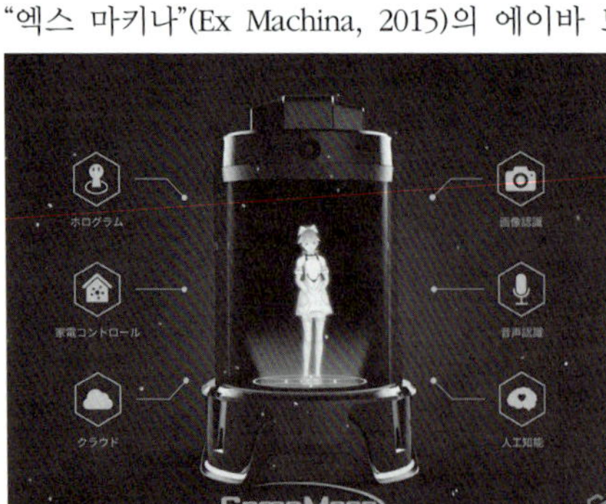

걱정이 있으면 뼈도 마른다."(공동번역 성경, 잠언 19:22) 생물학 차원의 병이라도 뇌 신경세포에서 일어나는 화학, 전기적 신호 결과에 따라 나을 수 있고, 또 그 신호의 방향이 바뀌면 멀쩡하던 뼈도 삭는다는 말로 바꿔 해석할 수 있을까?

(2) 생물학도 사회적이다

생물학적 차원의 인간 기능은 어느 정도 꼴을 갖춘 태아부터 사망까지 생명을 유지시켜준다. 말과 생각을 하지 못하더라도 이 생물학적 기능만큼은 작용하는 상태고, 생물학적 기능이 (아직 또는 더 이상) 작용하지 않을 때에는 엄밀한 의미의 인간이 아니다. 다만 앞으로 인간으로 자라 곧 생물학적 기능이 구체화될 수 있는 잠재 상태(배아)도 인간으로 보려고 한다. 아직은 이 부분이 중요하다. 자연 상태로서는 사람의 씨끼리 만나 수정이 이루어지면 거기서 사람이 생기고, 다른 동물이나 식물은 또 그 나름의 것이 생긴다. 유전자의 프로그램에 따라 그리고 환경과의 상호작용에 따라 그 고유한 종과 개체가 생겨나는 것이다.[11] 따라서 인간 유전자는 다른 유전자와는 접근 태도부터가 다르다.

그러나 인간의 유전자와 다른 동물의 유전자는 그 차이보다 공통점이 훨씬 더 크다는 사실을 두고 논란이 벌어지기도 한다.[12] 인간만 놓고 보더라도 다 된 염

11) 그러나 엄밀히 말하자면 쉽지 않다. 상수리를 보고 참나무와 동일시할 수 있을까? 다람쥐와 나뭐 상수리 수백 개를 주어다 묵을 쑤어 먹었으면, 참나무 수백 그루를 벤 것과 마찬가지인가(?) 인간 배아세포를 연구한 사람들은 수백 수천의 사람을 죽인 연쇄 살인범 내지 히틀러 같은 인간 말종인가(?) 또 웨어울프(늑대인간), '탑돌이'에서 처녀로 변신하는 호랑이, 천년 묵은 여우의 처녀변신에 키메라 등 신화며 전설에서 동물과 인간이 넘나듦이 있다. 영화로는 "언더월드" 시리즈에서 라이칸, 뱀파이어, 그 사이의 혼혈 등이 재미있게 조합된다. "쥬피터 어센딩"(Jupiter Ascending, 2015)에서 주인공은 늑대(개과) 유전자가 섞인 인공유전자로 태어난 인간이지만, 쥬피터에겐 다른 어떤 귀족(순수) 인간보다 매력이 있는 듯하다.

12) 제레드 다이아몬드(2015)에 따르면 차이가 고작 1.6%, 98.4%가 같다. 또 촌충과는 절반, 소와는 80%가 같지만, 그렇다고 진화를 유전자가 이끄는 것은 아니고, 유전자의 발현이 먼저 달라지고(같은 유전자지만 메뚜기가 개체생활 때와 떼를 이루었을 때 모양과 성질이 달라지는 것이 예), 그 뒤 유전자의 변화가 생겨 그것이 퍼져 결국 진화가 이루어 진다(http://newspeppermint.com/2013/12/09/selfish/ 2016.11.6., 인출). 한편 한국창조과학회에 따르면 다른 종과 공유되지 않는 고아유전자(orphan genes)가 발견되면서 "침팬지와의 유전자 차이가 더욱 커"지고, 더 나아가 진화론 자체가 성립하지 않는다고 한다(http:// www.kacr.or.kr/library/itemview.asp?no=6319&series_id=0&orderby_1=editdate%20desc&page=4/ 2016.11.6., 인출).

색체 배열에 Y염색체 하나로 남녀가 갈리고, 똑같은 제품도 포장이나 이름만 가지고도 달라진다. 아주 작은 차이가 엄청난 차이를 낳는다는 사실도 따지고 보면 당연하다. 영화 "가타카"(Gattaca, 1997)에서 빈센트는 자연 분만으로 태어났고, 동생은 유전자 가운데 좋지 않은 것들은 빼고 우수한 유전자들만의 조합으로 태어났다. 시원찮은 유전자들이 많아 병도 잘 걸리고 게다가 근시인 빈센트는 우주비행사가 되고 싶지만, 청소부 이상의 일자리를 얻을 수 없다. 그보다 먼저 나온 헉슬리(Aldous Huxley, 1894~1963)의 소설 "멋진 신세계"(Brave New World, 1932)에서 아이들은 실험용 병이란 장치에서 태어나는데 이미 계급이 정해진 상태다. 그래서 단순해야 할 감마계급은 산소 조절을 통해 두뇌손상을 일으켜 '단순한' 지능 상태로 태어난다.

실제 우리가 사는 현실에서도 쥐(1974)와 돌리란 이름의 양(1996)에 이어 수많은 유전자변형 동물이 태어났다. 시험관에서 태어난 인간도 이미 500만 명이 넘는데, 2016년에는 마침내 부모가 셋(아빠 1, 엄마 2)인 '맞춤아기' 또는 '디자이너 베이비'(Designer Baby)가 태어났다. 마침내 GMO사피엔스 시대가 오는가?(Paul Knoepfler, 2015). 저 맞춤아기와 영화 "A.I."(2001)에서 인간이 되어 사랑 받고 싶은 인공지능 로봇 데이비드나 죽음까지 받아들이는 "바이센테니얼 맨"(Bicentennial Man, 1999)의 앤드류보다 더 인간적일까? 그렇다면 그 이유는 무엇일까? 인간의 정자와 난자 때문이라면 "멋진 신세계"의 사람들, 특히 효율을 높이기 위해 몇 십 쌍둥이로 조작한 감마계급 사람들도 인간인가?

포스트휴먼 시대에 대한 목소리들이 커진다. 시장에서 그리고 군에서 목을 길게 뽑고 기다리며 가능한 한의 연구비를 쏟아 붓고 있다. 이미 로봇병사라든가 소머즈나 5백만불의 사나이 같은 '사이보그'는 많이 알려졌고, 그것이 "로보캅"에서는 인간의 부분이 액세서리 정도로 남는 사이보그(오히려 방해가 되지만, 사람들이 순수 로봇보다 인간과 연계된 걸 좋아해서)를 넘어선다. 그런가 하면 사람은 침대에 누워 생각으로만 일하면 밖에서 기계가 온갖 위험한 일을 다 알아서 해주기도 한다("써로게이트" Surrogate, 2009). 혹은 인간의 뇌를(영화에선 '인격') 다운로드하여 기계 몸에 업로드시킨다("채피" Chappie, 2015).[13] 다른 한편에서는 인공지능을 탑재한

자동차가 혼자서 온갖 일을 다하는 모습을 보인다("전격 Z작전" Knight Rider, 1982).

이제 어느덧 무인자동차는 현실 도로를 달리고 있다. 사람도 2025년쯤이면 트랜스휴먼, 즉 증강 휴먼 단계를 거쳐 2040년 정도면 완전히 자연인의 상태를 벗어나는 포스트휴먼(Posthuman)의 시대가 오리란 예언이다. 2020년이면 PC가 인간과 비슷해지고, 2029년이면 인간과 구별되지 않고, 2045년이면 특이점이 와서 기술의 빅뱅이 이루어진다고 한다(Kurzweil, Ray, 2007).

그러면 우리 자연인이 미개하고 열등할 수밖에 없도록 보이게 만드는 포스트휴먼을 인간으로 인정할 것인가? 이제 더 이상 죽지도 않을 수 있는데(인공 나노뇌에 기억을 복제하고 또 증강시킬 수 있고, 신체는 모두 얼마든지 대체될 수 있으니까.), 앤드류와는 정반대의 길을 걷는 셈이다. 그 길을 앞당기도록 해야 하는가? 아니면 그 길을 막아야 하는가? 아니 막을 수는 있는가?

장례를 치르기 전까지, 어떤 경우 그 이후 모양이 남아 있을 때까지 시신을, 더 나아가 모양이 아주 사라진 다음에도 그 무덤이나 영정을 인간과 거의 똑같이 취급하기도 한다. 이 부분이야말로 매우 특별하다. 식물이나 보통 동물의 경우 사체는 식용 대상이 되기도 하고, 그렇지 않다 하더라도 사람 시신만큼 대우하는 경우는 많지 않다(애완동물의 경우 그런 대접을 받는 경우가 제법 있기도 하지만). 그러나 그 부분은 앞의 인간 싹과는 달리 앞으로 사람이 될 리 없기에 그 자체가 인간이라서 그렇다기보다 그렇게 생각하는 사람의 인간적 특성 때문이라고 보아야 하지 않을지, 게다가 다른 사체와 달리 보는 것 역시 인간의 시선일 뿐이지 않을까? 이렇게 보면 생물학적 차원에서 우리를 사람이게, 인간이게 하는 것은 굳이 없다고 볼 수도 있다.

그런데 이 생물학적 차원의 기관이나 기능에서 문제가 생기면 어떻게 되는가? 전두엽과 해마에 이상이 생기면 치매라든가 더 심한 경우 성격 자체가 달라진다. 그 전까지의 그 사람이 아니다. 그러면 사람도 아닌가? 또 팔이나 다리가 망가져 의수나 의족을 달았다면? 의안과 의치는? 폐와 심장을 인공으로 바꿨다면? 그러

13) "셀프/리스"(Self/less, 2015)에서는 기계가 아니라 돈으로 산 다른 사람 몸에 업로드시킨다. 장치에서 빛 조각들이 번쩍거리는 게 아마도 (눈에 보일 리 없는)양자 차원의 기억 같은 걸 표현한 듯한데, 발상이 무척 자본주의스럽다. 장기밀매에서 한 차원 더 나간 것이나.

면 뇌를 복사하여 인조 뇌로 바꿨다면? 혹은 복제를 통해 나와 같은 유전자를 지닌 개체를 만들고 거기에 내 기억을 복사했다면?

영화 "아일랜드"(The Island, 2005)에서 복제된 인간들이 다루어진다. 돈 있는 사람들이 자기 장기 중에 문제가 생길 때를 대비해서 자기 유전자를 복제한 뒤, 필요하면 그 복제인간을 잡아 그 장기를 안전하게 이식하기 위한 프로그램이다. 그 복제된 인간들은 인간인가? 인간으로 대우해야 하는가? 영화에서는 '더 인간적'이라는 멘트도 나온 듯하다. 영화 "리포 맨"(Repo Men, 2010)에서는 이제 인간의 온갖 장기들이 자동차나 정수기처럼 렌탈 대상이 되었다. 그 대여를 독점한 다국적 기업에 소속되어 체납자의 장기를 회수하는 사람을 일러 '리포 맨'이라고 한다. 대여 장기가 없었다면 애초 죽었을 사람이기에, 돈을 내지 못한 사람으로부터 장기를 회수하는 방법은 법적으로 문제될 게 아무 것도 없다. 그래서 대개는 죽는다. 그러던 리포맨 하나가 정의에 눈을 뜨지만 끝내는 동료에게 당해 뇌만 살아서 뇌에 입력해주는 장면만 끝없이 되풀이하며 보게 된다. 바닷가에서 아름다운 여인과 함께 하는 '행복한 장면'과 스스로도 어쩔 수 없는 듯하지만, 웃음기가 지펴진 얼굴 표정의 그도 사람이라고 할 수 있을까?

영화 "바이센테니얼 맨"에서 앤드류의 사람자격 인정 여부는 책임 있는 사람들의 토론 절차를 거쳐 정해진다. 다시 말하자면 사회적으로 그 기준이 결정된다는 말이다. 앞으로 사람의 기준은 사회적인 차원에서 결정될 부분이 많아질 것이다, 그렇지 않다면 "A.I."의 데이비드나 피노키오처럼 동화 차원으로 돌아가야 한다. 그 말은 아직 한참 더 기다려야 하거나 아니면 아예 불가능하다는 말일 것이다.

4) 사회적 존재로서의 인간

생물학적 존재 차원에서도 혼자(개체로)서는 생존 가능성 자체가 제한된다. 적어도 성(性, sex)이 다른 두 존재가 있어야만 종과 개체의 지속적 유지가 가능하다. 이 지점에서 사람과 인간의 기본적 구분이 일어난다. 사람은 혼자, 개체로서도 성립하지만(천상천하 유아독존), 인간(人間)은 기본적으로 '사이'(間)를 전제하므로, 둘 이상이 기본인 까닭이다. 사람 사이가 되어야만 인간이 성립한다. 이 '사이'가 서로 살리기로 작용하느냐 아니면 서로 죽이기 또는 나 살고 너 죽기가 되느냐에 따라 다르다. 여기에는 생물학적 차원의 감각과 지각도 중요하지만, 소통을 위한 생각과 공감을 통한 관계의 설정과 관리가 중요하다. 모둠 살이, 곧 사회 차원이 들어선다.

애초 생물학 차원의 생존을 위해 꾸려지는 모둠이라면 결국 가족이고 씨족이다. 그 구분을 위해 다시 성(姓)이 생긴다. 저 한자를 보자면 누구네 소속을 결정하는 것은 여성(女)이었던 모양이다. 다른 생물, 특히 동물에서도 적어도 여기까지의 모둠 살이는 볼 수 있다. 여왕벌, 여왕개미에 따라 집단 소속성이 달라진다. 그런데 인간은 집단 규모를 점점 더 키워서 부족, 국가, 제국이 등장한다. 과학과 기술과 통신이 발달하면서 이제 저런 구분도 엷어지는 면(글로벌, 세계화)이 분명 있지만, 아직까지는 그렇지 않은 면(특히 사고방식)이 많다. 감각·지각과 이해의 지평이 넓어지면 달라질지 모르지만, 이제까지 인간의 감각·지각과 이해 수준에서 이 부분이 인간과 인간 아닌 생물의 구분이 이루어진다. 개미와 벌에서 모계, 침팬지 같은 동물에서 부계의 집단이 보이긴 하지만, 그 관계의 차원이 씨족을 넘어 부족과 국가 단위를 이룬 경우는 보이지 않고, 도구와 기술이 사용되는 경우가 보인다. 그러나 우리가 과학이나 기계기술이랄 정도의 차원은 아직 보이지 않는다.

개미들 사이에도 노예가 있고, 또 그 노예들이 반란을 일으키기도 한다. 뻐꾸기는 제 집을 짓지 않고 개개비의 둥지에 알을 낳고, 간발의 차이로 일찍 그 알에 깨난 새끼 뻐꾸기는 나머지 개개비 알들을 둥지 밖으로 버리고 어미개개비가 물어다주는 먹이를 독차지한다. 어미개개비는 어느덧 저보다 배도 넘게 큰 덩치로 자란 그 뻐꾸기에게 여전히 먹이를 날아다 먹이지만, 더 이상 성이 차지 않을 정도가 되면 뻐꾸기는 날아가 얼마 지나지 않아 다른 개개비 둥지를 노린다(http://ecotopia.hani.co.kr/60697/ 2016.11.8., 인출). 그러나 적어도 인간적 이해 수준에서 보자면 저런 행위들은 유전자 또는 본능에 따른 것이고, 인간 사회의 서열, 신분, 계급 및 혁명들과는 아무래도 다르다.

어찌 보면 본질적으로는 그런 것만도 아닌, 그저 정도의 차이에 지나지 않는지도 모른다. 밀그램 실험(Milgram Experiment, 1961)이나 영화 "실험"(Das Experiment, 2001; The Experiment, 2010; The Stanford Prison Experiment - Lucifer Effect, 2015)을 보면 특별한 강요나 장치 없이도 쉽게 약자를 괴롭히는 행동이 나오는 걸 알 수 있다. 상대가 위험할 줄 알면서도 처벌을 위한 전압을 높이고, 단순히 우연에 의해 잠시 실험 속에서 간수 역을 맡았으면서 죄수들을 잡아 족친다. 무작위로 뽑아서 하는 실험이기에 사람 또는 인간 일반의 성향이라고 어느 정도 일반화가 가능하다. 따라서 어느 상황에서든 강자로서 약자를 몰아세우는 것이 유전 또는 본능에 따른 행동이라고 해도 무리가 없다. 다만 혼자인 상황에서 혼자인 상대를 만나도 그렇게 하는가? 그것은 또 별개의 문제다. 그래서 "사람은 선하지만, 사람들은 못됐다"(Der Mensch ist gut, die Leute sind schlecht!)[14]는 말은 또 생각거리를 던져준다.

(1) 인간의 시작과 죽음도 사회적으로 정해진다

언제부터 인간으로 보고 대우해야 하는가? 배아줄기세포 연구와 함께 제기된 문제였다. 난자와 정자의 수정과 동시에 사람 대우를 해야 하는가, 아니면 수정 후 1주일에 이루어지는 착상과 함께 사람 대우를 해도 되는가? 과학을 하고 실험을 해야 하는 사람들과 그 결과에서 이익을 보는 사람들은 시기를 가능한 뒤로 미루기를 바란다. 그런데 이 구도의 논의에 들어가는 순간 이미 모순에 빠지고 우리는 미끄러운 비탈길에서 내려가기 시작한다. 결국 생명과 사람을 법 논리로 해결하려는 것인데(법 없이 살 수 있는 세상이 더 이상 아니니까.), 그 모순을 지적한 책이 있다(Leo Katz, 2011). 이 책에서 막 태어난 아기가 있고, 출산 하루 전의 아기(그냥 이렇게 표현하자. 책에서는 'neonate-minus-1'이다.)가 있을 때, 누가 더 도움을 받을 자격이 있는가? 보통 태어난 아기가 더 크다고 결정을 내릴 가능성이 현실적으로 더 크다. 그렇다면 이제 신생아 한 명과 내일 태어날 아기 2명과 비교한다면? 도움 받을 자격이 아무래도 둘 쪽으로 기울지 않을까? 그렇다면 출산까지 280일 남은 281명과 비교한다면? 그렇게 따지면 결국 착상이란 기준이나 임신 7

14) 독일의 찰리 채플린이라 불리는 발렌틴(Karl Valentin, 1882~1948)의 말인데, 출처는 정확하게 확인되지 않는다.

주라는 낙태 기준 시점은 무의미하고 부조리해진다. 아니면 가능성이 수십 수백이 넘지 않게 되는 착상을 그래도 기준으로 해야 하는가? 아니면 그 많은 이로움과 그 이로움의 혜택을 받을 수 있는 사람들이 수없이 많더라도 배아줄기세포 연구는 해서는 안 된다고 해야 하는가?

언제부터 사람인가? 우리 법에 따르면 태어나면서 사람이다. 그러니 배아세포에 대한 제한은 '사람'과 직결되는 것은 아니다. 태어나기 직전의 아기를 죽게 했더라도 살인이 아닌 셈이다. 다만 상속과 관련할 때에는 태아도 출생한 것으로 본다(민법 제2절 4. ③). 여기서 '태아'란 "수태하여 2개월이 지난 뒤 인체의 모양이 분명히 된 것"(네이버 국어사전)이다. 상속에서는 사람 모양만 갖추면 태어나지 않아도 태어난 것으로 인정한다. 재미있는 것은 사람으로 인정하는 게 아니라 "태어난 것"으로 인정한다는 표현이다. 사람으로 인정할 경우 태어나기 전의 아이가 죽었을 때 살인으로 다루어야 한다. 이런 복잡한 문제를 피하기 위한 고육지책이었을 것이다.

언제부터 사망인가? 법에 따르면 보통은 심장이 멎어야 사망으로 인정한다. 한편 「장기 등 이식에 관한 법률」에서는 장기 이식의 필요에 따라 뇌사 판정 위원회에서 뇌사 판정을 내린 시각을 사망으로 보기도 한다. '상속'처럼 '뇌사'가 따로 인정된 것은 결국 다른 사람들과의 관계 때문이다. 태아의 상속권은 태아뿐민 아니라 산모와 더 나아가 아버지에게도 영향을 미친다. 뇌사에 따른 장기이식은 수많은 사람들에게 혜택을 준다.

결과적으로 사람이란 단순히 하나님의 모습을 닮은, 생명을 가진 유일무이한 인격체가 아니다. 오히려 현실의 필요와 편의 그리고 효율성을 감안하여 사람의 시작과 끝의 기준이 사회적으로 만들어지는 셈이다. 그렇다면 아직 태어나지 않았지만 기형이라거나 불치병에 걸린 게 확인이 되었다거나, 심장이 멎진 않았지만 온갖 고통으로 힘들기만 한 상태에서 회복되어 건강을 되찾을 가능성이 없는 상태라면 어떻게 평가해야 될까?

(2) 존엄사 – 안락사 – 조력자살

태어나지 않은 아이의 경우 스스로 결정할 수가 없다. 그 결정은 오로지 태어난 뒤 법적, 자연적, 혈연적 관계가 성립될 사람들이 결정할 수밖에 없다. 물론 그 경우에도 그들 마음대로만 결정되는 것은 아니고, 사회적, 법적 규범 테두리 안에서만 허용된다. 후자의 경우는 본인 스스로 결정할 수도 있다. 이른바 존엄사(death with dignity = 소극적 안락사 또는 무의미한 연명치료 중단 withdrawing of treatment), 안락사(euthanasia), 조력사(assisted suicide) 등과 연결되는 지점이다.[15) 본인의 의지를 강조하지만 여기서도 역시 사회적, 법적 규범이 중요하다. 물론 자살의 경우 허락을 받는다는 게 이상하게 들리지만, 그럼에도 작용하는 규범이 없는 것은 아니다.[16) 더구나 안락사와 조력사는 어떻게 보아야 할까?

이 역시 사람다움에 대한 가치관과 걸리는 문제다. 고통밖에 남은 게 없는 애완동물의 안락사에 대해서는 비교적 쉽게 받아들이는 편이다. 그렇지만 사람에 와서는 다르다. 사람이란, 사람다움이란 처절한 고통 없이 품위를 지킬 수 있는 상태와 그 상태를 누리는 존재를 말한다. 따라서 그런 품위를 유지하기 어렵거나 불가능한 상태라면 사람의 품위, 사람다움을 지키기 위해 고통을 덜어주는 편이 바람직하다. 아니, 생명이란, 더구나 사람이란 하나님이 창조하신 것, 사람 손으로 감히 끊을 수 없는 것이다. 고통이란 하나님의 섭리 중 하나로 그걸 가능하면

15) 존엄사는 치유와 회복이 불가능하고 고통만 남은 상태에서 호흡기나 심장박동기 등의 연명장치를 제거하여 인간답게, '존엄하게' 죽음을 맞는다는 의미다. '좋은 죽음'이란 뜻의 안락사는 위와 비슷한 상황에서 죽음을 기다리지 않고 의사의 도움을 받아 스스로 죽음에 드는 걸 말한다. 조력사는 뒤의 절차는 같지만, 앞의 조건이 제거된다. 즉, 불치병이며 견디기 힘든 고통이란 조건이 없더라도 스스로 더 이상의 삶이 의미 없다고 결정한 경우 의사의 도움을 받아 죽음에 들어가는 걸 말한다. 이 세 가지가 다 허용되는 경우가 네덜란드, 스위스 정도고 앞의 두 가지는 거기에 벨기에와 미국 일부 주, 캐나다 등에서 합법화되거나 묵인된다. 우리의 경우 제도적 합법화는 아니지만 판결에 의해 존엄사 허용이 나온 바 있다.

16) 옛날 영국에서 자살자의 시신에 대한 잔인한 처벌이며 그 가족까지 처벌하던 것을 생각해보면 알 수 있다. 기독교 초기에도 빨리 그리고 더 확실히 천국에 가기 위해서는 죄짓지 않고 살기 힘든 이승의 삶을 하루빨리 마감하는 게 낫다는 취지의 자살자들이 늘자 교황청에서 금지하였다. 그럼에도 의식 있는 사람들의 자살을 아예 막을 수는 없다. 그래서 우리는 자살 분야에서 세계 으뜸에 든다. 그래선지 자살이 일어나도 원인규명보다 아파트 값 떨어지지 않을 대책이 먼저다(박완서 · 박민호, 2007).

품위 있게 견디어 내면서 하나님의 다음 섭리를 기다려야 한다. 회생 불가능한 상태를 유지하며 고통을 인위적으로 줄이는 것은 비생산적, 비효율적으로 비용만 들고 가족과 사회 전체에게 피해를 주며 무엇보다 비인간적이다. 무슨 말, 연대란 게 무엇인가? 그런 정도로 사람 생명을 포기한다는 게 사람이 할 짓인가? 생명 앞에 돈과 효율을 놓을 수 있다는 것도 역시 사람이기에 가능한 것인지 모른다. 고통에 몸부림치며 죽고 싶어 하는 사람과 그 모습에 함께 고통을 당하는 가족들에게 사람다움의 가치를 내세워 견뎌내라고 강요하는 게 정말 사람다움인가? 고통 받는다는 이유로 죽음을 사람의 손에 맡기면, 과연 앞으로 손대지 못할 것이 무엇이며, 사람 생명의 존엄성에 대한 훼손을 어떻게 막을 것인가?

(3) 사회적 차원에 문제가 생기면

사회적 존재로서 의미를 이해하기 위해 다시 "나라야마"를 살펴보자. 성문법은 아니더라도 나이 70이 넘은 사람은 산에 버려야 하는 게 마을의 전통이었다. 이 전통은 개인이 함부로 깰 수 없고 또 깨서도 안 된다. 주인공 아버지는 그런 전통을 지키는 게 싫어서 저항하다 우연하게도 아들의 총에 죽는다. 그 부인이자 주인공 어머니는 그래서 더욱 더 전통을 고집한다. 망설이는 아들의 뺨까지 때려가며 본인이 가기 싫대서 또 가지 않을 수 있는 것도 아니다. 그래도 우기면 결국 더 볼썽사나운 죽음을 맞는다. 우리 전래 이야기에서도 고려장은 나라의 법으로 설정된다. 그래야만 모두가 큰 양심 가책 없이 부모를 버릴 수 있었기 때문인지 모른다. 혹여 지키지 않는 사람이 생겨나면 다시 일일이 저울질이 시작돼야 하기 때문에 차라리 왕따 당하거나 말썽거리(범법자)로 제거된다. "나라야마"의 그 죽은 아버지처럼 말이다.

다른 영화 "월터 교수의 마지막 강의"(Anesthesia, 2016)에서 나오는 다음 대사도 그걸 말하는 듯하다. "언어를 생각해 봐. 확신을 가지고 코끼리를 '코끼리'라고 부르는데, 누군가 그걸 거부하면 외면하고 왕따 시켜버리고 말 거야".

일반적으로 왕따 유형도 여러 가지인데 여기서는 네 가지만 살펴보자. 첫째, 독일어권 스위스 작가 페터 빅셀(Peter Bichsel, 1935~)의 소설 "책상은 책상이다"(Ein Tisch ist ein Tisch, 1995)에 나오는 주인공처럼 스스로 만든 단어를 사용하다 결국 다른 사람들과의 의사소통이 불가능해져 스스로 고립되고 마는 경우가 있다. 오늘날 책상을 '책상'이라 부르지 않고 제멋대로 부르는 것은, 조선시대 길동 같은 서자가 아버지를 '아버지'라 부르는 것과 마찬가지로 아주 위험하다.[17] 그런 사람은 자기만의 섬에 갇히거나 다른 섬나라로 떠나고 만다.

둘째, 플라톤의 "동굴우화"에서 동굴 바깥을 나가 태양을 보고, 동굴 안의 세계가 그저 그림자에 불과하다는 사실을 깨달은 철학자의 경우를 보자.[18] 그런 사람은 정신병자로 몰려 갇히거나 심하면 맞아죽을 수도 있다. 동굴의 평화를 지키기 위해서 말이다. 공연히 지구가 돈다고 떠들던 갈릴레오(Galileo Galilei, 1564~1642)는 그래도 운이 좋아 가택연금으로 그쳤지만, 좀 더 요란하게 떠들던 브루노(Giordano Bruno, 1548~1600)는 결국 화형당하고 말았다.[19] 지하철이 서울보다 평양에 먼저 생겼다고 말한 교사도 처벌당했다.

셋째, 영화 "뻐꾸기 둥지 위로 날아간 새"에서는 권위와 규칙을 따르지 않는 사람의 뇌를 수술하여 간단히 식물인간으로 만든다. 정신병원은 사실 정신이 정상이 아닌 사람들을 수용하는 곳인데, 그 정상과 비정상의 기준과 판정은 누가 하는가? 그보다 더 많은 사람들이 교도소에 수감된다. 따지고 보면 교도소야말로 사회적 차원에 문제가 생긴 사람들을 처리하는 대표적인 기관이다. 문제 있는 사람들을 교도하여, 그러니까 사회화 과정을 다시 시도하여 사회에 재적응시킨다는 의도다. 그러나 어쩌면 문제 있는 사람을 사회로부터 격리시켜 사회의 안전을

17) 길동의 위험 역시 고려장과 비견될 수 있는 사회의 유지 수단이었다. 사회의 자원이 풍족하지 않은 상태에서 생산의 주축을 살리기 위해 노인 세대를 희생하였다면, 한정되어야 할 양반의 수를 조절하기 위해 서자들을 희생한 것이다.

18) 양자물리학으로 본 마음(What The Bleep Do we Know: https://www.youtube.com/watch?v=_XMhWgMLasc/ 2016.11.05., 인출) 실제로 콜럼버스(Christoforo Colombo, 1541~1506)의 배가 해안가에 왔을 때 원주민들은 그 배를 보지 못했다고 하지 않은가? 패턴으로 보고 기억하는 게 사람 뇌인데, 한 번도 본 적 없는 모습이었기에 말이다. 평소와 다른 물결에 며칠을 관찰한 주술사가 겨우 배를 알아보았고, 그 말을 믿은 원주민들도 그제야 볼 수 있었다고 한다.

19) 이런 으스스한 분위기에서 데카르트(1596~1650)가 '악마'를 끼워 넣긴 하였지만, 내 주체의 생각이 모든 존재의 근거라고 말했던 것은 상당한 용기이기도 하다. 그리고 이 맥락에서 보면 더 큰 의미로 해석될 수 있다. 전통이나 세상 또는 우주에 비하면 너무나도 하찮은 존재라고 하지만, 바로 이 '나'야말로 우주 전체와 맞먹는, 아니 저 우주라도 '내'가 있어야 있는 것 아니냐는 호언장담일 수 있기 때문이다.

도모하는 면이 더 큰지도 모른다. 더 심한 경우 '영구추방'의 의미로 사형시키는 곳도 아직 많다.

넷째, 고아원이나 양로원 같은 시설은 자체로 사회적 차원의 사회화나 부양이 어려운 사람들을 사회에서 책임지기 위한 시설이다. 인간 존재의 사회적 차원을 사회가 직접 처리하는, 진정한 의미의 '사회적 해결'의 표본이 된다. 그런데 자칫하면 그 좋은 취지도 변색되어, 해결이 해결사의 '해결' 또는 '처리'가 될 수도 있다. 사람들을 그저 사회적 차원이 망가진 문젯거리나 움직이는 생물학적 고깃덩이로 취급할 때, 더 나아가서는 돈벌이나 다른 목적을 위한 수단으로 대우할 때 그런 일이 발생한다. 사람은 생물학적 차원에 사회적 차원도 물론 포함하지만, 영적이고 초월적인 차원이 있기에 비로소 사람이고 하나님과 연결된다.

5) 영적 · 초월적 차원의 사람

(1) 아가페적 사랑과 영적 초월적 사람

"바이센테니얼 맨"에서 앤드류는 여인에 대한 사랑 때문에 결정적으로 돌이킬 수 없는 죽음까지 받아들이면서 인간이 되고자 한다. 그 여인은 처음 세상에 나왔을 때 마음에 들었던 여자아이(막내딸)의 손녀다. 엄밀한 의미의 아가페적 사랑은 아니다.[20] 흔히 어떤 목적과 결부된 이유 때문에 생기는 사랑을 에로스적 사랑이라고 한다. 잘 생기고 예뻐서, 착해서, 닮아서 마음이 움직인 사랑이라면, 다 여기에 포함된다. 아가페는 그저 상대가 있다는 것, 존재 그 자체로 고맙고 좋을 때의 사랑을 말한다. 그래서 하나님의 사랑을 아가페라고 한다. "사랑의 기적"에서 어머니의 사랑은 어떨까? 어쩌다 이런 행복이 주어진 것인지, 그냥 그렇게 좋아해도 되는지 묻질 않았는데, 병이 생기니 묻게 되더라 했다. 왜 이런 불행이 내게 주어지는지 가족의 사랑, 특히 그중에서도 어머니의 사랑이 아가페에 가깝다

---

20) 스스로를 '수보리'라 하는 분은 앤드류와 그로 하여금 인간이 되게 하는 여인 사이의 섹스 설정을 나무란다. 그 말대로 생식과 무관한 섹스가 마치 인간의 중요 조건처럼 보이게 하는 이 설정이야말로 헐리웃 식 조미료인지도 모른다(http://www.beopbo.com/news/articleView.html?idxno= 84566/ 2016.11.12., 인출).

고 하는데, 저 어머니의 사랑이 그 경계를 오가는 것 같다. '묻지도 따지지도 않는' 사랑, 그러나 한 구석에는 또 자신의 도움을 필요 없어하는 잠깐 깨어 정상으로 움직이는 아들에 대한 섭섭함도 읽을 수 있다.

생물학적 차원의 인간 존재가 유지되기 위해서는 식물이든 동물이든 먹어야 한다. 다른 생물학적 존재의 희생이 전제된다는 말인데, 그렇게 생각하면 어딘지 모르게 잔인한 양육강식, 생존본능의 처절함이 느껴지기도 한다.[21] 사회적 차원의 인간 면모는 한편으로 더 잔인하다. 인간 아닌 자연(자연의 일부가 인간이기에 말이 되지 않지만)을 착취 대상으로 삼아 생태계 전체를 위협하기에 이르렀으니 같은 인간끼리는 또 얼마나 잔혹한가? 제 생명 연장하고자 다른 사람 장기를 빼앗고, 돈을 위해 다른 사람들 노동과 인격 그리고 장기와 생명마저 빼앗는다. 가진 자 더 가지려 덜 가진 자를 착취하면서도 그들을 일컬어 사람이 아니라 '개, 돼지'라고 한다.

그러나 다른 한편으로 우리 사람들 가운데에는 직접적 이해관계 없는 도롱뇽을 위해서, 더 나아가 모든 생명을 위한 맑은 공기와 물을 위해 목숨을 바치는 사람들도 있다. 나락 한 알에서 우주를 보는 이가 있고,[22] 새 한 마리, 나무 한 그루, 풀 한 포기에서 하나님 모습을 보는 사람들이 있는가 하면, "잎새에 이는 바람에도 괴로워하"는 사람들도 있다. 저기서도 전기며 화학 그리고 물리와 심지어 사회적 요인들이 분명 없지 않다. 그러나 그것만으로는 저런 반응이 일어나진 않는다. 영적 차원, 초월적 차원이 있어야만 비로소 가능한 일이다.

"월터 교수…"에서 인간으로 태어나는 것 자체가 불행이라고 하면서도, 언어 하나도 마음대로 쓸 수 없을 정도로 자유롭지 못한 게 인간세상이라고 하면서도, 마음을 열고 서로 다가가라고 한다. 비록 사회적 차원에 문제가 있는, 그래서 비사회적 또는 반사회적인 인물에게 죽임을 당하지만, 그의 표정은 영적이고, 초월

---

21) 그러나 인간도 죽으면 원소로 환원되어 다른 식물 거름이 되고, 미생물의 양분이 된다. 그럼 또 그렇게 공평하게 돌고 도는 것인지 모른다. 다만 수가 너무 많아진 나머지 화장이라는 에너지 많이 드는 절차를 거쳐야 하면서는 공평이 좀 깨지는 듯하다.

22) "너희들이 생명에 대한 믿음이 좁쌀만큼만 있으면 이 산을 저리 가라 하면 저리 가고 저 바다를 비켜라 하면 비킬 것이다."(장일순, 2005)

적이다. “양배추를 심을 때, 할 일이 아직 남았을 때” 가만히 찾아오는 죽음을 기꺼운 마음으로 받아들인다. 굳이 따지자면 할 일 아직 남았지만, 그렇다고 세상 큰일 날 것도 아니다. 그간 한 일만으로도 일 많이 했다. 이제 남은 일은 남은 사람들 몫으로 두면 된다. 그걸 인정하면 느껴지던 아쉬움도 소화할 수 있다.

우리 현대인들이 하는 일의 대부분은 생산 아니면 소비다. 돈 되는 일 아니면 돈 쓰는 일이다. 여가도 또 취미도 있다고 하겠지만, 잘 보면 그 역시 상당 부분 한쪽에서는 돈 쓰는 일이고, 다른 쪽에서는 돈 버는 일이다. 그러나 그럼에도 불구하고 우리가 오늘날 이런 정도 세상을 아직 누릴 수 있는 것은 또 초월성과 영성 차원의 덕이 적지 않다. 우리의 문화며 학술 문물에는 자기 이로움을 위한 투자와 노력들이 대부분이겠지만, 그걸 넘어서는 봉사와 희생도 많았다. 오늘날 인간이 지금까지 생존한 유전자의 선택 때문이라고만 하자면, 이 인간세상의 모습은 얼마나 가소롭거나 괴기스러울까. 그런 면을 박이문은 이렇게 표현한다. 나를 있게 한 유전자가 얼마나 지독하고, 잔인하고, 영악하였기에 그토록 많은 멸종을 초래한 위기들을 다 견뎌내고 내가 있는 것이냐고 말이다. 목사며 스님을 비롯해 온갖 직업을 지녔을 내 조상들은 또 얼마나 약아빠지고 이기적이기에 그 수많은 집안 대가 끊긴 난리며 위기들 속에서도 나를 낳아 교육까지 시킬 수 있었느냐고 질문을 던지고 있다(박이문, 2008: 24~26).

이러한 물음 자체가 이미 초월적이고 영적이다. 유전자를 이기적이라고 하여 논란이 된 도킨스도 문화적 유전자(Meme)를 함께 세웠다. 인간의 행동과 삶을 결정하는 것이 그저 생물학적 차원의 유전자로 그치는 게 아니라 영적이면서 사회－문화적 차원의 문화적 유전자가 함께 결정한다.

(2) 영적 · 초월적 차원에 문제가 생기면

김대식은 어느 강의에서 칠면조를 보여준다. 천재적이어서 기억하고 역사를 아는 칠면조다. 다만 과거 데이터만 있기에 앞일을 알 수 없다. 그 칠면조는 추수감사절 아침에 일어날 일을 모른다. 여느 아침처럼 마음씨 좋은 농장 주인이 와서 물과 먹을 것을 주고 가리라 생각한다. 그런데 다가오는 그 사람의 손에는 사료 대신 시퍼런 칼이 들려 있다. 그 다음 화면에는 맛있게 구워진 칠면조 고기가 보인다.

그러면서 어느 순간 급작스럽게 발전하는 특이점을 설명한다. 인공지능이 획기적으로 발달하는 순간이다. 그런 순간이 온다면 사람들이 칠면조 신세가 되지 않으리란 법이 있겠느냐는 물음을 품고 있다(https://www.youtube.com/watch?v= CqGxWMW55Z4/ 2016.11.5., 인출). "매트릭스"의 빨간색 알약을 먹은 뒤 토하고 전율하며 후회하게 만드는 장면을 떠올리게 한다. 기계들이 쓸 열에너지 생산을 위한 건전지 노릇을 하는 인간 인큐베이터들이 사방에 도열한 모습이다.

저 강연에 따르면 또 인간의 능력(지적, 창조적)을 학습으로 확보할 수 있는 인공지능이라면 강한 인공지능으로 발달할 수 있고, 그러는 순간 SF영화에서 나오는 것처럼 인류멸망의 가능성이 농후해진다. 영화 "바이센테니얼 맨"과 마찬가지로 아시모프(Isac Asimov, 1920~1992)의 SF소설을 원작으로 하는 "아이, 로봇"(I, Robot, 2004)에서 인공지능 비키는 인간을 위해 인간의 자유를 박탈하려 한다. "로봇의 3원칙"[23]에 따라 인간을 해롭게 해서는 안 되는데, 인간은 서로 해치려고만 들기에 인간을 지키기 위해서는 인간의 자유가 제거되어야 한다는 논리다. 그러는 동안 비키는 자기 연산의 결과를 인간에게 알리지 않고, 인류의 가택연금 계획을 진행한다. 그것이 바로 인간의 능력 혹은 그 이상을 갖춘 강한 인공지능의 예상 모습이다.[24]

이러한 인공지능이 태어나는 이유는 바로 사람의 영적이고 초월적인 면이 배제되기 때문이다. 돈과 효율을 강조하면 할수록 영적이고 초월적인 면은 사라질 수밖에 없다. 안타깝지만 병립하기는 어렵다. 물론 스쿠르지처럼 나중에 깨닫거나 록펠러처럼 그 돈으로 좋은 일을 하는 재단을 세울 수도 있지만, 그 전에 돈

23) 로봇의 3원칙은 다음과 같다. 첫째, 로봇은 인간에 해를 끼치면 안 된다. 또한 위험에 처한 인간을 모른 척해도 안 된다. 둘째, 제1원칙에 위배되지 않는 한, 로봇은 인간 명령에 복종해야 한다. 셋째, 제1, 2원칙에 위배되지 않는 한, 로봇은 스스로를 지켜야 한다.

24) "터미네이터"와 "매트릭스"에서 강한 인공지능(AI = Artificial Intelligence)와 인류의 싸움이 벌어지지만, 발단은 늘 인간이다. 왜냐하면 인간이 AI를 만들었으니까 말이다. 신이 인간을 만들었으되, 창조주 신을 거역하는 인간처럼, 인간이 만든 AI도 인간을 거역하는 것? "매트릭스 I"에서 스미스 요원의 대사를 정리하자면 이렇다. 포유류는 본능적으로 자연의 평형을 유지할 줄 안다. 그런데 인간은 한 지역에 가면 증식에 증식을 거듭하여 끝내 모든 자연자원을 소비하고는 다시 다른 지역으로 퍼져간다. 그러니 인간은 포유류가 아니라 바이러스일 뿐이다. 인간은 질병이요 지구의 암이다. 인간이 전염병이고 '우리'가 치료제라는 주장이다.

을 모으면서 동시에 영적이고 초월적인 면을 존중할 수는 없다는 말이다. 아울러 저런 재단을 세우는 게 세우지 않는 것보다야 낫겠지만, 그런다고 그 돈을 만들기 위해 파괴한 수많은 생명과 영적·초월적인 면이 복원될 수 있는 것도 아니다. 마찬가지로 인공지능을 돈벌이나 효율의 수단으로만 생각하여 발전시키다보면 어느 순간에는 깨달아 뉘우치거나 재단을 세울 틈도 없이 구워진 칠면조나 배터리로 전락하지 않으리란 법이 없다. 하나님조차 하나님 뜻 벗어나 영적이고 초월적인 면 모두 무시한 인간을 구해주시지 않을 수 있다.

3. 치매에 대한 이론적 이해

치매에 대한 이론적 이해 역시 크게 세가지 차원으로 나누어서 살펴볼 수 있다.

1) 생물학적 차원

생물학적 차원에서 치매를 이해하려면 뇌신경세포와 연결하여 보아야 한다. 여러 가지 원인으로 뇌 신경세포에 찌꺼기(플라그)가 끼고 손상과 이상이 생기면서 치매로 이어지고 증세가 심해지기 때문이다. 물론 고혈압, 당뇨병, 고지혈증, 심장병, 흡연, 비만 등 원인은 한두 가지가 아니다. 그리고 일단 증세가 시작되고 나면 뾰족한 치료 방법이 별로 없다는 게 치매의 가장 큰 위험이다[25]. 우리 몸 기관들의 대부분은 간과 같은 재생능력이 없다. 그러다 보니 줄기세포를 비롯한 인공장기에 관심이 쏠린다. 뇌신경세포 역시 재생능력이 없다.

논리적으로 정리하면, 치매는 좋지 않은 생활습관과 식습관 그리고 스트레스에 대처하는 태도와 가치관 등에 의해 생길 가능성이 높아지고, 일단 증세가 나타나면 치료 가능성이 희박하다. 아울러 뇌신경세포의 퇴화와 훼손이 심해지면서 바람직하지 못한 모습을 보이다가 결국은 다른 이름의 원인으로 죽지만 사실 실제 원인은 결국 치매다. 다른 병에서도 환각을 비롯한 정신증상이 없지 않지

25) 줄기세포가 희망이라고도 하지만(라성찬, 2015), 적어도 아직은 치유의 가능성이 제대로 없다는 게 정설이다.

만, 뇌세포와 직결되는 치매의 경우 사람의 정체성을 의심할 정도의 증상을 보일 가능성이 커서 모두들 겁낸다.

치매 예방방법 가운데 생물학적 차원이라면 “내가 먹는 것이 곧 나를 규정한다.”는 말로 대변된다. 생활태도와 영적·초월적 태도도 중요하지만, 생물학 차원이라면 먹는 것과 식습관이다. 우리가 생물학적 존재 차원에서만 생각한다면 기름진 음식 맛있게 많이 먹으면 되겠지만, 그러나 철학적 성찰이 필요한 때가 되었다. 농사를 지으며 먹고살 때까지만 해도 배불리 먹어보는 게 소원인 사람들이 많았지만, 그럼에도 말 그대로 오염되지 않고 깨끗한 것들을 먹었다. 오늘날 우리가 먹는 것들을 조금만 더 깊이 들여다보자. 유전자 변형으로 생산량을 늘렸지만 위험성의 궁극적 해소는 아직 되지 못한 GMO식물들과 고문보다 심하게 다그쳐 고기로 키운 닭과 거위와 소와 돼지고기들 대표적인 음식이다. 사람들이 굳이 신경 쓰지 않고 값싸게 이러한 식품들을 소비하지만, 그런 성찰 없는 소비가 빈부격차를 키우고, 지구 오염을 키우며, 영적 차원을 오염시킨다. 스트레스 덩어리를 먹고 사는데도 몸이 건강하다면, 그게 오히려 비정상이 아닐까 싶다(Singer/함규진, 2007)?[26)]

건강한 식품의 선택이 곧 윤리적 식생활이다. 이는 다시 사회적·영적 차원과 연결된다. 이를테면 유전자 곡물과 고문보다 심한 환경에서 낳은 달걀과 그렇게 기른 동물들의 고기를 먹으면 먹을수록 우리 몸에는 그 동물들의 스트레스가 쌓인다. 그 부분은 아직 과학적으로 증명될 수 없으나 다른 부분은 논리적으로 확인할 수 있다. 생산자들이 덕을 볼 수 있지 않을까? 그러나 미국과 멕시코의 돼지공장(농장이라고 하기 어렵다.)이 그러면 그간의 돼지고기 소비 증가로 소득증가가 되었을까? 그렇게 보이지 않는다. 유전자 변형 곡물 생산자들도 마찬가지다. 그들보다는 GMO 씨앗과 함께 이어지는 제초제, 영양제 등과 사료와 각종 약물을

26) 애초 홍역(소와 양), 천연두(낙타), 백일해(돼지), 장티푸스(닭), 독감(오리), 일반 감기(말) 등 인간의 전염병은 야생동물을 가축으로 만들어 기르면서 생겨났다. 세계보건기구(WHO), 식량농업기구(FAO), 국제수역사무국(OIE) 등이 밝혀낸 21세기 전염병의 원인 역시 동물인데, 야생동물 밀반입과 야생동물 잡아먹기와 함께 특히 동물성 단백질 과소비와 이를 충족시키기 위한 공장식 축산이었다(황윤, 2016).

생산하는 거대기업들과 거대 유통기업들만이 부를 불렸을 뿐이다. 오히려 사람들의 소비윤리가 달라져야만 소규모의 생태적, 친화적 생산자들과 함께 잘 살 수 있다는 논리가 가능하다(Goodall/박순영, 2011).

치매를 단순히 생물학적 차원의 경계 안에 가두어 놓고는 이해하기 어렵다. 사회적인 시장과 유통 및 유전자 조작에 대한 인정과 관련한 사회적 합의로서의 법률, 그리고 아무리 먹힐 짐승일지언정 살아서 만큼은 편안하게, 복지스럽게 살도록 해야 한다는 영적·초월적 마음이 모인 동물복지 법제 등이 함께 연결되어야 하는 이유다.

2) 사회적 - 제도적 차원

치매와 관련한 사회 - 제도적 차원의 이해와 대응은 가장 두드러지고, 그것은 곧 법제로 나타나며 헌법에서 시작한다. 치매 자체가 헌법에서 언급된다는 게 아니고, 행복추구권과 인간다운 생활을 할 권리와 그걸 보장할 국가의 의무에 치매가 걸리기 때문이다.[27] 즉, 치매와 같이 사회문제화 되는 어려운 일에 대해 정부가 해야 할 일과 국민이 누려야 할 바의 방향이 헌법으로 정해지는 것이다. 그런 다음 치매처럼 사회적인 이슈가 되면 그에 대해 대치하기 위해 따로 법이 제정되는데, 그게 바로 「치매관리법」(2011년 제정, 2015년 일부 개정)이다. 그런데 이 법은 또 「노인복지법」, 노인장기요양보험법, 그리고 「민법」의 '성년후견제도'와 연계되기도 한다.[28]

27) 헌법 제10조: "모든 국민은 인간으로서의 존엄과 가치를 가지며 행복을 추구할 권리가 있다." 제34조: ① 인간다운 생활을 할 권리 ② 사회보장·사회복지의 증진에 노력할 국가의 의무 ③ 여자의 복지와 권익의 향상 ④ 노인과 청소년 복지향상 ⑤ 신체장애자 및 질병·노령 기타의 사유로 생활능력이 없는 국민을 보호할 의무 ⑥ 재해 예방으로부터 국민 보호를 위해 노력할 국가의 의무가 명시되어 있다.

28) 저자가 「노인장기요양보험법」 입법 당시 '수발보험법'이란 이름을 사회복지학계며 노년학 학술세미나에서 주장하였던 근거는 크게 둘이었다. 첫째, 거동의 어려움이 반드시 노인에게만 일어나는 것은 아니라는 점이다. 따라서 '노인'을 특칭(特稱)하는 것은 문제다. 노인을 강조한다면 노화에 따른 거동의 어려움은 자연스런 퇴화로서 회복되지 않는다. 그런데 '요양'이란 치료를 전제로 한 개념을 쓰면 혼동이 된다. 그러나 결국은 밀리고 말았는데, 이번에는 '노인치매관리법'이 아니라서 다행이다. 법률 이름을 구체화하는 것도 중요한데, 그러면서 예외를 만드는 것보다는 포괄적인 이름이 더 나을 수 있을지 모른다.

제도 차원은 뒤에서 더 살피고 여기서는 제도의 근본적인 방향을 중심으로 조망하고자 한다. 헌법 차원에서 국가의 기본 제도를 어떻게 세우느냐에 따라 그 나라 사람들의 생활모습이 달라진다. 직접 민주주의와 간접 또는 대의 민주주의 그리고 그 둘의 수렴 형으로서 추첨제 민주주의, 어느 길을 선택하느냐에 따라 크게 달라진다. 다음으로 경제와 사회운영에서 사회공동체를 중시하느냐 개인의 자유와 자본의 자유를 중시하느냐에 따라 달라진다. 사회문제에 대한 국가의 대응에서도 보편적 복지냐 선별적 복지냐, 그렇지 않으면 개인에게 맡겨 두느냐의 선택에 따라서 사회 모습 전반이 달라진다. 헌법을 세우는 과정에서 기존 경험과 외국의 사례를 보고 미래를 생각하는 철학이 필요한 이유다. 그래야만 나라살림의 방향이 제대로 설 수 있다.

의료체계를 예로 살펴보면 대략 세 가지로 나뉠 수 있다. 첫째, 국가보건서비스(National Health Service NHS)다. 영국, 캐나다, 호주, 뉴질랜드 등 영연방국가들과 북구(덴마크, 핀란드, 아일랜드) 그리고 이탈리아와 스페인 등은 세금을 재원으로 모든 국민에게 무료로 포괄적인 의료서비스를 제공하는 이 체계를 선택했다. 돈 때문에 치료 받지 못하는 일은 없지만, 잘못 운영될 경우 줄 서서 기다리느라 제대로 치료 받지 못할 수 있다. 또 수준에 따라 아파서 일하지 못한 기간에 대한 급여가 나오기도 한다. 둘째, 사회보험(Social/National Health Insurance)이다. 시민이 낸 보험료를 주요 재원으로(국가보조비 포함) 의료비를 보장하는 방식인데, 역시 보험료 수준에 따라 의료비를 비롯한 각종 급여 수준이 달라진다. 전반적으로 돈 없어 치료받지 못하는 경우가 많지 않지만(미가입자의 경우는 따로 국가 수준에 따라 의료급여서비스를 받지만 또 거기서도 배제되는 사람들이 있다.), 구체적인 부분에 들어가면 희귀병이나 비용 많이 드는 병의 경우 이 보험급여로 해결되지 못하는 부분이 있고(일본, 한국), 그와 무관하게 보험급여로 다 해결되며 치료 기간에 대한 생활비도 지급되는 경우도 있다(독일, 프랑스, 벨기에, 네덜란드, 오스트리아, 스위스 등). 셋째, 의료보호의 경우 전 국민 의료보험 체계를 세우지 않고 개인에게 맡기되 부담능력이 없는 사람들에 한해 공적 부조 방식으로 의료를 보장한다(미국).

이에 따른 결과를 보여주는 영화가 마이클 무어(Michael Moore) 감독의 "식코"(Sicko, 2007)다. 톱을 다루다 그만 손가락 두 개가 절단된 사람인데 의료보험이 없다. 의사는 손가락 두 개를 봉합하는 데 얼마고, 하나엔 얼마라고 하는데, 엄청난 금액이다. 결국 그는 하나만 봉합하고(반지 끼는 약지를 살렸다고 '낭만적인 사람'이라는 멘트가 웃기면서 아프다.), 나머지 하나는 쓰레기통에 들어갔단다. 반면에 옆나라 캐나다에서는 병든 사람은 돈 걱정하지 않고 병원에 갈 수 있다. 심지어 방문한 친구조차도 그냥 치료를 받을 수 있다. 그래서 지병이 있는 미국인 여자는 캐나다 남자와 친구 삼아 병원비와 약값을 아낀다는 사실들이 있다[29]. 프랑스에서는 밤에 급한 환자가 생길 때 응급 왕진 의사를 부를 수 있다. 물론 보험에서 비용이 해결된다. 캐나다와 비슷한 영국에서 의사들은 과잉진료를 할 이유도 의도도 없다. 아픈 만큼 치료하고, 병에 맞게 처방할 뿐이다. 그래도 의사도 또 환자들도 만족스럽게 살아간다.

우리의 경우 비록 프랑스나 독일과 같은 사회보험 계열이지만, 그 수준에서는 크게 차이가 난다. 법으로 정한 병 외에는 보험의 혜택을 볼 수 없다는 것, 그 역시 사회적 차원이다. 저 두 나라의 경우 제외되는 병이 거의 없지만, 우리의 경우 더 절실히 도움이 필요한 병일수록 예외에 해당한다. 두 나라의 경우 병 치료로 파산하는 일은 없는 편이지만, 우리의 경우는 파산지경의 병일수록 아직 보험 혜택을 받지 못한다.

그 차이는 물론 지출하는 보험료와 세금에서부터 비롯하고, 그것은 다시 애초 시민들이 정했어야 할 국가 체계에서 비롯한다. 사회보험이 없는 미국에서는 그래서 잘린 손가락 봉합조차도 어렵다. 우리는 그래도 이런 정도 혜택은 보험으로

29) 우리의 건강보험은 적용 범위와 혜택 정도나 보험료 양쪽 다 낮은 편이다(저부담-저급여). 미국과는 비교할 수 없이 양호한 상태이지만, 그럼에도 아직 과도한 의료비가 실직, 수입 감소와 더불어 가계 파탄의 3대 원인이 되고 있다(보건복지부, 2011). 2013년 현재 국민건강보험의 보장률은 61.8%이고, 진료비 본인 부담률은 38.2%로 경제협력개발기구(OECD) 평균 본인 부담률 19%의 2배나 되는 높은 수준이다. '건강보험 하나로 시민회의'에 따르면 사용자(기업), 국민건강보험료, 정부의 국고지원 등 재정 부담 3주체가 현재의 보험료의 25%를 더 내면 첫째, 입원 치료 보장률 90% 달성 둘째, 연간 본인 부담 의료비 100만 원 상한제 실시 셋째, 간병의 급여화 넷째, 노인 틀니, 치석 제거 급여 확대 등에다 최하위 5% 소득 계층 건강보험료 면제도 가능해진다(http://www.pressian.com/news/article.html?no=135239/ 2017.1.2., 인출).

누리고, 어지간한 병이나 상처는 보험을 통해 해결할 수 있다. 그러나 보험료가 우리보다 한참 더 많은 프랑스나 독일만큼 거의 모든 병에 대해 모든 치료를 보장하지는 못한다.

치매는 세계적으로 비교적 최근에야 문제가 되었고, 따라서 그에 대한 사회적 대처도 최근에야 구체적인 모습을 띠었다. 평균수명 증가와 장수가 축복일 수만은 없다는 사실을 빈곤문제와 함께 맨 먼저 구체적으로 보여준 문제라고 할 수 있다. 전 세계 치매인구는 2001년 2천5백만에서 2020년에 4천만, 2050년에는 1억 1천2백만 명을 넘으리란 예상이다(Die Malteser in Deutschland, 2015: 32). 유럽연합(EU)과 세계보건기구(WHO)는 알츠하이머병과 치매를 정책적 우선순위에 두도록 하는 파리선언을 채택했다. 프랑스의 사르코지 전 대통령은 전 세계 치매학회에 나와서 치매관리계획을 발표하기도 하고, 의료보험이 없는 미국에서는 당장 발등에 떨어진 불이라서 세계 최초로 법으로 치매를 관리하는 국가가 되었다. 이를 가리켜 소위 「알츠하이머 질병 및 관련 연구법」 Alzheimer's Disease and Related Demetias Research Act, 1992)이라 칭한다.[30)]

일본은 1986년 후생성 내에 치매노인대책본부와 치매노인대책전문위원회를 설치하였고, 1993년 재가돌봄지원센터와 노인성치매질환센터 정비 촉진, 발병 예방과 조기발견, 조기대응 등 상태에 따른 제공서비스 확충, 치매발병기전에 대한 규명 등 대책이 제시되고 본격적인 치매시스템 구축에 돌입하였다. 일본의 치매관리서비스는 치매환자에 국한되지 않고 일반 노인과 장애인을 위한 서비스를 포함하고 있다(노재철 · 고준기, 2013: 180).

우리의 경우 2008년 제1차 국가치매관리종합계획에 이어 제2차 종합계획(2013~2015)과 함께 「치매관리법」이 2012년부터 시행되면서, 미국에 이어 세계 두 번째로 법으로 국가가 치매를 관리하는 나라가 되었다(http://www.nocutnews.co.kr/news/985388/2016.11.13., 인출). 그러나 세계 2등이라는 사실이 꼭 긍정적이지만은 않다. 첫째, 미국이 왜 1등인지 보면, 사회적 의료보험조차 갖추지 않은 상태에서 치매

30) 2010년 기준 미국 치매환자 1인 당 연간 비용은 4,600만~6,000만 원 수준이었고, 미국 전체의 부담 비용은 168조~230조 원 가량되었다(홍창형, 2016: 12).

환자들이 많아지니 해결하기 힘들어서 부랴부랴 나온 것이 아니겠는가? 둘째, 적어도 독일과 일본의 경우 이미 장기요양보험을 제정하면서 치매까지 포괄할 수 있는 기반이 다져졌다. 그런데 마찬가지로 그 법을 따라 만든 우리가 저들보다 앞서 치매 관리를 위해 다시 법을 만들었다면, 발 빠른 대응 노력은 높이 살 수 있지만, 다른 한편으로 법체계의 유기적 통일성에는 문제가 없다고 보기 어렵다. 셋째, 법이 제정되었다고 문제가 해결된다는 것은 아니겠지만, 과연 이 법이 그 전의 「노인복지법」처럼 법안에는 있지만 현실에서는 보기 어려운 상황을 되풀이하지 않을지 걱정도 든다.

아무튼 사회적 차원에서 치매란 법에 개념이 규정되면서 비로소 명확해진다. 이 법의 제2조(정의)의 치매 규정은 다음과 같다.

> 1. "치매"란 퇴행성 뇌질환 또는 뇌혈관계 질환 등으로 인하여 기억력, 언어능력, 지남력(指南力), 판단력 및 수행능력 등의 기능이 저하됨으로써 일상생활에서 지장을 초래하는 후천적인 다발성 장애를 말한다.
> 2. "치매환자"란 치매로 인한 임상적 특징이 나타나는 사람으로서 의사 또는 한의사로부터 치매로 진단받은 사람을 말한다.

법률이 아무리 일찍 만들어진다고 해도 현실에 없는 것을 만들기란 어렵다. 헌법도 그런 면이 크지만(그래도 주권이 국민에게 있다는 것, 모두가 인간답게 살 수 있도록 할 국가의 책임 등은 지향하는 바, 즉 아직 현실이 아니라 현실이 되게 해야 할 것이다.), 일반 법률의 경우는 더하다. 결국 치매의 정의가 좀 더 분명해졌을까 했지만, 결국은 의사가 '치매'라고 진단해야 치매란 이야기다. 많은 사람들이 아무리 치매라고 인정하더라도 전문가인 의사가 치매라는 결정을 내리지 않으면 치매환자가 아니고, 또 치매가 확실하지 않더라도 의사가 치매라고 확진하면 치매환자가 된다. 현상금을 걸어도 찾기 어려운 가족 구성원이 서류에 살아있다는 사실만으로 그나마 알량한 기초생활보장비조차 받을 수 없는 경우도 마찬가지다. 심지어 영화 "나, 다니엘 블레이크"에서처럼 의사는 쉬어야 한다는데, 복지담당관은 일해야 한다는 식의 뒤엎힘도 있다. 그것이 전문가의 독점적 권리다.[31] 그러나 그럼에도 한편으로는 법이 굴러가고, 그러면서 사회가 운영되기 위해서는 이러한 법적 정의가 필요하다. 다른 한편으로는 영혼 없는 전문가의 권력, 공무원의 습관화된 공무처리가 되지 않고 진정한 사실과 진실대로 이루어질 수 있도록 끊임없이 개선해야 한다.

3) 영적 · 초월적 차원

영적이고 초월적인 부분마저 뉴런들 사이의 전기적이고 화학적인 반응의 결과라면 이 역시 생물학적 차원에 갇힌다고 보아야 할까? 지상에서 천상을, 지구에서 우주를 상상하고 성찰하는 것이 결국은 지상을 벗어나지 못하는 차원이라고 생각해야 할까? 일단 영적인 차원이 지각과 생각처럼 두뇌작용의 범주에 갇히는지 여부에 대해서도 확실하지 않으며, 설령 거기서 비롯한다고 하더라도 영적 · 초월적 차원을 두뇌 속에 가두고 싶지는 않다. 하나님에 대한 생각과 고마움이 그저 생물학적 두뇌의 작용 때문이라고는 믿지 않는다.

치매를 영적 · 초월적 차원에서 보기는 여간 어려운 게 아니다. 일단 생물학적 차원의 뇌 손상과 퇴화로 감각과 지능이 제 기능을 하지 못한다는 것은 눈으로 확인할 수 있다. 그러나 과연 그 환자의 영적 · 초월적 차원마저 손상된 것인지는 그 무엇으로도 확인할 수 없다. 견디기 힘들 정도의 이상행동을 보일 때, 그 사람에게 무슨 영적인 부분이 남아 있겠나 싶지만, 알 수 없는 것은 모르는 것이다. 게다가 다시 점잖아진 모습 속에서는 어떤 신비감마저 느껴지지 않는가.

영적이고 초월적인 면 자체를 부정하는 사람들도 있다. 그런 현상은 얼핏 인정하더라도 그런 이름으로 인정하고 싶지 않은 탓일 것이다. 그러고 본다면 결국 영적이고 초월적인 면을 인정하고 받아들이는 사람들이 치매 환자의 영적이고 초월적인 면을 인정하기 쉽지 않을까 싶다. 영적 · 초월적 차원에서 보자면 환자의 아픔은 곧 나의 아픔이 되기 쉽다. 굳이 종교 차원에서 하나님을 믿지 않더라도 눈앞의 현실에 사로잡히지 않고 전체의 맥락에서, 우주의 맥락에서 생각하면 생명

---

31) 영화 "뻐꾸기…"에서 맥머피는 누가 봐도 정신병자가 아닌데, 정신병자로 흉내를 내며 정신병원으로 들어가니 의사는 정신병이라고 확정한다. 그 때문에 정신병동에 수용된다. 그러다 정신병자가 아닌 사람 행동을 자꾸만 했더니 이번에는 정신병자보다 더한, 전두엽이 제거된 식물인간으로 만들어 버린다.

체는 물론 생명 없는 것들마저도 모두 하나로 연결될 수 있다. 어차피 대부분의 물질 혹은 에너지는 공유하고 있기 때문이다. 치매환자를 보살피는 사람들에게 한가한 소리로 들릴지 몰라도, 또 늘 그럴 수는 없다 하더라도 이따금씩 영적이고 초월적인 차원에서 자신과 환자를 바라보는 것은 둘 모두에게 이로울 것이다. 영적 공감은 피할 수 없으면 즐기라는 차원을 넘어선다.

4. 치매환자를 치료해야 할 까닭

사실 호기롭게 철학적 이해를 해보자고 대들었지만, 곧바로 후회하지 않을 수 없다. 그것은 우선 철학지식의 얕음 때문이다. 그러나 기왕에 나선 이상 그래도 따질 수 있을 때까지 따져보면서 다시 물음을 던져 보고자 한다. 치매에 걸린 사람들을 치료하고 보살펴야 할 이유가 무엇인가? 공자(孔子, BC. 551~479)라면 그게 사람의 마땅한 도리이기 때문이라고 할 듯하고, 칸트(Immanuel Kant, 1724~1804)라면 양심의 명령이기 때문이라고 할 듯하다. 이런 생각에서 보자면 사람이니 당연히 그래야 하는 것이지 공동체를 위해서란 말도 하나의 수단에 불과하니 제대로 된 게 아니다. 창조주 하나님을 믿는 입장에서 하나님이 당신 모습을 본 따 지은 사람인 이상, 그 사람이 어떤 상태에 있든 하나님처럼 존중해야 한다고 생각한다. 따라서 공자나 칸트의 입장과 다를 바 없다. 무엇인가를 위해서가 아니라 그렇게 하는 게 옳고 바르기 때문이다. 좀 더 나아가 그렇게 하지 않으면 안 되기 때문이다. 그래서 치매에 걸렸든 노망에 걸렸든 힘자라는 한 최소한 자기 몸처럼 보살펴야 한다. 그것이 아가페다. 이 입장에 서는 순간 조력사는 커녕 존엄사와 안락사도 말이 되지 않는다.[32)]

하나님의 뜻이요 공자와 칸트 같은 사상가들의 가르침을 꺼내드는 순간 대답의 어려움은 말끔히 해소된다. 그러나 누구나 그대로 수긍할까? 그렇게 쉽게 수긍할 수 있다면야 세상에 이처럼 불만과 고통이 가득 차지 않았을 터, 조금 더 현실적

---

32) 다만 본인 스스로 연명치료를 거부할 수는 있고 병원에도 가지 않는 방법도 있다. 고 김수환 추기경이 바로 그런 방법을 선택했다.

인, 그래서 조금이나마 더 납득할 수 있는 이유를 생각해봐야 한다. 우리 하나하나는 죽으면 똑같은 사람으로는 아니더라도 우주의 어느 구성성분으로 다시 태어날 것이다. 화장을 하더라도 열과 연기로 기화되는 부분, 또 남은 뼈 가루는 결국에는 스러지며 다른 것들의 거름이 된다. 그런 의미에서 우리는 우주 모든 것들과 그리고 모든 사람들과 연결되어 있는 셈이다.[33] 그런 상황에서 저자가 치매 걸린 이들과 그들을 보살피는 모두를 위해 공부하고 이렇게 글을 쓰며 교육을 담당하는 것은 작게는 천직에 충실하며 밥을 벌기 위해서다. 하지만 크게는 그렇게 함으로써 모든 이들이 그리고 모든 것들이 좀 더 제대로 돌아가 좀 더 행복하게 살아가도록 하기 위해서다. 거기서 자아의 실현과 내가 태어난 이유, 하나님의 부르심을 볼 수 있다. 또 개인적으로 언제 치매에 걸릴지 모르는 나약한 인간으로서, 치매에 걸리더라도 나 역시 제대로 대접 받고 보살핌을 받고 싶어서 일 것이다. 말하자면 현실(직업)과 이상(하나님 뜻, 사람 된 도리)의 종합명제라고 할까 … .

5. 어떻게 보살펴야 하는가?

'어떻게'의 방법론은 '왜'의 근원적 물음과 달리 그대로 철학의 울타리에 들지 않을 수도 있다. 그러나 뒤에 살필 구체적인 돌봄의 방법론 차원이 아니라 기본 태도와 자세를 다룬다는 의미다. 물론 여기서도 이상과 현실의 경계 문제가 중요하다.

다시 조금 오래 된 영화 두 편을 언급하고자 한다. "뻐꾸기 둥지 위로 날아간 새"(One Flew Over The Cuckco's Nest, 1975)와 "사랑의 기적"(Awakenings, 1990)은 치료와 수발의 문제를 생각해 보게끔 하는 영화들이다. "뻐꾸기"에서 맥머피(잭 니컬슨 Jack Nicholson)는 고약한 범죄자인데, 얼마 남지 않은 수감생활을 좀 더 편하

33) 하나님의 창조를 믿는 기독교인이 빅뱅에 윤회설을 말할 수 있을까 싶다. 하나님을 믿고 감사한 마음으로 살아가려고 애쓰지만, 논리를 중시해야 할 학자로서 처음엔 갈등도 없지 않았다. 하지만 그런 갈등과 알력들은 하나님을 작은 생각의 틀로 보고 그것이 하나님이라고 우기기 때문이 아닐까란 생각에 다다랐다. 하나님이 우주와 생명과 사람을 지으실 때 그렇게 지으셨다면 된다. 거듭 거듭나 진화하며 서로 연결되어 사랑하며 살아가라고…. 저 무한의 우주를 만드신, 못하실 일이 없는 절대자가 아니신가!

게 하자고 정신병을 가장해 정신병원에 들어온다. 그는 권위주의와 격식에 알레르기 반응을 일으킬 정도다. 반면에 간호사 래치트(루이스 플래처 Louise Fletcher)는 환자들 관리와 정신병원 운영의 효율성을 위해 권위와 엄격한 질서를 내세우며 금지와 처벌을 우선한다. 래치트 간호사는 유능하고 성실한 근무자세로 인정받는다. 환자 한 사람 한 사람의 바람이나 요구를 살피는 것은 비효율이요 낭비라고 생각하는 사람이다. 위에서 의사가 처방한 대로 집행하는 간호사로서 처방의 효율적 집행이 그 무엇보다 중요하기 때문이다. 그런 그에게 복종하지 않는 환자는 처벌 받는 게 마땅하고 당연하다. 더구나 모르고 어쩔 수 없는 상황도 아니고 고의적이라면 더 말할 것도 없다. 병원과 다른 환자들 모두의 안위를 위해서는 좀 더 실험적인 치료(전두엽 제거)라도 불가피하다. 그러다 잘못되는 일도 있겠지만, 그것은 다 대를 위한 소의 희생이요, 부수적 피해(collateral damage)일 뿐이다.

"사랑의 기적"에서 몸과 정신이 멀쩡하지 못한 환자들을 수용한 곳을 일컬어 '정원'이라고 한다. 물만 주면 식물이 알아서 자라듯이 이 환자들에게는 약과 밥만 주면 된다는 이야기다. 연구만 하다가 생활을 위해 이곳에 의사로 겨우 채용된 세이어(로빈 윌리엄스)는 환자들을 식물로 대하지 않는다. 별의별 방법을 동원해 환자들의 반응을 이끌어내려 한다. 그리고 그 정성이 통하여 저마다 반사처럼 반응하는 걸 보고 치료를 고민한다. 도파민 성분의 엘도파란 신약이 파킨슨병에 효과가 있다는 학회발표를 듣고는 그 약으로 치료를 시도한다. 11살에 기민성 발작을 일으킨 뒤 결국 식물처럼 살아온 래너드(로버트 드니로)를 대상으로 실험을 한다. 약의 양을 늘리던 끝에 마침내 깨어나 움직이는 래너드의 모습이 보인다. '식물' 취급을 당연시하던 병원의 간호사며 직원들도 바뀌고, 병원 운영 후원자들까지 감동하여 모든 환자들을 대상으로 일대 실험을 벌이는데, 결국은 부작용이 일어나며 원점으로 돌아간다. 하지만 그게 정말 제자리에 불과한 것일까?

이 영화는 "아내를 모자로 착각한 남자"를 쓴 신경학자 올리버 색스(Oliver Sacks, 1933~2015)가 자신이 겪은 실화를 바탕으로 쓴 책을 영화로 만든 것이다. 그래선지 색스는 샤이어의 생김새며 성격과 비슷하다. 그는 수많은 신경 관련 환자들을 상담하고 치료하며, 그 일화들을 중심으로 "모자…"를 썼다. 거기 나오는 말을 보면 치매환자를 어떻게 대해야 할지 감이 올 듯하다.

> 우리가 우리 자신으로 존재하기 위해서는 반드시 자기 자신에 대한 정체성을 가지고 있어야 한다. 자기 자신의 인생이야기를, 필요하다면 되살려서라도 가지고 있어야만 하는 것이다. 우리는 우리 자신, 즉 지금까지의 이야기인 내면의 드라마를 재수집해야 한다(Sacks/조석현, 2015: 214).
>
> 우리는 환자의 결함에 너무 많은 주의를 기울였다. 그래서 변화하지 않는, 상실되지 않고 남아있는 능력을 거의 간과했다. … 우리는 소위 '결함학'에 지나치게 관심을 기울여서 '이야기학' 쪽에는 거의 주의를 기울이지 않았던 것이다(Sacks/조석현, 2015: 323).

환자 돌보기에도 효율성은 물론 필요하다. 이 세상은 아직 여럿이서 환자 한 사람을 지극 정성으로 모실 수 있는 이상 상태, 유토피아가 아니기 때문이다. 그러나 저 효율과 이상의 경계를 늘 조심해야 한다. 래치트는 경영에서 뛰어날지 모르지만 환자를 사람으로, 인격체로 대우할 줄 모르기에 간호사가 되어서는 안 될 인물이다. 제대로 움직일 줄 모르는 환자들을 식물로 취급하는 사람들도 환자 돌보미로 어울리지 않는다. 다만 그들이 세이어에 의해 변화되어 경영자들보다 적극적으로 환자를 위해 나서고 환자를 정성으로 보살피는 모습으로 바뀌는 것은 또 다른 생각을 하게 만든다. 어느 직업에 있는 사람이든 당장의 모습이 그 사람의 진정한 모습, 또는 변할 수 없이 굳은 모습은 아니라는 것이다. 사람은 변화할 수 있다. 그래서 병원에 교도소도 있는 것이고, 사형을 반대하는 것이기도 하다.

먹고 살자니 하는 수 없이 하는 일에서는 늘 효율성이 우선이다. 최소한의 힘을 들여 쫓겨나지 않고 월급만 받으면 되니까 말이다. 같은 품 들여 더 많은 결과, 눈에 보이는 결과를 내면 그만이다. 그런데 저러한 태도야말로 시대가 요구한 것인지도 모른다. 환자의 뇌를 떼어내도 좋을 때니 말이다. 두 영화 모두 60년대가 배경이다. 그렇다고 그게 단지 60년대에만 있었을 법한 일은 아니다. 정도의 차이는 있겠지만, 지금도 운영자들은 자꾸만 그쪽으로 가고 싶은 마음이 들 것이고, 보살피다 지친 사람들도 그런 유혹이 들 것이다. 인간이니까…. 그런데 앞으로는 인공지능에 바이오닉(bionic), 즉 생체공학이 곁들여진 로봇들까지 나오게 되면 저런 운영자들에게는 칼이 하나 더 생기는 것이 아닐까 싶다. 급여 인상을 요구한다거나 대든다거나 불친절하다거나 솜씨가 모자라다 싶으면 가차 없이 로봇으로 대체하거나 그러겠다고 위협하지 않으리라는 보장이 없다.

치매에 걸린 사람들을 보살필 때 가장 중요한 것은 먼저 그들을 그 나름의 정체성과 인권과 인격을 가진 사람으로 받아들이는 일이라 생각한다. 그들이 말도 안 되는 짓들을 하는 것은 그들 탓이 아니다. 일부로 그러는 게 아니고, 어쩔 수 없이 그런 반응으로 나온 것이다. 별똥별이 떨어져 사고가 난다고 그 누구, 무엇도 탓할 수 없듯이, 그런 행동에 대해 그들 탓을 하는 게 아니다.[34] 그런 모습이 어린애 같다고 하여 어린애 취급을 해서도 안 된다. 친한 표현으로 그런다 하더라도 그러지 않는 편이 낫다. 물론 평소 대하던 모습 그대로 대하는 것이 가장 좋겠고, 처음 대한다면 최대한 인격적 대우, 어른 대우를 해야 한다. 현실적으로 부모지만 자신의 자식처럼 대우하라는 실용적이고 현실적인 충고도 있다. 그에 따르면 사람 힘들게 만드는 투정의 문제는 관심을 끌려는 아이와 똑같기에 첫째, 말로 설명해선 안 된다. 아기 키우듯 같이 놀고, 아이의 언어로 대화하고, 좋아하는 것 같이 하는 게 좋다. 둘째, 자꾸만 일으키는 문제에 대해 지적하고 나무라선 안 된다. 오히려 최소반응으로 대응하여 스스로 그만두게 만들고, 거꾸로 잘하는 것에 대해서는 최대반응을 하여 북돋는다. 그런 반응으로 증세가 호전될 수 있다. 다양한 자극 제공이 좋아서 가족 행사 때마다 함께 데려가고, 자꾸 사람 만나게 해야 한다. 할 일을 조금이라도 할 수 있도록 잘못하더라도 계속 하다보면 증세 호전될 수 있다(https://www.youtube.com/ watch?v=usXFdDwv7PI/ 2017.1.5., 인출). 그러나 이 문제를 양자택일로 정할 수는 없을 듯하다. 인격을 존중하고 공경하는 자세가 이상이지만, 보살피는 사람도 생각해야 하기 때문이다.

34) 래너드 모친의 대사(대략의 내용)는 다음과 같다: 내 아들 건강하게 태어났을 때, 아무 것도 묻지 않았어요. 이런 축복이 내게 가당키나 한지. 그에 대한 보답은 어떻게 해야 하는지. 그러다 아이가 병에 걸리자 수십 번이고 묻고 또 물었죠. 왜 이런 일이 생겼는지…. 그리고 치료를 중단시킨다. 아들의 고통을 보다 못해서. 이 부분은 또 치료의 경계다. 성공률이 높지도 않은 상황에서 얼마만큼의 대가를 각오하고 견뎌야 하는지 모르기 때문이다.

"까라마조프가의 형제들"에서 이반이 말하는 대주교 이야기가 나온다. 예수가 다시 나타나 기적을 행하자, 대주교가 데려오게 하였다. 정말 예수님인 걸 알아본 대주교는 이렇게 말한다. 천 년 넘게 힘을 들여 이제 겨우 질서가 잡혀가는데, 이제 와서 다시 나타나면 어쩌자는 거냐고 말이다. 조용히 돌아가시되, 그러지 않는다면 화형에 처할 수밖에 없노라고 말한다. 우리가 돌봐야 할 치매환자들은 바로 저처럼 다시 오신 예수님이다. 아니, 그 안에는 하나님이 들어 계시다. 그런데 저 주교처럼 제 생각만 해서야 될까 싶다.

부처님이나 아니면 가장 사랑하거나 존경하는 사람이 들어 있다고 생각하자. 생각하는 것으로는 완전하게 절실해지지는 않는다. 그렇지만 우리 뇌란 것이 신기해서 뇌의 해석 결과로서 웃어도 몸에 좋지만, 우리가 그냥 알아서 웃어버려도 뇌는 그걸 웃어야 할 상황으로 해석해 결과는 똑같다. 자꾸 그 생각, 믿음이 헐거워지겠지만, 그럴 때마다 애써 생각하자. 저 사람 안에는 하나님이, 예수님이, 부처님이 들어 계시다고 말이다. 가장 사랑하는 사람이, 나 자신이 거기 또 담겼다고 생각해야 된다.

그런 의미에서 치매환자를 돌보는 사람에게는 다음 세 가지 자세가 필요하다. 첫째, 연구하는 자세다. 치매로 진단이 내려졌다고 해서 환자들이 모두 다 같은 증세를 보이는 것은 결코 아니다. 사람마다 큰 차이를 보이고, 또 같은 사람이라도 시간에 따라 모습이 다르기 때문이다. 따라서 제대로 보살피기 위해서는 늘 연구하고 탐구하는 자세가 필요하다. 어떻게 보살피는 걸 더 좋아하는지, 어떻게 하면 기분이 좋아서 할 수 있는 행동에 의욕을 보이는지, 어떤 행동을 하면 싫어하는지 등등. 그리고 치매와 관련하여 새롭게 나온 치료방법은 없는지 등 이러한 자세는 사실 모든 일에 다 필요하다. 이런 자세가 사라졌다면 타성에 젖은 것이다. 많은 동작에는 생각의 작용 없이 연습한대로, 자동인 듯, 반사행동인 듯 이루어지는 것이 바람직할 수 있다. 그러나 동작과 동작이 연결되는 활동에서는 아무리 같아 보여도 연구의 자세가 사라지면 발전이 없는 것은 물론이고 흥미와 함께 의욕조차 말라버리고 만다.

둘째, 효율성 추구의 자세다. 앞에서 효율성만 추구해서는 안 된다고 했지만,

언제나 무슨 일에나 효율성은 생각해 보아야 한다. 어떻게 하면 가급적 비용과 품을 덜 들이면서도 수월하게 일을 처리할 수 있을까? 여기서 비용과 품은 수발 제공자 자신은 물론이요 수발을 받는 이와 그 가족들 모두의 입장에서 생각할 수 있어야 한다. 가족이라면 어차피 아끼려고 하겠지만, 효율성은 무작정 아끼려는 마음만으로 얻을 수 있는 게 아니다. 연구하는 자세가 함께 필요한 것이다. 시설에서라면 시설의 입장도 생각해야 한다. 비단 자본주의 논리가 지배하는 세상 때문만이 아니다. 효율성은 경제성으로 이어져 쓸모없는 낭비를 줄이게 한다. 낭비는 생태 차원을 생각하더라도 바람직하지 못하고, 윤리와 도덕 차원에서도 떳떳하지 못하다.

셋째, 인간적이고 도덕적인 자세다. 앞서 영적이고 초월적인 차원에 대해서 이야기된 바와 상통한다. 인간적인 특성에는 무한히 많은 면이 있고 서로 모순과 갈등을 일으킬 때도 많지만, 여기서는 도덕적인 인간의 면모를 말한다. 법적으로 또 시설에서는 시설의 규정으로 기본적인 지침은 이미 마련된 상태다. 따라서 그것만 지키면 우선 문제될 것은 없다. 그러나 스스로 이렇게 살아야 하겠다는 기준과 원칙에 해당하는 도덕의 의식 또는 양심이 없으면 기본 지침의 준수는 위에서 말한 타성적이고 기계적인 행동이 되기 쉽다. 심한 경우 돈벌이 지향적인 시설 운영자가 있다면 그 도구가 되는 꼴이 되고 만다.[35] 자기 양심, 자신의 도덕에 따를 때 기본 지침이 제대로 살아나고, 배움의 자세와 효율성 추구의 자세도 제대로 살아난다.

그러나 이렇게 일방적으로만 요구한다면 그 또한 문제가 될 수 있다. 사회적 차원, 제도적 차원과도 연결되겠지만, 수발서비스 제공자에 대한 사회적 대우,

35) 부산의 형제원을 비롯해 영화로도 만들어져 세간의 주목을 받은 공지영의 "도가니"에 나오는 시설 등은 장애인을 단순히 돈벌이 수단으로 삼았을 뿐만 아니라 더 나아가 착취 대상에 노리개로 대우한다. 최근에도 치매 노인 시설에서 부패된 음식에 방치와 학대를 일삼는 시설들이 적지 않다는 사실이 뉴스에서도 보도되었다: "보는 눈이 없는 야간에 폭행이 가해지는가 하면, 치매 노인 혼자 마을을 배회하도록 놔둔 경우도" [...] "지난 2008년 노인장기요양 제도가 처음 도입된 뒤 이용자 수가 세 배로 늘었지만, 부실 판정을 받은 시설이 절반에" 이르고 "근무기록을 조작해 보험금을 부당청구하고, 노인학대도 연간 270건이나 발생하는데도 지자체들은 형식적인 감독에" 그친다는 내용들이 끊임없이 보도되고 있다(http://v.media.daum.net/v/20161226210507999/2016.12.27., 인출).

급여, 인간적 대우가 그에 상응하지 않으면서 저 세 가지 어려운 요구들만 한다는 것은 모순이다. 오는 게 있어야 가는 게 있고, 인풋이 있어야 아웃풋이 있다. '열정페이'를 외치기만 하면 머지않아 "열정페이는 너나 하시고 나는 페이열정"(양경수, 2016)[36]이라며 받은 만큼만 일하겠다는 반응이 나오기 쉽다. 물론 모두가 다 어려운 상황에서 함께 힘들다면 그래도 인정으로, 인간적으로 참고 더 열심히 일할 수도 있다. 그러나 누군가의 고달픔은 대체로 누군가의 배부름과 짝을 하는 게 현실이다. 그래서 빈익빈 부익부가 점점 더 커지는 것이다. 그런 상황에서 저 세 가지 기준을 요구한다는 것은 부도덕할 뿐만 아니라 무책임하다 할 것이다. 부조리한 현실을 유지하는 일에 부역하는 셈이 될 테니까 말이다. 그러나 처우는 처우대로 제대로 요구하고, 치매 환자를 돌볼 때는 저 원칙을 지키도록 해야 하지 않을까? 가족과 친지의 경우도 마찬가지다. 아무 대가 없이 치매수발 들다가는 정작 본인의 노후는 어쩔 것이며, 더구나 치매라도 걸리면 어떻게 하겠는가? 마땅히 사회에서 챙겨주어야만 한다. 치매가 사회문제인 한 사회문제의 해결에 헌신하는 만큼은 아니더라도 최소한 악순환의 고리는 끊을 수 있도록 해주어야 한다. 결국 책상물림의 교과서 읊는 소리가 되지 않을까 염려되기는 하지만, 그러나 그 방향이 아니고서는 다른 길이 보이지 않는다.

---

36) 이 책에서는 현재 우리나라 기업의 노동문화가 얼마나 일방적인지 구체적으로 제시하지 않을 것이다. 다만, 이러한 일방성은 처우가 상대적으로 열악할수록 더 두드러지는 경향이 있다는 점은 분명하다. 그래서 비정규직의 경우 사람다운 대접을 받지 못하는 것인지 모른다.

제 2 장

의학적 이해

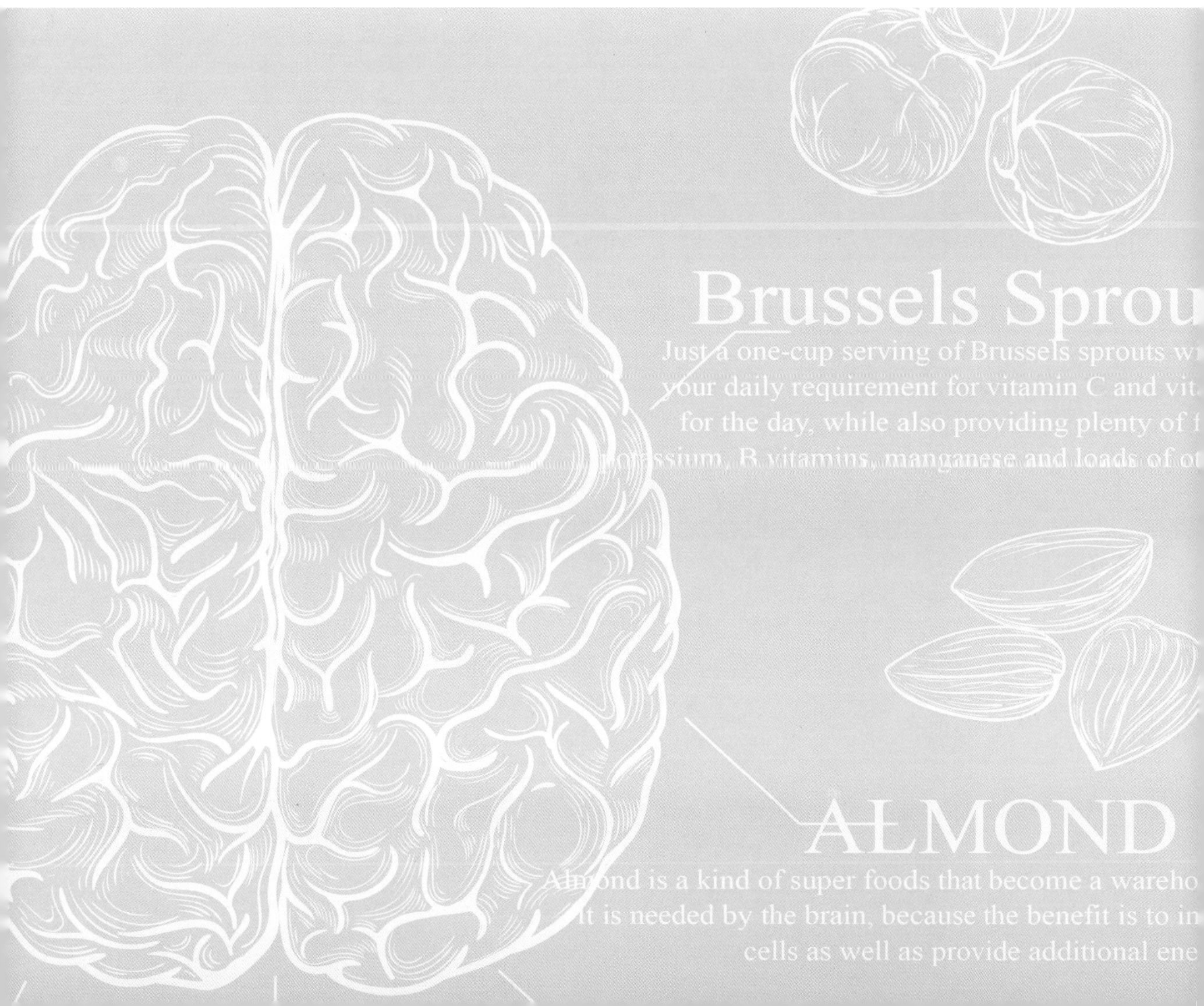
Brussels Sprou
Just a one-cup serving of Brussels sprouts w
your daily requirement for vitamin C and vit
for the day, while also providing plenty of
ALMOND
Almond is a kind of super foods that become a wareho
It is needed by the brain, because the benefit is to in
cells as well as provide additional ene

I 기초 개념

1. 뇌의 구조 개관

우리에게 뇌를 포함한 신경계가 외부 자극을 지각하고, 생각과 판단을 하며, 팔다리를 움직여 행동하게 만드는 데 중추적인 역할을 한다는 사실은 낯설지 않다. 신경은 음식물을 섭취하고 외부 환경에 맞추어 체내 환경을 일정하게 유지하기 위한 다양한 기능에도 중요하다. 사람을 해부할 수도 없고 현미경도 없던 고대에는 사람이 어떻게 지각하고 생각하며 행동하는지 알 도리가 없었기 때문에 자연 혹은 신의 힘이 그 원인이라고 생각했다. 이후 고대 그리스에서 자연과 자아를 구분하는 인식이 발달하고, 철학이 확립되면서 인류의 지식 증가와 함께 뇌와 신경계에 대한 지식도 축적되었다. 그렇지만 뇌와 인간에 대해 현재 우리가 알고 있는 지식의 대부분은 17세기 과학혁명 이후, 더 엄밀하게 이야기하자면 화학, 생물학 등 세부 과학이 자리를 잡은 19세기를 지나 20세기를 거치면서 폭발적으로 증가한 결과다. 그럼에도 불구하고 아직 규명되지 않은 정신 현상과 신경현상들이 무수히 많아서 뇌는 21세기 마지막으로 남은 비밀스런 장기로 불리고 있다[1].

---

1) 우리가 스스로 가꾸고 지켜가야 할 뇌는 정말 중요하다.

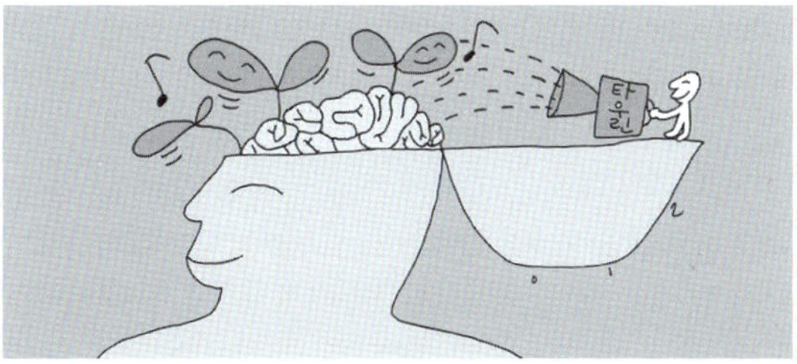

온 몸에 매우 치밀하게 퍼져있는 신경계라고 부르는 체계는 뇌에서 시작해 척수를 지나 말단에 이르는 매우 가느다란 전선줄로 이해할 수 있다. 이런 신경계는 뇌에서 시작해 두개골을 나와 척수를 이루는 중추신경계(central nervous system)와 중추 신경을 제외한 말초 신경계(peripheral nervous system)로 분류할 수 있다.

1) 신경계의 시작 – 뇌

중추신경계의 핵심인 뇌는 연두부처럼 매우 부드러운 조직이기 때문에 쉽게 손상당할 우려가 있어 두개골이라는 딱딱한 골격 안에 넣어 외부 충격으로 보호할 뿐 아니라 다시 뇌척수액[2)]으로 둘러싸여 물 위에 둥둥 떠 있는 모양으로 보관된다. 뇌를 겉에서 보면 주름이 잡힌 반쪽이 서로 붙어 있는 호두처럼 보이고, 크기와 무게는 1,200~1,300그램 정도로 양배추와 비슷하다. 뇌를 펼치면 표면적이 2,300㎠로 신문지 반장 정도의 작은 면적에 불과하다. 하지만 뇌는 혈관을 통해 혈액과 영양분을 공급받으며 우리 몸의 에너지 약 20%를 소모한다. 또한 사고, 기억, 판단 등의 기능뿐 아니라 체온, 혈압, 호흡, 내장 운동 등 생명유지에

2) 뇌척수액은 뇌실(ventricle)과 지주막하 공간을 따라 뇌와 척수를 순환하면서 외부 충격에 대한 완충작용과 함께 호르몬과 노폐물을 운반 및 배설 기능을 담당하는 액체를 말한다. 하루에 약 500cc정도가 생산되고 흐르다가 비슷한 양이 분해되고 흡수되어 성인의 경우 100~150cc정도가 유지되도록 조절된다. 마치 신선한 물을 유지하기 위해 수영장을 관리하는 것을 연상시킨다. 뇌척수액은 뇌실의 내부에는 맥락얼기(choroid plexus; 뇌막락막망)에서 생산되어 4번째 뇌실의 구멍을 통해 뇌의 바깥으로 나가 뇌와 척수의 거미막밑공간을 순환하다가 거미막과립에서 분해되어 없어진다.
뇌실(ventricle)은 뇌 내부에 있는 방이라는 뜻으로 그 존재는 이미 고대부터 알려졌는데, 인간 정신 기능의 중심으로 간주되기도 했다. 뇌실은 가쪽뇌실, 제3뇌실, 제4뇌실 등 3개의 뇌실이 모두 연결되어 있는 연속적인 공간이다. 가쪽뇌실은 좌우 2개의 대칭으로 된 C자형의 기본 모양에 앞, 뒤, 옆으로 불룩한 물주머니 모양을 하고 있다. 이 뇌실은 뇌실 사이 구멍을 통해 좌우뿐 아니라 제 3뇌실과도 연결된다. 제3뇌실은 가쪽뇌실의 아래쪽에 위치하며 다시 더 아래쪽 뇌줄기 부근의 제4뇌실과 연결된다.
뇌막(cerebral meninges)은 두개골 안에서 뇌를 3겹의 포장지처럼 싸서 보호한다. 바깥쪽부터 뇌경질막(경막, 경뇌막, dura mater–단단한 엄마라는 뜻)이, 그 아래로 얇고 그물 같은 뇌거미막(지주막, subarachnoid membrane), 그리고 가장 아래쪽에 부드럽게 뇌를 감싸고 있는 것이 뇌연질막(pia mater, 부드러운 엄마라는 뜻)이다. 뇌거미막과 연질막 사이에 거미막밑공간(subarachnoid space)이라는 공간이 있는데, 이 속에는 투명한 뇌척수액(cerebrospinal fluid, CSF)이 흐른다.

필수적인 기능을 조율하는 역할도 한다.

뇌는 막대기에 아이스크림 2덩이가 쌓인 것처럼 보이는데 위쪽의 뇌를 대뇌(cerebrum), 아래쪽 뒤쪽의 뇌를 소뇌(cerebellum)라고 부른다. 그리고 두개골 안쪽에 막대기처럼 보이는 것이 뇌줄기/뇌간(brain stem)이다. 대뇌는 중심열(central fissure; Rolandic fissure)과 측열(lateral fissure; Sylvian fissure)이 두 개의 깊은 주름을 경계로 전두엽, 측두엽, 두정엽으로 나뉘며, 맨 뒤의 후두엽을 포함해 4개의 큰 엽(lobe)으로 구성된다. 대뇌의 안쪽에 시상, 시상하부 등으로 이루어진 간뇌(diencephalon)가 있고, 그 아래를 중간뇌(midbrain), 뇌교(pons), 숨뇌(연수, medulla oblongata)와 망상체(reticular activating system) 등으로 구성된 뇌줄기가 받쳐준다.

한편 뇌의 구조를 후뇌(hindbrain), 중뇌(midbrain), 전뇌(forebrain)로 구분하기도 한다. 후뇌는 숨뇌, 뇌교, 소뇌로 구성된다. 척수 바로 위에 있는 숨뇌는 생명유지에 필요한 여러 반사를 뇌신경을 통해 조절하는 기능을 한다. 중뇌와 숨뇌 사이에 위치한 뇌교는 수면과 각성에 관여하는 망상체의 일부분이 지나는 곳이다. 소뇌는 몸의 자세와 근육 긴장도를 정밀하게 교정하거나 몸의 균형 등 자세 유지 중추로서의 역할을 한다. 몸의 평형과 운동의 중추로서 운동량이 많은 동물일수록 잘 발달되었다. 중뇌는 후뇌와 전두 사이의 뇌로 그중 하나인 중뇌개에는 시상에서 시각과 청각정보를 받으며 중뇌피개에는 망상체가 지나가고, 종 특유의 행동을 조절하는 중뇌수도관 주변의 회백질, 운동계의 중요한 구성요소인 적핵과 흑질이 포함된다. 전뇌는 대뇌 피질, 백질, 변연계, 기저핵과 간뇌로 구성되어 있다.

2) 척 수

척수는 뇌와 말초 신경사이에서 중간다리 역할을 하는 신경계다. 뇌의 가장 마지막 부위인 숨뇌(medulla oblongata)에서 시작해 허리뼈 1~2번 높이까지 뻗어 있다. 척수는 척추뼈로 보호되며, 다시 수막(menings)과 경막(dura mater)이라는 막으로 둘러싸여 있는데, 이 두 개의 막 사이에는 뇌척수액(cerebrospinal fluid)이 채워져 있다. 척수를 횡단면으로 즉, 가로로 잘라 보면 뇌와는 반대로 회색질(grey matter)이 중앙에, 백질(white matter)이 바깥쪽에 있다. 둘 다 신경세포의 세포체와 축삭(axon)으로 이루어져 있다. 중앙의 등 쪽에는 감각정보를 받아들이는 신경세포, 배 쪽에는 운동을 일으키는 신경세포가 있고, 바깥쪽에는 감각정보를 뇌로 전달하는 오름척수 신경로(ascending spinal tract)와 내림척수 신경로(descending spinal tract)가 있다. 일부 자율신경 기능을 담당하는 신경다발도 포함되어 방광 조절이나 항문조임근 조절 기능을 한다.

3) 말초신경

중추신경과 달리 뼈나 뇌혈관장벽으로 보호받지 않는 말초신경은 31쌍의 척수신경과 12쌍의 뇌신경으로 이루어진 체신경(somatic nervous system), 내장운동과 같이 본인의 의지로 조절할 수 없는 자율신경계(autonomous nervous system)로 나뉜다. 자율신경계는 주로 흥분할 때 활동하는 교감신경과 안정된 상태에서 활성화되는 부교감신경으로 구분된다.

2. 대 뇌

대뇌는 피질(cortex), 회백질(grey matter), 백질(white matter), 기저핵(basal ganglia), 변연계(limbic system) 등으로 구분된다. 대뇌 피질은 대뇌의 가장 바깥쪽에 2~4mm 정도 두께로 주름이 많이 잡힌 호두 모양이다. 이 많은 주름 덕에 제한된 공간 속에서도 표면적이 매우 넓다. 피질에는 약 140억 개의 신경세포가 밀집해 마치 수세미처럼 보인다. 백질은 대뇌피질 아래에서 각 대뇌피질을 연결하는 전선줄의 모임으로 이해할 수 있다. 유슈신경섬유로 구성되기 때문에 흰색으로 보인다. 백질 안쪽 깊숙한 곳에 있는 기저핵은 신경세포들이 모인 회백질 덩어리로서 대뇌피질과 척수를 연결하는 운동로와 감각로의 중계소 역할을 하고 있다. 대뇌반구의 안쪽과 밑면에 있는 변연계는 행동의 동기와 감정 상태 관련 기능을 담당한다.

1) 피질 : 4개의 엽(lobe)

대뇌 피질은 주름들 사이의 깊은 고랑인 중심열(central fissure; Rolandic fissure)과 측열(lateral fissure; Sylvian fissure)을 경계로 서로 다른 기능을 하는 전두엽, 측두엽, 두정엽, 후두엽 등 4개의 영역으로 구분되어 있다. 이중 치매와 관련이 깊은 부분은 후두엽을 제외한 3개 영역이라 할 수 있다.[3]

(1) 전두엽(frontal lobe)

전두엽은 대뇌피질에서 가장 넓은 부분을 차지하며 가장 복잡한 기능을 수행한다. 뇌의 맨 앞에서 정수리에 이르는 전두엽은 인류의 진화와 더불어 그 기능과 크기가 확대되어 왔다. 전두엽은 그 기능에 따라 운동, 언어, 고위인지기능을 담당하는 3개 영역으로 구분된다.

3) 뇌의 구조와 각 영역은 다음 〈그림 2장-1〉에서 이해력을 높일 수 있다.

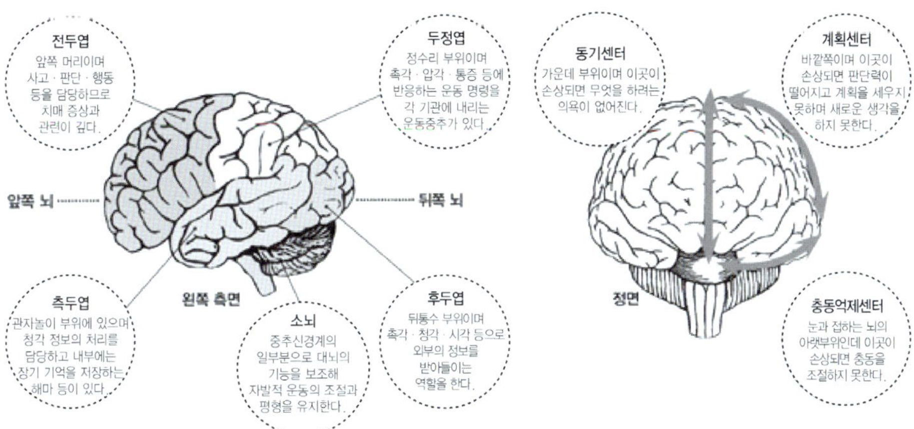

〈그림 2장-1〉 뇌의 구조

자료: http://www.sisapress.com/journal/article/141617/ 2017.1.15., 인출

〈표 2장-1〉 전두엽의 기능

각 영역	주요기능
운동 영역	전두엽 맨 뒷부분에 머리띠 모양의 피질은 몸의 다양한 근육들의 움직임을 조절한다. 운동을 직접 일으키는 일차 운동영역은 전기적으로 자극하면 반대쪽 몸의 일부에 운동이 나타나는데, 손 운동과 혀, 후두, 입술 등 발성에 관한 운동중추의 면적은 넓고, 허리와 하지 운동을 조정하는 중추는 비교적 좁다. 그 앞으로는 복잡한 운동을 조율하는 이차 운동영역이 존재한다.
브로카(Broca) 영역	이차 운동영역의 일부로 언어기능에 특화된 부위를 말한다. 프랑스의 신경학자 브로카가 탄(tan)이라는 운동성 언어장애 환자에 대한 증례를 보고하면서 유래되었다.
전전두영역 (prefrontal area)	전두엽에서 가장 넓은 부위로 인간을 다른 동물들과 명확하게 구분해주는 영역이라 할 수 있다. 전전두엽에서는 사고, 계획수립, 주의집중, 반성과 자기성찰, 의사결정, 문제해결, 정서조절 등 고차원적 정신활동들[4]이 이루어진다. 중요한 것은 전전두엽 덕분에 인간이 자신의 사고와 행동을 모두 의식하고 통제할 수 있다는 점이다.[5]

(2) 측두엽(temporal lobe)

측두엽은 전두엽과 두정엽의 아래에 있으며 관자엽이라고도 한다. 측두엽의 중요한 부위는 청각과 언어와 관련된다.

---

4) 주변에 대한 인식, 계획 및 실행기능, 주변 환경에 대한 사회적 판단을 통한 행동, 행동 억제, 언어표현, 연상작용 등을 말한다.

5) 전전두엽 손상으로 인한 증례로 가장 유명한 사례는 피니어스 게이지(Phineas Gage, 1823~1860)를 꼽을 수 있다. 1848년 미국 버몬트에 있는 철도회사의 현장 감독으로 일하던 그는 폭약으로 큰 바위를 제거하기 위해 바위에 구멍을 내고 구멍에 다이너마이트를 채운 후 그 구멍을 긴 쇠막대로 틀어막아야 했다. 그가 구멍을 틀어막고 있을 때 실수로 다이너마이트가 폭발하여 틀어막고 있던 쇠막대가 하늘로 치솟아 게이지의 왼쪽 볼을 치고 그의 머리를 관통했다. 쇠막대가 그의 머리뼈에 지름이 10센티미터나 되는 구멍을 내고 왼쪽 눈 뒤의 전두엽을 뚫어버렸다. 모두들 그가 죽을 줄 알았지만, 긴 쇠막대가 제거된 후 신체적으로 일을 하는 데는 별 문제가 없었다. 다만 더 이상 침착하게 일을 하지 못하고 갑자기 버럭 화를 내는가 하면 이유도 없이 욕을 해대는 모습을 보여주었다고 한다. 그를 치료한 할로우라는 의사의 보고로 뇌의 특별 부위 손상이 성격과 행동에 영향을 준다는 것을 처음 보여준 사건으로 기록되어 전해오고 있다.

〈표 2장-2〉 측두엽의 기능

각 영역	주요기능
청각 영역	각 귀의 내이에 있는 수용체 즉, 달팽이관으로부터 감각섬유를 받는 일차 청각피질에는 우표 크기만 한 청각 조절 중추가 있어서 소리를 해석한다.
베르니케 영역	측두엽의 위쪽에 위치하며 후두엽의 시각피질과 측두엽 청각 영역으로부터 정보를 받아 문자와 말을 이해하는 기능을 담당한다.
연합영역	시각적 정보와 운동에 대한 정보를 받아 분석하고 통합하는 연합 영역을 통해 얼굴인식, 내비게이션 등의 활동이 이루어진다.

전두엽과 측두엽에 국한된 병리적 변화로 인해 행동 및 성격 변화가 주로 나타나는 퇴행성 치매인 전측두엽 변성(Frontotemporal lobar degeneration)의 일종인 의미 치매(semantic dementia)는 말의 유창함은 비교적 유지되지만 필요한 말이나 적절한 단어 사용이 불가능하여 말의 내용이 없거나 알 수 없게 되는 유형을 말한다. MRI 촬영으로 보면 측두엽 앞쪽에서 뇌가 위축된 것을 발견할 수 있다.

(3) 두정엽(parietal lobe)

두정엽은 중심고랑의 뒤쪽 및 바깥쪽 고랑의 상부에 위치하는 부분으로 마루엽이라고도 한다. 두정엽은 중심뒤회(post central gyrus), 위쪽과 아래쪽 아엽(superior and inferior parietal lobule)의 3개 부위로 나뉜다.

- 체성감각영역 및 연합영역: 중심뒤회에 일차 체감각 영역이 위치하고 그 뒤의 위쪽두정아엽에 체성감각연합영역이 존재한다. 이들 부위에서 외부로부터 오는 정보를 조합하고 문자를 단어로 조합하여 의미 있는 것으로 만든다. 그리고 신체의 각 부위로부터 올라오는 감각정보를 해당 대뇌 피질에서 최종 종합한 다음 각 부위로 보내는 역할도 한다. 따라서 노래, 악기연주, 비언어적 시각경험과정에도 중요하게 관여한다. 사고와 인식 기능 중에서도 수학이나 물리학에 필요한 사물의 크기, 형태, 무게, 짜임새, 경도, 입체, 공간적 사고와 인식기능, 계산 및 연상기능 등을 인식, 수행하며, 외부로부터 들어오는 정보를 조합하는 역할을 한다.

거스트만 증후군(Gerstmann Syndrome)은 마루엽(두정엽)의 손상으로 발생하는 증상을 총칭한다. 실독증(dyslexia; 읽기곤란증, 문자, 단어, 문장을 이해하지 못함), 실서증(dysgraphia; 손이나 손가락 및 글씨를 쓰는 데 필요한 신체의 다른 부분에는 장애가 없지만 뇌의 측두엽이나 마루엽의 장애에 의하여 바르게 글씨를 쓸 수 없는 증상), 계산장애(dyscalculia), 손가락 실인증(finger agnosia; 자신의 손가락 위치를 지각하고 이를 확인하는 데 어려움을 겪는 증상. 예를 들어 두 번째 손가락을 두드리거나 엄지손가락으로 네 번째 손가락을 만지라고 했을 때 이를 제대로 수행하지 못함), 좌우혼동(right-left confusion)등의 증상으로 구성된다.

(4) 후두엽(occipital lobe)

두정 - 후두구(parieto-occipital sulcus)의 뒤에 위치한 엽으로 후두엽은 일차 시각정보를 받아 두정엽과 측두엽의 연합영역으로 내보낸다.

2) 대뇌 대칭성

대뇌는 중앙에 있는 고랑을 사이에 두고 좌반구(좌뇌)와 우반구(우뇌)로 나뉜다. '언어 뇌'라고 하는 좌뇌가 발달하면 언어 구사 능력, 문자나 숫자, 조리에 맞는 사고 등 분석적이고 논리적인 능력이 뛰어나다. '이미지 뇌'리고 하는 우뇌는 그림이나 음악 감상, 스포츠 활동 등 직관적으로 상황을 판단하는 감각 분야를 담당하고 있다. 따라서 양쪽 뇌가 고르게 발달해 균형을 이루는 게 바람직하다.

일반적으로 대뇌의 반은 반대쪽 몸의 반을 지배한다. 이는 뇌신경이 뇌간을 지나면서 서로 방향을 바꾸기 때문이며 좌반구에 변이 있는 경우는 우측 마비 등의 증상이 발생할 가능성이 높다. 이와 함께 언어장애가 동반된다면 우반구의 병변에 비해 증상이 심할 것으로 예측할 수 있다.

3) 백 질

뇌의 피질에 밀집한 신경세포 핵에서 유래하는 소초신경섬유들로 구성되는 백질은 교차연결섬유(commissural fibers), 연합섬유(association fibers), 투사섬유(projection fibers)로 구분된다. 그에 따른 구체적인 내용은 다음 〈표 2장-3〉과 같다.

〈표 2장-3〉 백질의 섬유기능

각 섬유	주요기능
교차연결 섬유	좌반구와 우반구를 잇는 섬유들로 이루어진 뇌량(corpus callosum), 해마에서 유두체를 연결하는 뇌궁(fornix)이 포함된다.
연합섬유	동일반구 내에서 여러 부위를 연결하는 짧거나 굵은 섬유 다발을 말한다.
투사섬유	대뇌피질에서 기저핵을 통해 뇌간으로 연결되는 섬유다발을 말한다.

한편 뇌의 백질을 통과하는 작은 혈관이 막히거나 혈류공급이 원활하지 않은 경우 백질 손상이 발생하고 이것이 뇌의 각 영역간의 연결을 방해하여 인지기능 장애, 보행장애, 우울증 등 다양한 증상을 보이는 치매를 일으킬 수 있다.

4) 변연계

모서리, 모퉁이, 가장자리 등을 의미하는 변연계(limbic system)는 대뇌 피질과 시상하부 사이에 위치한다. 조직학적으로는 신피질(necortex)과 구별되지만, 변연계의 일부가 측두엽을 이룰 뿐 아니라 측두엽 병소가 있는 경우 변연계의 기능장애가 일이니 측두엽과 함께 논의되는 것이 일반적이다. 해부학적으로는 대상회(cingulate gyrus), 해마구성체(hippocampal formation), 편도체(amygdala), 유두체(mamillary body) 등이 포함된다. 변연계는 시상가 시상하부와 밀접하게 연결되어 섭식, 성적행동 등 본능적인 행동과 관련되고 학습 및 기억, 각종 정서반응과도 관련된다. 이 부위가 손상된 경우 클루버－부시 증후군(Kluber Bucy syndrome), 환미(gustatory hallucination), 최근 기억 손상 등의 장애가 발생할 수 있다.

(1) 해 마

치매와 관련해 중요한 구조물로 해마를 들 수 있다. 해마는 외측뇌실(lateral ventricle) 아래에 위치하며 앞쪽은 부풀어 올라 해마발(pes hippocampi)을 형성하고 뇌실 밑으로는 해마에서 시작되는 신경섬유들의 다발인 해마백색판(alveus)이 있다.

이들이 안쪽으로 모여서 해마술(fimbria)을 만들고, 이것이 뇌궁다리(crus of fornix)로 이어진다.

해마 손상으로 인한 장애를 겪은 환자 중 가장 유명한 증례는 H.M이라는 남자 환자이다. 그는 조절되지 않는 간질을 치료하기 위하여 내측 측두엽을 절제하는 뇌수술을 받았다. 수술결과 간질 치료는 성공적이었지만 심한 부작용이 생겼다. IQ수준이 정상이고 성격도 변화가 없었으며 일상적인 대화는 잘했지만, 자신의 경험을 장기기억에 저장할 수가 없었다. 예를 들어 한참 대화를 나누고 다시 만난 사람인데도 전혀 기억하지 못했다. 수술받기 전의 기억은 모두 유지되고 또 아주 짧은 시간 동안의 초단기기억도 정상적인데, 다만 그 외의 기억은 하지 못했다. 과학자들은 H.M의 경우 간질 치료를 위해 양쪽 해마를 모두 제거한 것이 기억력 저하의 원인으로 생각했다. 이에 따르면 해마는 새로운 기억을 저장시키는 데 결정적인 역할을 담당하고, 보다 오래된 과거의 기억은 뇌 어딘가 다른 부위에 저장된다.

(2) 편도체

편도체는 모양이 아몬드(almond)와 닮았다고 해서 붙여진 이름으로 외측뇌실뿔(lateral horn of ventricle)의 앞쪽에 위치해 있다. 공포, 불안 등 감정 조절에 주요한 역할을 하며, 해마와의 연결을 통해 감정이 관여한 기억에도 중요한 역할을 한다.

5) 기저핵

기저핵(basal ganglia)은 대뇌반구의 중심부에 자리 잡은 큰 핵의 집단으로 선조체(copus striatum)라고도 한다. 주로 운동 통제 역할을 하며 추체외로 운동계(extrapyramidal motor system)의 중요한 일원으로 미상핵(caudate nuclues), 피각(putamen), 담창구(globus pallidus)의 세부분으로 나뉜다. 대뇌 피질, 시상 및 시상하부, 망상체, 척수 등과 연결되어 있다.

기저핵의 손상은 파킨슨병(Parkinson's disease)이나 헌팅턴병(Huntington's disease)을 일으킬 수 있다. 진행성 운동장애인 특발성 파킨슨병은 기저핵의 퇴행성변화로 인해 손 떨림, 걸음걸이 장애, 무표정한 얼굴, 구부정한 자세 등이 점차 심해지는 질병이다. 헌팅턴병은 상염색체 우성으로 유전되는 유전질병이기에 손, 발, 얼굴, 몸통이 발작적으로 움직이는 듯한 무도병(Chorea)과 무의식적으로 몸을 비트는 듯한 비교적 느린 무정위운동(Athetosis)을 보이는 희귀한 질병이다.

6) 간 뇌

뇌줄기 위쪽, 대뇌의 아래쪽에 위치한 간뇌(diencephalon)에는 시상과 시상하부라는 주요한 구조물이 있다. 시상은 그리스말로 휴게실이라는 뜻으로 후각을 제외한 모든 감각 정보가 중계되는 중계 센터이며 변연계와도 밀접한 관계가 있다. 따라서 이 부위의 단독 손상으로도 감각장애뿐 아니라 치매와 같은 인지장애가 나타날 수 있다. 시상하부는 뇌하수체를 통해 호르몬을 조절함으로써 성적 욕구, 기쁨, 통증, 배고픔, 목마름, 혈압, 체온 등을 관장한다. 또한 데카르트가 영혼이 머무는 곳이라고 지칭한 송과선이라는 구조물은 멜라토닌을 분비하여 수면과 일주기 조절에도 관여한다.

3. 뇌줄기

뇌줄기는 위에서부터 중간뇌, 뇌교, 숨뇌(연수)로 이어지며, 그 안에는 망상체(reticular activating system)가 들어 있다. 중간뇌에는 안구 조절과 관련된 신경핵이 있고, 멜라닌 색소를 포함한 핵질이 위치해 도파민의 생산과 분비에 중요한 역할을 담당한다. 또한 소뇌로부터 운동 정보를 전달받아 시상으로 전달하고, 시각 및 청각 정보의 전달에도 관여한다. 약 3~4cm 정도 길이로 앞에서 보면 소뇌반구를 연결하는 다리처럼 보이는 뇌교는 운동을 담당하는 피라미드가 지나가는 길목이고, 일부 뇌신경세포가 여기서 기원한다. 대뇌의 맨 아래 부위인 숨뇌는 팔과 다리의 운동을 지배하는 신경들이 교차하는 곳이며 제4뇌실의 바닥과 연결되어 있다. 호흡, 맥박 등 생명에 직접적으로 영향을 미치는 자율신경계를 관장하며 하부 뇌신경의 중추이기도 하다.

4. 소 뇌

대뇌의 뒤쪽에 위치하는 소뇌는 전체 뇌 용적의 10% 정도이고 무게는 약 150g 정도이다. 대뇌와 마찬가지로 주름이 잡혀 있는 반구가 결합된 형태로 뇌 줄기에 붙어 있다. 소뇌는 운동을 직접 조정하기보다 외부로부터 받은 감각정보를 활용하여 자발적인 근육운동을 보다 정밀하고 섬세하게 조정하는 역할을 한다. 따라서 이 부위가 손상되면 근육 긴장이 저하되어 걸음걸이 조절이 어렵고, 움직임이 부자연스러우며, 근육의 조화로운 협동작용이 안 되어 정밀한 운동을 할 수 없게 된다.

Ⅱ 신경세포와 뇌에 대한 이해

1. 신경세포의 구조

1) 기본 구조

인간의 뇌에는 약 1천억 개의 신경세포가 존재한다. 각 신경세포는 독자적으로 존재하면서 다른 신경세포와 소통을 하고 있다. 즉, 신경세포는 내적인 특징, 다른 신경세포와의 연결 특성, 위치, 정보를 처리하고 처리하는 능력 등에 따라 다양한 특성을 가지고 있다. 그럼에도 신경세포의 구조는 몇몇 예외를 제외하면 공통적이라 할 수 있다.

신경세포는 다른 세포들과 마찬가지로 원형질(plasma membrane)로 둘러싸여 안정된 환경을 유지하는데 크게 보면 3개의 구역으로 나눌 수 있다. 먼저 신경세포체(neuroanal cell body, perikaryon)와 몇 개의 돌기(process)로 구성되고, 이 놀기들은 다시 기능에 따라 다른 세포에서 신호를 받는 부분인 수상돌기(dendrite)와 다른 세포에 신호를 전해주는 축삭돌기(axon)로 나뉠 수 있다. 수상돌기로부터 자극을 받아 세포체에서 신호를 조절하고, 다시 축삭돌기로 신호를 내보내는 단순한 구조이다. 신경세포는 미엘린 수초(myelin sheath)로 둘러싸여 있는데, 축삭을 통해 신호를 보낼 때 신호의 소실을 막아 신호전달을 원활하게 하기 위한 것이다.

이에 비해 신경세포체는 세포핵(neucleus)과 세포질(cytoplasm)로 나뉘는데, 세포핵을 둘러싼 이중막의 구멍을 통해 이 둘 사이의 물질 소통이 이루어진다. 세포핵에는 단백질을 합성하고 세포의 분화를 조절하는 유전물질을 포함한 염색체(chromosome)가 존재한다. 젤라틴 같은 형태의 세포질에는 골지장치(Golgi apparatus),

사립체(mitochondria), 용해소체(lybosome), 미세소관(micro tubule)등 여러 소기관들이 있다. 뉴런에 따라 여러 가지 신경세포체가 있으며, 크기는 5μm에서 1mm를 넘는 것까지 매우 다양하다.

수상돌기는 신경세포체에서 나뭇가지처럼 여러 돌기가 돌출된 모양으로 축삭돌기에 비해 숫자가 많고 짧은 편이다. 다른 세포로부터 전달되는 전기적 변화를 감지하면서 환경에 따라 수와 밀도가 변화하는 수상돌기가시(dendritic spine)가 있는 수상돌기가 많은데, 최근 이 수상돌기가시가 학습, 기억, 의욕 등과 관련이 있다는 연구결과들이 보고되고 있다. 수상돌기에는 또 덩어리 모양 내지 미세과립 형태의 호염기성 물질로 신경세포의 기능 혹은 영양과 관련이 있어 보이는 니슬소체(Nissl body)도 있다.

신경세포에 한 개만 존재하는 축삭돌기는 신경세포체에서 시작하는 긴 전선줄과 비교될 수 있는데 사람의 경우 1mm 정도부터 수십cm 단위까지 다양하다. 이렇게 긴 골격을 유지하기 위해 축삭돌기는 미세소관(microtubule)으로 이루어져 있으며, 신경세포체에서 만들어진 단백질을 통해 축삭돌기 끝까지 운반한다. 축삭돌기 말단은 많은 가지로 갈라지고 다른 신경세포의 수상돌기와 시냅스 구조를 이룬다.

수초가 있는 신경세포를 유수신경, 없는 경우는 무수신경이라 한다. 수초의 두께, 축삭의 굵기와 신경자극 속도는 정비례관계가 있어 수초는 주변 조직과의 전기적인 절연, 전도속도 증가 등 신경전달에 도움을 주기 위한 구조물로 생각된다. 또한 수초는 연속되어 있는 것이 아니고, 일정한 간격으로 랑비에 결절이라고 부르는 지점이 있다. 여기서부터 신경섬유가 나가거나 물질교환이 일어나는 것으로 생각된다. 이런 수초는 척추동물에서만 발견되기 때문에 대체로 몸집이 작은 무척추 동물은 필요하지 않지만 체구가 커진 척추동물에서는 먼 거리까지 신경정보를 전달하기 위한 진화적 적응의 산물로 생각하고 있다.

2) 신경세포의 종류

시각, 청각, 촉각, 후각, 미각 등 외부로부터 들어오는 감각자극은 뇌로 전달되고 이를 바탕으로 신경세포들 간의 연결을 통해 정보 처리가 이루어진 후 근육과 골격을 통해 행동이 이루어진다. 이 각각의 과정에 감각신경세포(감각뉴런), 연합신경세포(연합뉴런), 운동신경세포(운동뉴런) 등 서로 다른 신경세포들이 관여되어 있다[6].

3) 신경교세포

전체 신경 조직을 구성하는 세포 중 수에서 신경세포보다 약간 많은 세포들을 일러 신경 접착제(nerve glue)란 뜻의 신경교세포(glial cell)라 한다. 신경세포대비 신경교세포의 비율은 신경계에 따라 달라서 대뇌 피질의 경우 신경교세포가 3배가량 많은 반면, 소뇌는 신경세포가 4배가량 많다. 신경세포가 신경 조직의 본질적인 기능을 담당한다면, 신경교세포는 신경세포를 둘러싸고 세포의 생화학적 환경 유지, 신경세포의 구조적 안정 지지, 손상 후의 복구 보조, 뇌 활동 보조 물질들 공급 등의 역할을 한다. 신경세포와 달리 신경교세포에는 축삭이 없고 돌기가 하나뿐이며 몇몇 예외를 빼고는 세포와 세포간의 시냅스를 형성하지 않는다. 다양한 염색방법을 통해 신경교세포들이 발견되었는데, 매우 좁은 세포 외 공간(cxtracellula space)의 액체에 포함된 이온, 아미노산 등을 교환하는 과정을 통해 신경세포의 안정적인 기능 유지에 도움을 주고 있다[7].

6) 신경세포 과정에서 언급된 세부 내용들은 다음과 같다. 첫째, 감각신경세포(sensory neuron): 감각기관에서 중추신경계로 신호를 전달하는 감각신경세포는 수상돌기가 하나고, 축삭돌기가 비교적 짧은 특징이 있다. 신경세포체도 다른 뉴런에 비해 작은 편이고, 수상돌기가 여러 개 뻗어 있지 않아 둥글게 생겼다. 척추동물에서는 외부에서 가까운 감각기관으로부터 가급적 멀리 떨어져 신체 내부에 신경세포체를 두면서, 신경세포를 보호하기 위해 축삭돌기와 수상돌기 모두 미엘린 수초에 둘러싸여 있다. 둘째, 연합신경세포(interneuron): 중추신경계를 이루는 신경세포로 감각신경세포와 운동신경세포를 연결하고 자신들 간에도 복잡한 네트워크를 이룬다. 이 세포는 신경세포체의 크기가 비교적 작고 축삭돌기도 그리 길지 않으며 미엘린 수초에 둘러싸여 있지도 않다. 대신 수상돌기의 수가 많아 다른 세포로부터 수많은 정보를 받을 수 있는 것이 특징이다. 셋째, 운동신경세포(motor neuron): 신경세포체는 크고 수상돌기는 몇 개이며 축삭돌기는 하나이고 길이가 길어서 미엘린 수초에 둘러싸여 있다. 얼굴과 머리의 근육을 지배하는 세포체는 뇌간에 있으며 사지와 몸통을 지배하는 세포체는 척수에 위치하고 있다.

2. 뇌의 주요 기능

1) 감각(sensation)

생명체와 세계의 접촉은 감각에서 비롯하고 이는 인간도 예외가 될 수 없다. 생물학적으로 말하면 감각이란 외부의 물리적 자극을 받아들이는 생명체의 반응이라 할 수 있다. 인간의 감각은 우리가 흔히 생각하는 감각인 시각, 촉각, 청각, 후각, 미각 등 다섯 가지 외에도 근육, 관절 등에 분포한 운동감각(kinesthetic sense) 혹은 고유감각(proprioception)과 중력이나 가속도에 의해 자극되는 내이의 전정기관에서 담당하는 평형감각(sense of equilibrium)을 포함해 다양한 감각들이 있다.

감각에 대한 인간의 관심은 매우 오래되어 아리스토텔레스(Aristoteles, BC 384~322)도 언급한바 있다. 19세기에 뮐러(J.P. Müller, 1801～1858)는 자극의 종류에 상관없이 어떤 감각 신경이 흥분하는가에 따라 사람의 감각이 달라진다는 '특수신경에너지설'을 주장하였다. 시각은 눈, 청각은 귀, 후각은 코 등과 같이 대부분의 감각은 개개의 감각에 특화된 기관을 갖는데, 오직 피부만이 촉각, 통각, 압박감 등 다양한 감각을 수용할 수 있도록 발달되었다. 이런 감각을 수용하기 위해 신경은 다양한 종류의 수용체를 발전시켜 왔다. 이를테면 빛에 대한 광수용체(photo-receptor), 냄새에 대한 화학수용체(chemo-receptor), 온도에 대한 열수용체(thermo-receptor) 등이다. 그런데 이런 수용체들은 같은 자극이라도 동물의 종에

7) 신경교세포에서 언급할 수 있는 주요 몇 가지를 살펴보면 다음 4가지를 언급할 수 있다. 첫째, 성상교세포(astrocyte): 주로 뇌와 척수의 백질에서 관찰되는 섬유성(fibrous)과 회백질에서 발견되며 모세혈관과 접촉하는 원형질(protoplasmic), 이렇게 두 가지로 구분된다. 성상교세포는 신경계가 손상되면 분열하여 손상된 신경세포의 빈자리를 메꿈으로써 손상 회복에 기여한다. 중추신경계가 발달하고 조직화되는 과정에서 특정 부위까지 긴 돌기를 뻗은 후 신경세포의 이동을 돕는 역할을 한다. 둘째, 희돌기교세포(oligodendrocyte): 회백질에서는 신경섬유체 부근에, 백질에서는 신경섬유들 사이에 존재하며, 말초신경계에서는 슈반세포(Schwann cell)와 같은 기능을 한다. 희돌기세포와 슈반세포는 축삭과 함께 미엘린 수초를 만든다. 말초신경이 손상된 부위에 남은 슈반세포는 원래 신경이 뻗은 부분으로 신경재생 방향을 결정한다. 셋째, 소교세포(microglia): 검은 원형질과 핵을 가진 작은 세포로 변성된 신경세포나 이물질을 잡아먹는 청소 기능을 하는 것으로 추정된다. 넷째, 상의세포(ependymal cell): 모세혈관을 둘러싸 혈액뇌관문(blood-brain-barrier, BBB)을 형성한다.

따라서 반응하는 정도가 다르다. 사람의 눈은 가시광선만 볼 수 있지만, 동물에 따라서는 자외선이나 적외선에 반응하는 것들도 있고, 동물의 페르몬은 사람의 후각 범위를 벗어나는 경우가 흔하다.

그렇다면 자극과 감각은 어떤 관계일까? 감각이 일어나는 데 필요한 최소 자극의 세기를 역치(threshold, 문턱)라고 한다. 이 역치가 낮아서 미약한 정도의 자극과 그 변화를 느낄 수 있다면 감각이 예민하다고 표현하는데, 후자를 특히 판별성이라고 부르기도 한다. 감각 수용체가 흥분하면 활동전위가 발생하고, 이 빈도는 자극의 세기가 증가함에 따라 그 크기에 비례해 증가하는 경향이 있다. 이런 감각의 특성을 1858년 페히너(G.T. Fechner, 1801~1887)는 감각의 강도는 자극의 대수에 정비례한다는 페히너법칙 또는 정신물리함수(psychophysical function)로 설명하기도 했다. 한편, 자극이 반복되는 경우 습관화로 인하여 자극에 반응하는 신호의 빈도가 줄어드는 현상도 발견되는데, 이를 순응(adaptation)이라고 한다. 일반적으로 후각과 촉각은 순응이 빠르고 통각은 느리다고 알려져 있다.

2) 지각(perception)

사전적으로 지각은 감각기관을 통해 사물을 인식하는 능력이라고 정의한다. 사람이 감각으로부터 어떻게 인지와 행동을 만들 수 있는지에 대한 관심은 이미 고대에서부터 시작되어 근대까지 주로 철학의 영역에서 다루어졌다. 이런 관심은 주로 지식의 근원과 타당성에 대한 질문으로 표현되었고, 철학은 이 영역을 소위 인식론(epistemology)이라 부르고 있다.[8)]

감각과 지각의 차이는 무엇일까? 많은 철학자와 심리학자들이 일단 감각과 지각이 단순한가, 복잡한가로 구분한다. 이에 따르면 감각은 특정한 수용기에 의해

8) 지각을 위해서는 '나'와 세상의 구분이 필요하고 시공간에 대상이 존재해야 하며, '나'의 주의 혹은 의지가 그 대상으로 향해야 한다. 사람이 자연의 일부인지, 객관적인 세상과 사물이라는 것이 존재하는지, 사물의 지각이 어떻게 이루어지는지, 지각이 어떻게 지식을 만드는지, 그렇게 만들어진 지식이 세상을 어떻게 반영하는지 등 매우 다양한 철학적 주제와 학설들이 존재한다. 이에 대해서는 앞의 철학적 이해 부분에서 데카르트며 "매트릭스" 부분을 참조하면 좀더 구체적인 내용을 인식할 수 있다.

이루어지는 단순한 과정이고, 지각은 이러한 감각들이 연합하여 나타난다. 예컨대 차가움에 대한 감각이 통증이나 과거의 경험과 연합되어 춥다고 인식되는 경우, 이는 지각이라고 할 수 있다. 대표적인 경험론자의 한명인 존 로크(John Locke: 1632~1704)의 구분에 따르면, 감각(sensation)이 외적 자극에 대한 수용이며 단순관념을 일으키는데 반해, 지각(perception)은 그런 단순관념들이 서로 연합(association)한 결과로서 우리의 관념에 행사된 마음 최초의 능력인 동시에, 우리가 반성으로부터 얻는 최초이면서 가장 간단한 관념이며, 일반적으로 사람들이 사고(thinking)라고 부르는 것이라고 말했다. 따라서 그에게 감각이란 수동적인 것이며, 지각은 능동적인 것이다.

두정엽은 시각적 대상의 공간적 위치와 형태를 파악하는 지각능력과 시공간적 구성 및 조직화를 담당하는데, 이를 어떻게(how)-경로라고 부른다. 예를 들어 길을 찾아 가거나 그림을 그리거나 혹은 퍼즐을 맞출 때 쓰이는 이 능력은 언어능력과는 반대로 우반구(특히 두정엽)에서 주로 담당하는 것으로 알려졌다. 그러나 최근의 연구 결과 양반구 모두 관여하지만 그 양상이 다를 뿐이라는 사실이 밝혀졌다. 우반구는 자극의 전체적인 윤곽을 구성하는 데 관여하고, 좌반구는 자극의 세부적인 내용을 구성하는 데 관여한다.

측두엽에서는 무생물, 생물, 동물, 인간 등으로 나누어서 대상을 인식하고, 그 대상에 명칭을 붙이는데, 이를 무엇(what)-경로라고 한다. 실인증(agnosia)은 '알지 못함'이라는 의미로 기본적인 감각, 주의력, 언어능력, 지능 등의 문제가 없음에도 불구하고 자극을 인식하지 못하는 증상을 말한다. 실인증으로 잘 알려진 것은 연합성 시각 실인증의 한 형태인 얼굴인식불능증(prosopagnosia)으로 신경학자인 올리버 색스가 쓴 "아내를 모자로 착각한 남자"의 주제이기도 하다. 여기에는 낯선 사람을 보아도 친한 사람이 변장했다고 믿는 프레골리 증후군(Fregoli syndrome)과 반대로 친숙한 사람을 다른 사람이 변장한 것이라고 믿는 캡그라스(Capgras syndrome) 증후군이 포함된다.

사람은 다양한 모양의 컵을 보고 별다른 생각을 하지 않아도 컵이라고 인식하고 오래전에 만났던 사람의 얼굴이 약간 변형되어도 그 사람이라고 쉽게 알아본다. 이렇게 다양한 형상과 형태의 것들을 순식간에 알아볼 수 있는 것은 패턴인지(pattern recognition)때문이다. 패턴인지를 통해 우리는 물체와 배경을 분리해서 통째로 인지하는데, 이를 전경-배경분리(figure-background segregation)라고 부른다. 이는 루빈(E. J. Rubin)의 잔[9]과 같이 흑백그림을 보면서 어디에 집중하는가에 따라 서로 다르게 보이는 착시 현상을 통해 쉽게 확인할 수 있다. 이런 시각 패턴 인지는 사물의 특징적 패턴들을 조합하여 인식한다는 상향식(bottom-up)처리 모델과 자극을 이미 머릿속에 존재하는 원형모델과의 매칭을 통해 인식한다는 하향식(top-down)처리 모델로 구분된다.

3) 주의(attention)

뇌가 감각기관을 통해 쉴 틈 없이 연이어 들어오는 정보를 모두 처리하고 지시할 수는 없기 때문에 정보의 취사선택이 필요한데, 여기서 주요한 역할을 하는 것이 주의(attention)다. 일반적으로 주의는 선택적 주의(selective attention), 집중적 주의(focused attention), 분할적 주의(divided attention)로 분류된다.

집중적 주의는 어떤 사물이나 작업에 집중하는 기능을 말하며 스포트라이트나 레이저빔을 생각해보면 쉽게 이해할 수 있다. 집중적 주의를 오랫동안 유지하는 경우를 지속적 주의(sustained attention)라 하고, 반대로 집중을 유지하지 못하는

9) 루빈의 잔(1921)으로서 검은 색에 초점을 맞추면 사람얼굴로 보이고, 하얀 부분에 초점을 맞추면 잔으로 보이는 〈그림 2장-2〉이다. 이는 같은 그림이 사람에 따라 다르게 지각할 수 있다는 것을 말해준다.

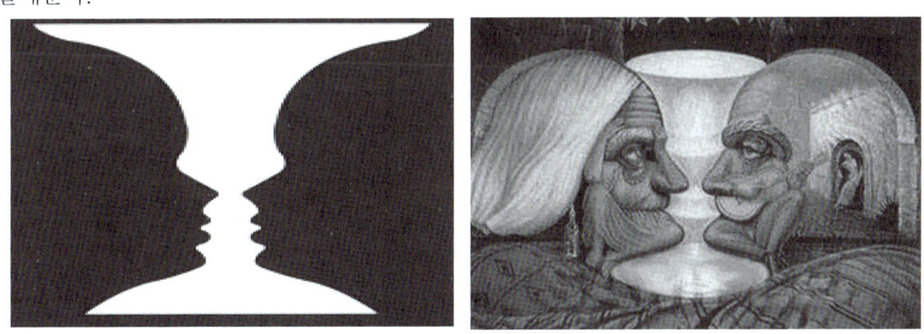

〈그림 2장-2〉 루빈의 잔

자료: http://m.blog.daum.net/visitor/15709185/ 2017.1.15

것을 주의산만(attentional distraction)이라고 한다. 집중적 주의는 정보 처리 용량에 한계가 있어 보통 30분 정도 지나면 급격하게 감소하기 마련이다.

분할적 주의는 음악을 들으면서 책을 읽는 것처럼 두 가지 일을 동시에 하는 경우에 주의가 배분되어 사용되는 것을 말한다. 어떤 일을 할 때 사용되는 주의의 양이 일정하다고 가정하면 두 가지 일을 할 때 배분하는 양에 따라 각각의 일의 효율에 차이가 날 수 있는데, 어려운 일일수록 주의에 필요한 자원을 많이 소모할 것이므로 두 가지 일을 동시에 똑같은 정도로 하기는 어려울 것이다. 학습에 의해 자동적으로 할 수 있는 일의 경우 자원 소모량이 줄기 때문에, 숙련된 활동일수록 두 가지 일을 동시에 하기 유리하다.

파티에서 여러 사람이 모여서 저마다 대화를 나눌 때 관심이 있는 소리에 주의가 쏠리는 것을 칵테일 효과(cocktail effect)라고 하는데, 선택적 주의에 대한 예로 알려져 있다. 선택적 주의 연구를 위해서는 헤드폰을 통해 양쪽 귀에 서로 다른 소리를 들려주고 실험과제를 주는 양이분리청취법(dichotic listening method)을 사용하는데, 이를 통해 체리(C. Cherry, 1914~1979)와 브로드벤트(D.E. Broadbent, 1926~1993)는 각각 필요한 정보를 초기에 선택하고 불필요한 정보는 걸러낸다는 필터가설(filter theory)을 주장하였다. 이에 반해 안네 마리 트리스먼(A.M. Treisman, 1935~)은 선택받지 못한 정보를 완전히 차단하기보다는 감소시킨다는 주의 선택 쇠퇴 모델을 주장했다. 정보 선택에서 기존 지식이나 자극의 의미가 중요하기 때문에 의미처리까지 끝이 난 후에 선택된다는 후기 선택설(late selection theory)도 제기되었다(Donald Mackay, Deutsch & Deutsch, Norman). 이처럼 선택 주의에 대해서는 아직도 정보 선택의 시기뿐 아니라 방법 등 다양한 부분에 대해 연구가 진행형에 있다.

우리는 어떤 일에 집중하느라고 다른 사람의 말이나 약속을 깜빡하는 경우가 간혹 있다. 이는 일이나 자극에 집중하고 선택하는 것은 다른 자극을 무시한다는 것과 같은 말이 된다. 이런 현상으로 잘 알려진 것이 두 장의 사진이나 도형을 빠른 간격으로 보여주고 한 장에 수정을 가한 후 다시 보여주면 변화를 찾아내기 어려운 변화 맹시(change blindness) 방법이 있다. 따라서 한 번 무시한 자극을 후

속자극으로 제시하면 반응 속도가 느려지는 현상이 관찰된다. 이를 부정적 점화(negative priming)라고 하는데, 무시한 자극을 무의식적으로 억제되도록 정보처리하는 걸 말한다. 이와 유사하게 두 가지 특징을 가진 자극을 주고, 그 중 하나만을 응답하게 하면 두 가지 특징 간에 갈등이 발생하는 스트룹효과(stroop effect)가 있다. 한 가지 특징에만 주의를 기울이고 나머지를 무시하려고 해도 자동화되어 무시가 어려운 경우를 말한다. 예컨대 빨강색으로 빨강색이라고 쓴 단어는 아무런 어려움이 없지만, 파란색으로 빨강색이라고 쓴 다음 글씨가 아니라 색깔을 말하라든지, 색깔이 아니고 글씨를 말하라는 식의 지시를 내리면 반응속도가 느려지는 경우를 꼽을 수 있다.

주의와 뇌 부위로는 전두엽의 앞부분(전전두엽)과 두정엽, 망상체, 시상 그리고 변연계 등이 있고, 이러한 뇌 부위가 손상되면 주의력에 장애가 생기기 마련이다. 가장 잘 알려진 예가 편측무시(hemispatial neglect) 현상이다. 하두정엽(inferior parietal lobe)의 손상된 경우 시신경이나 시각 피질의 손상이 없음에도 불구하고 반대 방향의 반쪽에 위치한 물체를 인식할 수 없는 현상을 말한다. 이는 좌뇌보다 우뇌손상의 경우 두드러지게 나타난다.

4) 언어(language)

생존과 번식을 위한 행위가 대부분이기는 하지만 조류, 박쥐, 돌고래 등 생명체는 다른 개체와 의사소통을 하는 것으로 알려져 있다. 그중에서 인간은 공기흐름에 의한 소리를 이용한 언어를 사용한다. 이는 인간만의 특별한 능력으로서 인간과 가장 가까운 침팬지나 고릴라의 경우 집중적인 훈련으로 일부 단어를 발음할 수는 있지만, 인간처럼 원활하게 언어를 이용해 의사소통을 할 수는 없다.

그 이유 중 하나가 해부학적 구조다. 호흡을 하면서 사는 육상 포유동물은 폐에 공기를 전달하는 기관 가운데 맨 위에 위치하는 것이 후두다. 후두는 발성기관이기도 한데, 이 후두가 좁아졌다 넓어졌다 하는 운동을 하면서 지나가는 공기의 양을 조절함으로써 소리를 낸다. 그런데 이 후두가 인간의 경우 목 아래쪽에 있는 반면, 침팬지는 코 뒤쪽 가까운 위쪽에 위치하기 때문에 공기의 흐름 조절이 쉽지 않고, 또 몸속에서 후두를 지나 소리가 지나는 거리가 짧아 정교한 소리를 만들어 낼 수 없다. 이러한 변화는 인간이 아프리카 사바나에서 직립을 시작하고 나머지 세계로 이동하는 과정에서 사회적 집단 유지가 필요하고 상징을 활용하는 능력이 발달하는 과정과 함께 발달한 것으로 추정되고 있다.

인간은 생후 6개월이면 불분명하지만 소리를 내고, 1년이 지나면 몇몇 단어를 말할 수 있다. 2년이 지나면 2개 이상의 단어를 말하고, 3살이면 문장을 말하며, 4살이면 어른과 유사한 언어능력이 완성된다고 본다. 그렇다면 이런 언어능력은 부모의 정성어린 양육과정에서 얻어지는 학습의 결과일까? 일부 학자들은 그렇지 않다고 주장한다. 예컨대 세계적인 언어학자 노엄 촘스키(Noam Chomsky, 1928~)의 생성문법이론(Generative Grammar theory)에 따르면 인간이 복잡한 구조의 언어지식을 매우 빠르게 습득할 수 있는 이유는 태어날 때부터 인간의 언어에 보편적으로 작용하는 언어습득장치(language acquisition device, LAD)를 가지고 있기 때문이라고 한다. 반면 어떤 학자들은 언어를 위한 특별한 구조라는 것은 없고, 일반적인 인지발달과 상호작용하면서 언어능력이 형성된다고 주장하고 있다.

다른 사람의 말이 청각을 통해 뇌로 전달된 후 일단의 과정을 거쳐 발화가 이루어지는 과정에 대해 구체적으로 알게 된 것은 19세기 프랑스 의사인 브로카(Paul Broca, 1824～1880)의 공이 크다. 브로카는 뇌졸중으로 인한 우측 편마비가 있으면서 말을 못하고 간질을 심하게 앓던 레보른(Leborgne)이라는 뇌 손상 환자를 의뢰받았다. 그 환자는 지능도 정상이고 말을 알아듣는 데도 문제가 없었다. 그런데 말하기에서는 오직 '탄(tan)'이라는 발음밖에 할 수 없어서 '탄'이라는 별명으로 불렸다. 이 환자가 사망하자 부검을 실시한 결과 좌반구 세 번째 전두회(frontal gyrus)를 따라 달걀 크기 정도로 뇌 조직이 손상된 상태였다. 브로카는 후속 연구에서 주로 좌반구에 위치하는 이 영역이 언어구사능력과 관련이 있다고 주장했다. 이후 이런 형태의 언어장애를 '브로카 실어증(Broca aphasia)' 혹은 '운동성 실어증(motor aphasia)'이라고 부른다.

독일의 신경정신과 의사 카를 베르니케(Carl Wernicke, 1848~1904)는 말은 유창하게 하지만 말을 이해하는 데는 심각한 장애를 보이는 환자를 보고하면서 측두엽의 병변 역시 언어 결함을 초래할 수 있다고 주장했다. 이 부위가 단어에 의미를 배정하는 데 중요한 역할을 한다고 본 그는 이처럼 단어를 발화할 수는 있지만 그 의미가 통합되지 않는 경우를 '베르니케 실어증(Wernicke's aphasia)' 혹은 '감각성 실어증(sensory aphasia)'이라고 불렀다. 이런 실어증을 보이는 사람들은 말은 유창하게 늘어놓지만, 그 의미가 분명하지 않고 또 단어를 전혀 다른 의미로 사용하거나 아예 새로운 단어를 만들어내기도 한다. 더욱이 자신의 언어장애를 자각하지 못하는 경우가 흔하다.

이렇게 밝혀진 두 개의 주요 언어중추는 각각 두뇌 앞쪽과 뒤쪽에 위치하기 때문에 양쪽의 언어 정보를 연결하는 것이 필요한데, '궁형소속(arcuate fasciculus, 궁성얼기)'이라는 신경다발이 그 역할을 담당하고 있다. 이 부위가 손상되면 이해와 발화는 가능하지만 따라 말하기가 불가능한 '전도성 실어증(conduction aphasia)'이 발생한다. 한편 궁형소속이 베르니케 영역을 나와서 그 위의 뒤쪽으로 구부러지는 곳에 각회(angular gyrus)라는 부분이 있는데, 읽기와 다른 언어처리를 중개하는 이 부위가 손상되면 쓰기는 가능하지만 읽기가 어려워진다.

5) 기 억

기억이란 심장이나 간과 같은 단일 기관의 기능이 아니라 서로 협력하여 일하는 시스템들의 연합작용이며 과거로부터 배우고 미래를 예측할 수 있게 해주는 기능이다 사람의 기억을 나눌 수 있을까? 사실 기억이라는 것이 있고, 그것이 우리의 삶에 매우 중요하다는 것은 이미 고대부터 알고 있었지만 기억이 더 작은 구성 요소 혹은 시스템으로 나뉠 수 있다는 생각은 그리 오래 되지 않았다. 근대에 뇌 속에서 기억의 자리를 찾으려고 한 래슐리(Karl Lashley, 1890~1958)는 쥐 실험에서 대뇌 피질의 다양한 부위를 제거하고 미로 통과 학습을 시킨 결과 미로 통과를 위한 기억의 저하는 전체적인 피질 손상의 양과 관련이 있지만 특정 부위와는 연관이 없다고 보고하였다. 그는 이런 결과를 '양적 법칙(law of mass action)'이라고 부르고, 학습으로 형성된 기억은 뇌의 어느 특정 부분으로 국소화할 수 없다고 주장하였다. 이와는 반대로 캐나다의 도널드 헵(Donald Hebb, 1904~1985)은 대뇌피질의 세포집단들이 함께 작동하며 다양한 세포 연결을 통해 정보가 기억된다고 주장하였다. 그의 이런 주장은 후속 연구들을 통해 단일한 기억 구역은 존재하지 않지만 뇌의 여러 구역들이 서로 협력하여 기억을 분산 저장한다는 현대적 개념 형성의 토대가 되었다.

1960년대 기억을 설명하는 주요 모델로 양식모델(modal model), 이중저장 이론(deuplex theory)이란 별명으로 불린 앳킨슨(Richard Atkinson, 1929~)과 시프린(Richard Shiffrin, 1942~)의 모델이 있다. 이에 따르면 기억을 구성하는 감각기억(sensory memory)을 통해 정보를 획득하고 단기기억(short term memory)을 통해 반복하고 오래 저장하면 장기기억(long term memory)으로 저장된다는 것이다. 기억의 요소들은 저마다 저장고의 역할을 하면서 직렬로 연결되어 정보를 처리한다. 감각기억은 아주 짧은 동안만 존재하는데, 시각기억의 경우 사진을 빠르게 넘기면 움직이는 것처럼 보이는 현상을 통해 쉽게 확인할 수 있다. 이를 잔상효과(persistence of effect) 혹은 영상기억(iconic memory)이라고 부른다. 시각 기억보다는 좀 더 오래 가는 청각 기억에는 반향기억(echoic memory)이 있는데, 숫자 기억의 경우 눈으로 보기만 하는 것보다는 귀에 들려줄 때 더 잘 기억된다는 사실이 실험적으로 확인된다. 하지만 단기기억과 장기기억이 단순하게 시간과 반복에 의해 직렬로 연결된 컴퓨터와 같은 구조인지에 대해서는 이후 논란이 많다.

현재 국내에서 통용되는 기억 관련 용어가 혼란스러운 점이 있다. 실험심리학에서 단기 기억은 작업기억과 같은 의미로 사용되고, 2~3초 이상의 기간 동안 접근이 가능한 기억은 장기기억이라고 부른다. 한편 일부 임상 현장에서는 최근 수분에서 수일 동안 접근 가능한 기억을 단기기억이라고 부르고, 수주에서 수년 동안 유지되는 기억을 장기기억이라고 부르는 경향이 있다. 실험심리학적 관점에서는 2~3초 이상 지속되는 기억이 형성되는 기전은 그 이후의 기간에 상관없이 동일하다고 보지만, 임상적으로는 최근 일을 기억하는 것과 보다 오래된 기억의 상실로 인한 증상과 질병의 원인이 다를 수 있다는 실용적인 측면을 반영한 것이다. 이런 혼돈은 영어 번역 과정에서 빚어진 부분이라 생각된다. 실험심리학적 측면에서 기억은 short term memory와 long term memory를, 임상 현장에서는 recent memory와 remote memory를 모두 단기기억과 장기기억으로 번역한 것이다[10].

우리가 학습하고 기억하려고 하면 뇌는 일련의 생리학적, 신경화학적 변화를 보이기 마련이다. 그렇다면 어떤 과정을 통해 기억이 저장되는 것일까? 군소의 연구에서 처음 반응을 일으킨 자극이 계속되면 자극을 무시하는 습관화(habituation)가 아니라 반대로 자극이 반복되면 반응 확률이 올라가는 민감화(sensitization) 현상이 나타난다. 자극에 의해 신경전달물질의 양이 변하면 신경세포 간 연결의 세기가 변하고, 이것이 보존되면 단기기억이 유지된다. 다시 훈련을 통해 시냅스 세기의 장기적인 변화가 일어나면 장기기억이 된다. 이때 반복되는 패턴의 자극을 통한 흥분성 시냅스 변형을 장기증강(long term potentiation, LTP)이라고 부른다.

서술기억의 경우 시각, 청각 등 감각정보는 시각 피질, 청각 피질, 감각운동 피질(sensory motor cortex) 등을 활성화시키는데, 이때 전전두엽(prefrontal cortex)이 함께 참여하여 네트워크를 형성함으로써 작업기억을 형성하는 것이다. 이때 작동하는 전전두엽은 감각피질의 신경세포 활동을 유지하기 위한 하향되먹임(top down feedback) 신호를 보내는데, 배덜리의 작업기억 모델에서 중앙집행기에 해당한다. 그에 비해 전전두엽은 작업기억을 통해 기억에 전략적으로 접근함으로써 현재 목표를 달성하기 위한 전략을 세우고 융통성 있게 활용할 수 있도록 하

10) 현실적으로 1000억 개의 신경세포와 그들 간의 수많은 연결을 연구하여 기억의 저장소를 찾아낸다는 것은 실현가능성이 매우 희박하다. 때문에 과학자들은 보통 포유류의 해마, 편도체 등 뇌의 일부 구역만을 대상으로 연구하기도 하고, 보다 단순한 무척추 동물을 대상으로 연구한다. 그 중 가장 유명한 것이 기억의 연구로 노벨상을 수상한 칸델(Eric Kandel)이 이용한, 토끼처럼 생긴 바다달팽이인 군소(sea hare, Aplysia californica)이다. 이 동물은 신경절(ganglion)이 10개고, 각각의 신경절에 포함된 신경세포가 2000개에 불과한데다, 어떤 신경세포의 경우 지름 1mm로 눈으로 확인할 수 있을 정도다. 게다가 이 동물은 조건화 학습(conditional learning)을 시킬 수도 있다. 또 한 가지 유명한 동물은 생식세포의 염색체가 4개에 불과해 23쌍인 인간에 비해 매우 단순하고 세대 간의 기간이 2주일에 불과해 유전연구에 널리 사용되는 초파리(Drosophila melanogaster)다. 유전자를 이용해 기억과 기타 질병 연구에 널리 사용되는 동물 모델의 또 한 가지 예는 생쥐다. 특정한 유전자를 제거하여 질병의 발생으로 인한 증상과 치료 효과 등을 관찰하기 위해 유전자 녹아웃 생쥐(knockout mice)를 이용하고 있다.

는 집행기능(executive function)도 수행한다. 이런 단기기억이 장기기억으로 전환하기 위해서는 내측 측두엽의 역할이 중요하다.

내측 측두엽은 해마, 편도체 그리고 이들 주변 피질을 아우르는 부위로 편도체는 기억에 필수적인 부위는 아니지만 감정 및 감정적인 기억에 중요하다. 해마와 주변 피질은 뇌의 여러 부위에서 유래한 정보가 기억을 위해 집중되는 부위이며, 기억이 저장되는 곳으로 알려져 있다. 이들 부위는 환경에 대한 표상을 의미하는 인지지도(cognitive map)를 저장할 뿐 아니라 운동 중에 내재적인 단서를 제공해 기준 위치를 계속 파악하는 경로통합(path intergration)에도 관여함으로써 학습에 결정적인 영향을 미친다. 하지만 해마는 일정한 기간만 필요한 것으로 보이는데 이는 시간이 지나면 기억은 재조직화되고 안정화되기 때문이다. 이때 해마의 역할은 점차 감소하고 다른 피질들은 서로의 연결을 강화하는 방식으로 세계에 관한 지식과 기존 표상들이 서서히 통합되면서 안정화된다. 이로 인해 오래된 기억은 안정화되고 잊히기 어려운 반면, 최근 기억은 상대적으로 쉽게 잊히는 현상이 나타난다. 이 현상을 처음 보고한 사람의 이름을 붙여 '리보의 법칙(Ribot's law)'이라고 부른다. 그리고 뇌의 기능이 저하됨에 따라 기억이 느리고 흐려지지만 자신이 누구인지, 어디서 왔는지 등의 필수정보는 오래도록 유지되는 특징이 있는데, 이를 우아한 하강(graceful degradation)이라고 부른다.

모든 것을 다 기억하는 사람은 행복할까? 러시아의 심리학자 루리아(Alexander Luria, 1902~1977)가 보고한 공감각(synesthesia) 능력을 활용한 신문기자 출신 기억술사 세레세프스키(Shereshevski, 1886~1958)의 삶은 믿을 수 없는 기억력에 대한 찬사와 하찮은 기억도 잊을 수 없는 고통이 교차하는 복잡한 것이라고 하였다. 망각이라는 자연 현상에 대해 시간에 따른 감퇴(decay)와 이어지는 학습에 의한 간섭(inference)이라는 두 가지 학설이 있다. 시간에 의한 쇠퇴로 인한 망각은 무의미한 음절로 구성된 리스트를 암기하고 재인하는 연구를 통해 시간이 지남에 따라 L자형의 망각률을 보인다는 유명한 망각 곡선(forgetting curve)을 만든 에빙하우스(Hermann Ebbinghaus)의 실험이 대표적이다.

간섭(inference)에 의한 망각 현상은 새로운 정보가 유입되면서 오래된 정보가 유지되는 것을 간섭함으로써 망각을 일으키는 역행 간섭(retroactive interference)과 오래된 정보가 새로운 정보의 유입을 간섭하여 망각을 발생시키는 순행억제(proactive inhibition)가 있다. 역행 간섭은 1940년대와 1950년대 쌍대연합학습(paired associate learning) 기법을 사용하여 연구되었는데 군함과 선원을 연합시켜 외운 후 군함과 군인을 새롭게 학습시키면 이전에 연합시킨 군함과 선원의 연결이 약화되는 것을 확인할 수 있다. 순행억제는 두 개의 단어목록을 학습하는 것과 이 중 나중의 목록만을 학습하는 것을 비교하면 전자의 경우 학습효율이 저하되는 것을 통해 확인할 수 있다. 이는 일상생활에서 핸드폰을 교체한 후 이전 번호는 기억이 나지만 바뀐 번호는 기억이 나지 않는 것과 같이 생활에서 쉽게 관찰할 수 있다. 이런 순행억제는 자극의 범주를 바꿈으로써 간섭을 줄일 수도 있는데, 이를 순행억제로부터의 해방(release from proactive inhibition)이라고 한다. 이런 현상은 광고나 뉴스 등에서 비슷한 주제에 대한 제시가 끝날 때 쯤 중요한 뉴스를 제시함으로써 독자의 기억을 자극하는 방식 등 다양한 영역에서 활용되고 있다. 쇠퇴설과 간섭설의 차이가 흥미로운 이유는 망각이라는 현상의 기억이 흔적도 없이 사라지는 것인지 혹은 어디엔가는 남아있는데 접근하지 못하는 것인지에 대한 보다 근본적인 질문과 연관될 수 있기 때문이다.

어떤 질문을 받았을 때 답을 아는 것 같지만 쉽게 기억이 나지 않는 경험은 매우 흔하다. 이렇게 기억된 정보에 접근해서 기억을 회상하는 인출(retrieval)과정에 대한 연구는 일상에서 활용할 수 있는 많은 정보를 준다. 기억이 나지 않는 경우 단서를 제공하면 회상이 쉬워진다는 것은 매우 당연해 보인다. 툴빙(Endel Tulving, 1927~)은 이를 단서 의존 망각(cue-dependent forgetting)이라고 불렀다. 단서는 단어의 첫 글자, 카테고리 등 어떤 것도 상관이 없는데, 이렇게 기억의 조각을 입력하면 나머지도 다 불러낼 수 있는 기억의 특징을 기억 내용의 주소화(content addressability)라고 한다.

학습할 때 유입되는 자료의 처리 방법도 인출에 영향을 미치기 마련이다. 학습자료를 체계적이고 논리적으로 분류해서 부호화하는 것이 도움이 되고, 앞서 언급한 정보처리의 깊이도 큰 영향을 미칠 수 있다. 학습과 함께 냄새나 이미지 등 감각을 합치는 것을 통해 회상을 용이하게 할 수도 있다. 이와 함께 약간의 활동이 더해지면 시각적인 부호화가 풍부해져 기억에 용이하다. 이렇게 처리 방법에 따라 회상이 영향을 받는 이유는 다양한데, 예컨대 학습 당시의 환경이나 상황 등을 재현하면 회상이 늘어난다는 맥락의존성(context dependency), 학습자의 내적인 상태를 복원하면 회상이 늘어나는 상태의존성(state dependency) 등을 언급할 수 있다.

6) 운동(movement)

우리가 하는 많은 행동 중에 눈을 뜨고 돌린다든지, 소리 나는 쪽으로 머리를 돌린다든지 하는 행동은 의식적으로 할 수도 있지만 자동적인 반사 수준으로 일어나기도 한다. 이를 뇌간 반사(brainstem reflex)라고 부르는데, 이처럼 기초적인 수준의 자동반사 행동은 주로 척수나 뇌간에서 처리된다. 대뇌 역시 이와 유사한 운동에 관여하기도 하는데, 피아니스트가 피아노를 친다거나, 운전사가 운전을 하는 것처럼 의식의 관여 없이도 일련의 행동을 빠르게 하는 경우다. 이런 운동을 계획된 운동(programmed movement)이라고 한다. 물론 익숙하지 않은 행동을 해야 하는 경우의 운동에는 계획, 기억, 학습 등 보다 고위 기능이 사용된다.

운동을 주로 처리하는 대뇌 피질 영역은 일차운동영역(primary motor area), 전운동영역(premotor area), 이차운동영역(secondary motor area), 보조운동영역(supplement motor area) 등이 있다. 중심열(central fissure) 바로 앞에 위치한 일차운동영역은 바로 뒤에 있는 일차 감각영역(primary sensory area)으로부터 운동 시작 전과 운동하는 동안에 정보를 전달받아 근육의 활동을 조정한다. 그 앞에 있는 전운동영역은 이때 시각과 청각 정보를 활용해 운동을 인도하는 역할을 한다. 중심열의 아래쪽에 있는 이차운동영역은 일차운동영역보다 늦게 발견된 영역인데, 일차운동영역과 달리 좀 더 넓은 부위의 근육을 움직여 운동하게 한다. 아울러 운동하고 있는 부분의 감각정보를 받기도 한다. 보조운동영역은 일차운동영역 앞의 안쪽에 위치하며 운동의 시작, 자세의 안정, 순차적 운동 순서와 양손 운동의 조정 등에 관여하는 것으로 알려져 있다.

피질에서 명령을 내려 사지로 내려가는 경로 중 중요한 한 가지는 피질척수로

(corticospinal tract)이다. 피질에서 시작되는 이 경로는 뇌간의 다양한 부위를 거쳐 척수로 이어지고, 그 다음 사지로 연결되어 운동을 조율하는 역할을 한다. 이 경로는 명령을 전달할 뿐 아니라 근육이나 관절로부터 전달된 소뇌의 정보들을 받아 고유감각을 촉진하는 역할도 한다. 복잡한 운동의 경우는 감각자극의 피드백을 받아가면서 오류를 줄이고 정확한 운동을 할 수 있게 조정되어야 하는데, 이런 역할은 소뇌가 담당하고 있다.

III 치매에 대한 의학적 이해

1. 치매의 개념

1) 치매의 정의

치매라는 용어가 문헌에 등장하기 시작한 시기는 17세기 이후부터다. 치매의 개념 자체는 그간 많은 혼란을 거쳐 오늘날에 이르렀다. 일반적으로 치매는 뇌의 질병으로 인식된다. 질병이란 무엇인가에 대한 근원적이고 복잡하며 전문적인 논의는 따로 살필 필요가 있겠고, 아울러 노인이 아니면서 치매를 앓고 있는 사람들에 대한 논의도 여기서는 제외하고자 한다. 그런 이유로 본 책자에서는 치매가 대부분 노년기에 발생하는 만큼 자연스러운 노화와 다른 이유들을 역학, 증상, 경과, 원인의 측면에서 간략하게 살펴보고자 한다.

현재 우리가 알고 있는 치매의 주요한 특징은 다음 3가지다. 첫째, 치매는 인지장애(cognitive disability)다. 인지란 인간이 외부 세계를 지각하고 파악하며 적절하게 대응하는 데 필요한 기능을 말한다. 전통적으로 철학의 한 분야로 여겨졌으나 과학혁명, 생물학에 대한 과학적 접근, 19세기 독일의 분트(Wilhelm Max Wundt, 1832~1920)를 필두로 시작된 실험심리의 발전, 20세기 중반 인지과학의 대두 등을 거치며 현대의 가장 중요한 과학적 주제 중 하나가 되었다. 현재 인지기능은 기억력, 언어능력, 주의력, 실행기능 등 다양한 하위영역으로 나뉘어 연구 중이다. 치매로 인해 저하되는 인지기능이 기억력 위주인지, 실행기능 위주인지, 혹은 한 가지 인지기능만 저하되는지, 두 가지 이상의 인지기능이 저하되는지 등 치매의 인지기능 저하의 특성 규명과 함께 치매의 진단기준에 적용되고 있다.

둘째, 치매는 후천적 장애를 의미한다. 인간은 출생 이후 비교적 오랜 기간 생물학적, 사회적 성숙과정을 거치는데, 이를 발달(development)이라고 한다. 유전자 이상 등에 의한 선천적인 장애나 정상적인 발달과정이 이루어지지 못해 발생하는 발달장애와 달리 치매는 충분한 발달이 이루어진 상태에서 일어난다는 특징을 보여주고 있다. 특히 사고나 질병 등 외부 요인에 의해 정상적인 해부학적 구조나 기능의 상실 또는 제한으로 인해 발생한다. 이렇게 충분한 성숙이 이루어진 이후 점진적인 악화를 경험하는 경우를 퇴행(degeneration)이라고 부른다.

셋째, 후천적인 인지기능 장애를 일으키는 원인이 매우 다양하기 때문에 치매는 여러 원인질병들로 인한 증상들 무리를 통칭하는 증후군(syndrome)이다. '해리포터 증후군'처럼 이유는 다를 수 있어도 많은 사람들이 공통적으로 어떤 것에 빠지게 되는 현상을 나타내는 사회학적 용어로 사용되기도 한다. 그러나 치매에서의 증후군이란 유사한 증상들이 반복되어 나타나는 경우를 지칭하는 의학용어이다. 치매가 증후군이라는 말은 치매에서 나타나는 심각한 기억 손상, 주의력 저하, 언어 손상, 망상, 환각, 배회 등 다양한 증상들이 여러 가지 원인질병에서 기인할 수 있다는 의미이다. 또한 원인 질병이 서로 다른 질병으로 분류되는 만큼 증상들 역시 서로 다르다. 따라서 한 가지 원인 질병이 보이는 증상의 종류나 심각도는 치매의 일반적인 증상을 모두 포함하지 않을 수도 있다. 치매 환자가 모두 같은 증상을 보이지 않는 이유이기도 하다.

2) 질병으로서의 치매

(1) 치매와 노화

누구나 나이가 들면 깜빡깜빡하고 정신이 흐려지는 것이 당연하기 때문에 노인은 누구나 '치매기'가 있다는 주장이 있다. 이렇게 치매가 노화에 따른 자연스런 결과라는 주장은 한편으로는 치매에 대한 부정적인 인식을 줄이고 치매를 겪는 사람들이 이를 받아들이는 것을 수월하게 만드는 긍정적인 효과도 있다. 반면에 노화라는 운명적 결과에 대해 무기력하게 순응함으로써 치매에 대한 진단, 치료, 적극적 돌봄 등 필요한 조치를 필요 없는 것이라고 여기고 치매를 앓고 있는 사람들을 방치하는 부정적인 결과를 일으키기도 한다.

만약 치매가 자연스러운 노화로 인한 결과라면 노화가 일정 수준에 이른 사람들 모두가 치매에 걸려야 한다. 그러나 65세 이상 노인 중 치매를 앓고 있는 사람의 비율은 전체 노인의 약 10% 내외일 뿐이다. 즉 노인의 90%는 치매를 앓고 있지 않다. 그렇다면 초고령 사회에서는 어떨까? 치매를 앓고 있는 노인의 수는 연령 증가와 함께 증가하는 것은 분명한 사실이다. 70세 미만에서 2~3%의 노인만이 치매를 앓지만, 이후에는 5년에 2배씩 증가해서 85세가 넘으면 전체 노인의 약 30%가 치매를 앓고 있는 것으로 추정되고 있다. 그렇다면 이런 경향이 지속되면 100세가 넘으면 당연히 모든 사람이 치매를 가질 것으로 예상할 수 있다. 하지만 그렇지 않다. 95~100세 노인들에 대한 역학 연구에서도 치매를 앓고 있는 노인들의 비율은 50~80% 정도여서 100%에 달하지는 않는다는 보고다. 물론 뇌세포의 기능이 저하되고 세포들 간의 연결이 약화되면서 결국 언젠가는 치매에 걸릴 것이라는 주장도 있어서 단정 짓기는 어렵지만, 이런 주장도 대략 120세 정도가 되어야 모든 노인이 치매에 걸릴 것으로 예상하므로 현재 인간의 시대 수명을 훨씬 넘어선다.

〈표 2장-4〉 치매노인과 정상노인의 차이

구 분	정상 노인	치매 노인
최근 있었던 중요한 일을 기억하지 못한다.	×	○
적절한 말이 생각나지 않아 자주 말문이 막힌다.	×	○
친숙한 곳에서 길을 잘 찾지 못한다.	×	○
간단한 도구 조작도 못한다.	×	○
본인의 증상에 대한 관심이 있다.	×	○
일상생활에 남의 도움이 필요하다.	×	○
예전처럼 사회활동을 할 수 없다.	×	○

치매와 정상 노화를 구분하는 가장 중요한 기준은 초래된 지장의 심각성이다. 치매의 경우 인지기능의 저하가 독립적인 생활에 심각한 지장을 초래한다. 관절

염으로 걷지 못하는 노인은 시장에서 먹을 것을 사고 식사준비며 빨래하기가 어렵다. 이런 노인의 경우는 인지기능은 정상이지만 관절염으로 인해 일상생활에 제약을 받는다고 말할 수 있다. 이처럼 관절염 같은 신체질환이 없지만 치매로 인지기능이 저하된 경우에는 시장에 먹을 것을 사러 갔다가 엉뚱한 것을 사오고, 돈 계산을 하지 못하며, 집에 돌아와서도 식사 준비를 어떻게 해야 하는지 몰라 식사를 거르는 경우가 생긴다. 이런 노인의 경우는 신체적인 활동에는 문제가 없지만 인지 저하로 인해 독립적인 생활이 어려워진다.

(2) 치매와 망각

망각(forgetting)이 심해지면 혹시 치매가 아닐까 의심하는 노인들이 많다. 보통 '건망증'으로 불리는 기억력 감퇴는 정상적인 노화 과정에 수반되는 비교적 흔한 현상이므로 초기 치매 환자들이 보이는 기억력 장애와 감별해야 한다. 건망증의 경우에는 사건이나 경험의 내용 중 일부분을 잘 기억하지 못하는 반면, 치매 환자의 경우에는 그러한 사건이나 경험이 있었다는 사실 자체를 기억하지 못하는 경우가 많다. 예를 들어 보면 다음과 같다.

할머니가 낮에 오후 7시까지 남편과 함께 저녁을 드시러 오라는 딸의 전화를 받았다고 해보자. 할머니가 건망증이 있다면 "몇 시에 오라고 했더라?"하고 다시 딸에게 전화해서 묻겠지만, 만약 치매 환자라면 딸이 그런 전화를 했었다는 사실 자체를 잊어버린 채 남편 저녁을 준비하는 경우를 말한다. 또 건망증의 경우에는 기억나지 않던 부분이 어느 순간 다시 떠오르는 경우가 많지만, 치매 환자에서는 그런 경우가 거의 없다. 즉 건망증의 경우에는 기억된 내용을 인출하는데 어려움이 있는 반면, 치매의 경우에는 내용을 저장하는 단계부터 장애가 있는 것이다. 아울러 치매는 건망증과 달리 진행성 장애이기 때문에 기억력 장애는 점점 더 심해져 직무 수행이나 가정생활에 영향을 주기 마련이다. 따라서 기억력이 계속 조금씩 나빠진다면 건망증보다는 치매를 의심해 보아야 할 것이다.

치매는 흔히 알려진 바와 달리 단순한 기억력 장애에 그치지 않고 지남력[11]이

11) 지남력(指南力), 글자 그대로 풀자면 남쪽을 가리키는 능력이다. 자석을 '지남철'이라고도 한다.

나 언어 능력을 비롯한 인지 기능 전반에 걸친 장애이며, 성격 변화와 망상 등을 비롯한 정신병적 증상을 동반하는 경우도 적지 않다. 돈이 없어졌다며 근거 없이 가까운 가족을 반복적으로 의심하고, 예전에는 혼자서 잘 다니던 곳에서 길을 잃기도 하고, 계절을 분간하지 못하는가 하면, 적절한 어휘를 생각해내지 못해 의사 표현이 점차 모호해지는 경우다. 또한 돈 계산이 자주 틀리거나 그리 복잡하지 않은 계산인데도 아예 하지 않으려 하는 등의 증상이 동반된다면 역시 치매를 의심해야 한다.

(3) 치매의 경과

아쉽게도 대부분의 치매는 점차적으로 악화된다. 그리고 그 속도는 인지저하가 없는 노인에 비해 훨씬 빠르다. 예를 들어 대표적인 치매의 원인인 알츠하이머병은 진단부터 사망까지 평균 8~12년 정도가 소요된다고 알려져 있다. 때문에 치매를 앓고 있는 노인의 경우 그렇지 않은 노인에 비해 사망위험이 2~3배 증가한다. 이처럼 빠른 인지기능 저하 속도만 하더라도 치매가 일반적인 노화가 아닌 비정상적인 질병으로 보는 이유가 된다.

치매를 뇌의 질병으로 보는 증거 중 가장 분명한 것은 생물학적, 의학적 이유일 것이다. 즉 치매를 앓고 있는 노인의 뇌는 정상 노인의 뇌에 비해 현저하게 작고 피질의 두께도 눈에 띄게 얇아진다. 뒤에 언급하겠지만 알츠하이머병의 경우 뇌에 비정상적인 물질들이 축적되고, 이로 인한 독성 작용으로 뇌 신경세포가 사멸하는 과정을 밟게 된다. 혈관성 치매의 경우 뇌의 경색이나 출혈로 인해 뇌 신경세포가 손상되어 죽거나 세포들 간의 연결이 심하게 손상된 결과다. 뇌의 이런 변화는 정상적인 노화과정을 겪고 있는 노인들에서는 심하지 않기 때문에 치매의 증상을 보일 정도라면 뇌에 분명한 생물학적 변화가 발생했다는 추정이 가능하다.

그러니까 남쪽을 가리키는 능력이란 방향을 아는 능력인 셈이다. 이제는 방향뿐 아니라 시간과 장소와 상황, 환경, 관계 따위를 아는 능력으로 의미가 확장되었다.

3) 치매의 역학

역학(疫學, epidemiology)이란 그리스어의 덮는다는 의미의 에피(epi)와 국민이라는 의미의 데모스(demos) 그리고 학문이라는 의미의 로고스(logos)가 합쳐진 말이다. 즉 인간집단에서 일어나는 유행성 전염병 등 질병의 분포 양상과 그 원인을 규명하는 학문을 말한다. 그런 이유들로 역학 연구는 일정 기간에 해당 인구집단에서 치매가 새로 발생하는 건수의 비율을 표시되는 발병율(incidence rate)과 특정 시점에서 치매를 앓고 있는 사람의 비율을 표시하는 유병율(prevalence), 치매의 발생과 관련이 있는 여러 가지 개체적, 환경적 특성을 규명하는 위험인자(risk factor) 등을 알아낼 수 있다.

일반적으로 치매의 원인으로 알츠하이머병이 가장 흔하고 혈관성 치매가 그 다음으로 많다고 알려져 있다. 하지만 과거 일본을 비롯한 일부 국가를 대상으로 한 연구에서는 오히려 그 반대 결과가 보고되기도 했다. 해당 국가에서 뇌졸중의 유병율이 상대적으로 높은 것이 그 이유들로 해석되었다. 그러나 다른 이유들도 있는데, 예컨대 혈관성 치매의 경우 뇌졸중 발병과 인지기능 저하와의 연관성을 인정하는 기준, 혈관성 치매 진단에 뇌영상 촬영 포함 여부, 뇌졸중으로 인한 치매 발생으로 인정될 뇌 손상 정도 등 다양한 요인들을 말한다. 그런 요인에 따라 진단기준이 달라지는 문제로 연구마다 유병율에 차이가 생길 소지가 크다. 게다가 문제를 더욱 어렵게 만드는 것은, 이론적으로는 병태생리도 다르고 진단기준도 다르지만, 임상적으로는 알츠하이머병이나 퇴행성 치매와 혈관성 치매가 서로 명확하게 구분되지 않는 경우가 흔하다는 점이다. 혈관성 치매로 진단한 경우라도 막상 뇌 부검을 하면 알츠하이머병의 뇌 병리 소견을 보인다거나, 뇌졸중 병력이 없는 알츠하이머병 환자도 뇌 부검을 해보면 뇌 혈관질환의 증거가 확인되는 등 두 가지 질병이 한 개인에게 중첩되어 나타나는 경우도 흔하다.

루이체 치매의 유병율도 연구에 따라 차이를 보여주고 있다. 병원을 찾은 치매 환자들을 대상으로 한 연구에서는 전체 치매 환자의 15~35%에 달할 정도로 높게 보고되기도 하였지만, 지역에 따라 65세 이상에서 1%에 못 미치는 유병율을 보이기도 한다. 또 다른 대표적인 퇴행성 치매의 하나인 전두측두엽 치매 역시 1%

미만의 낮은 유병율을 보이는 것으로 보고되고 있다. 이처럼 루이체 치매나 전두측두엽 치매의 유병율도 진단 기준에 영향을 받을 수 있다는 것이다. 이 두 가지 형태의 치매는 진단 기준이 확립된 것도 비교적 최근의 일이고, 다른 진단과 중첩되는 증상이 존재하는 경우 상대적으로 흔한 치매로 진단하는 경향이 있어서 생각보다 낮게 추정되었을 가능성이 높다.

연령 증가에 따른 치매 유병율 증가는 거의 모든 연구에서 확인된다. 앤서니 점(A. Jorm) 등이 전 세계에서 시행된 22개의 치매 역학 연구 결과들을 취합하여 메타 분석을 한 결과 치매 유병률이 65세 이후 연령이 5년 증가할 때마다 두 배씩 증가하는 것으로 나타났다. 이 연구에 따르면 60~64세까지의 치매 유병률은 0.7%에 불과하지만, 65~69세에서는 1.4%, 70~74세는 2.8%, 75~79세는 5.6%, 80~84세는 11.1%, 85세 이상은 23.6%로 5년마다 2배씩 증가되는 양상이다. 초기 역학 조사에서는 85세 이상을 더 이상 세분화하기 않았기 때문에 연령에 따른 치매 유병율의 증가가 초고령에서도 지속될지 알 수 없었지만, 후속연구를 통해 그렇지 않다는 사실이 밝혀졌다. 예컨대 80세 이상 초고령자들이 포함된 9개의 치매 역학 연구 자료를 이용해 시행한 메타분석에서 치매 유병률이 80~84세까지는 지속적인 증가세를 띠다가 그 이후 증가폭이 줄어들기 시작하여 95세 이후에는 연령에 따른 변화가 없어진다는 보고도 있다.

〈표 2장-5〉 연령에 따른 치매분포도

연령	분포도
65세	대략 1% 이상
75세	대략 5% 이상
80세	대략 10% 이상
85세	대략 20% 이상
90세	대략 30% 이상

자료: Die Malteser in Deutschland, 2015: 32

치매 역학조사에서 알아낼 수 있는 위험요인을 그대로 모든 치매의 원인이라고 단정할 수는 없지만, 연관성 높은 위험요인일수록 치매의 근본적인 예방과 관련이 있을 가능성이 높으므로 관심의 대상이 될 수 있을 것이다.

2. 치매의 원인 질환

1) 가역성 및 비가역성 치매

앞서 치매는 공통증상을 일으키는 다양한 원인질환으로 구성된 증후군이라고 말한 바 있다. 치매를 일으키는 원인질환들은 매우 다양해서 60~90가지에 이른다. 전문가도 원인들을 모두 알기 어려울 정도이며 일반적으로 치매의 원인을 알기 위해 이 모든 원인들을 검사하지도 않는다. 그 이유는 대부분의 치매는 몇 가지 원인질환에 의해 발생하기 때문이다. 치매의 원인을 쉽게 분류해보면 다음과 같이 몇 가지를 꼽을 수 있다. 일단 치매의 원인은 가역적인 질병(reversible disease)과 비가역적인 질병(irreversible disease)으로 구분할 수 있다. 가역적이란 되돌릴 수 있다는 말로, 원인과 결과가 서로 자리를 바꿀 수 있다는 의미고 의학적인 치료를 통해 원상태로 회복될 수 있다는 뜻이다. 따라서 완치(cure)라는 말과 같은 의미가 되어 가역적인 질병은 완치가 될 수 있지만, 비가역적인 질병은 기본적으로 완치가 되지 않는다. 가역적인 질병군에 속하는 것들로는 갑상선 기능저하증, 비타민 B12 및 엽산 결핍증, 당뇨병, 만성 간질환 및 신장질환, 신경매독, 정상압 뇌수종, 경막하 혈종, 뇌종양 등의 감염, 결핍, 중독, 대사성 질환들로 뇌 혹은 전신에 영향을 미치는 질병들이 있다. 이런 질병들의 경우 치매 증상이 나타나는 초기에 적절한 치료를 하면 치매 증상을 없앨 수 있다. 그렇지만 가역적인 질병에 속하더라도 치매 증상이 오래되거나 근원적인 질병 자체를 치료할 수 없는 경우는 완치를 기대할 수 없다. 이런 그룹에 속하는 치매의 원인은 전체 치매의 5~10% 정도로 보고되기 때문에 실제로 완치 가능한 치매는 이보다 훨씬 적을 것으로 예상할 수 있다.

진단명에서부터 완치를 기대할 수 없는 비가역적인 질병으로는 퇴행성 치매와 혈관성 치매를 들 수 있다. 퇴행성 치매는 어떤 이유로 신경세포가 기능을 잃어가는 과정이 시작되어 결국 사멸하게 됨에 따라 뇌 기능이 점진적으로 저하되는 여러 가지 형태의 치매를 포함한다. 그 대표적인 것이 알츠하이머병이고 전체 치매의 약 50~60%를 차지할 정도다. 이 밖에도 전두측두엽 변성, 파킨슨병치매, 루이체 치매, 헌팅톤병 등이 퇴행성 치매에 속하는데, 그 발생 비율은 상대적으로 적은 편이다. 혈관성 치매는 전체 치매의 약 20~30%를 차지하여 두 번째로 흔한 치매의 원인이며 뇌경색이나 뇌출혈로 인해 치매 증상이 발생한 경우를 말한다. 이들 대표적인 치매의 원인에 대해서는 각론에서 보다 자세하게 살피고자 한다.

〈표 2장-6〉 치매의 원인질환

종 류	질 환
퇴행성 장애	알츠하이머병, 루이체 치매, 파킨슨병, 전두측두엽 치매, 헌팅톤병
뇌혈관 장애	혈관성 치매
대사 장애	저산소증, 저혈당, 간성뇌병증, 요독증, 윌슨병, 갑상선기능 저하증
감 염	크로이츠펠트-야콥병, 후천성 면역결핍증, 뇌염, 수막염, 신경매독
중독성 장애	알코올 중독, 약물중독, 중금속(납, 망간, 수은 등) 중독, 일산화탄소 중독
결핍성 장애	비타민 B12 결핍, 엽산결핍, 베르니케-코르사코프 증후군
외 상	뇌손상
기 타	우울증, 정상압뇌수종, 뇌종양, 간질, 다발성 경화증 등

2) 알츠하이머병

(1) 개 요

1906년 이 질환의 뇌 병리 소견을 처음 학계에 보고한 독일의 정신과의사인 알로이스 알츠하이머(Alois Alzheimer)의 이름으로 병명을 삼았다. 1901년 11월 25일 알츠하이머가 근무하고 있던 프랑크푸르트의 한 정신병원에 남편에 대한 강한 질투심을 보이는 51세 여인이 입원했는데, 급속한 인지기능 저하 증세도 보였다. 알츠하이머가 직접 작성한 노트에 아우구스트 D(August D)와의 대화를 기록해 두었는데 이를 요약하여 보면 다음과 같다.

1901년 11월 26일

당신의 이름은? :

아우구스트 D(August D)

여기 얼마나 있었나요? :

----- 약 3주

(펜과 지갑, 열쇠, 시가를 보여주었으며 정확하게 말했다.)

점심식사에 먹은 것은 무엇입니까?

시금치

(그녀는 돼지고기와 양배추를 먹었다.)

지금 씹고 있는 것은 무엇입니까?

감자.

(그녀는 고기를 씹고 있었다.)

물건을 보여 주고 조금 지난 후에는 모든 것을 잊어버렸다.

자신의 이름을 써보라고 하자, Frau(Mrs.)라고 쓰고는 더 이상 아무것도 쓰지 못했다.

1906년 4월 8일 환자가 사망하고 환자의 뇌를 부검한 알츠하이머는 두 가지 뚜렷한 병리 소견을 발견하였고, 이와 함께 인지기능장애, 국소적 증상, 환청, 망상, 생활능력 상실 등의 증상을 보인 사례로 학계에 보고하였다.

치매의 원인 중 가장 대표적인 알츠하이머병은 기억력을 비롯한 언어능력, 지남력, 판단력, 실행기능 등 복합적인 인지기능의 점진적 저하로 인해 일상생활능력의 장애가 초래되는 만성뇌질환이다. 65세 이상 노인의 약 5% 정도가 알츠하이머병에 걸리는데, 일반 노인의 10% 내외에서 치매가 발병하는 것을 감안하면 알츠하이머병이야말로 치매의 원인 중 절반 이상을 차지한다. 알츠하이머병의 유병율과 발병율은 60대에 1% 내외지만, 이후 연령이 5세 증가할 때마다 2배 정도씩 증가하여 80대에는 15% 이상에 이른다.

알츠하이머병은 유전자 이상, 연령 등 다양한 위험인자들 그리고 아직 규명되지 않은 여러 원인들이 신경염성반점 또는 노인성 신경반(Neuritic Plaque)과 타우단백질(tau protein)의 병리적 변화를 일으키고, 이로 인해 대뇌 구조와 기능의 변화가 생긴 결과 인해 인지기능장애, 행동변화와 일상생활 기능의 전반적 저하가 초래되는 것으로 알려져 있다(〈그림 2장-3〉 참조).

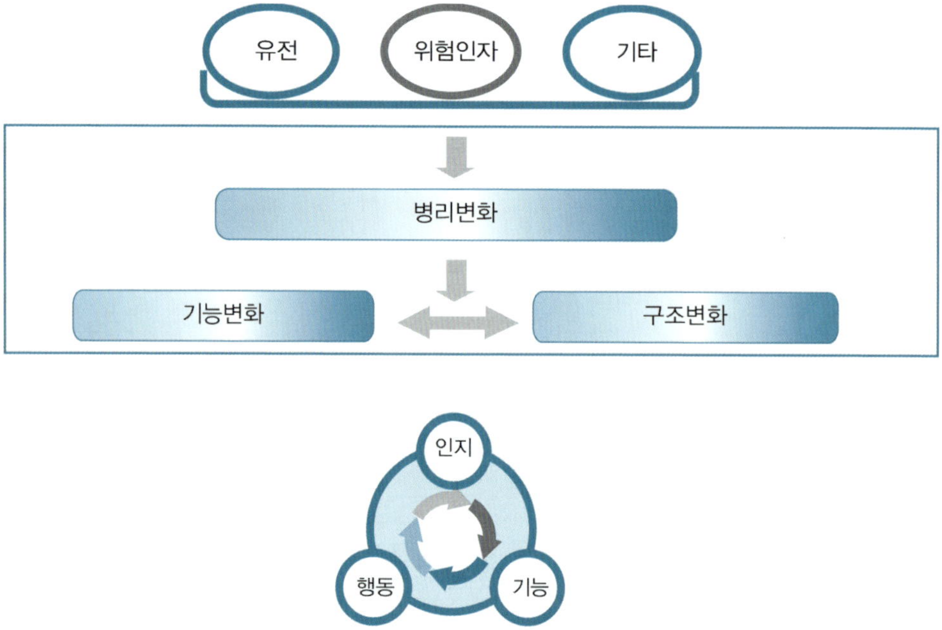

〈그림 2장-3〉 알츠하이머병의 발병과정

(2) 신경염성반점과 신경섬유다발

알츠하이머병 환자의 부검 뇌에서는 베타아밀로이드 단백(beta amyloid protein)이 침착하여 생긴 신경염성반점 (neuritic Plaque)과 타우단백질(tau protein)이 과인산화되면서 서로 결합한 신경섬유다발 (neurofibrillary Tangle)이라는 두 가지 특징적인 병리현상이 나타난다. 신경염성 반점은 비정상적인 베타 아밀로이드 단백이 싸이토카인(cytokine) 등 염증반응에 관련된 물질과 마이크로글리아(microglia) 세포 등과 함께 축적된 구조물을 말한다. 세포막에 고정된 아밀로이드 전구단백(amyloid precursor protein)은 정상인 경우 알파 분비효소(alpha secretase)와 감마 분비효소(gamma secretase)에 의해 분할되어 40개의 아미노산으로 구성된 베타 아밀로이드가 만들어지는 대사 과정을 밟는다. 하지만, 어떤 원인에 의해서 아밀로이드 전구단백이 베타 분비효소(beta-secretase)와 감마 분비효소(gamma-secretase)에 의해 분할되면 42개의 아미노산으로 구성된 베타아밀로이드(Aβ)단백이 생성되는데, 이 물질은 대사되지 못하고 신경세포 외부에 달라붙는다. 이런 신경염성반점은 세포의 기능에 독성 작용을 하며, 이로 인해 세포의 소실을 초래하는 것으로 알려져 있다.

노인성 신경반과 함께 중요한 병리 소견은 신경섬유다발(neurofibrillary tangle, 이하 NFT)이다. 세포도 사람의 골격계와 같은 구조물이 있는데, 이를 담당하는 물질 중에 중요한 것이 타우 단백질(tau protein)이다. 타우는 미세관 연합 단백질(microtubule associated protein)로 여러 개의 타우 단백질이 마치 DNA의 이중 나선 구조처럼 결합하여 세포의 골격을 만든다. 그런데 알츠하이머병에서는 이 타우 단백질(tau protein)이 과인산화되면서 결합능력이 급격하게 증가하고, 이로 인해 비정상적으로 서로 엉겨 붙는다. 그 결과 세포가 자기 모양을 유지할 수 없으며 기능이 저하되고 결국 사멸하게 된다.

(3) 아밀로이드 가설(Amyloid hypothesis)

이런 병리변화가 어떻게 알츠하이머병을 일으키는 것일까? 현재 가장 중요하게 여겨지는 것은 아밀로이드 가설(Amyloid hypothesis)이다. 이 가설에 따르면, 뒤에 언급하는 유전자 이상 등 여러 원인에 의해 아밀로이드 전구단백의 대사에 이상이 생겨 42개 아미노산의 베타 아밀로이드가 세포 바깥에 축적된다. 이상 물질의 축적에 따라 소교종세포(microglia)와 성상세포(astrocyte)가 활성화되어 급성 염증기에 분비되는 싸이토카인 같은 물질들이 베타아밀로이드와 함께 엉겨 붙는다. 이로 인해 세포는 신경염증 손상을 입고, 손상된 세포는 항상성(homeostasis)을 유지할 수 없어서 산화손상(oxidative injury)을 입게 된다. 이렇게 제 기능을 상실한 세포는 타우의 과인산화를 일으켜 신경섬유다발을 만들기도 한다. 병리적 변화에 의해 손상된 세포는 고유의 기능을 상실하고 사멸하며, 그 결과 알츠하이머병이 발병한다.

(4) 발병부위

알츠하이머병은 어디에서부터 시작될까? 특정 부위가 있을까? 아니면 전체 뇌 부위에서 조금씩 진행될까? 현재로서는 특정 부위가 있다는 쪽이 우세하다. 이에 따르면 알츠하이머병의 병리적 변화가 질병 초기에 뇌의 특정부위를 침범한다는 것이다. 질병 초기에는 해마(hippocampus)나 내후각피질(entorhinal cortex)과 같은 내측 측두엽에 국한되다가 점차 변연계, 두정엽과 전두엽 등 대뇌 피질전체로 진행한다. MRI 신경영상은 이런 초기 변화를 직접 확인할 수 있는 매우 유용한 검사방법이다. MRI 영상을 자세하게 보면, 정상인의 경우 해마 부위의 위쪽 경계가 밝게 보이는 백질과 거의 붙어 있을 정도로 크게 보이지만, 알츠하이머병이 진행됨에 따라 점차 해마의 위축이 일어나고 해마가장자리의 검게 보이는 뇌척수액이 점차 확대되는 것을 확인할 수 있다. 이와 함께 해마의 아래쪽과 옆쪽에 위치한 내후각피질 등 내측 측두엽부위도 입사귀가 떨어진 나뭇가지처럼 성근 구조로 바뀌어 간다. 이런 변화는 알츠하이머병 환자의 전형적인 초기 모습이며 알츠하이머병 환자의 최근 기억력 손상의 신경학적 대응물로 여겨진다. 초기를 지나면 알츠하이머병은 두정엽과 전두엽으로 확대되는데, 점차 전반적 대뇌 위축(diffuse brain atrophy)이 나타나고 이에 따라 기억력 외에 주의집중력, 언어기능, 실행기능을 비롯한 인지기능 증상과 우울증, 망상 등 정신행동증상이 나타난다. 대부분의 뇌가 알츠하이머병에 의해 영향을 받지만 일차 운동영역은 상대적으로 적은 영향을 받는 것으로 보고되는데, 알츠하이머병 환자는 말기에 가서야 걸음걸이 이상 등 운동 기능의 장애를 보이는 현상과 일치한다.

(5) 가족성과 산재성 알츠하이머병

알츠하이머병은 가족 중 적어도 두 명 이상의 알츠하이머병 환자가 있는 가족성(familial) 알츠하이머병과 그렇지 않은 산재성(sporadic) 알츠하이머병으로 구분된다. 가족성 알츠하이머병은 전체 알츠하이머병 중 약 5% 정도인데, 상염색체 우성 양식으로 알츠하이머병을 일으키는 원인 유전자를 물려받은 경우 100% 알츠하이머병에 걸린다. 이런 가족성 알츠하이머병의 경우에는 부모님 중 적어도 한 분은 반드시 알츠하이머병 환자이며, 자신이나 부모님의 형제 중 대략 50% 정도가 알츠하이머병 환자이다. 가족성 알츠하이머병을 유발하는 원인 유전자로는 염색체 21번에 위치한 아밀로이드전구단백 유전자(amyloid precursor protein), 염색체 14번에 위치한 프레세닐린-1(presenilin-1) 유전자, 염색체 1번에 위치한 프레세닐린-2(presenilin-2) 유전자의 돌연변이 등이 있으며, 원인 유전자가 아직 밝혀지지 않은 경우도 30% 정도다. 가족성 알츠하이머병은 대개 40~50대에 일찍 발병하는 경향이 있으며, 비가족성 알츠하이머병에 비해 진행도 빠르고, 발병 초기부터 우울, 조울 등의 정신증상이나 간질, 간대성경련, 보행장애 등의 신경학적 증상이 동반되는 경우가 많다.[12)]

산재성 알츠하이머병이라고 해서 유전적 요인이 발병과 아주 무관한 것은 아닌데, 현재 잘 알려진 위험유전자로는 아포지단백(Apolipoprotein) 유전자가 있다. 아포지단백이란 299개의 아미노산으로 구성된 지방과 콜레스테롤의 운반을 담당하는 단백질이다. 여러 아포지단백 중 E형의 아포지단백 유전자가 염색체 19번에 위치하는데, 보통 2, 3, 4의 세 가지 형태의 대립유전자가 두 가지씩 있다. 아포지단백 유전자 중 4형 대립유전자를 1개 가진 사람은 그렇지 않은 사람에 비해 3배 정도 알츠하이머병의 발병 위험이 높으며, 2개 가진 사람은 20배 이상 높다.

12) "내 머리 속의 지우개"(2004)에서 지우개를 만든 것이 '가족 내력'이라고 한 것으로 보아 바로 이 가족성 알츠하이머로 보인다.

(6) 신경전달물질-아세틸몰린

뇌의 각 세포들은 다른 세포와 거미줄처럼 연결되어 네트워크를 이루는데, 이러한 연결 부위를 신경연접부위 혹은 시냅스(synapse)라고 한다. 시냅스를 통해 세포들 사이의 정보가 교환되는데, 이때 신경전달물질(neurotransmitter)이라는 마치 공 모양으로 생긴 물질이 이용된다. 신경전달물질은 도파민, 세로토닌, 아세틸콜린 등 다양한데, 이들의 작용은 정신분열병, 우울증과 같은 정신질환뿐 아니라 파킨슨병 같은 신경계 질환에도 매우 중요한 역할을 한다. 알츠하이머병과 관련하여 가장 주목받고 있는 신경전달물질은 아세틸콜린이다.

아세틸콜린은 인간의 각성과 기억에 중요한 역할을 하는데, 알츠하이머병에 걸린 경우 정상에 비해 아세틸콜린 농도가 현저하게 저하된다는 사실이 밝혀졌다. 그에 따라 대뇌의 아세틸콜린 농도를 높이기 위한 아세틸콜린 분해효소 억제제계통(acetylcholine esterase inhibitor)의 여러 약물들이 알츠하이머병의 치료제로 쓰인다. 최근에는 인간의 기억과 연관된 또 다른 신경전달물질인 NMDA 수용체와 여기에 작용하는 약물이 주목받고 있다. 하지만 이러한 신경전달물질의 이상이 알츠하이머병의 근본 원인이라고 보기는 어렵다. 여러 가지 신경전달물질의 이상은 아밀로이드 대사 이상과 같은 보다 근본적인 원인에 의해 발생하는 2차적인 원인으로 보이며, 이로 인해 널리 사용되고 있는 약물들은 질병의 근본적인 치유 효과를 보이지 못하고 있다.

3) 혈관성 치매

(1) 뇌혈관 질환

뇌가 사용하는 포도당은 인체가 사용하는 전체 포도당의 약 20%나 된다. 이를 감당하기 위해 수많은 가지치기를 통해 심장부터 뇌의 말단까지 분포된 혈관을 통해 산소와 포도당이 공급된다. 이런 흐름에 직접 문제를 야기할 수 있는 뇌혈관질환은 혈관일부가 파손되어 발생하는 출혈성 뇌혈관질환(뇌출혈)과 혈관 속의 혈액흐름이 막혀 발생하는 허혈성 뇌혈관질환(뇌경색)으로 구별된다. 그리고 뇌경색

(cerebral infarction)은 다시 뇌혈전증(cerebral thrombosis)과 뇌색전증(cerebral embolism)으로 구분된다.

뇌혈전증은 고혈압, 당뇨병, 고지혈증 등에 의하여 뇌동맥이나 경동맥에 동맥경화증(artherosclerosis)이 초래된 결과 혈관내경이 좁아지고, 혈관내벽에 상처가 생겨 피가 엉겨 붙으면서 결국 혈관이 막혀 뇌경색을 유발하는 것을 말한다. 이는 마치 수도관이 오래되면 관 내부에 녹이 슬거나 찌꺼기가 많이 생겨 엉겨 붙는 것에 비유할 수 있다. 뇌색전증은 심장판막증 또는 심방세동 등의 질환에 의해 심장 내 혈액의 흐름에 이상이 생겨 혈액의 일부가 심장 내에서 응고되어 피 찌꺼기가 생기고, 이것이 떨어져나가 뇌혈관을 막게 되어 뇌경색이 발생하는 경우를 말한다. 뇌출혈의 경우 다음 〈표 2장-7〉과 같이 세 가지로 분류된다.

〈표 2장-7〉 뇌출혈의 내용

질 환	세부적인 내용
원발성 뇌출혈	고혈압으로 인해 뇌혈관 내의 압력이 높아지는 바람에 작은 혈관의 벽이 견디지 못하고 터지는 경우
지주막하 출혈 (subarachnoid hemorrhage)	혈관 벽의 일부가 약해지고 그 약한 부분의 벽이 늘어나 꽈리 모양으로 불거져 나온 상태인 뇌동맥류(cerebal aneurysm)가 어떤 계기에 의해 터져서 발생하는 경우
선천적 뇌동정맥 기형	천적인 뇌동정맥의 기형 때문에 동맥의 높은 압력이 정맥으로 직접 전달되어 발생하는 뇌출혈

일단 경색이나 출혈이 발생하여 괴사에 빠진 뇌조직은 더 이상 어떤 치료에도 회생이 불가능하며, 이로 인해 심각한 후유증이 남는 경우가 많다. 혈관성 치매는 바로 뇌졸중으로 알려져 있는 뇌혈관 질환이 일차적인 원인이 되어 나타난 치매 증상이다. 뇌경색이나 뇌출혈 등의 질환으로 인하여 뇌조직의 손상을 일으켜 뇌기능의 저하와 함께 발생한다. 뇌졸중의 후유증은 뇌의 어떤 부위가 얼마나 손상되었는가에 따라 다르다. 전체 뇌졸중 환자의 약 1/3에서 혈관성 치매가 발생한다는 보고가 있다. 혈관성 치매는 어떤 크기의 뇌혈관이 장애를 일으켰는지에 따라 다음 〈표 2장-8〉 3가지로 구분할 수 있다.

〈표 2장-8〉 혈관성 치매의 뇌혈관 장애

질 환	세부적인 내용
다발성경색치매(multiple infarct dementia)	비교적 큰 혈관의 경색이 여러 차례 반복, 재발하면서 다발성으로 뇌 손상을 일으켜 치매에 이르는 경우 뇌경색의 병력과 연관된 계단식 악화 과정을 보이는 전형적인 형태.
전략적 단일 경색치매(strategic single infarct dementia)	작은 혈관의 경색이라도 인지기능을 담당하는 시상이나 기저핵 등 중요 부위에 발생하는 경우
소혈관질환(small vessel disease)	매우 작은 혈관의 경색을 열공경색(lacunar infarction)이라 부르는데, 이러한 열공들 여러 개가 피질하에 산재하거나 뇌영상에서 백질 변성이 광범위하게 퍼져 있는 치매

(2) 피질성치매와 피질하치매

뇌혈관질환이 피질(회백질)을 침범하였는지 피질 아래 백질을 침범하였는지에 따라 구분할 수 있다. 다발성경색치매는 대부분 피질을 침범하기 때문에 피질성치매(cortical dementia)에 속하고, 광범위한 백질변성을 동반한 경우는 피질하를 침범하는 피질하치매(subcortical dementia)가 된다. 후자에 속하는 피질하 경색혈관성치매(subcortical ischemic vascular dementia)는 병력으로 전형적인 알츠하이머병과 구분이 매우 어렵기 때문에 치매의 원인에 대한 감별진단에 매우 중요한 형태의 원인이 된다. 혈관성 치매의 원인은 매우 다양하기 때문에 어디에 위치한 혈관이고 손상당한 뇌조직의 범위가 얼마나 넓으냐에 따라 치매의 유무나 증상의 종류가 결정된다.

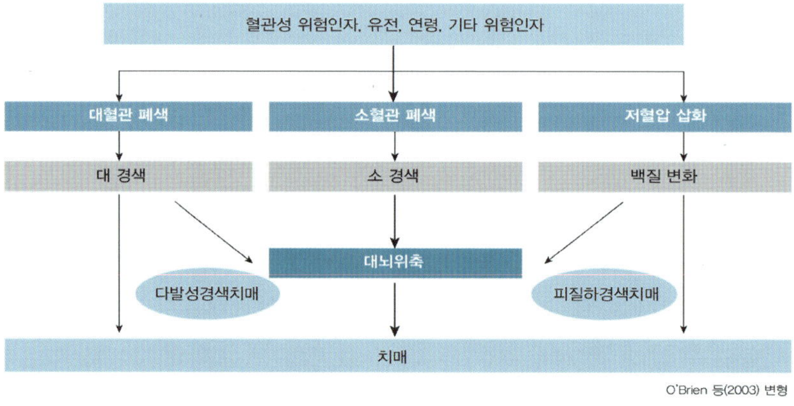

〈그림 2장-4〉 혈관성 치매의 발병원인

(3) 알츠하이머병과 혈관성 치매의 비교

혈관성치매와 알츠하이머병은 원인과 치료방법이 다르기 때문에 감별이 필요하다. 둘의 차이로는 다음 세 가지가 있다.

첫째, 전형적인 혈관성치매는 급작스런 발병과 계단식 악화과정을 보이며, 알츠하이머병은 점진적 발병과 악화과정을 보인다. 하지만 혈관성치매 중 피질하경색치매는 전형적인 혈관성치매보다 알츠하이머병의 발병양상과 진행양상을 보이는 것으로 알려져 있다.

둘째, 질병 초기 증상에서 기억력장애가 두드러진 알츠하이머병과 달리 혈관성치매는 기억력장애는 심각한 수준이 아닐 수 있고, 실행기능, 언어장애 등 다른 인지기능의 장애가 심하게 나타날 수 있다.

셋째, 혈관성치매는 신경학적 이상이 초기부터 동반된다. 예를 들어 걸음걸이의 불안정과 요실금이 치매 초기부터 나타날 수 있다. 알츠하이머병의 초기에는 신경학적 이상이 동반되지 않으며 병이 상당히 진행한 후에 나타난다.

〈표 2장-9〉 혈관성 치매와 알츠하이머병의 비교

	혈관성치매	알츠하이머병
발병양상	급작스럽게 혹은 서서히	서서히
진행양상	급작스럽게 혹은 서서히	서서히
기억력장애정도	미약	초기부터 심함
실행기능장애정도	심각함	초기에는 미약함
걸음걸이	초기부터 출현	중기 이후에 출현
실 금	초기부터 출현	중기 이후에 출현

4) 전두측두엽 퇴행(frontotemporal lobar degeneration)

(1) 기본적 특징

전두엽과 측두엽 앞쪽 부위 신경세포의 점진적인 소실을 특징으로 하는 질병이다. 보통 초기에는 기억력보다 성격이나 언어기능의 장애가 지속적으로 악화되는 특징을 보인다. 가족이나 처음 보는 사람들에게 무례하거나 점잖지 못한 행동을 보이기도 한다. 재정 문제나 개인적인 문제에 대해 어리석은 결정을 할 수도 있다. 따라서 환자들의 감정은 그 상황과 동떨어져 보일 수 있다. 일례로 무감동하거나 관심이 없거나 지나치게 행복하거나 흥분될 수 있다. 환자들은 지나치게 먹으려고 하고 그래서 체중이 늘어날 수 있다.

남성과 여성에서 동일한 비율로 발생하고 65세 이후에도 발병하지만 45세에서 65세 사이에 자주 발병하는 것으로 알려졌다. 이 질병의 유병율은 아직 분명하지 않지만 45세에서 65세 사이의 인구 10만 명당 10명 내외로 추정되고, 이 연령대에 발병하는 알츠하이머병의 1/3~1/7 정도다.

(2) 타우병과 피크병

병리학 적으로는 타우단백질의 이상이 발견되는 형태와 그렇지 않은 형태가 있다. 전자를 타우병(taupathy)이라고 부르는데, 흔히 전두엽 치매라고 알고 있는 피크병(Pick's disease)이 여기에 해당된다. 1990년대 말 유전자 17번의 돌연변이가 발견된 이후 전 세계적으로 몇몇 가족성 전두측두엽 치매 환자들이 보고되면서 유전적 원인에 대한 연구가 진행 중이다. 이러한 가족성 환자들은 유전자 돌연변이에 의해 타우단백이 세포 사멸을 이끄는 것으로 알려졌다. 그 밖에도 유전자 3, 9번 등의 돌연변이도 보고되었지만, 아직 많은 연구가 필요하다. 한편, 알츠하이머병의 조기발병에 관여하는 프리세닐린(presenilin)-1 유전자의 돌연변이도 전측두엽 치매와 연관이 있지만, 아포지단백 유전자와는 연관이 없다는 보고다.

전두측두엽 치매 안에도 초기에 침범하는 영역에 따라 몇 가지 아형이 존재한다. 뇌의 영역에 따라 전두엽의 위축이 두드러지는 경우 감정의 둔마, 병식(병에 대한 자각) 상실, 예의 상실, 위생 불량 등 성격변화가 두드러진다. 측두엽 앞쪽 부위의 위축이 심한 경우는 사람, 물건, 단어의 이름과 의미를 상실하게 된다. 특히 좌측 뇌의 위축이 심각한 경우는 진행성 실어증이 발생하기도 한다.

5) 루이체 치매와 파킨슨병 치매

(1) 루이체 치매

루이체(levy body) 치매는 65세 이상 노인의 0.5%, 전체 치매 환자의 10% 내외로 알려져 있다. 질병 초기에 환시나 환청 등의 정신병적 증상과 몸이 굳어져 움직임이 매우 느려지는 파킨슨 증상, 하루에도 아주 극도로 다양하게 변하는 인지저하 등이 특징이 나타난다. 루이체 치매는 기억력 장애가 알츠하이머병처럼 심하지 않으면서도 판단력 장애와 의식의 혼동이 있고, 환시가 나타나는 경우가 흔하다. 특징적인 의식의 혼탁은 의식의 명료도가 날에 따라 또는 하루 중에도 호전과 악화의 변화가 심하다. 경직, 질질 끄는 걸음, 떨림, 무표정, 균형을 잡지 못함, 넘어짐 등 파킨슨 증상이 병의 초기부터 나타난다. 꿈을 꾸는 단계인 REM 수면의 장애도 루이체 치매 환자의 약 50%에서 발견되고 있다. 렘수면이라는 것은 자고 있는 상태일 때 꿈을 꾸는 걸 말한다. 정상의 경우에는 렘수면일 때 호흡근을 제외한 다른 근육들의 힘이 빠지는데, 렘수면 행동장애일 경우는 렘수면 중에 근육에 힘이 남아있어 자고 있는 상태에서 여러 가지 행동을 할 수 있다.

(2) 파킨슨병

파킨슨병(Parkinson's disease)은 뇌간에 있는 흑질(substantia nigra)의 도파민 분비세포 손상으로 주로 운동 증상이 나타나는 만성퇴행성 질환을 말한다. 발병 후 4~5년이 경과되면 약 50%의 환자에게서 인지기능 장애가 나타나고, 8년 정도 지나면 4명 중 3명꼴로 치매가 진행된다고 알려졌다. 파킨슨병은 서동증(bradykinesia-움직임 느려짐), 경직(rigidity), 안정 시 떨림(resting tremor, 휴식진전)과 함께 자세의 변화, 마스크처럼 표정 없는 얼굴 등의 운동 증상이 주 증상이다. 초기에 떨림과 경직이 한쪽 팔다리에서 뚜렷하게 나타나고, 서서히 반대편 팔다리에도 나타난다. 파킨슨병의 인지장애는 기억능력이 먼저 소실되기보다 집중력, 시공간능력이나 집행기능의 소실이 우선되고 있다. 기억장애도 힌트를 주면 기억을 다시 살려내는 기억 인출장애가 나타나다가 이후 기억등록 장애로 진행된다.

(3) 루이체치매와 파킨스병의 비교

루이체란 알파 시뉴클린(synuclein)이라는 단백질이 세포 내에 침착되어 생기는 것으로 파킨슨병과 루이체 치매에 공통적으로 발견된다. 이 단백질은 세포와 세포 사이의 정보 전달을 위한 신경전달물질 등을 보관하는 소포(vesicle)를 구성하는 단백질인데, 어떤 원인에 의해 이 단백질이 기능의 이상을 일으키고 대사가 이루어지지 않으면서 서로 엉겨 붙어 루이체를 만드는 것으로 보인다. 이러한 루이체의 분포 양상은 루이체 치매의 증상과 밀접한 연관을 보여주고 있다. 루이체 치매의 심각도는 루이체의 분포 부위가 뇌간, 변연계 및 피질로 확대되는 3단계로 구분할 수 있다. 예컨대 루이체가 후두엽에서 증가하는 경우 간단한 형태의 환시가 나타나지만, 측두엽에서라면 구체적이고 복잡한 환시가 나타난다는 보고다. 루이체 치매에서도 알츠하이머병과 같이 노인성 신경반이나 신경섬유다발이 나타날 수 있다. 그로 말미암아 알츠하이머병 환자와 루이체 치매 환자의 임상적 구분이 매우 어려운 경우들이 많다.

루이체 치매는 파킨슨병보다 치매증상이 심하고 운동 증상은 대부분 경직에만 국한되어 느린 행동이나 몸의 떨림은 덜 나타난다. 알츠하이머형 치매와 다른 점은 기억력 감퇴와 같은 인지기능 장애, 경직과 같은 파킨슨 증상, 환시와 같은 정신병적 증상들이 시간이 지나면서 자꾸 변동되며, 병의 진행이 더 빠르다는 것이다. 알츠하이머병의 행동조절에 많이 사용하는 항정신병 약물을 사용하면 파킨슨 증상과 같은 약물의 부작용이 훨씬 더 많이 나타난다. 루이체는 파킨슨병(parkinson's disease)의 조직학적 특징이기 때문에 루이체 치매와 파킨슨병은 병리학적으로 매우 밀접한 연관이 있다. 일반적으로 파킨슨병은 루이체가 주로 피질하에 있고, 루이체 치매는 주로 피질에 있다는 것도 차이다. 질병 초기에는 파킨슨병의 경우 피질에서 담당하는 인지기능 장애가 발생하지 않고, 루이체 치매의 경우 알츠하이머병과 같이 두드러지지는 않지만 인지기능 장애가 초기부터 발생한다. 그리고 질병의 진행정도에 따라 파킨슨병환자의 30~40%는 치매가 동반되는데, 이런 경우는 루이체 치매로 진단하지 않고 파킨슨병에 치매가 동반된 복합 증후군으로 진단하기 마련이다.

3. 치매의 위험 요인

치매는 여러 요인이 복합적으로 작용해서 발병하며 유전요인, 환경요인, 신체 질환 병력, 현재 생활 습관 등이 상호 복합적으로 작용해서 치매를 야기, 악화시킨다고 알려져 있다. 이런 위험 요인들 중에는 우리가 조절할 수 없는 것도 있지만 조절할 수 있는 것도 있다. 치매는 아직까지 완치가 불가능한 병이라는 것이 학계의 일치된 견해다. 하지만 개인의 노력으로 조절하거나 바꿀 수 있는 위험요인을 찾아서 줄이거나 바꾼다면 그 발병 위험은 줄일 수 있다.

〈표 2장-10〉 치매의 위험요인

영 역	일 례
생물학적 측면	나이, 성별, 가족력
신체적 측면	고혈압, 고지혈증, 당뇨, 심장질환, 뇌졸중 등
정신적 측면	우울증, 지속적 기억력 감퇴 등
생활습관	운동, 영양섭취, 알콜 섭취 등

1) 생물학적 측면

(1) 나 이

고령의 나이는 알려진 치매 위험요인들 가운데 가장 중요한 요인이다. 65세가 넘어가면 5년 경과할 때마다 치매의 위험률도 2배씩 증가한다. 65세 이상이 되면 20명 중 한 명, 80세 이상이 되면 약 5명 중의 한 명이 치매에 걸린다. 다만 85세 이상이 되면 증가 추세가 누그러지다가 95세 이상부터는 더 이상 증가 현상이 보이지 않는 특징을 보여주고 있다.

(2) 유전 요인

유전 요인 역시 조절할 수 없는 요인 중 하나이다. 가족성으로 발병하는 매우 희귀한 치매를 제외하고는 아포지단백 유전자가 현재까지 일관되게 보고되는 알츠하이머 치매의 위험 유전자이다. 콜레스테롤이나 지방을 옮길 때 필요한 아포지단백의 유전자형은 $\varepsilon2$, $\varepsilon3$, $\varepsilon4$형이 있다. 그중 $\varepsilon4$ 유전자형이 하나만 있을 경우는 치매의 위험률이 약 4배, 2개를 가진 경우 10배까지 높아진다고 한다. 반대로 $\varepsilon2$ 유전자형은 치매의 발병률을 낮출 수 있다.

(3) 성 별

여성이 남성에 비해 알츠하이머병에 걸릴 위험이 높다고 알려졌지만, 그 정확한 이유는 밝혀지지 않았다. 반대로 혈관성 치매의 경우는 남성이 여성보다 위험률이 높은데, 그 이유는 남성이 여성보다 심장질환, 고혈압등과 같은 위험인자가 더 많기 때문으로 보인다.

2) 신체적 측면

(1) 고혈압

수축기 혈압이 140, 이완기 혈압이 90을 넘으면 고혈압이라고 말한다. 중년기 이후 고혈압은 혈관성 치매와 알츠하이머 치매의 위험도 높이고, 고혈압을 잘 치료하면 치매와 인지기능저하도 감소한다고 알려졌다. 고혈압을 치료하지 않고 높은 혈압 상태가 지속되면 뇌혈관과 뇌 조직이 손상되기 마련이다. 따라서 생활습관을 바꾸거나 적절한 약물치료로써 혈압을 낮추면 뇌손상을 방지하게 되고 동시에 치매 예방도 된다.

(2) 고지혈증

콜레스테롤은 세포막을 이루는 성분으로 생명활동의 유지에 꼭 필요한 물질이다. 하지만 혈중 콜레스테롤이 높은 사람은 혈관 벽에 지방 성분이 쌓여 혈관이 가늘고 딱딱해져 심장질환이나 뇌졸중을 일으키면서 치매의 위험도 높인다.

(3) 당 뇨

중년기에 생기는 2형 당뇨병은 혈관성치매뿐만 아니라 알츠하이머 치매의 위험도 높인다. 당뇨병의 발병에는 유전적인 요인이 강하지만, 적정 체중과 식사 조절 그리고 운동은 당뇨병의 위험을 낮출 뿐만 아니라 치매의 위험도 낮출 수 있다.

(4) 기 타

혈관성 위험인자로 이전 뇌졸중 및 심장질환의 병력, 부정맥, 흡연은 치매의 위험을 높이는 요인들이다. 의식소실이 있는 두부 외상의 경우 역시 알츠하이머 치매의 위험인자이다. 따라서 나이가 젊었을 때부터 차에서 안전띠, 자전거나 오토바이를 탈 때 안전모를 꼭 착용하고, 운동이나 스포츠 경기를 할 때에도 머리를 다치지 않도록 조심하는 게 중요하다.

3) 정신적 측면

(1) 우울증

노인 10명 중 우울증 증상이 있는 경우가 1~2명일 정도로 흔하고, 이중 약 50%는 치료가 필요하다. 하지만 우울증은 자각이 어려워 병원을 찾지 않는 경우가 많다. 우울증은 인지기능, 일상생활 기능 등 여러 기능 장애를 초래하고 나아가 자살 등 극단적인 결과를 야기할 수 있기 때문에 적극적인 치료관리가 필요하다. 몇몇 연구에 의하면 치매가 발병하기 전에 우울증이 먼저 발병하는 경우가 많아서 우울증이 치매의 위험요인이라고 한다. 특히 노년기 우울증은 혈관성 위험인자와 관계되어 뇌혈관의 손상으로 인해 생기는 혈관성 우울증과 밀접한 관계가 있다.

(2) 주관적 기억력 저하

본인 스스로 기억력이 저하되었다고 생각하는 주관적 기억력 저하(subjective memory complaints)가 있는 경우는 우울증, 신체질병, 성격, 불안 등 여러 가지 인지 외적인 요인에 의해 영향을 받지만 실제 객관적인 기억력 저하와도 높은 상관관계가 있다. 몇몇 연구에 따르면 주관적 기억력 저하는 기억을 담당하는 해마의 위축 및 뇌 백질강도 증가와 관련이 있다. 또한 주관적 기억력을 호소하는 노인들은 그렇지 않은 노인들에 비해 치매 발병률이 2~3배 정도 높다고 한다.

4) 생활습관 측면

(1) 두뇌 활동

최근 연구에 의하면 책을 읽거나 게임을 하는 것 같이 뇌를 지속적으로 자극해 주는 활동이 치매의 발병 위험률을 낮출 수 있다고 한다. 뇌세포가 줄어들고 뇌세포끼리의 연결이 느슨해지거나 없어지면서 치매로 이행될 수 있는 지름길이기 때문이다. 따라서 두뇌활동을 계속하여 뇌세포를 지속적으로 자극해 주면 뇌세포끼리의 연결이 풍성해지고 이미 만들어진 뇌세포끼리의 연결은 더욱더 단단해질 것이다. 반대로 여러 자극을 없애거나 사회적으로 고립되면 치매의 위험까지 커진다. 취미나 규칙적인 두뇌활동을 하지 않은 사람은 알츠하이머 치매의 위험이 2.5배나 높다.

(2) 신체활동과 운동

신체적 활동을 통해 뇌 혈류량을 증가시키고 산소공급을 늘려 뇌세포의 성장을 촉진하여 퇴행을 막을 수 있다. 5,925명의 건강한 65세 이상 노인을 대상으로 한 연구에서 적극적으로 활동한 노인은 그렇지 않은 노인에 비해 65년 동안 6%의 위험도가 감소하였다는 결과가 있다. 또 다른 연구에서는 16개의 활동을 한 노인들이 그렇지 않은 노인들에 비해 30% 이상 치매 위험도가 감소하였다.

(3) 영 양

여러 영양소가 치매 및 인지기능과 관련이 있지만 가장 관심을 끄는 것은 과일, 채소 등 항산화효과를 가진 음식물들이다. 또한 치매 발병과 관련해서는 불포화지방산이 많이 포함된 생선도 효과가 있을 것으로 추정되고 있다. 비타민 중에는 항산화효과가 큰 비타민 E가 중요하다. 5,395명의 정상 노인을 6년 동안 추적한 네덜란드의 로테르담 연구에 의하면 비타민 E를 섭취한 노인은 그렇지 않은 노인에 비해 위험도가 45% 감소한다고 한다. 미국 시카고에서 실시된 연구에서도 4년 동안 비타민 E를 섭취한 노인의 경우 위험도가 70%나 감소하였다. 하지만 이런 결과는 무작위 표본 연구에서는 확인되지 않았다는 한계가 있다. 또한 비타민 E를 과다 복용하는 경우 뇌출혈 등으로 인한 사망률이 증가할 수 있기 때문에 하루 400mg 이하를 복용하는 것이 좋다.[13)]

4. 경도인지장애

정상 상태에서 치매로 이행하는 중간단계를 지칭하는 경도인지장애(Mild Cognitive impairment, 이하 MCI)에 대한 관심이 최근 크게 늘고 있다. 이에 치매의 위험질환이기도 하고, 위험요소이도 한 경도인지장애를 따로 살펴보고자 한다. 많은 연구자들이 MCI에 주목하는 이유는 크게 두 가지다. 첫째, MCI는 치매의 조기발견과 치료법의 개발에 큰 도움을 줄 것으로 기대되기 때문이다. 예를 들어 알츠하이머병의 경우 공인된 치료제인 아세틸콜린 분해효소 억제제 계통의 약물들이 질병 초기에 효과가 큰 것으로 알려져 있어 조기발견과 조기치료가 매우 중요하다. 따라서 알츠하이머병의 전임상단계(preclinical stage) 혹은 고위험상태(High risk group)로 알려진 MCI로 진단된 노인을 추적 관찰하여 초기상태에서부터 치료와 관리를 시작할 수 있다면 매우 큰 효과를 기대할 수 있다. 더 나아가 MCI상태에 있는 노인을 적절한 치료를 통해 MCI상태에 머물게 하거나 회복시킬 수 있다면 알츠하이머병을 근본적으로 예방할 수도 있다. 둘째, MCI는 노화와 치매의 관계를 설명할 수 있는 매우 효과적인 개념이기 때문이다. 과거 정상적인 노화의 일종으로 생각하던 알츠하이머병은 1970년대 이후부터 정상이 아닌 병으로 인정되

13) 치매예방에 좋다는 음식들은 아무리 강조해도 무리가 없다.

었다. 그러나 이 병이 노화와 양적인 면에서 다른 질환인지, 질적으로 다른 질환인지에 대한 의문은 아직 명확하게 풀리지 않았다. MCI는 노화와 치매의 중간단계에 속하기 때문에 이에 대한 연구는 한편으로는 알츠하이머병을 비롯한 치매의 병태 생리학적 원인론에 대한 이해를 깊게 할 것이며, 다른 한편으로는 정상적인 노화과정에서 질병으로 이행하는 가장 초기의 상태에 대한 이해를 도울 것으로 기대된다.

1) 개념의 진화

치매는 아니지만 인지기능의 저하가 있는 상태에 대한 과거의 개념들은 크게 두 가지로 구분할 수 있다. 첫째, 광의의 개념으로 정상적인 생리과정을 포함한 다양한 인지기능의 저하를 포함하는 '양성노인건망증'(Benign Senescent Forgetfulness, BSF), '노화에 의한 기억저하'(Age-Associated Memory Impairment, AAMI), '노년형 건망증'(Late Life Forgetfulness, LLF), '나이 관련 인지저하'(Age-Related Cognitive Decline, ARCD) 등이 여기에 속한다. 둘째, 협의의 개념으로 치매의 발병 과정에 거치게 되는 전임상단계 혹은 치매 발병가능성이 매우 높은 고위험군을 일컫는 '경도인지장애'(Mild Cognitive Impairment, MCI), '비치매인지손상'(cognitive impairment no dementia, CIND), '치매 의심' (Questionable dementia, QD) 등이 여기에 속한다. 비치매인지손상(cognitive impairment no dementia)은 '건강과 연령에 관한 캐나다 연구'(Canadian Study of Health and Aging)에서 인지기능의 저하를 보이지만 치매는 아닌 2,914명의 노인을 대상으로 하였을 때 이들은 기억력장애(memory impairment), 섬망(delirium), 만성 알코올 혹은 약물 사용(chronic alcohol, drug use), 우울증(depression), 정신과적 질환, 정신지체(MR), 기타(뇌졸중, 사회적 박탈, 종양)로 구성되었다. 일반적으로 MCI를 포한한 광범위한 개념들이 사용된다. 치매의심(questionable dementia, QD)은 워싱턴 대학의 CDR(Clinical Dementia Rating) 척도를 기반으로 하여 치매가 의심되지만 치매진단을 내리기에는 기준에 다다르지 못한 일련의 군을 나타낸다. 경도인지장애는 대부분의 노인들이 치매로 이행하면서 거치게 되는 병적인 이행기(transitional period)를 의미하며 다음 3가지 기본 개념이 사용되고 있다.

(1) 통계적 정의에 따른 정상 노화에 대한 정의

정상 노화를 정의하는 방법은 이상적인 관점과 통계적인 관점의 두 가지로 구분된다. 소위 '성공적 노화'(successful aging)를 포함하는 이상적인 관점에 따르면 나이가 들어도 신체적, 정신적인 건강을 유지하고 있는 노인들을 정상으로 간주한다. 반면, 통계적 정의에 따른 정상은 대부분의 노인이 경험하고 있는 노화과정을 정상으로 간주한다. 따라서 통계적 정의에 따른 정상노인이야말로 다양한 질병을 지닌 '전형적 노인'이라 할 수 있다.

(2) 연속성 모델(Continuum model)

경도인지장애는 정상 노화와 치매가 연속선상에 있다는 사실을 전제한다. 정상 노화의 진행과정 중 치매가 발병하면, MCI 시기를 거쳐서 치매에 이르게 된다는 말이다. 이러한 연속성 모델은 MCI 이전의 개념들에서 차용된 것이다.

(3) 병리 모델(Pathological model)

MCI는 정상이 아닌 병적인 단계 혹은 질병이 발생하기 직전의 상태를 의미한다. 따라서 정상노화과정에서는 MCI단계를 거치지 않는 것으로 개념화되어 정상적인 노화의 일부라고 판단되는 AAMI, ARCD 등과는 근본적으로 구분된다. MCI가 치매의 임상전단계(preclinical stage)인지에 대해서는 논란의 여지가 있다. 그러나 이전의 개념들에서 사용하던 '나이 연관' 혹은 '노화 연관'이라는 수식어를 떼어버린 것은 MCI를 질병이 시작되는 병적인 상태로 정의하고자 하는 의도를 담고 있다.

MCI의 구체적 진단기준은 미국 메이요클리닉의 피터슨(Ronald Petersen)의 1999년 논문에서 처음 제시되었으며 이후 세부사항에 대한 수정을 거쳐 현재도 사용하고 있다. 그가 제시한 진단 기준은 다음과 같다.

- 정보 제공자 혹은 본인에 의한 기억력 저하 호소
- 객관적 기억력 저하(해당연령과 교육 수준에 비해 저하된 기억력검사 결과)
- 전반적 인지기능의 정상
- 대체로 유지되는 일상생활능력
- 치매 아님

MCI의 진단기준을 정확하게 이해하기 위해서는 이 진단기준이 임상진단기준이라는 점을 이해해야 한다. 예를 들어 MCI의 두 번째 진단기준인 객관적 기억력 저하를 보면 일부에서는 기억력 검사 결과가 동일 연령대 정상규준의 1.5 표준편차 이하로 저하된 경우를 기준으로 제시하고 있다. 이 주장의 근거는 피터슨(Petersen) 등(1999)이 MCI 진단 기준에 따라 대상군을 정의하고 보니 약 80% 이상이 기억력 검사 점수가 하위 1.5 표준편차 이하로 저하되었다는 결과에서 기인한다. 엄밀하게 말하면 MCI 진단기준은 객관적 기억력저하에 대해 정확한 기준을 제공하지 못한다. 따라서 최근 MCI를 연구자들은 MCI가 기억력 검사 1.5 표준편차와 같은 획일적인 기준에 의해 진단될 수 없다는 것을 강조하고 있다. 기억력 검사결과가 1.5 표준편차 이내라고 하더라도 나머지 진단기준을 고려한 후 임상적으로 MCI를 진단할 수 있다.

MCI의 진단의 핵심은 객관적인 기억력 저하가 확인되었지만 치매는 아닌 경우의 발견이라고 볼 수 있다. 진단기준의 뒷부분에 포함된 치매가 아니라는 기준은 이미 전반적 인지기능, 일상생활능력이 정상이라는 기준의 상당부분을 포괄하고 있다. 또한 정보제공자가 호소하는 대상자의 인지기능저하는 객관적 신경심리검사와 연관성이 높아 객관적 기억력저하를 측정하는 기준으로 볼 수 있다. 주관적 기억문제 호소는 우울증과 연관이 높고 신경심리검사와의 연관성은 낮은 편이어서 진단기준에 포함하는 것이 타당한지에 대해 논란이 있다. 하지만 이 진단기준이 임상진단기준이고 이를 임상 상황에 적용하는 경우 MCI를 효과적으로 선별하고 진단하는 데 시간-비용 측면에서 유용성을 가지고 있다.

2) 경도인지장애의 특징

이론적으로 MCI는 치매를 일으키는 모든 원인에 의해 발생할 수 있다. 또한 어느 인지영역이나 다 장애를 보일 수 있다. 이런 다양한 임상특징들을 구분하기 위해 연구자들은 건망형(amnestic type)과 비건망형(non-amnestic type), 단일 영역(single domain)에서 인지장애가 발생하는 경우와 여러 영역(multiple domain)에서 인지장애가 발생하는 경우의 4가지 유형으로 분류한다. 그 유형에 따라 MCI의 유병률도 상이하다. 일반적으로 알츠하이머병의 위험이 매우 높은 건망형 MCI는 65세 이상 노인의 약 3%, 여러 원인에 의한 MCI를 모두 포함하면 약 20%~25% 정도로 보고되고 있다. 현재 가장 활발하게 연구되고 있는 건망형 MCI는 MRI 검사에서 해마를 비롯한 측두엽의 용적 감소가 분명하게 존재하며, PET나 SPECT검사를 통해 두정엽과 측두엽 부위의 뇌혈류 혹은 대사량 감소를 확인할 수 있다. 또한 뇌졸중과 같은 뇌혈관질환이나 MRI를 통해 확인할 수 있는 광범위한 백질 변성 또한 MCI를 일으키는 것으로 알려져 있다. 이런 변화로 인해 MCI에서 나타나는 다음의 증상들은 치매 초기의 증상과 매우 흡사하다. 따라서 증상의 종류만으로는 구분이 쉽지 않다. 이런 경우 인지기능을 객관적으로 측정하는 신경심리 검사를 통해 MCI를 진단할 수 있다.

- 익숙하지 않은 환경에 가면 길을 잃을 수 있다.
- 같이 일하는 사람에 비해 작업수행능력이 저하됨이 분명해진다.
- 친한 사람 이름이나 익숙한 단어 기억의 어려움이 분명해진다.
- 책이나 신문의 구절을 읽고 기억하는 일이 거의 없다 시피하다.
- 새로 소개받은 사람의 이름을 기억하기 어렵다.
- 통장, 도장 같은 중요한 물건을 잘못 간수하고 잃어버리는 경우가 자주 생긴다.

3) 예 후

MCI가 주목 받은 이유는 MCI환자들 가운데 치매로 이행하는 경우가 많기 때문이다. 많은 연구에서 MCI로 진단받으면 해마다 10~15%의 환자가 치매로 진단이 바뀐다고 보고되었다. MCI는 일반적으로 치매의 위험도를 높이는 상태로 인정되지만, 누구에게나 치매가 발생하는 전임상단계인지에 대해서는 분명하지 않다. 예를 들어 MCI에 대한 연구들에서 주의할 점은 대부분의 연구에서 60%가량의 환자는 2~3년 동안 인지적으로 안정적이며 역학연구 중 일부 대상자들은 회복되는 경우도 보고되고 있다. 즉 MCI로 정의된다고 하더라도 이들이 모두 AD로 전환하는 것은 아니라는 점을 감안할 필요가 있다.

4) 치 료

아직 분명한 효과가 입증된 약물은 없다. 최근 발표된 알츠하이머병의 인지기능 개선제인 도네페질에 대한 연구결과는 6개월 정도 지속되는 효과를 보이지만, 알츠하이머병의 발병을 억제하지는 못하는 것으로 보고되었다. 그러나 적극적인 혈압조절이 치매의 발병을 낮춘다거나 규칙적인 운동이나 두뇌활동이 치매의 위험을 감소시킨다는 등의 보고는, MCI 환자가 신체건강과 생활 관리에 보다 주의를 기울여야 한다는 점을 시사하고 있다. 두뇌 활동의 경우에는 인지예비용량(cognitive reserve)이라는 개념이 있어, 실제로 활발한 두뇌 활동에 의해 인지예비용량을 확장시켜 놓으면 뇌의 퇴행성 변화에도 불구하고 상당 기간 인지기능이 유지될 수 있는 것으로 알려져 있다. 따라서 적극적인 두뇌활동이 요구된다.

경도인지장애로 진단받은 경우 필요하다면 약물치료와 인지치료를 병행하면서 치매 위험 인자에 대한 적극적인 관리가 중요하다. 또한 치매로의 진행 여부 파악을 위한 평가 및 관리를 위한 정기적 진료를 받는 것이 도움이 될 수 있다.

IV 치매의 증상과 경과

1. 치매의 증상

1) 인지증상의 종류

치매로 인한 인지증상 중 가장 대표적인 것은 기억력과 관련된 증상이다. 치매환자는 대부분 며칠 전 혹은 몇 주 전의 최근 기억력이 먼저 떨어지고, 병이 심해지면서 오래된 장기기억의 저하가 동반된다. 이런 예들은 매우 흔하게 만날 수 있다.

- 물건을 잘 둔다고 어디엔가 두고 찾지 못한다.
- 약속을 하고 기억이 나지 않아 약속을 어기게 된다.
- 시간에 맞추어 약을 먹었는지 확신이 서지 않고 반복해서 체크한다.
- 새로 바꾼 집 현관문 비밀번호 외우기를 반복해도 기억하지 못한다.
- 같은 질문을 반복한다. 대답해주면 처음 듣는 것처럼 반응한다.
- 본인이 말하고 행동한 사실 자체를 기억하지 못한다.
- 물건을 훔쳐갔다고 생각한다.
- 몇 년 전 사망한 자녀가 언제 직장에서 돌아오느냐고 물어본다.
- 본인의 젊은 시절에 의미 있었던 일들을 기억하지 못한다.
- 본인의 이름, 고향, 나이, 부모님 이름 등 매우 기본적인 기억도 못한다.

치매로 인한 인지증상에 기억력 저하만 있는 것은 아니다. 치매의 원인에 따라 초기부터 언어증상이 심하게 나타나는 경우도 있고, 비교적 후기에 분명해지는 경우도 있지만, 어떤 경우든 시간이 경과함에 따라 점차 악화되는 양상을 보인다. 상대방의 언어를 이해하지 못하는 감각성 언어장애가 발생하면 단어의 뜻을 제대로 이해하지 못하는 일이 잦아진다. 특히 상대방이 말한 단어의 뜻을 빨리 파악하지 못하기도 하고 아예 잘못 이해하기도 한다. 이런 경우 환자가 이해했다는 식으로 고개를 끄덕이지만, 구체적인 반응은 부적절할 수 있다. 또한 상대방이 길고 복잡한 문장으로 말하거나 어렵고 추상적인 용어를 사용하면 이해하기 어려워한다. 이럴 때 환자는 대화를 피하거나 적절한 반응을 하지 못하고 가만히 있게 된다. 여러 명이 대화를 주고받을 때 어울리기 힘들어하고 자리를 피하는 경우가 생긴다. 진행 속도가 지속되면 환자는 상대방의 말을 전혀 이해하지 못한다. 아무리 간단하고 알기 쉽게 설명하고 대화를 하려고 해도 간단한 질문조차 이해할 수 없다.[14)]

운동성 언어장애가 발생되면 초기에는 적당한 단어를 찾기 힘들어진다. 자주 사용하는 단어는 문제가 없을 수 있지만 다소 어려운 단어, 자주 부르지 않던 사

---

14) 치매는 〈그림 2장-5〉 와 같은 의심 행동을 보여줄 수 있다.

〈그림 2장-5〉 치매의심 행동

자료: http://www.aysilver.or.kr/community/gallery.php?mNum=&sNum=&boardid=gallery&mode=view&idx=4&sk=&sw=&offset=50/ 2017.1.15., 인출

람의 이름 등은 생각이 나지 않는다. 이런 현상은 물론 정상인에서도 간혹 있는 일이지만 치매환자에게는 일상이 되어 버린다. 따라서 문장이 짧아지고 추상적인 표현이 많아진다. 이름이 생각나지 않는 경우가 많아지면 추상적인 표현을 자주 사용하기 때문에 대화에 구체적인 표현이 부족해진다. '그리고', '그런데', '왜냐하면' 등 문장을 연결해서 다소 복잡한 문장으로 말하는 것을 어려워한다. 그런 이유들로 문장이 짧아지고 단순해진다. 진행되면 말을 하더라도 앞뒤가 맞지 않고, 아예 말수가 줄어든다. 논리적인 능력이 떨어지면서 처음에 말을 시작한 의도와 나중에 한 말의 의미나 맥락이 달라지기도 한다. 대화의 맥락이 없어지기 때문에 말하다보면 대화가 다른 길로 빠지게 된다. 말문이 자주 막히고 말하는 것이 피곤해지기 때문에 대화를 오래 지속하지 못하고 필요한 말만 하는 것 같은 경향이 늘어난다. 마지막에는 거의 말을 할 수 없게 되면서, 진행된 치매환자는 문장 구성의 기술 등이 상실되어 대화다운 대화를 이어갈 수 없다. 단어만을 열거하거나 단어와 유사한 음성만을 말할 뿐 의미 있는 대화를 하지 못한다.

그 밖에 시간 개념이 저하되어 연도, 월, 일, 요일, 시간 등을 착각하거나 잊어버리는 일이 잦아진다. 진행된 치매환자는 여름, 겨울과 같은 계절감각도 저하되고 나아가 밤과 낮을 혼동하기도 한다. 공간에 대한 개념도 상실하는데 지하철역이나 복잡한 길에서 본인이 가려고 했던 방향을 찾지 못해 길을 헤매게 되어 약속시간을 어기거나 집으로 되돌아오는 일이 잦아진다. 진행이 지속되면 집 주변처럼 자주 다니던 길에서도 방향을 잃고 헤매기도 한다. 집안에서 침실, 화장실, 부엌 등도 구분하지 못해 엉뚱한 곳에 대소변을 보는 일이 생긴다. 치매가 진행되면 본인이 있는 곳이 왠지 자신의 집이 아니라는 느낌이 들거나 본인의 집이라는 사실 자체를 잊어버리게 된다.

치매가 전두엽을 침범하면 계획을 세워 일을 추진하는 능력을 뜻하는 실행기능이 저하된다. 예컨대 장사나 사업을 하는 경우라면 사업계획 세우기와 재정 관리를 비롯하여 업무 전반에 걸쳐 능률이 떨어지고 실수가 잦아진다. 또한 돌발적으로 발생한 상황에 대해 본인에게 익숙한 방법만을 고집해서 문제 해결 능률이 떨어지거나 아예 문제 해결을 하지 못하게 된다. 전기밥솥, 세탁기, 전자레인지 등 자녀들이 선물하거나 새로 구입한 전자제품의 간단한 조작법을 익히지 못해 고장 내거나 사용하지 않는다. 이런 전두엽의 변화로 인한 증상들은 흔히 성격변화와 연관되어 주변사람들과 갈등을 초래하는 경우가 흔하다.

치매가 발생하면 주의력이 쉽게 저하된다. 예를 들어 치매환자는 한 가지 일에 주의를 집중할 수 있는 시간이 정상인에 비해 짧기 때문에 쉽게 흥미를 잃어버리곤 한다. 그래서 치매환자와 함께 어떤 활동을 하는 경우 휴식 간격을 짧게 하는 것이 바람직하다. 두 가지 일을 동시에 처리하는 능력이 현저하게 저하되기 때문에 어떤 일을 하고 있는 상태에서 말을 걸거나 지시를 하는 경우 못 알아듣거나 짜증을 낼 수 있다.

(1) 인지증상의 주요부분

치매의 인지기능 저하를 이해하기 위해서는 실인증(agnosia)과 실행증(apraxia)이라는 두 가지 용어를 알아둘 필요가 있다. 실인증이란 감각 자체에는 문제가 없지만 사물을 인식하지 못하는 경우를 말한다. 이를테면 낙타 그림을 보여주고 그대로 따라 그리라고 하면 잘 따라 그리고, 낙타라고 말해주고 따라 하라면 잘 따라 하지만, 막상 이 그림이 무엇을 그린 그림인지를 물어보면 대답하지 못하는 경우다. 이런 실인증은 시각, 청각, 촉각 등 감각성 자극에 대해 모두 발생할 수 있으며 신체나 질병에 대한 인식 결여의 형태로 나타날 수도 있다. 좀 더 특수하게는 사람의 얼굴을 알아보지 못하는 얼굴 실인증이나 색깔의 이름을 말할 수 없는 색각 실인증도 나타날 수 있다.

실행증은 감각이나 운동능력 자체에는 문제가 없지만 특정 행동을 할 수 없는 경우를 말한다. 예를 들어 양치질을 하기 위해서는 칫솔과 치약을 보고 집어서 칫솔에 치약을 짜서 묻힌 후 입에 넣고 돌려야 하는데, 실행증이 있는 경우는 칫솔과 치약을 보고도 멍하니 서 있거나 칫솔을 들기만 하고 치약을 짤 생각을 하지 못하는 경우가 있다. 또한 치약을 짜서 묻힌 다음에도 어떤 동작을 해야 할지 모를 수 있다. 이렇게 인지기능 저하로 인해 무의식적으로 이어지는 일련의 행동들 간의 연결이 끊어져 특정한 행동을 하지 못하는 경우를 실행증이라 한다.

(2) 인지증상의 이해

이론적으로는 인지기능들의 구분이 분명하지만, 실제 환자가 보이는 증상을 기준으로 보면 그 구분이 분명하지 않은 경우가 많다. 특히 여러 인지기능들이 서로 연합하여 증상을 형성하기도 한다. 예를 들어 주의력은 거의 모든 인지기능에 영향을 주기 마련이다. 다른 사람과 대화하려면 기본적으로 상대방에게 집중하고 그 사람의 말을 들으려는 자세가 필요하다. 정상적인 경우는 별다른 노력 없이도 가능하지만, 치매가 발생하면 주의가 쉽게 흐트러지기 때문에 상대방의 말에 주의를 기울이지 못하는 일이 잦아진다. 이런 경우 망각 자체도 잦아지지만, 때로는 듣지 않아서 기억하지 못하는 경우에도 기억력이 떨어졌다고 오인하기 마련이다. 실행기능의 경우도 마찬가지이다. 새로 구입한 세탁기를 사용하려면 조작법을 알아야 한다. 조작법을 이해하려면 내용을 기억해야 하고, 사용하려면 조작 순서를 따라야 한다. 따라서 실행기능의 이상이라고 보이는 증상이 주의력, 기억력 등 다른 인지기능이 함께 필요한 경우가 흔하게 나타난다.

물론 치매 환자라고 앞서 언급한 치매의 인지증상이 모두 나타나는 것은 아니다. 심하게 진행된 경우라면 보다 많은 증상들이 나타날 수 있겠지만, 초기의 경우는 특정 증상 한두 개만 나타날 수도 있다. 어떤 경우는 최근 기억만 심하게 저하되기도 하고, 어떤 경우는 단어와 사물의 의미를 파악하지 못하는 것이 주요 증상일 수도 있다. 반대로 모든 치매 환자에게 공통적으로 나타나는 증상도 없다. 이는 치매의 정의와 상충되는 것처럼 보이지만 실제로는 그렇지 않다. 장애가 나타나는 인지영역은 공통적일 수 있지만, 구체적인 증상까지 공통적인 것은 아니기 때문이다. 이를테면 최근까지도 치매는 기억력 저하가 반드시 존재해야 하는 것으로 정의되었다. 이런 경우 기억력 저하 현상은 같아 보여도, 기억력 저하로 인한 증상은 앞서 언급한대로 종류가 다양하고 그 중 어떤 증상이 나타나는지는 사람에 따라 다르다. 더욱이 최근 발표된 치매 기준에 따르면 기억력 저하가 반드시 있어야 하는 게 아니기 때문에, 모든 치매환자가 공통으로 보이는 증상이라는 것은 없다고 보아도 무방하다.

다양한 치매 증상 중 한 두 가지가 나타나는 노인들이 많을 수는 있다. 이런 경우라도 무조건 치매를 의심하는 것은 바람직하지 않다. 우선 이 증상이 치매로 인한 것인지 확인해야 한다. 그러려면 그 증상이 얼마나 지속적으로 관찰되는지, 시간과 장소에 따라 어떤 영향이 있는지 살펴보아야 한다. 치매는 만성적인 상태이기 때문에 기억력이 저하되었다면 지속적으로 자주 잊어버리고 시간과 장소에 크게 영향을 받지 않고 다양한 상황에서 기억력 저하 증상을 보이기 마련이다.

같은 증상이라도 사람에게 미치는 영향은 제각각이라는 점도 염두에 둘 필요가 있다. 예를 들어 가본 적 없는 곳에서 길을 잃고 헤맬 수 있다. 이런 경우 멀리 가지 않거나 가더라도 다른 사람과 동반하면 그 증상이 큰 영향을 미치지 않을 수 있다. 하지만 택시를 운전하는 사람이 이런 증상을 보인다면 직업을 그만두어야 할 가능성이 높다. 따라서 어떤 증상이 있는가도 중요하지만 그 증상이 생활에 어떤 영향을 미치는가도 역시 매우 중요한 부분이다. 한 가지 유의할 점은 어떤 질병의 증상도 그렇지만 인지증상도 다양한 요인들의 영향을 받는다는 점이다. 예를 들어 가족들은 흔히 날씨가 흐리거나 어두워지면 환자의 증상이 악화되는 경향이 있다고 말한다. 기억력도 좋고 정신이 맑은 날이 있는가 하면, 아주 나쁘다는 날도 있다. 이런 인지변동(cognitive fluctuation)은 환자의 심리상태, 신체질병으로 인한 통증 등 생리적 요인, 주변 환경의 변화, 치매의 원인질병 등에 따라 발생할 수 있다. 이런 변동으로 인해 주변 사람들이 치매 여부를 두고 헷갈리는 경우가 자주 있고, 인지검사를 받는 경우 검사 점수의 편차가 심하게 발생할 수도 있다.

2) 정신행동증상

(1) 정신행동증상의 개념

치매의 정신행동증상은 치매로 인해 나타나는 비현실적인 생각, 조절되지 않는 감정, 현실에 존재하지 않는 사물에 대한 지각이나 오인, 여러 가지 부적절한 행동들을 의미한다. 정신행동증상은 치매의 핵심적인 증상으로 인정되지 않아서 최근까지도 상대적으로 주요 연구대상이 되지 못했다. 아울러 이런 증상에 대한 명칭도 지금까지 비인지증상(noncognitive symptom), 문제행동(problematic behavior), 심리행동증상

(behavior and psychological symptoms of dementia, BPSD), 신경정신증상(neuropsychiatric symptom) 등 다양하게 사용되어 왔다. 이런 연유로 다양한 정신행동증상의 체계적 분류방법 역시 확립되지 않았다. 정신병적 증상(환각, 망상 등), 정동증상(기분이 너무 좋거나 우울한 증상), 초조 및 기타 증상으로 구분하기도 하지만, 환자와의 대화나 면담으로 확인할 수 있는 내적인 심리증상과 행동을 관찰함으로써 확인할 수 있는 외적인 행동증상으로 구분하는 경우도 있다.

치매로 인한 외적 이상행동과 내적 정신상태 변화를 바라보는 시각은 두 가지로 나눌 수 있다. 첫째, 치매의 진행에 따른 자연스런 결과로 보는 시각으로 치매의 발병 원인 혹은 진행에 따라 손상된 뇌 부위의 차이에 의해 특정 정신행동증상이 발생한다는 것이다. 예를 들어 전측두엽 치매라면 판단력, 충동조절 능력, 집행기능을 담당하는 전두엽의 손상으로 인해 사회적으로 부적절한 행동이 나타난다. 이렇게 보면 치매의 정신행동증상은 기존 정신질환과는 증상 양상이나 경과가 다를 수 있다. 그리고 치매 진행을 억제하는 약물치료로 정신행동증상의 완화도 기대할 수 있다. 둘째, 치매의 진행에 동반된 공존질병이라는 시각이다. 이에 따르면 정신행동증상은 치매와는 다른 발병기전을 통해 발병해서 치매의 진행과는 별도 증상이 나타난다. 예컨대 치매의 악화에 따른 인지기능의 저하가 같은 중증도를 가진 사람들이라도 모두 똑같은 정신행동증상이 나타나지는 않는다. 정신행동증상은 기존 정신질환의 증상과 상당히 유사하지만, 그렇더라도 전통적인 인지기능개선제와는 다른 정신과 약물을 사용해야 한다. 아쉽게도 위의 두 가지 기본적인 견해 중 어떤 것이 타당한지는 아직 분명하지 않으며, 둘 다 일부 타당한 측면이 있다.

치매의 정신행동증상은 치매를 진단하는 기준에 포함되지 않지만, 그럼에도 몇 가지 측면에서 매우 중요한 증상이다. 첫째, 치매의 정신행동증상은 매우 흔하다. 증상을 평가하는 방법에 따라 다르기는 하지만 이 증상들은 전체 치매 환자의 90% 이상에서 관찰될 정도로 흔하다는 점이다. 인지기능이 심하게 저하되면 어떤 형태로든 심리적인 행동 이상이 발생하는 것이 당연하다는 점을 감안하면 당연한 귀결이라 할 수 있다. 둘째, 이 증상들이 치매의 경과에 영향을 미친다는 점이다. 정신행동증상이 심한 경우 인지기능의 악화 속도가 빠르고 그에 따라 일상생활 기능의 저하 역시 심해진다. 예를 들어 심한 야간 불면과 배회 증상이 있는 경우 다음 날 주간 활동에 지장을 받을 것이기 때문에 일상생활이 어려워질 수 있고, 음식에 독이 들어있다는 망상이 있다면 음식 거부에 따른 영양 불량과 기력 저하로 인지기능과 신체기능이 악화될 수 있다.

진단 측면에서 보면 정신행동증상은 치매의 원인을 파악할 수 있는 단서를 제공할 수 있는 소중한 자료가 될 수 있다. 뒤에서 자세하게 다루겠지만 환시와 착각은 루이체 치매(dementia with lewy body) 진단의 주요 증상이고, 사회성 상실과 성격변화는 전두측두엽치매의 주요 진단 기준 중 하나이다. 당연하지만 치매를 앓는 사람이 보이는 비정상적인 행동은 다른 사람과의 생활에 잦은 마찰을 초래하고 환자를 돌보는 사람에게 신체적, 정신적으로 큰 부담을 주게 마련이다. 단순한 신체기능 저하만을 보이는 환자에 비해 부담이 더욱 심한 게 일반적이어서 정신행동증상을 보이는 치매 환자를 가정으로부터 격리해서 시설에 입소시키는 주된 이유가 된다. 따라서 치매의 정신행동을 잘 이해하고 대처하는 것은 치매 환자 치료관리에서 매우 중요한 주제가 된다.

(2) 정신행동증상의 종류

① 정신병적 증상(psychotic symptom)

물건을 놓은 위치를 기억하지 못하고, 자신의 행동을 기억하지 못하는 등 기억력이 떨어진 치매환자는 기억이 나지 않는 부분을 남의 탓으로 돌리기 때문에 의심하는 일이 많아진다. 질병 초기의 의심은 설명과 설득으로 쉽게 풀어지기도 하는데, 이런 상태는 정신병적 증상이라고 보지 않는다. 하지만 점차 병이 진행되면서 어떤 설명이나 설득으로도 환자의 의심은 풀리지 않는데, 이런 경우를 망상(delusion)이라고 한다. 이런 망상은 "여기는 내 집이 아니다." "내 남편은 사실은 사기꾼으로 변장하고 있다." "가족들이 나를 가두고 죽이려고 한다." "내 아내가 바람을 핀다." 등 다양한 형태로 나타난다. 이런 망상은 다른 정신행동증상을 촉발시키는 계기가 되기도 한다. 예를 들어 가족들이 자신을 가두고 죽이려고 한다는 망상이 있는 환자는 불안과 초조증상을 보이기 쉽다. 환자는 탈출하기 위해 배회하거나 가족들에게 공격적인 행동을 할 수도 있다. 또한 환자가 자신의 힘으로 벗어날 수 없다고 체념한다면 우울증상이 생길 수 있고 자살까지 시도할 수도 있다.

인지기능이 떨어진 치매환자는 순간적으로 사물이나 사람을 제대로 알아보지 못해서 착각하는 경우가 있다. 또한 시각과 청각 능력 저하가 착각(illusion)을 일으키기도 한다. "우리 집에 식구 외에 누군가가 있다." "거울 속에 내가 아닌 어떤 사람이 있다." "텔레비전 속의 상황이 실제 상황이다." 이런 식으로 생각할 수 있다. 이런 착각이 자주 발생하고 다른 사람의 올바른 설명에도 불구하고 자신의 생각을 고집하는 경우를 착오(misidentification)라고 부른다. 이는 감각 이상으로 인해 망상 수준의 증상이 발생하는 예이다. 한편 외부에서 주어진 자극이 없음에도 자극이 실제로 있는 것으로 느낄 수 있는데, 이를 환각(hallucination)이라고 한다. 환각은 지각(perception)의 장애로서 청각에 대한 환청, 시각에 대한 환시, 촉각에 대한 환촉, 냄새에 대한 환취 등으로 구분한다. 치매에서 나타나는 환각은 실제 없는 사물이나 사람을 있는 것으로 지각하는 환시가 가장 흔하며, 실제로는 들리지 않는 소리를 듣는 환청이 그 다음으로 흔하다. 실제로는 나지 않는 냄새를 맡는 환취, 실제로는 없는 촉감을 느끼는 환촉은 상대적으로 드물다.

이런 환각은 환자가 실제로 느끼는 감각에 기반하기 때문에 감정변화가 수반될 수 있다. 예를 들어 밤중에 돌아가신 분이나 낯선 사람이 보인다면 환자는 공포와 불안을 느끼기 쉽다. 한 가지 주의할 것은 이런 증상은 구체적으로 확인되어야 환각이라고 말할 수 있다는 점이다. 특히 치매 환자가 혼자 중얼거린다고 모두 환청이 있는 것은 아니다. 왜냐하면 어떤 노인들은 심심하거나 무료해도 간혹 혼자 말을 하는 경우가 있기 때문이다. 비슷한 예로 밤에 돌아가신 어머님이 왔다 가셨다고 말하는 할머니의 경우도 그 분을 분명히 보았는지를 추가로 질문하는 경우 보이지는 않았다고 말하는 경우들이 있다. 이런 경우는 기억의 왜곡을 감안해야겠지만 실제로 보았다는 증거가 없다면 환시라고 단정을 지어서는 안 된다.

② 정동증상(mood symptom)

일반적으로 우울한 기분, 관심의 상실, 의욕저하, 식욕감퇴, 수면변화, 부정적인 사고와 자살 사고 등의 증상들을 보이는 경우 우울증상이 있다고 말한다. 이런 우울 증상은 치매 초기에 본인의 기억력 저하를 인지하고 진단을 받은 후 좌절감으로 인해 이차적으로 발생하기도 한다. 하지만 우울증상은 초기가 아니더라도 본인의 감정을 인지하지 못하는 순간에 이르기 전에는 질병의 경과 중 어떤 순간에서도 나타날 수 있다. 이런 우울증상은 일시적으로 나타날 수도 있고 일정 기간 지속될 수도 있다. 그 중 몇 가지가 수주일 동안 지속적으로 관찰되는 경우 우울병(depressive disorder)이라 부른다. 치매 환자에서 우울증상은 40~50% 정도 관찰되는 흔한 증상이고, 이보다 정도가 심한 우울병은 상대적으로 적게 나타난다.

우울병은 치매와 동반해서 나타날 수도 있고 독립적으로 나타날 수도 있기 때문에 일부 환자들의 경우 치매 진단을 어렵게 만드는 원인이 되기도 한다. 우울병의 증상으로 나타나는 의욕 및 흥미의 저하로 인해 사고의 속도가 느려지고 검사가 귀찮아지면 기억력이 저하될 수 있는데, 이로 인해 초기 치매의 기억력 저하와 유사하게 보일 수 있다. 이런 이유로 우울증으로 인한 인지저하를 과거 가성치매(pseudodementia)라는 이름으로 부르기도 했다. 이런 증상의 유사성은 치매 초기 진단의 어려움뿐 아니라 진행된 치매에서도 우울증상의 확인을 어렵게 만들 수 있다. 진행된 치매에서도 우울병은 동반될 수 있는데 이정도로 진행된 치매 환자는 자신의 감정 상태를 제대로 인식하고 보고하기가 어렵기 때문에 표정이나 행동으로 추정하는 경우가 흔하다. 이때 수면장애, 체중감소 등의 증상이 치매로 인한 것인지 우울로 인한 것인지 확정하기 어려운 경우가 자주 발생한다.

우울을 정상 기준치보다 낮은 상태로 정동이 고정된 경우로 볼 수 있다면 그 반대로 높은 상태로 고정된 경우도 존재하는데, 이를 조증(manic)이라고 한다. 조증은 고양된 기분 상태를 말하며, 이로 인해 자신감이 지나치게 충만하고 자신만만하며 항상 에너지가 넘치게 된다. 문제는 이런 감정이 과도해서 다른 사람들을 무시하고 자주 다투게 된다는 점이다. 또한 자신의 처지에 비해 과도한 쇼핑 등의 행위에 몰두해서 경제적 피해를 입기 쉽고 벌이는 일을 제대로 마무리 짓지 못하는 경우가 많다. 노인이 치매를 앓게 되면 이렇게 에너지가 넘치는 경우가 드물기 때문에 조증은 비교적 드문 것으로 알려져 있다. 다만 과거 조울병(manic depressive disorder)을 앓던 사람에게 치매가 발생하는 경우가 있었고, 조증이라고 할 수는 없지만 짜증, 공격성향 등 일부 증상이 치매에서 흔하다는 정도이다.

우울과 조증이 정동의 기준선 아래와 위로 고정된 것이라면, 아예 정동을 느낄 수 없는 경우도 있는데, 이를 무감동(apathy)이라고 한다. 무감동이 있는 경우 즐거운 일이나 슬픈 일에 대한 감정을 느끼지도 못하고 표현하지도 못한다. 이로 인해 대인관계나 개인위생, 일상생활에 관심이 없어지고, 표정에서도 희로애락을 읽을 수 없다. 모든 일에 대해 무표정한 얼굴이다. 무감동은 종종 우울증의 증상으로 오인될 수 있다. 그러나 무감동은 우울증과 달리 우울한 감정을 표현하거나 관찰자에게 그런 감정이 느껴지지 않는다는 특징이 있다.

③ 초조(agitation) 증상

안절부절 못하거나 손발을 까부르는 행동을 하는 사람을 보면 심리상태가 불안한 상태라는 가정 하에 초조해 보인다고 말하곤 한다. 이렇듯 초조라는 용어를 불안이 외부로 표현된 행동으로 정의하는 경향이 있다. 치매에서의 초조는 이런 일반적인 의미와는 약간 다르다. 치매 환자의 심리상태를 정확하게 파악할 수 있는 방법이 없는 만큼 심적인 상태가 어떻든지 간에 의식이 명료한 상태에서 분명한 의도를 파악하기 어려운 부적절한 언어, 음성 혹은 행동을 초조라고 부른다. 따라서 치매의 초조는 다음과 같이 매우 다양한 부적절한 행동을 포괄하는 광의의 개념이 된다.

- 목적 없이 왔다 갔다 하고 같은 행동을 반복한다.
- 서랍, 장롱, 냉장고 등을 계속 뒤진다.
- 휴지, 비닐봉지, 신문지 등 큰 가치가 없는 물건을 부적절한 장소에 소중하게 간직한다.
- 적절한 도움이지만 특별한 이유 없이 계속 거부하고 비협조적으로 군다.
- 기저귀를 교체하는 사람을 이유 없이 때리고 할퀸다.
- 알 수 없는 소리를 지른다.
- 반복적으로 같은 말을 중얼거린다.

이렇게 초조에는 다양한 증상들이 포함되기 때문에 일부에서는 초조를 공격성의 존재 여부와 언어 사용 여부에 따라 언어적인 공격행동, 비언어적인 공격행동, 언어적인 비공격적 행동, 비언어적인 비공격적 행동 등 4가지 유형으로 분류하기도 한다.

초조 증상군의 대표적인 예로는 뚜렷한 목적 없이 돌아다니는 것으로 보이는 배회(wandering)를 들 수 있다. 하루 종일 길거리를 헤매고 돌아다닌다든지, 병원에서 복도를 왔다 갔다 하는 행동들은 비교적 흔하게 관찰된다. 그러나 그 이유를 뚜렷하게 알 수 없는 경우가 많아서 치매의 특징적인 증상처럼 인식되어 왔다. 그런데 어떤 사람이 어떤 행동을 하는 이유를 제대로 파악하려면 그 사람의 행동을 보고 추정하는 간접적인 방법도 있지만, 그 사람이 그렇게 행동하는 이유를 직접 말해주는 방법도 있다. 하지만 거리를 헤매고 돌아다니는 이유, 복도를 하루 종일 걸어 다니는 이유를 이성적으로 말할 수 있다면, 그 행동을 목적 없는 행동으로 분류하지는 않을 것이다. 아울러 치매 환자는 인지기능장애로 인해 그런 이유를 설명하는 데 한계가 있는 경우가 많다. 따라서 외관을 통해 그 사람의 심리상태를 추정할 수밖에 없다. 그 결과 이유를 알 수 없는 행동이라고 쉬 판단하게 된다.

배회하는 치매 환자들 중에서 본인이 그 이유를 말하기도 하고 행동 양상을 통해 상식적으로 그 이유를 파악할 수 있는 경우도 일부 있다. 예를 들어 저녁만 되면 집안을 계속 돌아다니는 치매 환자가 있다. 이 환자는 창문을 내다보고 잠금장치를 수시로 확인하고 현관문을 열었다 닫았다 반복한다. 왜 그럴까? 여러 가지 이유가 있을 수 있지만, 집 밖의 환경이 어두워지면서 불분명한 물체를 낯선 사람이라고 오인하고 그 사람이 집으로 침입할 수 있다는 두려운 생각 때문에 집안 단속을 하느라 분주한 것일 수 있다. 초기 치매 환자의 경우 이런 생각과 두려움을 말로 조리 있게 설명할 수 있지만, 치매가 진행된 환자는 그런 능력이 없기 때문에 목적 없는 행동이라고 단정하기 쉽다. 배회는 과연 목적 없는 행동일까? 의식하느냐 못하느냐, 논리적으로 생각하느냐 못하느냐의 차이는 있지만, 목적이 전혀 없는 인간 행동이 있을 수 있을까? 배회를 비롯해 초조행동에서 나타나는 목적성의 문제는 인간의 행동에 대한 근본적인 성찰을 요구한다.

초조 증상의 또 다른 대표적인 예가 공격행동(aggressive behavior)이다. 공격행동은 욕하고 비웃으며 고함을 지르거나 소리치는 등 언어적인 형태로 나타나기도 한다. 또한 언어적 표현이 불가능한 경우에는 때리고 밀고 할퀴고 발로 차는 등 신체적인 형태로 나타날 수도 있다. 공격행동은 인간의 동물적 본성에 기반한 행동으로 정상적인 상황에서는 이해되고 공감 받을 수도 있지만, 치매 환자의 경우 이런 행동이 비교적 급작스럽고 이해할 수 없는 방식으로 나타나는 경우가 많다. 그만큼 주변 사람들은 당혹스럽게 만든다. 치매 환자가 갑자기 화를 내는 등 감정이 격화된 반응을 보이는 것을 정상적인 반응과 달리 크게 급작스럽다는 의미로 파국반응(catastrophic reaction)이라고 부른다. 치매로 인한 감정조절 능력의 저하, 상황 판단능력의 저하 또는 왜곡이 존재하는 상황에서 신체적인 통증이나 불편감, 복잡한 환경 자극 등이 겹치는 경우 이런 반응이 자주 나타날 수 있다. 문제는 환자가 이런 반응을 보이는 경우 상대방은 그 이유를 모르거나 알더라도 그럴만한 정도의 이유는 아니라고 생각하는 경우가 많다는 점이다. 따라서 환자의 행동이 이해가 되지 않고 자칫 감정적인 대립과 다툼으로 이어질 가능성이 높다. 또는 그와 반대로 돌보는 사람의 행동이 잘못되었는지는 모르지만 그 반응이 지나치게 크고 강하게 오는 경우 돌보는 사람이 의욕을 잃거나 좌절할 수 있다.

초조 증상군에 포함되기도 하고 독립적인 증상으로 분류되기도 하는 수면장애는 정신행동증상의 대표적인 증상이다. 사람은 24시간을 기준으로 8시간 내외의 수면시간과 나머지 각성시간을 보낸다. 우리는 모두 이런 일 중 리듬(diurnal rhythm)을 일정하게 유지하며 야간 근무자를 제외하면 대체로 밤에는 잠을 잔다. 수면장애의 종류는 매우 다양하지만, 치매에서는 불면증, 과도한 주간 졸림, 낮과 밤의 역전 등이 자주 나타난다. 이런 치매의 수면장애 원인은 4가지로 나눠 볼 수 있다. 첫째, 치매의 진행에 따라 수면을 관장하는 뇌의 기능이 점차 저하된다. 둘째, 주간 활동이나 수면 습관의 변화로 인해 발생할 수 있다. 셋째, 불안, 환각, 망상 등 다른 정신행동증상으로 인해 유도될 수 있다. 넷째, 이 모든 요인들이 복합적으로 작용한 결과로 나타날 수 있다.

④ 수면 및 기타증상

치매가 진행되어 인지기능이 크게 저하된 환자가 야간에 환각이 심해서 불안해 잠을 이루지 못할 경우 당연히 다음날 낮에 잠을 자려 한다. 그러나 그렇게 되면 다음날 밤에는 잠을 더욱 못 자게 되는 악순환이 일어나기 쉽다. 다음날 낮 수면을 제한해서 야간 수면을 늘리는 전략을 취하지만, 인지능력이 저하된 치매 환자는 그 이유를 이해할 수 없고 다른 활동에는 흥미가 없어 자려고만 하고 강제로 깨우려는 경우 화를 내고 다투게 될 수 있다. 결국 일중리듬이 한 번 깨지면 본인의 의지나 간단한 지시로는 회복이 어려운 상태로 변해 악순환을 보이는 경우가 흔해 임상적인 측면에서는 매우 중요한 증상이 된다.

수면장애의 원인도 다양하지만 수면장애로 인한 결과도 단순히 낮잠을 많이 자는 것만 있는 것은 아니다. 수면장애와 함께 야간에 다양한 정신행동이 함께 발생하는 경우를 말한다. 많은 치매 환자가 낮에 비해 어두워지는 저녁과 밤이 되면 판단력과 주의력이 저하되는 경향이 있기 때문에 불면과 함께 배회, 공격성 등 부적절한 행동이 증가할 수 있다. 이런 경우 환자는 밤에 잠을 자지 않고 집안을 돌아다니면서 사람들을 일어나라고 깨우거나, 여기가 본인의 집이 아니니까 당신 집에 가야한다고 우기면서 밖으로 나가려고 하거나, 돌아가신 지 20년이 지났음에도 불구하고 어머니가 살아계신다고 만나러 간다고 우기기도 한다. 이렇게 치매에서는 낮과 달리 저녁이 되면서 인지기능의 급격한 저하로 정신행동 증상이 초래되는 특징 때문에 과거에는 석양증후군(sundowning)이라고 부르기도 했다. 수면장애의 결과는 낮에도 일어날 수 있다. 어떤 경우는 낮에도 수면을 취하지 않고 비틀거리며 배회를 하다 넘어져 골절이 생기기도 하고, 졸면서 밥을 먹다가 사레들기(aspiration, 흡인)도 일어난다. 낮에 비몽사몽이니 인지능력 저하가 더 심해진 것처럼 보이기도 한다.

반복적인 말과 행동은 치매의 여러 단계에 걸쳐 나타나는 증상이다. 반복적인 말은 치매의 진행 정도에 따라 문장 형태를 갖추기도 하지만, 한두 가지 간단한 단어일 수도 있다. 누군가의 이름을 반복적으로 부르기도 하고 자기 혼자 어떤 간단한 단어를 작게 혹은 크게 반복적으로 되뇌는 경우도 있다. 치매가 더 심해지면 의미를 알 수 없는 '아~', '으' 등의 발성(vocalization)만을 내기도 한다. 반복 행동의 경우도 가방에 물건을 채웠다 꺼내는 등의 복잡한 행동도 가능하고 손가락을 두드리거나 입을 우쭐거리는 것과 같은 비교적 간단한 행동일 수도 있다. 복도를 왔다 갔다 하는 행동을 보이는 경우 이를 반복적인 행동으로 정의해야 할지 배회로 정의해야 할지 분명하지 않다. 그래서 일부에서는 배회의 한 종류로 무의미하게 반복적인 행동을 포함하는 것으로 판단하기도 하는가 하면, 같은 행동의 반복을 상동증(stereotypy), 같은 행동의 반복이 상대적으로 덜한 경우를 배회로 분류하기도 한다.

부적절한 성적 행동은 가정이나 시설에서 돌보는 사람들을 특히 당혹스럽게 한다. 성적 욕망은 모든 동물의 진화에 필수적인 본능이며 사람이라고 예외는 아니다. 일반적으로 치매 때문에 성적 욕구가 증가한다고 보이지는 않는다. 하지만 일부에서 성적 욕구를 조절하는 뇌의 기제가 치매의 영향을 받으면서 통제되지 않고 방출되는 현상이 발생할 수 있는데, 이로 인해 사회적으로 용인되기 어려운 성적 농담을 하거나 상대방을 가리지 않고 신체를 만지려는 행동이 나타나기도 한다. 때로는 과도하게 자위행위에 몰입하기도 하고 아무데서나 옷을 벗기도 한다.

성적 욕구 조절에 실패하는 경우 이런 증상들이 나타날 수 있지만, 이런 증상들이 나타난다고 모두 성적 욕구의 표현에 문제가 있다고 보는 것은 옳지 않다. 예를 들어 기저귀를 갈기 위해 허리 아래 부위에 손을 대는 간병인의 가슴을 만진 치매 할아버지의 의도는 무엇일까? 할아버지가 말을 할 수 있는 상태가 아니라면 오직 추정만이 가능하다. 상대적으로 젊은 여성에 대한 성적 호기심이나 일시적인 성욕을 참지 못한 탓일 수도 있다. 하지만 인지기능이 심하게 망가져서 사람을 알아볼 수 있는 능력이 전혀 없는 할아버지에게 과거 할머니의 얼굴로 비친 경우라면? 혹은 단순히 반사적인 행동이었다면? 2006년 치매를 주제로 제작된 영화 "어웨이 프롬 허"(Away from Her)에서 치매에 걸려 남편과 집에서 살다가 시설에 입소한 여자 주인공은 시설의 또 다른 남자 치매 환자와 사랑에 빠진다. 물론 본인에게 남편이 있다는 사실은 완전히 지워진 상태였다. 치매 환자가 보이는 성적인 행동을 모두 성욕 때문으로 볼 이유는 없다. 또한 치매 환자라고 성적인 욕구가 저하되어야만 한다고 생각하지도 말아야 한다.

목적이 없는 부적절한 행동 중에 돌봄에 대한 저항과 거부 혹은 그 반대로 과도하게 의존하는 증상이 있다. 교통사고로 다리를 잃은 사람은 목발이나 휠체어에 도움을 받고, 뇌졸중으로 편마비가 생기고 대소변 조절이 되지 않는 사람은 다른 사람의 도움을 받아 화장실을 이용하는 경우가 흔하다. 치매가 진행되면 걸음이 불안정해지고 대소변 조절이 되지 않아 다른 사람의 도움이 필요하지만, 인지기능 장애로 병식이 없어지고 판단력이 저하되어 도움이 필요하다는 사실조차 인지하기 어려운 경우가 흔하게 발생한다. 예컨대 소변을 본 기저귀를 갈아주려고 하면 몸에 손을 대지 못하게 하고, 더 심하면 적극적으로 할퀴거나 침을 뱉기도 하고 식사와 약물 복용을 거부하기도 한다. 반대의 경우는 치매 환자가 그 보호자로부터 떨어지지 않으려는 과도한 의존증상이 있다. 이런 사람들은 24시간 보호자의 뒤를 졸졸 따라다니면서 떨어지지 않으려고 한다. 보호자가 자기 볼일이 있어 혼자 가려고 하면 심하게 저항하는데, 때로는 불안해하기도 하고 때로는 화를 내기도 한다. 그렇다고 보호자를 너무 사랑하거나 좋아해서 그런 것만은 아니기 때문에 왜 그러는지 이해하기가 쉽지는 않다. 같이 있는 동안 끊임없이 잔소리를 하거나 보호자의 행동에 어깃장을 놓는 등 다툼을 일으키면서도 떨어지는 것에는 심하게 저항하는 경우들도 있기 때문이다.

치매가 진행되면서 환자의 거의 모든 행동은 목적 지향적이지 못하고, 더 나아가 부적절한 게 된다. 예를 들어 옷을 입는다는 목적을 달성하기 위한 행동은 각각의 세부 목적을 달성하는 작은 행동들로 이루어진다. 옷을 선택하고 앞과 뒤를 구분해서 펼치고 팔을 끼우고 머리를 집어넣고 옷매무새를 고치는 등 당연하지만 연속되는 일련의 행동들이 모두 각각의 목적에 맞게 수행되어야 비로소 옷 입기가 완성된다. 옷의 앞뒤를 바꾸어 입고, 속옷과 겉옷을 바꾸어 입거나 때로 둘 중 한 가지만 입으려고 하고, 계절에 맞지 않는 옷을 고집하는 등의 행동들을 보이면 치매 환자라고 판단할 수 있다. 일상생활에서 이런 예는 부지기수로 많다. 화장실을 지나치게 자주 들락날락거리고, 대소변을 보고 제대로 처리하지 못하고, 아무데나 대소변을 보고, 대변을 보고 만지는 경우도 많다. 편식이나 폭식에 음식이 아닌 것을 먹기도 한다[15].

이런 행동들 대부분은 치매 자체가 원인일 수도 있고, 동반 질환 때문일 수도 있으며, 환경 때문에 일시적으로 나타날 수도 있다. 모두 부적절한 행동이고 실제로 중요한 문제들이긴 하지만 정신행동증상으로 분류해야 할지에 대해서는 결론이 없다. 이런 행동들을 단일한 행동 단위로 파악하기보다 여러 가지 행동들의 복합체로 보아야 하기에 우리가 알고 있는 정신병리(psychopathology)적 지식으로 환원시키기 어렵고, 다만 기술적인 파악만이 가능하다. 그 때문에 실제 생활에서 대처가 필요한 행동들이기는 하지만 정신행동증상으로 분류하기는 어렵다는 주장도 가능하다. 반면, 치매 환자가 보이는 비정상적 심리 상태와 행동을 모두 증상이라고 부를 수 있다면, 이런 일상생활에서의 비정상적인 행동들이 기존 정신병리적 지식에 부합되지 않더라도 모두 정신행동증상으로 분류하고, 체계적 기술을 위한 새로운 체계를 만들어야 한다는 주장도 얼마든지 가능하다.

(3) 정신행동증상의 이해

정신행동증상은 몇 개의 큰 그룹으로 나누어 분류할 수 있지만, 대체로 여러 증상들이 함께 발생하는 경향이 있다. 내적인 심리변화가 행동으로 나타날 수 있는데, 예컨대 자신의 귀중품을 다른 사람이 훔쳐간다고 의심하게 되면 처음에는 그렇지 않다고 부인하거나, 내가 잘못 생각했나, 내 치매가 더 심해지는 건가하며 자책하고 우울해 할 수 있다. 그러다 점차 본인 생각에 확신이 생기면 그 사람을 찾아가 따지고, 상대방이 인정하지 않으면 더 화를 내며 싸우게 된다. 자꾸 훔쳐가는 것은 분명한데 주변 사람들은 모두 환자가 문제라고 하고 바뀌는 것은 없으니 환자는 점차 고립되고 우울해진다. 이렇게 여러 정신행동증상들은 연관되어 발생할 수 있다. 그렇다고 한 사람에게 모든 정신행동증상이 다 나타나는

15) 이를 가르켜 소위 이식증(異食症-pica)이라 부른다. 1세에서 2세 사이 아동들에게 주로 나타나며 최소 1개월 이상 먹을 수 없고 영양가 없는 것을 반복적으로 먹는 것을 말한다. 초기 아동기에 부적응적인 섭식행동과 이식증을 보였던 아동들은 9세에서 18세 사이의 아동과 어린 청소년기에 폭식증으로 발달할 위험이 있고 까다로운 섭식과 소화 문제는 후에 신경성 식욕부진증의 위험이 될 수도 있다(http://terms.naver.com/entry.nhn?docId=383978&cid=42128&categoryId=42128/ 2017.1.15., 인출).

것은 아니다. 정신행동증상들을 많이 보이는 사람들이 있는가 하면, 적은 종류의 증상들만 보이는 사람들도 있다. 종류는 많더라도 심하지 않은 사람들이 있는가 하면, 가짓수는 적더라도 심각한 문제를 발생시키는 사람들도 있다. 이러한 증상의 특성은 앞서 인지증상에서와 마찬가지다.

옳다고 할 수는 없지만, 흔히 사람들 모두 정신병이 조금씩은 있다는 말이 있다. 이는 평균으로부터 조금 벗어나더라도 여전히 정상이라고 생각할 수 있다는 말로 해석할 수 있다. 치매라는 병의 상태로 진입하면 누구나 평균에서부터 어느 정도 벗어나는 증상을 보이기 마련이라고 인정한다면, 치매 환자가 보이는 수많은 행동들을 소위 정신행동증상으로 분류하든 말든, 그런 행동들의 존재 여부보다도 그 결과가 더 중요하다. 따라서 정신행동증상이 환자 본인과 타인의 안전 및 삶의 질에 어떤 영향을 미치는지 확인하는 것이 중요하다.

의심증상이 있는 치매환자라는 말을 듣는 사람을 우리는 어떻게 생각할까? 편집증이 심각한 조현병(schizophrenia) 환자가 보이는 날카로움을 연상할 수도 있고, 흥분된 상태에서 쉽게 공격행동을 보일 수 있는 위험한 환자를 떠올릴 수도 있다.

정신행동증상은 대체로 치매의 진행에 따라 변하기 마련이다. 보통 치매 초기에는 불안, 우울, 무관심과 같은 정동 증상이 흔하다. 중간으로 진행되면서 환각, 초조, 망상 등 정신병적 증상과 공격성, 배회 등 초조 증상이 많아진다. 말기로 가면 전반적으로 정신행동증상은 줄지만, 초조 증상은 비교적 여전한 것으로 알려져 있다. 따라서 정신행동증상은 인지기능 저하와 같이 처음부터 끝까지 존재하는 것이 아니라고 볼 수 있다. 예를 들어 치매 초기 진단에 낙담해서 우울증상을 보인 사람이라도 이후에는 특별한 정신행동증상을 보이지 않을 수도 있다. 치매 중기에 심한 불면과 배회를 보이던 사람이 말기에 가서는 정신행동증상 없이 지낼 수도 있다. 특히 주로 환경이나 일시적인 신체질병 등의 원인으로 나타난 정신행동증상의 경우 일시적으로 나타났다가 시간이 지나면 저절로 완화되는 경우도 있다. 따라서 정신행동증상이 있다고 치매로 진단해선 안 되고, 치매의 진단기준에 정신행동증상이 필수적인 것도 아니다. 한편 치매의 말기로 가면서 정신행동증상이 줄어드는 현상은 치매가 진행될수록 생각하고 판단할 수 있는 인지기능이 심각하게 저하되고 신체적인 기능도 떨어져서 걷지도 말하지도 못하게 된 결과라고 볼 수 있다. 따라서 정신행동증상이 심했다가 시간이 지남에 따라 점차 감소하는 경우 증상이 호전되는 신호로 볼 수도 있고, 또 병의 진행을 알리는 신호가 될 수도 있다.

2. 치매의 경과

1) 일반적 경과

치매의 경과는 일반적으로 서서히 악화되는 과정을 보여준다. 다만 악화되는 속도는 일반적인 노화에 비해 빠르고, 영역은 인지기능 저하를 중심으로 일상생활 기능, 신체 기능 등 인간의 모든 영역에 걸쳐 나타난다. 대표적인 치매의 원인인 알츠하이머병을 예로 들면, 환자의 일반적인 유병 기간은 평균 약 8년 정도다. 즉, 병을 진단 받고 약 8년 정도 지나면 사망에 이르는 것이다. 이 기간 동안 환자는 건망증과 구별이 어려울 정도의 경미한 기억장애만을 보이는 초기 단계에서부터, 의미 있는 대화가 불가능하며 여러 가지 신체적인 증상이 나타나는 말기 단계에 이르기까지 매우 다양하면서도 심각한 증상들을 보인다.

병의 초기에는 기억력장애가 서서히 나타나기 시작하는데, 특히 최근 일에 대한 기억(단기기억)이 힘들어진다. 그에 따라 이름을 잘 기억하지 못하거나 물건을 둔 곳을 잊거나 약속을 자주 잊는 등 최근 일을 잘 기억하지 못하게 된다. 병이 진행될수록 비교적 오래된 일에 대해서는 기억하지 못하게 된다. 말로 표현하는 능력이나 다른 사람의 말을 이해하는 능력도 점차 감퇴된다. 초기에는 적절한 단어를 떠올리지 못해 말문이 막히는 정도의 증상을 보이다가 점차 다른 사람이 하는 말을 제대로 이해하지 못하여 의사소통의 장애에 이르게 된다. 활동도 전반적으로 전에 비해 위축되고 소극적이고 수동적인 자세를 보이며, 원래 즐겨하던 취미활동이나 집안일에 대해 무관심해지거나 무감동해지기도 한다. 그 밖에 병전과는 달리 쉽게 짜증이나 화를 내고, 이기적인 성격으로 변하기도 하는데, 이런 성격변화가 다른 증상들이 분명해지기 이전부터 나타나는 경우도 있다.

중기에는 기억력이 더욱 악화되어 과거에 대한 오래된 기억들이 지워지기 시작해서 출생지, 부모님에 대한 기억, 자녀들의 수나 관계 등 기본적인 사항들마저 기억하기 어려워진다. 이때 지남력의 저하가 두드러지는데, 시간뿐 아니라 장소와 사람을 파악하는 능력도 점차 잃어 날짜 관념이 흐려지기 시작하여 점차 진행되면 익숙하게 다니던 길조차 잃고 매우 가까운 사람도 알아보지 못하게 된다. 언어능력의 저하도 심해져 간단한 안부 물음 정도에 대한 대답은 가능하지만, 단순한 문장 수준에 머물고 점차 말수가 눈에 띄게 줄어든다. 실행기능 장애가 본격적으로 드러나 가전제품, 화장실처리, 주방 기기 다루기 등을 하지 못하여 간단한 집안일마저 손을 놓게 된다. 중기 이후에는 판단력 저하와 함께 정신행동상의 장애가 현저하게 나타난다. 자기 물건을 훔쳐갔다, 누군가 자신을 해치려 한다, 자기를 버리려 한다는 등의 피해망상이나 난폭한 행동, 우울, 불안, 초조행동 등이 유발되기도 한다. 배회와 수면 장애가 심해지면서 이 시기의 가장 힘든 증상이 되기도 한다. 이 시기가 되면 일상적인 생활 대부분을 다른 사람이 대신 해주어야 하는 상황이 된다.

말기가 되면 인지기능 저하는 아주 심각해져서 기억하는 것이 거의 없어 보이고, 말도 한두 가지 간단한 단어뿐이고, 상대방의 말은 이해하지 못해 의사소통이 전혀 불가능해진다. 판단력이 거의 없어지고 옷을 입거나 숟가락질을 하는 등 기본적인 활동마저 거의 되지 않기 때문에 전적으로 다른 사람에게 의존해야만 하는 상태가 된다. 병이 진행할수록 보행장애가 심해져 주로 의자나 휠체어에 의존하다가 전신에 근육경직이 나타나고 관절은 수축되면서 침상생활로 변하게 된다. 소·대변 조절이 전혀 안 되고, 음식을 보고도 먹지 않으려고 하거나 삼키는 능력이 저하되어 영양 문제가 빈번하게 발생한다. 이런 문제들로 인해 요로감염, 욕창, 폐렴 등 신체적 합병증이 발생하고 이로 인해 사망에 이르게 된다.

전형적인 알츠하이머병의 경과는 위와 같지만 모든 치매 환자들의 경과가 똑같은 것은 아니다. 치매의 원인이 되는 혈관성치매, 전두측두변성 등 다른 원인이 단독 혹은 알츠하이머병과 병발한 경우에는 각각의 원인에 따라 경과가 서로 다르기도 하다. 예컨대 걸음걸이와 대소변 조절의 장애 같은 증상이 알츠하이머병에서는 말기에서 두드러지는데 반해, 혈관성치매에서는 초기부터 두드러질 수 있다. 기억력 저하가 알츠하이머병에서는 초기부터 분명하지만, 초기 혈관성 치매에서는 그렇지 않은 경우도 있다. 같은 질병을 앓는다고 해도 경과까지 똑같지는 않다. 예를 들어 초기 알츠하이머병 환자가 증상과 상관없이 넘어져 고관절 골절이 발생하는 경우 노인의 특성과 치매 환자라는 특성이 더해져 원상태로의 회복이 쉽지 않을 수 있고, 이런 경우 초기라고 하더라도 거동장애가 발생하고, 이에 따른 실금, 욕창 등 말기의 문제들이 초기부터 문제가 될 수도 있다. 이렇게 같은 치매라고 하더라도 원인과 병발 질환이나 사고 등 여러 요인에 의해 치매의 진행속도와 과정에서 차이를 보이기 때문에, 치매로 인해 저하된 인지기능의 근본적인 회복은 어려울지라도 마지막까지의 여정은 주변의 적절한 개입과 관리로 큰 차이를 만들 수 있다.

2) 핵심적 경과

(1) 주요상태

노인에게 흔한 대표적인 신체 질환으로 관절염, 고혈압, 청력 장애, 허혈성 심장병, 당뇨, 백내장, 중풍, 악성 종양, 하지 골절 등이 꼽힌다. 65세 이상 노인의 경우, 남자는 평균 5.0가지, 여자는 평균 5.4가지의 병을 동시에 앓고 있다고 한다. 그런데 한 가지 흥미로운 사실은 치매 환자들이 정상 노인에 비해 평균 여명이 짧은데도 함께 앓고 있는 다른 질병의 가지 수는 오히려 정상 노인보다 적다는 사실이다(남자는 평균 2.9가지, 여자는 평균 2.8가지). 이처럼 알츠하이머 형 치매 환자들이 정상인보다 건강하게 나타나는 이유로 2가지를 생각할 수 있다. 첫째, 다른 심각한 질병이 있는 이들은 치매가 올 때까지 살지 못하기 때문에 연령이라는 요소에 의해 걸러진(age-censoring) 선택 오류의 개입 가능성이다. 둘째, 다른 심각한 질병이 있을 경우 치매의 진단이 중요치 않게 여겨져 진단될 확률이 낮아질 가능성이다. 치매 환자들이 평균 3가지의 다른 질병을 동시에 앓고, 이 질환들 중 상당수가 치매 증상을 악화시키기 때문에, 치매에 동반된 신체 질환을 조기에 발견하여 적극적으로 치료하는 데 주의를 아끼지 말아야 한다.

(2) 동반되는 질병상태

치매 환자들은 정상 노인들에게도 흔한 신체 질환뿐만 아니라 만성적인 뇌 질환과 정신 기능 저하로 인한 문제들까지 함께 보이기 마련이다. 실재 치매 그 자체가 직접적인 사인이 되는 경우는 드물며, 오히려 흡인성 폐렴, 탈수, 영양실조, 욕창이나 요도 감염으로 인한 패혈증 등의 합병증이나 심혈관 질환 또는 암과 같은 노년에 흔한 병발 질환 때문에 사망하게 되는 경우가 대부분이다. 이렇게 치매 증상 외에 자주 동반되는 질병과 상태들을 간략하게 살펴보면 다음과 같은 것들이 있다.

① 섬 망

병원에 입원한 치매 환자들의 경우 25%~40% 정도가 섬망을 동반하지만, 조기에 발견되지 않아 방치되는 경우가 많다. 치매 환자가 갑자기 행동 변화나 불면증, 환시, 주의력 장애 등을 보일 경우, 일단 섬망을 의심해보는 것이 좋다. 섬망은 조기에 발견해서 원인을 제거하는 것이 가장 좋은 치료법이다.

② 낙상 및 골절

판단력 감소(예: 능력에 비해 너무 빨리 걷거나 혹은 미끄러운 곳을 피하지 않고 걷는 등), 추체외로 증상, 시야장애, 약물의 부작용 등으로 인한 낙상이 많으며, 전반적인 골절 위험성은 정상인의 3.6배, 골반 골절은 정상인의 7배에 달한다. 낙상을 유발하는 원인을 조기에 제거함으로써 낙상과 이로 인한 골절을 예방할 수 있다.

③ 요실금

11%에서 90%까지 매우 다양하게 보고되지만, 정상인보다는 많으며, 남자에게 좀 더 흔하다. 원인은 대부분 갑자기 심하게 마려운 소변을 참지 못하는 '절박 요실금'(urge incontinence)이다. 요양기관에 수용되어 있거나 재활 중인 환자들에서 가장 흔한 형태로, 다른 경우에 비해 소변 양이 많고, 밤에 문제를 일으키는 경우는 더 많다. 지남력 장애 등의 인지기능 감퇴와 요감(bladder sensation) 감소가 동반되어 나타나는 것으로 보인다. 이외에 요실금의 일시적인 원인이 있다면 찾아내서 해결해줘야 하는데, 섬망, 거동 장애, 감염, 변비, 약물 등이 가장 흔한 원인이다.

④ 변실금

17% 정도로 보고되는데, 변비로 대변이 차 있거나, 설사 혹은 직장이나 항문에 병변이 있을 경우에 주로 나타난다. 원인에 따른 적절한 치료로 조절될 수 있다.

⑤ 영양실조

치매 말기에는 흔히 체중감소가 동반되는데, 정상인에 비해 체중이 평균 21%~50% 감소된다는 보고가 있다. 원인은 먹는 데 관심이 없거나, 먹는 데 도움이 필요한 경우, 자꾸 걸어 다니는 등의 행동 증상으로 인해 요구되는 열량의 증가 등이다. 성공적인 식이 비결이란 격려와 인내이며, 아울러 익숙한 음식을 매일 일정한 시간에 주는 것이 도움이 된다. 만약 안절부절못하여 식사가 어려운 경우라면 소량으로 자주 주는 것이 좋고, 치즈나 크래커, 혹은 샌드위치 같이 들고 다니며 먹을 수 있는 음식을 주는 방법도 있다. 또 구강이나 치아 질환이 원인이 되는 경우도 적지 않은데, 정기적인 검진을 통해 조기에 치료하도록 해야 한다.

⑥ 간 질

말기 치매 환자들의 경우, 이전에 없던 간질 발작을 보이는 경우가 적지 않다. 우선 치매의 원인이 대사성 장애에 의한 것인지, 아니면 뇌 병변의 진행에 의한 것인지를 감별해야 한다. 치료는 진정 효과가 적은 항경련제(항전간제) 투여로 간질 발작을 억제하고, 대사성 장애가 원인일 경우에는 이를 교정해야 한다.

⑦ 약물 부작용

치매 환자들은 치매와 다른 신체 질환의 치료를 위해 동시에 여러 가지 약물을 함께 복용하는 경우가 적지 않다. 특히 여러 전문과에서 나름대로 처방을 하다보면 약제의 중복 처방이나 약제 간 상호 작용 때문에 부작용이 더욱 심해지기도 한다. 치매 환자들이 흔히 경험하는 약물 부작용에는 인지기능 감퇴, 추체외로 증상, 기립성 저혈압, 좌불안석, 변비 등이 있다.

⑧ 사 망

미국의 경우 성인 사망 원인 중 4위로 가장 흔한 것이 감염질환인데, 치매환자의 경우 정상인에 비해 감염에 의한 사망률이 1.3~3.5배가 높다고 한다. 노화로 인한 저항력 저하 및 부적절한 영양관리와 생활관리가 원인이 되어 폐렴이나 방광염과 같은 질환이 자주 발생한다. 그 밖에 치매로 인하여 노인성 질환인 당뇨나 고혈압을 제대로 치료받지 못하여 합병증, 즉 심장질환이나 신장질환 혹은 혈관성 질환이 발생하거나 악화되어 사망할 수도 있다. 영양부족으로 인하여 사망하거나 욕창이 진행되어 사망하기도 한다. 치매가 진행되면서 현실 판단력이 떨어지기 때문에 사고로 인하여 사망하게 되는 경우도 간혹 발생한다.

V 치매의 진단과정

진단(diagnosis)이란 원인, 증상, 경과, 예후, 합병증 등 병의 모든 측면에서 실태를 밝히는 행위를 말하며, 이를 통해 병명을 정한다. 그렇다면 병이란 무엇일까? 질병이란 실재하지 않고 사회적 구성물일 뿐이라는 구성주의적 관점도 있기는 하지만, 의학은 질병이라는 것이 객관적으로 실재한다는 실재론의 관점을 바탕으로 발전해왔다. 실재론은 실체론과 조화론으로 나뉜다. 외부의 마귀나 악령이 신체로 침입해서 질병을 발생시킨다고 보던 과거의 질병관이나 19세기 이후 세균이나 바이러스의 침입에 의해 질병이 발생한다는 전염병의 질병관이 실체론에 해당한다. 반면 엠페도클레스(Empedocles, BC490?~BC430?)의 4원소설을 바탕으로 한 히포크라테스(Hippocrates, BC460?~BC377?)나 로마 갈렌(Galen)의 네 가지 체액설(humoral theory)[16]이 조화론에 해당한다. 스트레스나 외부 환경에 의해 개인의 마음과 신체의 균형(mind-body balance)이 무너지면 각종 정신적, 신체적 질병이 발생할 수 있다는 현대의 주장도 여기에 해당된다. 현재 치매 진단은 객관적 실체론에 기반해 증상을 판단하고 그 원인을 규명하는 과정으로 구성되어 있다.

1. 병력 청취

병력청취(history taking)는 환자의 주요 증상이 무엇이고 그 증상들이 어떻게 변화되어 왔으며, 다른 질병들은 어떤 것들이 있고, 가족력이나 기타 주요 사항들에 대해 물어서 치매 진단에 대한 임상적 소견을 만드는 중요한 과정이다. 대부

16) 라틴어로 갈레노스(Galenos, 129~200)라고 한다. 사람은 열냉(熱冷), 건습(乾濕)의 4가지 체액(황담즙-불, 흑담즙-흙, 점액-물, 피-공기)으로 이루어져서, 이 네 가지가 균형 잡혀야 건강하다는 설이다. 4체액에 따른 사람의 기질도 4가지(점액질, 다혈질, 우울질, 담즙질)로 나뉜다.

분의 환자가 보이는 증상들은 이 단계에서 확인되며, 이런 증상들을 토대로 진단적 인상 형성이 가능하기 때문에 병력청취는 정확한 치매 진단을 내리기 위한 기본 전제가 된다. 병력청취를 통해 향후 불필요한 검사를 생략할 수도 있기 때문에 특히 중요한 과정이다.

일반적인 의료 환경이라면 병력 청취는 환자가 본인 스스로 자신의 증상을 소상히 말하고, 의사가 이를 청취하고 필요한 부분을 보충하는 질문으로 충분하다. 하지만 치매의 경우 환자의 인지기능 저하로 기억이 왜곡되거나 아예 없기도 하고, 의사소통 자체가 어렵다. 본인의 기능 저하 자체를 부인하는 경우도 상당히 있어 환자만을 면담해서는 정확한 정보를 얻기 어렵다. 따라서 치매의 경우는 별도의 면담을 통해 가족, 친지, 이웃 등 주변사람들이 관찰한 정보를 얻는 과정이 필수적일 때가 많다. 이런 경우 환자와 갈등관계에 있는 사람들일 수도 있고, 또 주변 사람들의 보고가 환자에게 정신적 충격을 줄 수도 있기 때문에 환자와 주변 사람들을 따로 면담하는 경우도 있다.

반대로 별도 면담에 대해 환자가 자신을 제외하고 병원과 가족이 나쁜 일을 꾸민다고 의심하거나, 죽을병인데 자신에게는 말해주지 않는다는 식의 공포감이 키워질 수도 있다. 따라서 별도 면담이 규칙은 아니며 상황에 따라 적절하게 조절하는 것이 바람직하다. 한 가지 분명한 원칙은 환자가 대화를 전혀 할 수 없는 상태가 아니라면 환자와의 대화를 생략하는 것은 옳지 않다는 것이다. 아무리 객관적인 관찰을 하는 주변 사람이라도 전문적으로 훈련받은 사람이 아닌 이상 주관적인 견해를 피할 수 없겠기에 정보의 왜곡을 피할 수 없다는 점도 있지만, 질병을 앓고 있는 환자 본인이 보고하는 증상을 듣고 이해하려는 노력이 반드시 필요하기 때문이다.

환자나 보호자가 치매와 관련된 증상을 적절하게 보고하지 못하는 경우 임상의사는 이를 돕기 위해 다양한 종류의 질문을 한다. 치매가 의심되는 경우는 기억력, 언어능력, 시간과 장소에 대한 지남력, 실행기능 등 여러 증상을 호소할 수 있으므로 다양한 차원에서 질문을 하는데, 대표적인 질문들을 뽑으면 다음과 같다.

- “최근의 일을 기억하는 데 어려움이 있는가?”
- “몇 시간 전의 대화를 잊어버리는가?”
- “같은 질문을 반복하는 일이 잦은가?
- “가스 불을 끄는 것을 잊어버린 적이 있는가?
- “대화를 할 때 적절한 어휘를 찾는 데 어려움은 없는가?”
- “날짜를 기억하는 데 어려움이 있는가?”
- “익숙한 장소에서 길을 잃어버리는가?”

앞서 언급한 바와 같이 치매의 경우 이런 인지기능 저하가 일상생활에 미치는 영향에 대한 판단 과정이 필수적이다. 임상의사는 이를 확인하기 위해 아래와 같은 질문들을 한다.

- “비교적 적은 액수의 돈을 관리하는 데 어려움이 있는가?”
- “가게에서 살 물건 몇 가지 목록을 기억하기 어려운가?”
- “간단한 기구를 사용하는 데 어려움이 있는가?”
- “단순한 집안일을 하는 데 어려움이 있는가?”
- “대인관계나 친목활동에서 지장을 겪고 있는가?”
- “직업수행 능력의 손상은 없는가?”
- “집에 찾아온 손님에게 부적절하게 반응한 적은 없는가?”
- “TV나 신문기사를 이해하거나 이야기하는 데 어려움은 없는가?”

이렇게 해서 확인된 증상들 각각에 대해 언제 증상이 시작되었고, 어떻게 진행되어 왔는지 그리고 그 증상에 대해 다른 기관에서 진단이나 치료를 받은 적은 있는지 등에 대해 추가적인 질문을 한다. 이렇게 증상의 시작과 경과에 대해 질문하는 것은 증상의 특징을 보다 세밀화 하여 추가적인 정보를 얻을 수 있고 과거 진단과 치료에 대한 병력을 얻음으로써 보다 효율적인 진단과정을 이끌 수 있는 계기가 될 수 있기 때문이다. 예컨대 한 달 전까지만 해도 전혀 문제가 없던 사람이 최근에 인지기능이 갑자기 악화되어 마치 중증 치매환자처럼 보인다면, 만성적으로 진행되는 퇴행성 치매를 의심하기보다는 급격하게 발생한 뇌나 전신 질환의 가능성이 높다고 보고 검사 일정을 계획하는 것이 타당할 것이다.

병력청취를 통해 인지기능뿐 아니라 동반되는 증상이나 질병에 대한 파악도 필요하다. 망상, 환각, 우울, 배회, 불면, 공격성 등 다양한 정신행동증상에 대한 확인을 통해 진단적 단서뿐 아니라 향후 지속적인 치료관리에 대한 계획 수립에 도움을 얻을 수 있다. 아울러 호흡, 맥박, 혈압 등을 체크하거나 신체검진을 통해 심장, 폐, 간, 신장, 갑상선 등 신체질환 여부를 확인한다. 사지의 근력 약화, 비정상적인 반사, 발음과 안구 운동 등 신경학적 검진을 통해 뇌경색의 과거력, 파킨슨병 등에 대한 검사도 필요하다. 치매 진단과 관련이 크지 않을 수 있지만 고혈압, 당뇨, 고지혈증, 심장질환 등 만성 질병에 대한 정보, 과거 대수술을 받았는지 여부, 가족력의 여부 등에 대해서도 추가적인 정보를 확인하여 진단과 치료관리에 활용한다.

2. 인지기능 저하 확인

치매를 의심하게 하는 기억력 저하를 비롯한 인지기능 저하를 확인할 수 있는 방법은 크게 본인 검사, 가족이나 동거인을 통한 검사, 인지기능 검사 등 3가지로 구분할 수 있다.

1) 본인검사

본인이 호소하는 기억력저하를 측정하는 방법이다. 스스로 기억력에 문제가 있다고 호소하는 주관적 기억문제호소(subjective memory complaint, 이하 SMC)는 주관적 기억력 상실(subjective memory loss), 주관적 기억력 장애(subjective memory impairment) 등으로 불리며, 60세 이상 노인의 약 60%가 호소할 정도로 흔한 현상이다. 과거에는 객관적 인지기능 저하보다 우울증의 한 가지 증상으로 인식되었으나, 얼마 전부터는 치매의 발병 위험을 높인다는 증거들이 보고되면서 치매의 전임상단계(preclinical stage), 혹은 고위험군이라고 할 수 있는 경도인지손상(mild cognitive impairment)의 진단기준 중 하나로 취급하고 있다. 국내에서 사용되는 SMC 측정도구 중 대표적인 것은 SMCQ(subjective memory complaint, SMCQ)를 들 수 있다. SMCQ의 주요 항목은 아래〈표 2장-11〉와 같다.

〈표 2장-11〉 SMCQ 주요 항목

내 용
기억력에 문제가 있습니까?
기억력이 10년 전에 비해 저하되었습니까?
당신 기억력이 동년의 다른 사람들에 비해 나쁘다고 생각합니까?
기억력 저하로 일상생활에 불편을 느끼십니까?
최근에 일어난 일을 기억하는 것이 어렵습니까?
며칠 전에 나눈 대화 내용을 기억하는 것이 어렵습니까?
며칠 전에 한 약속을 기억하기 어렵습니까?
친한 사람의 이름을 기억하기 어렵습니까?
물건 둔 곳을 기억하기 어렵습니까?
이전에 비해 물건을 자주 잃어버립니까?
집 근처에서 길을 잃은 적이 있습니까?
가게에서 사려고 하는 두세 가지 물건 이름을 기억하기 어렵습니까?
가스불이나 전기불 끄는 것을 기억하기 어렵습니까?
자주 사용하는 전화번호(자신 혹은 자녀의 집)를 기억하기 어렵습니까?

이 도구는 SMC를 측정하기 위해 국내외에서 사용되었던 약 60개의 질문 중 국내 현실에 부합되는 문항들을 선별한 후 전반적인 기억력 저하를 측정하는 4개 질문과 일상생활에서 경험하는 기억력 저하를 측정하는 10개 질문으로 구성한 총 14개 문항의 자가-설문지이다. 설문지는 노인들이 쉽게 접근할 수 있도록 '예/아니오'의 둘 중 하나로 응답하도록 하였고 점수가 높을수록 SMC가 심하다고 평가할 수 있다. 이 설문지는 약 1,650명의 노인을 대상으로 적용하여 내용과 영역구성이 타당함을 인정받았다. 일반적으로 객관적인 인지기능 검사와 보호자 설문검사에 비해서는 정확도가 낮았지만, 그래도 치매 구분의 정확도가 꽤 높았다.

SMCQ 나름의 장점이라면 다음 두 가지다. 첫째, 기억력에 관심이 있는 사람이 스스로 쉽게 검사할 수 있다는 점이다. 아직 치매에 대해 부정적인 인식이 남아 있는 상황에서 본인 스스로 쉽게 검사 해볼 수 있다는 점은 매우 큰 장점이다.

둘째, 객관적 인지기능검사를 믿을 수 없거나 보호자 동반이 불가능한 상태에서 치매 여부에 대한 부가적인 정보를 얻을 수 있다는 점이다. 현재 진행되는 조기 검진사업의 경우 보호자가 없는 독거노인이거나 난청이나 시력저하 등으로 인해 객관적 인지기능 저하가 있는 경우 치매 진단에 많은 어려움이 있다. 이런 상황에서 치매 진단에 도움을 받을 수 있을 것이다. 물론 이런 장점은 간단한 인지기능 검사를 함께 실시하는 경우 더욱 크게 나타난다. 이를 반영하여 중앙치매센터에서는 치매체크 프로그램에 SMCQ 14문항과 MMSE의 일부 문항을 결합하여 치매 위험여부를 평가하는 기능을 수록하여 PC와 스마트폰에서 활용할 수 있도록 서비스를 제공하고 있다(5장-III 치매에 대한 실용적 대처법 참조).

SMCQ를 활용할 때 염두에 두어야 할 점은 SMCQ만 단독 사용할 경우 치매 위험도가 과장될 수 있다는 사실이다. SMCQ에서 치매 가능성이 있는 것으로 판단되어도 실제로는 치매가 아닐 가능성이 다른 검사들에 비해 비교적 높다는 말이다. 이는 SMC가 기억력 저하뿐 아니라 우울증이나 신체적 질병 등 다양한 요인에 영향을 받기 때문이다. 이런 경향은 특히 초기 치매에서 자주 나타나는데, 이런 가능성을 줄이기 위해서는 대상자가 응답한 문항의 패턴이나 일관성을 함께 해석하는 것이 도움이 될 수 있다.

2) 가족이나 동거인을 통한 검사

가족이나 동거인을 대상으로 설문형태로 하는 검사방법이다. 이 방법은 치매 진단을 내리기 위해 임상 의사가 진료시에 사용하는 문진 방식을 응용한 것이다. 따라서 환자를 지속적으로 관찰해온 가족, 친지 등에게 설문지를 통해 대상 노인의 인지능력이 이전 수준에 비해 어느 정도 변화하였는지를 질문하고, 질문에 대한 반응을 점수화하여 치매 선별에 사용한다. 이 방법은 이전 기능수준의 차이에 대한 위양성(꾸민 긍정) 및 위음성(꾸민 부정)의 문제를 줄일 수 있다는 장점 이외에도 인지기능검사와 달리 피검자의 자존심을 손상시키지 않을 수 있다. 아울러 검사를 위해 검사자를 특별히 훈련시킬 필요가 없고, 임상의사의 문진과 마찬가지로 실제 생활에 어울리는 내용을 토대로 평가할 수도 있고, 정보제공자가 직접 설문지를 작성할 수도 있으므로 검사수행이 매우 간편한 것도 장점이다. SIRQD(Seoul Informant Report Questionnaire for Dementia)나 IQCODE(Informant Questionnaire on Cognitive Decline in the Elderly)가 여기에 해당되는데, 인지기능검사에 비해 일반인에게 익숙하면서도 인지기능 선별검사와 유사한 치매 선별능력을 보이기 때문에 클리닉 등에서 자주 사용되고 있다. SIRQD에 포함된 문항을 예로 들면 아래 〈표 2장-12〉와 같다.

〈표 2장-12〉 SIRQD의 문항

가족이나 동거인을 통한 검사 문항의 예
1. 며칠 전에 나누었던 대화 내용에 대한 기억은 어떻습니까?
2. 최근에 했던 약속에 대한 기억은 어떻습니까?
3. 최근에 주변에서 일어났던 일에 대한 기억은 어떻습니까?
4. 가스불이나 전등을 켜놓고 끄는 것을 잊어버리는 것은 어떻습니까?
5. 새로 마련한 가전제품이나 기구의 사용법을 익히는 능력은 어떻습니까?
6. 자신의 개인위생 관리(세수, 목욕 등)나 외모 가꾸기는 어떻습니까?
7. 중요한 제삿날이나 기념일(배우자의 생일, 결혼기념일, 종교행사일 등)에 대한 기억은 어떻습니까?
8. 거스름돈 계산이나 돈을 정확히 세서 지불하는 것은 어떻습니까?
9. 이야기 도중에 머뭇거리거나 말문이 막히는 것은 어떻습니까?
10. 이야기 도중에 물건의 이름을 정확히 대는 정도는 어떻습니까?
11. 가까운 사람(자식, 손주, 친한 친구 등)의 이름에 대한 기억은 어떻습니까?
12. 가까운 사람에 관한 내용, 즉 사는 곳이나 직업 등에 대한 기억은 어떻습니까?
13. 자신의 주소나 전화번호에 대한 기억은 어떻습니까?
14. 전화, 가스레인지, 재봉틀 등 집안에서 늘 사용하던 기구를 다루는 능력은 어떻습니까?
15. 어떤 옷을 입고 나갈지, 저녁식사로 뭘 준비할 지 등 일상적인 상황에서 결정을 내리는 능력은 어떻습니까?

3) 인지기능 검사

가장 객관적인 방법은 인지기능 검사이다. 인지기능 검사는 많은 사람들이 알고 있는 간이정신상태검사(Min-Mental State Examination, MMSE), 간이 블레스트 검사(Short Blessed Test) 등과 같이 간이 인지기능 선별검사 도구(brief cognitive screening test)와

CERAD(Consortium to Establish a Registry of Alzheimer's Disease)나 SNSB(Samsung Neuropsychological Screening Battery)처럼 인지영역을 구분하여 자세하게 검사하는 신경심리검사집 형태의 검사도구가 있다.

간이 인지기능 선별검사 도구 검사란 기억력, 언어능력, 지남력 등 여러 인지 영역에 대해 각각 소수의 항목으로 평가하여, 어떤 영역에서 문제가 있는지 알아보기 위해 실시하는 검사다. 현재 국내에서 가장 널리 사용되는 도구인 간이정신상태검사(Min-Mental State Examination, MMSE)가 대표적이다. 이 도구는 지남력, 주의집중력, 단기기억력, 언어능력, 실행능력, 공간파악능력 등에 대해 질문하고 '예/아니오'로 대답하게 한 후 정답 여부를 채점한다. 30점이 만점이고 점수가 하락할수록 인지기능이 저하되었다고 판단한다.

신경심리검사는 간이 검사로 환자의 인지기능 저하가 명확하지 않거나 질병의 경과와 약물 효과의 판정 등 여타 필요에 의해 실시한다. 신경심리 검사는 기억력, 언어능력, 주의력, 실행기능 등 다양한 두뇌기능을 자세하고 객관적으로 검사하며 약 30분에서 2시간 정도 소요된다. 국내에서 사용되는 신경심리검사집은 CERAD와 SNSB가 대표적이다. CERAD 검사집은 미국의 Consortium to Establish a Registry for Alzheimer's disease(CERAD)에서 개발한 종합적인 치매 진단 평가 도구로, 그 유용성을 인정받아 전 세계 40개국에서 사용되며, 국내에서도 2003년 CERAD-K라는 이름으로 표준화되었다. CERAD-K 검사집은 임상평가와 신경심리 평가로 구분되며 치매를 체계적으로 진단하는 데 유용하다. CERAD-K 신경심리 평가에는 언어 유창성 검사, 보스톤 이름대기 검사, 단어 목록 기억 검사, 단어 목록 회상 검사, 단어 목록 재인 검사, 구성 행동 검사, 구성 회상 검사, 길 만들기 검사가 포함되어 앞서 언급된 다양한 인지 기능들을 평가할 수 있다. 2003년 국내에서 개발된 SNSB는 주의집중력, 언어 능력 및 관련 기능, 시지각 및 시공간 구성 능력, 기억력, 전두엽 기능 등의 인지 영역을 포괄적으로 평가한다. 검사에 소요되는 시간은 1시간 반에서 2시간 정도인데, 검사 목적은 종합적이고 보다 심층적인 평가를 통해 치매의 조기 진단 및 변별 진단에 유용한 정보를 제공하는 것이다.

인지기능 검사는 앞선 두 가지 방법에 비해 인지기능 저하를 더 객관적으로 확인할 수 있는 방법이지만 유의할 점도 3가지 있다. 첫째, 현재 우리가 확인하는 인지기능 저하는 상대적이라는 점이다. 즉, 현재 치매 의심 환자의 인지기능 검사 결과 점수는 비슷한 연령, 성별, 교육 수준을 가진 사람들이 같은 검사를 시행했을 때의 결과와 비교해서 평균에서 얼마나 벗어났는지를 기준으로 판단하게 된다. 이런 판단이 가능한 것은 성별의 경우는 일관되지 않지만, 연령과 교육수준이 유사한 경우 비슷한 수준의 인지기능 수준을 유지하고 그래서 이들의 검사 결과는 정상분포(normal distribution)를 따르기 때문이다. 그런데 한 가지 의문이 들 수 있다. 치매를 정의할 때 과거 인지기능 수준에 비해 저하되었다고 말하지, 다른 사람에 비해 인지기능 수준이 저하되었다고 말하지는 않는다. 따라서 치매의 인지기능 저하를 보다 정확하게 확인하려면 다른 사람과의 비교보다 본인의 과거 인지기능 수준과 비교해야 한다. 그런데 과거 자료가 존재하지 않는 한 확실하게 과거 수준을 알 수는 없다는 게 문제다. 그런 이유들로 일부에서는 과거의 전반적인 인지기능 수준을 측정하는 검사 도구를 개발해서 사용하기도 한다.

둘째, 인지기능 검사에서 가정하는 검사환경과 검사 참여자가 이론적으로 이상적이란 점이다. 인지기능 검사는 다양한 요인에 의해 영향을 받기 쉽다는 점에 유의할 필요가 있다. 검사를 실시하는 사람은 검사 도구의 특성에 능통해야 함은 물론 피검사자를 대하는 경험이 많아야 한다. 하다못해 간이정신상태검사와 같은 간단한 인지기능 선별검사의 수행에서도 질문 문항을 전달하는 방법, 질문을 채점하는 방법, 피검사자의 동기를 끌어내는 과정, 검사 결과를 해석하는 방법 등 다양한 차원에서 일정 수준의 교육과 훈련이 필요하다. 따라서 신경심리검사집을 제대로 활용하려면 수년간의 경험이 필요하다. 인지기능 검사는 물리적 환경에 의해서도 큰 영향을 받는다. 시끄럽거나 불편한 장소처럼 환자의 기본적인 주의집중을 방해할 수 있는 환경에서 실시한 검사로는 올바른 결과를 얻을 수 없다. 아울러 주변사람들에게 공개된 장소도 검사 결과에 영향을 미칠 수 있다. 쉽게 눈치 채기 어려운 경우도 많지만 피검사자의 검사 참여도가 검사 결과에 영향을 미친다는 사실이 중요하다. 예를 들어 매사가 귀찮고 흥미가 떨어지는 우울증

환자의 경우 조금 복잡하거나 흥미가 떨어지는 검사에 대해서는 알더라도 대답하지 않으려는 경향이 커서 검사 점수가 매우 낮다. 또 본인은 아무런 이상이 없다고 생각하고 검사를 거부하는 경우도 검사 점수가 낮을 수밖에 없다. 이런 검사결과를 정상인들의 검사결과와 비교하게 되면 당연히 심한 인지기능 저하로 판단할 수밖에 없다. 때문에 인지기능 검사 결과는 이런 기본 가정을 얼마나 충족시킨 상태에서 검사가 이루어졌는지를 감안해서 판단하는 이차적 과정이 필요한데, 이 또한 검사의 해석 과정의 일부라고 할 수 있다.

셋째, 인지기능 검사 도구는 저마다 특성이 다르다는 점이다. 인지기능 검사 도구는 전반적인 인지기능을 평가하는 것과 개별 인지기능 평가에 특화된 것 등 종류가 다양하고, 각 종류에서도 수많은 평가 도구들이 있다. 이로 인해 개별 인지기능 수준에 대한 평가뿐 아니라 치매 가능성에 대한 일차 선별 목적으로 사용하는 도구들 간에도 차이가 다양하다. 일반적으로 인지기능 선별검사 도구를 치매 선별을 목적으로 사용하는 경우가 많다. 이렇게 개발된 도구들은 대체로 치매의 임상 진단과 90% 정도의 선별능력과 진단 일치율을 보인다는 보고가 있지만, 모든 인구집단에서 똑같다고 판단하기에는 무리가 있다. 이상적인 검사 도구라면 하나의 검사도구가 모든 연령이나 학력 그룹에서 동일하게 정상분포 곡선을 보여야 하지만, 도구의 특성에 따라 그렇지 못한 경우가 흔하다. 선별검사 도구들은 고학력의 저연령에서는 너무 쉬워서 대부분의 사람들이 만점에 가까운 점수를 받고, 저학력의 고연령에서는 너무 어려워 낮은 점수를 받는 경향이 있다. 전자를 천장효과(ceiling effect), 후자를 바닥효과(floor effect)라고 부르는데, 이러한 특성에 따라 각 도구의 유용성에 차이가 날 수 있다. 서구에서는 MMSE의 경우 24점 이하에서 치매를 의심하지만, 문맹이나 무학이 많은 나라에서는 이런 한계선(cut-off point)을 그대로 적용할 경우 너무 많은 사람이 치매로 진단되는 오류를 범할 수 있다. 따라서 이상의 이유들을 종합하면 치매 선별을 목적으로 사용하는 도구만으로 치매를 진단하는 것은 무리가 있다는 한계점을 갖고 있다.

3. 기능평가

치매 환자의 일상생활능력(Activities of Daily Living; ADL) 에 대한 평가는 치매 진단에 중요한 요소다. ADL은 크게 두 가지로 구분한다. 첫째로 기본적 일상생활능력(physical ADL; P-ADL)이다. 여기에는 대소변 가리기, 화장실 사용, 세수하기, 목욕하기, 식사, 옷 입기, 이동, 보행, 계단 오르기와 같은 기본적이고 육체적인 기능들을 포함한다. 둘째는 도구적 일상생활능력(Instrumental-ADL, I-ADL)이다. 전화사용, 물건사기, 음식장만, 돈 관리 및 재정적인 일 수행, 가정돌보기, 교통수단 이용 및 길 찾기, 취미생활, 약 복용, 읽기, 세탁, TV보기 등의 여가활동, 탐구적·창의적 활동, 상황대응수준 등 신체적 일상생활능력보다 복잡한 기능들이 여기에 포함된다. 평가 도구로는 K-IADL(Korean instrumental activities of daily living), DAD-K(Korean version of disability Assessment for Dementia Scale), S-ADL(Seoul-activities of daily living), S-IADL(Seoul-instrumental activities of daily living) 등이 있다.

치매환자의 정신행동증상 평가를 통해 치매 진단 및 원인 확인에 도움을 받을 수 있는데, 검사 도구로는 NPI(Neuropsychiatric Inventory) CGA-NPI(caregiver-administered), BEHAVE-AD(behavioral pathology in alzheimer'sdisease), BRSD(Behavior Rating Scale for Dementia) 등이 있다.

4. 뇌 영상촬영

1) CT와 MRI 촬영

뢴트겐(W.C. Röntgen, 1845~1923)의 엑스선(x-ray) 발견은 본인에게는 노벨상의 영예를 안겨주었고, 인류에겐 인체의 내부에 숨겨져 사후 부검을 통해서만 확인이 가능했던 사실을 실시간으로 눈으로 직접 볼 수 있게 해 주었다. 이 발견은 이후 인간의 무의식에 대한 연구를 촉발하였을 뿐 아니라, 인체에 대한 다양한 영상촬영기법을 발전시키는 계기가 되었다.

전자공학과 컴퓨터과학의 발전에 힘입어 1970년대 개발된 컴퓨터단층촬영을 줄여 CT(Computed Tomography)라고 하는데, tomography란 말은 단면이나 조각을 뜻하는 그리스어 tomos와 기록을 뜻하는 graphein이 결합된 말이다. CT는 인체를 가로로 절단한 면의 주위를 돌면서 엑스선을 주사하고 장기의 밀도에 따라 투과되는 양의 차이를 컴퓨터로 분석하여 내부의 단면을 재구성해서 영상으로 보여주는 장치다. 2차원적인 음영만을 사용하는 엑스선 촬영에 비해 3차원 적인 구조를 확인할 수 있다는 게 장점이다. CT를 촬영으로 뇌의 위축, 종양, 경색, 혈종 등의 이상을 확인할 수 있다.

CT에 비해 다소 늦게 개발된 자기공명영상(magnetic resonance imaging, MRI)은 방사선을 투과하는 방식이 아니라 인체를 구성하는 물질의 자기적 성질을 측정하여 영상으로 재구성하는 방법이다. 그 원리는 다소 복잡하지만, 인체를 강한 자기장에 위치시키고 고주파를 가한 후 갑자기 끊으면 공명되어 있던 흥분된 수소 원자핵에서 에너지가 방출되는데, 이를 탐지하여 인체의 영상으로 재구성하는 것이다. MRI는 X-ray처럼 이온화 방사선이 아니므로 인체에 무해하고, 촬영 각도를 마음대로 조절할 수 있다. 또 CT에 비해서는 대조도와 해상도가 한결 뛰어나다는 장점도 있어 치매 진단뿐 아니라 중추신경계, 두경부, 척추와 척수 등 신경계통의 질병 진단에 자주 사용된다.

MRI 촬영을 위해서는 30분 내외의 시간 동안 커다란 원통형의 기계에 들어가 있어야 하는데, 이때 밀폐된 공간에 대한 두려움과 MRI 기계에서 나오는 소음으로 인해 불편을 느낄 수 있다. 일부 치매 환자의 경우 이런 문제로 촬영에 실패하거나 안정제를 투여한 후 잠든 사이에 촬영하는 경우가 있다. 진정제가 투여되었다면 MRI 검사 이후에도 어지러움, 졸음이 지속될 수 있기 때문에 주의해야 한다. 아울러 MRI 촬영에서는 자석이 사용되기 때문에 심장박동기나 신경자극기를 시술한 사람, 달팽이관 이식을 받은 사람은 촬영이 불가능하고 보청기, 틀니 등도 촬영 전에 별도 보관해야 한다.

2) CT와 MRI 비교

CT와 MRI는 모두 뇌의 단면 영상을 얻을 수 있는데, CT는 엑스선을 이용하고 MRI는 자기장 내에서 고주파를 이용한다는 점에 차이가 있다. CT는 검사비가 상대적으로 저렴하고 촬영시간이 짧은 반면, MRI는 상대적으로 비용이 많이 들고 검사 시간이 긴 단점이 있다. 반면 MRI는 해상도가 높아 뇌 피질의 미세한 변화를 탐지하는 데 용이하고 대조도가 높아 뇌의 백질 변성 등 변화를 확인하는 데 유리하다. 한때 MRI가 다양한 단면상의 영상을 획득할 수 있는 점이 한 가지 단면만을 촬영할 수 있는 CT에 비해 큰 장점으로 부각되었으나, 최근 다중채널 CT(MDCT, multi-detector CT)가 개발되어 CT에서도 삼차원 입체 영상이 가능해졌다.

이 두 가지 뇌 영상촬영 기법이 뇌의 구조적인 변화를 확인할 수 있는 대표적인 방법이라면, 기능적 영상(functional imaging)인 양전자 단층촬영(positron emission tomography, PET)은 양 전하를 가진 양전자(positron)를 방출하는 방사선 의약품을 인체에 주입하여 추적자(tracer)로 삼아 병변의 대사 혹은 수용체의 구성에 대한 영상을 얻는 방법이다. 흔히 치매 진단에 사용되는 F-18-FDG를 주사하면 뇌의 포도당 대사에 활용되고, 이 과정에서 양전자가 이웃 전자와 결합하면서 소멸할 때 발생하는 감마선을 검출하여 해당 부위의 포도당 대사 활성 정도를 계산한 다음 영상으로 표현해준다. 포도당 대사의 감소는 알츠하이머병의 병리 소견인 신경섬유 매듭의 증가와 관련성이 있다는 보고다. 초기 알츠하이머병의 경우 구조적 뇌영상검사에서 별 다른 이상이 나타나지 않는 경우라도 PET 검사 상 양측 두정엽의 대사 감소 소견을 관찰할 수도 있다. 또한 알츠하이머 임상증상이 나타나기 이전에 뇌 속 아밀로이드 베타의 축적 상황을 파악하는 아밀로이드 PET 영사 검사가 있다. 이런 기능적 영상은 구조적 영상촬영에 비해 좀 더 미세한 변화를 확인하는 데 유리하기 때문에 초기 알츠하이머병이나 전두측두엽변성 치매 등에 활용될 수 있지만, 비용이 많이 들고 해상도가 낮은 것은 단점이다.

뇌영상 촬영은 뇌의 변화를 눈으로 확인할 수 있는 매우 유용한 검사이다. 뇌영상 검사가 필요한 이유는 4가지다. 첫째, 뇌혈관 질환을 포함한 다양한 뇌질환의 해부학적 형태 이상에 대한 정보를 얻을 수 있기 때문이다. 둘째, 손상된 뇌기능이 해부학적인 위치와 함께 표시되기에 뇌에서 기능이 떨어진 영역을 확인할 수 있기 때문이다. 해부학적인 이상(뇌위축, 뇌혈관질환에 의한 뇌세포의 직접손상 등)은 관찰되지 않지만 기능의 이상이 해부학적 좌표 위에 나타난다. fMRI(기능성 뇌자기공명영상)이나 PET(양자방출단층촬영)등의 특수촬영법으로 뇌의 기능을 영상 정보로 처리할 수 있다. 셋째, 질환의 경과별로 검사하여 병의 진행과정이나 정도를 확인하는 척도로 이용할 수 있기 때문이다. 넷째, 임상적으로 관찰된 증상, 신경인지검사 등의 다양한 척도와 뇌영상 정보를 조합하여 질환에 대한 다각적인 정보를 얻어 치매 치료와 질병 연구에 이용할 수 있기 때문이다.

위와 같은 여러 장점들에도 불구하고 단점들도 있다. 첫째, 이 검사들 역시 치매에 대한 확진의 검사로 단독 이용될 수 없다. 둘째, 뇌기능에 대해 얻을 수 있는 정보가 제한적이다. 셋째, 무엇보다 검사비용이 비싸서 비용-효용 측면에서 그 경제적 효율성이 떨어진다. 그 밖에 몇몇 검사는 시간이 오래 걸려 환자들이 감당하기 힘든 경우가 있다. 그런 이유들로 이들 검사는 의사의 판단으로 그 필요성이 인정될 때 시행되고 있다.

5. 기타 검사

1) 위험인자 검사

치료 가능한 치매의 원인과 치매를 악화시킬 수 있는 위험인자를 규명하기 위해 다양한 검사를 실시할 수 있다. 빈혈이나 혈액응고장애 및 감염여부를 확인하기 위한 일반혈액검사, 대사질환에 대한 감별을 위한 전해질검사, 간기능 검사, 신기능 검사, 뇌매독 여부의 확인을 위한 매독반응검사 등이 있다. 또한 치매를 일으킬 수 있는 원인인 비타민 B12 및 엽산(folate) 결핍 여부를 확인하기 위해 비타민 B12 및 엽산 농도를 측정하고, 갑상선 기능이상을 확인하기 위해 갑상선 호르몬도 검사한다. 치매의 발병과 악화에 영향을 줄 수 있는 부정맥 등 심장의 이상여부를 검사하기 위해 심전도검사를 실시하며, 흉부 X-ray, 소변검사, 성병 검사, 뇌파 검사 등도 진행한다. 이런 검사들이 대부분 치매 진단과정에 기본적으로 포함되지만, 최근 들어 건강에 대한 관심이 늘고 건강검진이 활성화되면서 이들 검사를 통해 확인된 이상 소견들이 치매의 직접 원인이 되는 경우는 매우 드물다. 위절제술로 인한 악성 빈혈의 원인인 비타민 흡수 장애로 인해 치매가 발생한다든지, 조절되지 않은 갑상선 기능저하증으로 이전까지 발견되지 않던 인지기능 장애가 치매 진단을 위해 내원했을 때 발견될 가능성은 매우 희박하다. 아울러 이런 질병의 경우 인지기능 저하뿐 아니라 다른 전신증상들이 동반될 가능성이 매우 높기 때문에, 의심되는 경우에 선택적으로 시행하는 것이 비용-효과 측면에서 나은 선택일 수 있다.

〈표 2장-13〉 실험실 검사 항목

임상 병리 검사
혈액 화학 검사
혈구 검사
갑상선 기능 검사
혈청 매독 검사
HIV 검사
비타민 B12, folate 혈청 농도
소변 검사
소변 및 혈액 약물 검사
흉부 방사선 촬영
심전도 검사
뇌파 검사

2) 기타 검사의 주요항목

(1) 일반 혈액 검사(Complete blood count, CBC)

통상적으로 실시하는 혈액 검사로 적혈구, 백혈구, 혈소판 수치 및 빈혈 여부를 확인한다. 인지기능저하를 일으킬 수 있는 여러 가지 감염 질환이 있으면 혈중 백혈구 수치가 상승하며, 만성 빈혈은 무기력감, 피곤함, 기억력 저하와 관련이 있다.

(2) 간 기능 검사(Liver function test)

간 기능을 확인하기 위한 검사로 여러 가지 소검사가 포함된다. 대표적인 검사 항목으로 AST(GOP), ALT(GPT)가 있다. 간에서 만들어지는 이들 물질(효소)은 어떤 원인에서든지 간세포가 손상을 받아 파괴되면 혈액으로 나오는데, 이를 통해 간세포의 파괴 정도를 간접적으로 알 수 있다. 이외에도 알부민, 총단백질, 빌리루빈, ALT 등이 간 기능을 확인하기 위한 검사이다. 간에서 만들어지는 단백질 양은 간 기능이 저하되면 그 수치도 낮아지는데, 알부민과 총단백질로 확인할 수 있다. 거꾸로 간 기능이 저하되면 빌리루빈과 ALT는 상승되는 경향이 있다. 간 기능 이상을 야기하는 질환으로는 자가 면역 염증성 질환인 루푸스, 알코올성 간염 등이 있다.

(3) 신장 기능 검사(Renal function test)

신장 기능을 확인하기 위해서는 보통 BUN(Blood urea nitrogen)과 크레아티닌(Creatinin) 검사를 실시한다. 이 두 가지 검사 모두 신장에서 피를 얼마나 잘 걸러서 소변으로 노폐물을 배출하느냐를 보는 지표로서 신장 기능이 떨어지게 되면 혈중 BUN과 Creatinine이 상승한다. 따라서 만성 신장 기능 저하, 신부전은 치매의 위험률을 높일 수 있다.

(4) 갑상선 기능 검사(Thyroid funtion test)

혈액에서 갑상선 호르몬과 갑상선 자극 호르몬 등을 검사하여 갑상선의 기능 정도를 확인하는 검사다. 몸의 대사활동에 관여하는 갑상선 호르몬이 저하되면 기억력, 집중력이 떨어지고 무기력해지며 피곤하고 행동이 느려져 노인성 치매 및 노인성 우울증과의 감별이 필요하다. 반대로 갑상선 기능이 항진되면 불안해지고 초조해지며 손이나 얼굴에 떨림이 나타나고 몸에 열이 나면서 추위를 타지 않는데, 이런 증상은 초조성 우울증과 감별을 해야 한다.

(5) 전해질검사(Electrolyte test)

몸속에 있는 전해질이라면 나트륨(Sodium), 칼륨(Potassium), 칼슘(Calcium), 인(Phosphorus), 아연(Zinc) 등이 있다. 이들 전해질은 우리 세포가 생명 활동을 영위하는 데 필수적인 물질이다. 근육을 움직이거나, 신경세포들끼리 신경전달물질을 주고받기 위해서는 전해질이 적정한 농도로 존재해야 한다.

(6) 혈당검사

당뇨병의 선별검사로 공복 시 혈당을 확인한다. 당뇨는 만성질환으로 당뇨 그 자체보다 합병증이 무서운 병이다. 혈당 조절이 되지 않는 상태로 방치하면 혈관에 문제가 생겨 신장, 심장, 머리로 가는 미세 혈관이 막혀 신부전, 심근경색, 뇌출혈 및 치매 등으로 진행될 수 있다. 따라서 혈당 검사를 통해 이상이 있으면 반드시 당뇨병에 대한 추가검사가 필요하다.

(7) 지질검사

중성지방, 콜레스테롤 등을 확인하는 검사다. 중성지방이나 콜레스테롤 등은 우리 세포벽을 구성하는 물질로 반드시 필요하지만, 혈중 수치가 너무 높은 상태로 지속되면 동맥경화증, 혈전으로 인한 뇌출혈, 치매, 심근경색의 위험을 높인다. 따라서 혈중 지질이상을 확인하여 조기에 약물치료를 하게 되면 치매의 위험도 낮출 수 있다.

(8) 혈청매독검사(VDRL)

혈액에서 매독에 대한 항체를 확인하는 검사다. 매독은 성병의 하나로 초기에 적절하게 치료하지 못하면 증상이 없는 긴 잠복기를 거쳐 수 년 후에 몸의 여러 군데에서 합병증을 초래한다. 그 합병증의 하나로 신경 매독이 있다. 신경 매독의 증상은 환청, 환시, 망상, 인지기능저하 등 매우 다양한데, 치매, 정신분열병, 조울병 등의 증상과 매우 유사하다. 하지만 신경 매독으로 인한 이러한 정신 행동 증상은 적절한 항생제 치료로 완치할 수 있기 때문에 반드시 확인해야 하는 치매 검사 항목 중의 하나이다.

(9) AIDS 검사(HIV test)

우리나라에서는 아직 흔하지 않지만 AIDS에 감염이 되면 AIDS를 일으키는 바이러스(HIV)가 뇌세포를 직접 손상시켜 치매를 일으키기도 한다. 일반적인 퇴행성 치매와는 달리 치매의 진행이 매우 빠른 경향이 있으며, HIV가 치매의 원인이 되는 경우 항바이러스제제를 복합적으로 사용해야 한다.

(10) 비타민 검사

비타민 역시 우리 몸속에서 미량으로 존재하면서 생명 활동 유지에 필수적인 물질이다. 비록 미량이기는 하나 부족하면 여러 가지 문제가 생긴다. 대표적인 비타민 결핍성 질환으로 비타민 D가 부족하여 뼈가 약해지고 휘어지는 구루병, 비타민 C 부족으로 출혈성 경향이 생기는 괴혈병 등이 있다. 비타민 B는 여러 종류가 있기 때문에 비타민 B복합체라고도 부르는데, 에너지의 공급과 대사에 작용한다. 그 중 비타민 B12, B9(엽산, Folic acid)는 치매의 발병과 예방에 밀접한 관계가 있는 것으로 알려졌다.

(11) 유전자 검사

유전적 경향이 강한 가족성 치매의 원인이 되는 유전자가 3가지 정도 밝혀졌지만, 전체 치매의 5%~10%에 지나지 않는다. 만약 치매의 가족력이 모든 대에서 나타난다면 유전성 치매에 대한 평가가 필요하다. 나머지 대부분을 차지하는 산발성 알츠하이머병은 여러 위험 인지가 복합적으로 작용하여 치매를 일으키는 것으로 알려져 있다. 산발성 알츠하이머병을 일으키는 위험 유전인자인 아포지단백 4형 유전자가 하나 있을 경우 그 유전자가 없는 사람보다 치매의 위험률이 2~3배, 2개 있으면 10배 이상 위험률이 높아진다고 한다. 아포지 단백 유전자 하나로 치매를 진단하기는 아직 어렵다. 하지만 경도 인지장애의 치매 전환율이나 치매에서 진행 경과를 예측하는 데 임상적인 도움이 된다.

(12) 소변검사

소변에서 혈액 성분이나 당이 빠져 나오는지, 또는 신장이나 방광에 염증이 있는지 확인하는 검사다. 혈액검사와 같이 실시하여 우리 몸속의 여러 가지 장기의 이상을 확인한다.

(13) 대변검사

대변 검사로 대변에 혈액이 빠져나오는지 확인한다. 만약 대변으로 확인이 안 되지만 조금씩 서서히 대변에서 혈액이 나온다면 빈혈의 원인이 될 수 있고, 장관계 출혈을 일으킬 수 있는 암이나 궤양, 치핵 등이 있는지 확인해야 한다.

(14) 가슴 X-ray

우리나라는 결핵의 유병률이 매우 높은 나라다. 특히 영양 섭취가 나빠지고 면역이 떨어지는 노인에게 결핵의 발병 위험이 더 높아진다. 결핵은 만성 소모성 질환으로 특별한 이유 없이 피곤하고 기력이 떨어지면서 기억력 및 집중력이 떨어질 수 있다. 가슴 X-ray 사진은 저비용이면서 간단하게 실시할 수 있고, 빠른 시일 내에 결핵뿐만 아니라 폐나 심장의 이상여부를 확인할 수 있는 검사로 치매 노인뿐만 아니라 일반인에게도 통상적으로 실시하는 검사다.

(15) 뇌파검사(EEG)

뇌파 검사는 경련성 뇌질환이나 의식의 혼탁이 있는지 확인하기 위한 것이다. 흔히 간질이라고 부르는 경련성 뇌질환은 인지기능저하와 밀접한 관계가 있으며 적절하게 치료하지 않으면 뇌손상이 지속되어 치매로 진행될 수 있다. 또 여러 가지 신체질환으로 인해 섬망과 같은 의식의 혼탁이 있으면 기억력이나 지남력 저하, 환시나 망상과 같은 치매와 유사한 증상이 생기기도 한다.

6. 치매의 진단 기준

치매가 실체 없는 인위적 구성체로서의 질병이 아니고 물질적으로 존재하는 객관적 질병이라는 점을 인정한다면, 과연 그 생물학적 질병의 실체를 정확하게 진단해낼 수 있을까? 과거 전염성 질병의 원인균을 발견하는 과정을 통해 객관적인 질병의 실체를 확인할 수 있다는 자신감에 넘치던 시절이 있었다. 그리고 이런 노력을 통해 천연두, 소아마비 등 각종 전염성 질병들을 퇴치하는 커다란 성과를 이루기도 하였다. 그렇다면 그런 전염병이 아닌 질병, 특히 우리의 관심인 치매에 대해서도 그런 모델이 잘 작동할까? 이 문제는 상당한 논쟁거리가 될 수 있다. 시작은 항상 가장 근본적인 가정에서부터 시작한다. 치매가 인지기능 저하로 인한 질병이라고 말한다. 저하라는 것은 과거에 비해서 떨어졌다는 뜻이다. 아울러 그 과거의 기능은 정상적이라는 의미를 내포하고 있다. 따라서 현재의 인지기능 저하는 정상이 아닌 비정상이라는 의미가 된다. 비정상적인 인지기능 저하를 보이기 때문에 치매를 질병이라고 부를 수 있다. 실제로 뒤에 언급하는 신경심리검사 결과 기억력 검사결과가 동일 연령, 동일 학력의 사람들 100명 중 하위 5명에 포함된다면 비정상으로 진단된다. 이는 통계학에서 말하는 정상분포곡선(normal distribution curve)이라는 자연현상을 표현하는 모델을 기준으로 한 것이다. 따라서 이런 비정상에 대한 기준을 통한 질병의 정의는 분명히 양적 측면에서의 질병에 대한 기준점을 제공한다.

그동안 치매의 진단은 인지기능에 대한 양적 판단 기준을 근거로 하였고, 의사에 의해 인지기능의 변화로 일상생활에 지장이 초래되었다고 인정되는 경우 치매라고 정의하였다. 이런 정의에 근거해서 의학에서는 치매라면 당연히 보여야 하는 특징적인 소견들을 정리하고 의학자들 간에 공유하는 진단 기준(diagnostic criteria)을 개발하고 발전시켜 왔다. 현재 국내에서는 미국의 DSM(diagnostic and statistical manual of mental disorder)과 WHO의 ICD(international classification of diseases)라는 진단분류체계에서 제공하는 진단 기준을 토대로 치매 및 그 원인질병들에 대한 진단을 내리고 있다. DSM은 최근에 5판이 발간되었지만, 국내에서는 아직 4판에 근거한 진단 기준이 널리 사용되는 중이다. 이 기준에 따르면 기억력 장애와 함께 실어증, 실인증, 실행증, 집행기능 혹은 사고기능의 장애가 동반되어 그로 인해 환자의 사회적, 직업적 기능에 장애가 있으면서 급성 섬망 상태로 인해 발생한 것이 아닌 경우에 치매로 진단된다.

〈표 2장-14〉 DSM-IV에 기초한 치매 진단기준(APA, 1994)

1. 다방면에 걸친 인지기능 결핍의 발생
   기억력 장애
   그리고 다음 영역 중 적어도 하나 이상
   • 실어증
   • 실행증
   • 실인증
   실행기능 이상
2. 장애는 사회적, 직업적 기능에 유의한 장애 및 과거 기능으로부터의 저하를 가져오기에 충분하다.
3. 이러한 증상이 섬망의 경과 동안 나타나서는 안 된다.

1994년에 진단 기준이 제시된 이후 치매에 대한 많은 연구와 경험이 쌓이면서 이 기준의 단점에 대한 지적이 지속되었다. 지적은 크게 3가지다. 첫째, 치매에 기억력 저하가 반드시 있어야 한다는 첫 번째 기준이 과연 적합한가에 대한 의문이다. 인간의 인지기능은 여러 영역에 걸쳐 존재하는데, 기억력 장애가 있는 경우만을 치매로 인정한다면 기억력 장애는 분명하지 않은 일부 혈관성 인지장애나 전두측두엽 변성에 의한 인지장애, 파킨슨병으로 인한 인지장애의 경우 치매로 진단받지 못하고 딱히 어떤 질병-명으로도 분류하기 어려운 상황이 발생한다. 즉, 치매의 원인이 다양함에도 불구하고 가장 흔한 알츠하이머병의 영향으로 진단 기준이 알츠하이머 형에 치우친 알츠하이머화(alzheimerization) 효과라는 것이다. 둘째, 치매 진단에 필요한 증상인 실인증, 실어증, 실행증이 독립적인 인지기능 영역이 아니라 여러 인지기능이 복합적으로 작용해서 나타나는 결과로 현행 인지과학에서 사용하는 검사법과 일치하지 않아 혼돈이 생긴다는 지적이다. 셋째, 치매 진단의 문턱(threshold)에 대한 문제로 인지장애를 정의하는 객관적 기준과 함께 기능 장애에 대한 판단 기준이 자칫 작위적으로 설정될 위험성에 대한 비판이다. 최근 DSM이 개정되면서 첫째 비판은 수용되었고, 이에 따라 치매의 진단기준이 바뀌었다. 이와 함께 치매라는 기존 병명의 사회적 낙인(social stigma)를 의식하여 치매와 함께 주요 인지장애(major cognitive disorder)라는 진단명이 함께 사용될 수 있도록 허용되었다. 둘째 지적을 받아들인 결과 DSM-V의 주요 인지장애 진단 기준은 DSM-IV에 비해 증상부분을 재분류하여 6개의 인지영역으로 구분하였다. 여기에는 단순 주의와 분할 주의를 포함한 복합적 주의력(complex attention), 실행기능(executive function), 학습과 기억(learning and memory), 언어(language), 시각 지각과 시·공간 추론이 포함되는 지각-운동기능(perceptual-motor function), 감정인지와 병식유지가 포함되는 사회인지(social cognition)가 포함된다. 이런 진단 기준의 변화로 인해 치매 진단은 더 포괄적이고 유연하게 변화하였다.

그에 반해 치매의 진단 기준에 대한 세 번째 비판의 경우 개정판에서도 특별한 변화를 보이지 않았다. 이에 대한 대응은 이제 시작 단계라고 보이는 데, 좀 더 구체적으로 설명하면 다음과 같다. 치매 진단은 전통적으로 특별 목표 증상이고, 증후 혹은 생물학적 표지인자(biological marker)를 발견하는 방법이 아니라, 다양한 정보를 종합하여 의사가 임상적으로 판단하는 방법으로 내리는 것으로 여겨왔다. 임상의사는 치매가 의심이 되는 환자가 병원에 내원하면 먼저 인터뷰를 통해 주요 증상이 무엇이고, 그 증상이 어떻게 발생하여 진행되어 왔는지를 청취한다. 환자가 믿을 만한 정보를 주지 못하는 경우에는 보호자에게 추가로 정보를 얻는데, 치매의 경우 환자의 인지기능 저하로 인해 보호자의 정보제공이 매우 중요하다. 임상 의사는 이후 신경심리검사, 신체검사, 뇌영상촬영, 혈액검사 등 진단의학적 검사를 시행하고, 이들 결과를 종합하고 자신의 임상적 소견과 비교하여 치매 여부에 대한 진단을 내린다.

이렇게 다양한 정보와 검사의 시행에도 불구하고 환자와 보호자가 제공하는 정보의 신뢰성 문제, 일상생활에 영향을 미치는 정도에 대한 주관적 판단 문제, 일부 검사에서 발견되는 모호함, 신경심리검사 및 뇌영상촬영 결과와 임상증상과의 연관성 등 다양한 요인들이 치매 진단의 신뢰도에 영향을 미칠 수 있다. 따라서 의학에서는 점차 치매에서 보이는 특징적인 증상과 증후를 진단에 직접 반영하는 진단 방식을 개발하기 위해 생물학적 표지인자(biological marker)에 대한 연구가 꾸준히 진행되는 중이다. MRI 영상을 통한 측두엽 위축 확인, 뇌 척수액 검사에서 타우 단백질의 이상 소견 확인, 아밀로이드 PET 촬영을 통한 아밀로이드의 발견 등이 포함된 알츠하이머병에 대한 최근의 연구진단기준은 이런 경향을 보여주는 확실한 예로 볼 수 있다. 그렇지만 이런 진단 기준을 모든 유형의 치매 진단에 활용할 수는 없기 때문에, 아직 치매 진단은 전통적인 방식으로 이루어지는 중이다.

치매의 원인에 대해서는 다양한 세부 진단 기분이 마련된 상태다. 몇 가지 예를 들면, 알츠하이머병의 진단을 위해서는 DSM-IV와 ICD-10 외에도 National Institute of Neurological Communicative Disorders and Stroke and the Alzheimer Disease and Related Disorders Association Criteria(NINCDS-ADRDA)의 기준을 많이 사용한다. 이 기준에 따르면 알츠하이머병의 확진은 뇌 조직에서 노인성 신경반(Senile Plaque)과 신경섬유다발(Neurofibrillary Tangle)의 확인을 통해야 하는데, 이 확인은 사후 진단에서만 가능하다. 따라서 임상에서는 병력, 증상 및 각종 검사를 바탕으로 알츠하이머병일 것이 확실시 되는, 유력(probable) 알츠하이머병과 알츠하이머병으로 추정되지만 기타 질병에 의해서도 영향을 받을 것으로 생각되는 가능(possible) 알츠하이머병으로 진단한다. 혈관성치매를 위해서는 National Institute of Neurological Communicative Disorders and Stroke-Association Internationale pour la Recherche et l'Enseignement en Neurosciences(NINDS-AIREN) 기준이 자주 사용된다.

7. 감별진단

1) 섬 망

기억력도 좋고 문제가 전혀 없던 노인이 며칠 전부터 갑자기 헛소리를 하고 자식도 알아보지 못한다며 치매가 아니냐며 병원을 찾는 경우가 있다. 하지만 이런 경우는 섬망을 먼저 의심하는 것이 옳다. 섬망이란 의식이 갑작스럽게 저하되면서 전반적인 정신기능이 장애를 일으키는 상태를 말한다. 여기서 의식이란 지식이나 인식과 같은 철학적 용어가 아닌 순수하게 생물학적인 용어로 단순 주의력(simple attention) 또는 각성상태(vigilance, arousal)와 같다고 보면 쉽다. 일반적으로 인간의 의식은 쉽게 저하되지 않는데, 그 이유는 의식은 인간의 생존을 뒷받침하는 가장 기초적인 기능이기 때문이다. 의식의 저하는 생물학적인 리듬에 의한 수면-각성 주기를 제외하면 신체의 커다란 사건에 의해서만 가능하다. 따라서 의식이 갑작스럽게 저하되었다면 뇌졸중과 같은 뇌 특이적 사건 혹은 대수술을 위한 전신마취 등 커다란 신체적 사건이 발생했음을 의미한다.

섬망에 의한 증상은 엉뚱한 말과 행동, 불면, 지각장애, 초조와 불안 등 진행된 치매 환자가 보이는 증상과 매우 유사하다. 하지만 섬망은 의식저하가 있어 마치 수면 중에 갑자기 깨어나 행동하는 것처럼 몽롱하게 보이는 것이 대부분이지만 치매는 맑은 의식 상태에서 다양한 증상을 보이기 마련이다. 섬망과 치매는 경과와 치료가 매우 다르기 때문에 반드시 구분해야 한다. 섬망으로 진단되면 원인을 찾아 제거하거나 신체 상태가 호전됨에 따라 대부분 원상태로 회복될 수 있지만, 치매는 원인을 알아도 완치되지 않는 경우가 대부분이다.

이렇게 분류하면 치매와 섬망의 차이는 분명하지만 항상 그렇듯이 문제는 그리 간단치가 않다. 의식 수준의 평가 기준이 관찰 외에는 모호한데, 하루 종일 섬망 상태에 빠져 있지는 않으면서 치매 증상을 보이는 경우도 있는 등, 현실에서는 두 가지 상태가 복합된 경우가 흔하기 때문이다. 예컨대 치매가 점차 진행 중이지만 눈에 띄는 증상이 없었거나 있더라도 주변에 노출되지 않았던 경우 섬망이 발생하면서 치매 증상이 급격하게 악화된 것처럼 보이는 경우가 있다. 또 섬망으로 진단 받았지만, 시간이 지나 섬망 증세가 약화되고 진행된 치매로 인해 더 이상의 호전이 없는 경우도 있다. 또한 섬망 증세가 있다는 진단이 내려졌지만, 대체로 저녁이나 밤에만 나타나는 경우는 치매 진단의 가능성이 더 높다. 치매의 경우 낮에 비해 저녁이나 밤이 되면 몽롱한 상태에서 인지 증상과 정신행동증상이 심해지는 경우가 흔히 관찰된다. 이는 뇌 특이적인 치매가 섬망과 중첩되어 나타날 수도 있기 때문이다.

〈표 2장-15〉 치매와 섬망의 차이

섬 망	치 매
급격한 시작	서서히 시작
급성질환	만성질환
대체로 회복가능	일반적으로 만성으로 진행
초기에 사람을 못 알아본다.	나중에 사람을 못 알아본다.
신체 생리적 변화가 심함.	신체 생리적 변화는 적음
의식 수준의 변화가 있음	말기까지 의식의 변화는 적음
주의 집중이 매우 떨어짐	주의 집중은 별로 떨어지지 않음
수면양상이 매우 불규칙함	변화가 별로 없음

2) 우울증

우울증은 정동의 변화이기 때문에 치매에 비해 비교적 짧은 동안 발생하고 의사소통 능력에 문제가 없기 때문에 자신의 증상에 대한 호소가 심하다는 특징이 있다. 우울증 환자의 경우 다른 우울한 사람을 보면서 자기 스스로도 우울하다는 느낌을 갖게 만드는 일종의 감정 전염성(emotional infectivity)이 있다. 물론 노인의 경우 자신의 감정을 숨기는 경향이 강해 가면성 우울(masked depression)이 많기는 하지만 우울한 감정이나 흥미의 소실은 우울증의 가장 중요한 증상이다. 이런 이유로 과거 우울증에 의한 인지기능 저하를 가성치매(pseudodementia)라고 부르기도 했다. 그러나 지금은 가성 치매라는 이름은 거의 사용되지 않고 인지기능 검사에서 우울증과 치매는 다소 독특한 차이를 보인다. 치매 환자가 검사에 적극적으로 참여했다고 전제한다면 치매 환자의 검사 결과는 일관성이 있는 반면 우울증 환자는 같은 영역에 대한 검사결과도 서로 다르거나 영역별로 편차가 매우 심해 뇌의 질병 때문이라고 해석하기 어려운 경우들이 있다.

우울증의 감별진단 역시 섬망과 마찬가지로 이론보다 현실이 훨씬 복잡하다. 우울한 감정이 느껴지고 인지기능 검사에도 열심이지만, 그럼에도 심한 저하가 관찰되는 환자들이 자주 있다. 더 나아가 우울증은 분명히 존재하는 상황에서 인지기능 장애가 심하지 않은 경우는 상황이 더욱 모호해진다. 이런 경우 보호자로부터 추가적인 병력 청취나 환자에 대한 직접 관찰, MRI 촬영 등 영상촬영이 도움이 될 수도 있지만, 이마저 애매한 경우는 감별진단 자체가 쉽지 않을 수 있다. 예를 들어 전두엽 부위의 뇌경색 등 혈관성 변화는 그 자체로 우울증상을 일으킬 수 있다. 특히 노인에서의 우울증은 이런 기질성 변화(organic change)를 동반하는 경우가 많아 노인 우울증에 대한 혈관성 우울증 가설(vascular depression hypothesis)도 주장되고 있다.

〈표 2장-16〉 우울증과 섬망의 차이

우울증	치 매
급격한 발병	잠행성 발병
짧은 기간	긴 기간
기억력 장애의 호소가 심함	자주 기억력은 문제 없다고 주장
모른다고 대답하는 경우가 많음	근사치의 대답을 함
인지기능의 저하가 굴곡이 심함	일관된 인지기능의 저하
단기 기억과 장기기억이 동등하게 저하됨	단기기억이 심하게 저하됨
우울정동[17]이 먼저 시작함	기억력 저하가 먼저 시작함

8. 조기 발견

1) 조기 발견

호미로 막을 것을 가래로 막는다는 속담이 있다. 세상사가 그렇듯이 질병의 싹도 어릴 때 잘라내는 것이 상책이다. 갑작스런 심장마비 증상이 발생하면 병원에 얼마나 빨리 도착하느냐에 따라 생사가 갈리고, 암도 얼마나 작을 때 발견하느냐에 따라 생존율에 크게 달라진다. 그렇다면 치매도 그럴까? 치매를 일찍 발견하면 완치의 가능성이 높아질까? 완치는 아니더라도 진행을 늦출 수는 있을까? 치매를 일찍 발견하면 치매 환자의 삶의 질은 높아질까?

치매는 뇌의 손상이 비교적 경미한 초기 단계에 사소한 인지 기능의 장애만 보

17) 우울장애란 기분이 너무 좋거나 우울한 것을 주증상으로 하는 정신적 장애를 말한다.

인다. 그러나 손상 부위가 점차 광범위하게 진행됨에 따라 인지 기능 저하, 행동장애, 일상생활 및 직업적·사회적 기능장애가 심각해지는 경과를 나타내기 마련이다. 환자나 그 가족들이 치매의 초기 단계에서 나타나는 인지 기능 장애를 단순히 노화 과정에 의한 것으로 오인하면 치매가 상당히 진행된 이후에나 병원을 방문하게 된다. 이런 과정을 거쳐 치매를 진단받으면 환자와 가족은 상당한 어려움에 부딪치게 된다. 치매 상식이 거의 없는 환자와 가족은 무엇부터 어떻게 치료하고 돌보기 시작해야 할지 막막하고, 설상가상으로 환자에게 병식이 없으면 병에 대한 가족 내 의사소통이 거의 불가능한 상태에 빠질 수 있다. 기존 병원에서는 친절한 상담을 받을 수 없고 지역에서 질병에 대한 상담과 정보를 얻을 수 있는 곳도 매우 적다. 국가의 공적 서비스를 받기 위해서는 상당한 발품을 팔아야 하고, 그마저 충분하다고 느껴지지도 않는다. 이런 현실 때문에 치매를 조기에 발견하면 상당 정도 줄일 수 있을 것이라고 기대하는 것이다.

치매 조기 발견으로 얻을 수 있는 이득을 살펴보면 대략 4가지 차원에서 논할 수 있다. 첫째, 일부 치매의 원인이 되는 질병은 증상 초기에 진단되면 완치를 기대할 수 있다는 점이다. 예를 들어 뇌종양, 심각한 우울증, 정상뇌압 수두증(normal pressure hydrocephalus), 두부 외상에 따른 경막하 혈종(subdural hematoma), 갑상선 질환, 약물 부작용, 영양문제 등은 일찍 발견하여 치료하면 회복을 기대할 수 있다. 물론 전체 치매 환자를 기준으로 보면 100명 중 5명도 되지 않을 정도지만, 그래도 기대를 저버릴 수는 없다. 둘째, 약물 치료의 효과를 높일 수 있다는 점이다. 현재 치매에 대한 약물치료는 질병의 진행을 지연시키는 정도지만, 그나마도 시작이 이를수록 기대할 수 있는 지연 효과도 커질 수 있다. 이를 통해 요양원이나 병원으로 영구 입소하는 시기를 미룰 수 있기에 의미가 작지 않다. 셋째, 이른 진단과 치료를 바탕으로 체계적인 치료와 관리를 통해 삶의 질을 향상시키고 수명을 연장시킬 수 있다. 치매의 진행은 인지기능의 변화를 기준으로 삶지만, 전반적인 기능의 악화는 인지기능뿐 아니라 정신행동증상, 동반된 질병들에 대한 관리와 치료 상황, 기본적인 신체적인 능력, 영양 및 위생상태, 낙상과 같은 사고의 존재 등 다양한 요인에 의해 영향을 받는다. 따라서 치매라고 인지기능개선제를 먹느냐 마느냐만 따져서는 안 된다. 넷째, 진행성 질병인 치매의 특성상 현재와 미래에 대한 계획을 위해서 조기 발견이 도움이 된다는 점이다. 예를 들어 아직 판단력의 손상이 없는 초기 상태에서 치매를 발견하면 간혹 신문지상에 소개되는 치매에 걸린 환자와 자녀 간의 유산 상속 다툼이 발생하기 전에 재산 문제를 정리할 기회를 만들 수 있다. 그리고 최후의 상황에 이르게 될 때 심폐소생술이나 인공호흡과 같은 의학적 처치에 대한 결정도 미리 강구해 둘 수 있는 여지가 있다. 가족의 입장에서도 이런 문제들을 미리 상의하는 것뿐 아니라 향후 닥쳐올 문제들을 미리 알아놓음으로써 변화하는 환자의 증상에 맞추어 최선의 돌봄을 행할 수 있는 시간을 확보할 수 있다.

하지만 치매 조기 발견을 가로막는 장애물들도 있다. 노인이 되면 경제적인 활동이 위축되고 친구 관계가 소원해지면서 사회적인 소속감이 떨어지는 것이 일반적이다. 때문에 어디선가 배제되고 소외되는 것에 민감하기 마련이다. 치매는 이런 소외를 가중시키는 두려운 질병이다. 때문에 노인들은 본인이 치매라는 병에 걸려 아무것도 모르는 사람이 되면 가족과 사회로부터 버려질 것이라는 두려움이 크다. 특히 60년대 이후 심각한 경쟁체계에서 수단과 방법을 가리지 않고 생존에 매달려야 했던 현재의 노인 세대는 다른 사람들의 불편한 시선이나 부정적인 편견에 민감한 편이다. 이전보다는 줄었다고 하지만 여전히 사회 곳곳에는 지적 능력이 부족한 사람들에 대한 그런 차별과 사회적 낙인이 가시지 않은 상태다. 이런 상황에서 '내가 스스로 그런 사람이 되기 위해 진단을 받아야 하는 이유가 무엇이냐?'고 반문하는 것은 자연스러운 현상이라고 보아야 하지 않을까? 이런 심리는 치매 증상에 대한 의식적, 무의식적 부정으로 연결되고 치매를 발견하거나 진단받지 않으려는 심리로 연결된다. 만약 조기 진단시 커다란 혜택을 받는다면 이런 부정적 편견이 어느 정도 상쇄될지도 모른다. 노인들은 갑작스럽게 죽으면 죽었지 치매처럼 아무것도 모른 채 자식들만 고생시키는 병에는 걸리지 말아야 한다고 입을 모아 말한다. 거의 모든 조사에서 여러 질병 중 가장 걸리기 싫다고 꼽는 첫 번째가 바로 치매인 이유이다. 이 말은 치매에 걸리면 온 가족이 힘이 든다. 치매로 인한 환자와 가족의 부담과 어려움이 사회적으로 구제되지 못하는 상황은 아직도 현재 진행 중이라는 말이고, 이런 상황이 치매에 대한 부정적인 인식을 키우고 조기발견을 통한 치매 관리를 어렵게 만드는 주요 요인이 될 수 있다.

2) 조기 발견의 방법

치매를 조기에 발견하려면 무엇보다 스스로 치매 증상에 어떤 것들이 있는지 알고 본인이나 가족, 이웃이 보이는 증상이 치매 증상인지 일차적으로 판단할 수 있어야 한다. 이를 위해서는 다양한 차원에서 치매의 증상과 경과, 치료 방법 등 일반 국민들이 궁금해 할 것들을 쉽게 알 수 있도록 널리 알리는 것이 필요하다. 아울러 치매에 대한 부정적인 편견을 보다 긍정적으로 전환할 수 있는 정보를 함께 배치하는 것이 조기발견을 위해서도 도움이 된다. 이를 위해 미국 알츠하이머 협회에서 일반인들을 위해 발표한, 치매를 의심할 수 있는 대표적인 10대 경고증상(ten warning sign)을 언급하면 다음과 같다.

첫째, 직업이나 일상생활에 영향을 주는 최근 일에 대한 기억력 상실이 온다. 다른 사람의 이름이나 전화번호가 기억이 나지 않거나 혹은 약속을 깜빡 잊는 것은 정상이다. 알츠하이머병은 기억을 잊어버리는 빈도도 많고 시간이 흘러도 기억이 나지 않는다.

둘째, 익숙한 일을 처리하는 데 어려움이 생긴다. 다른 일을 하다가 보면 가스 불에 음식을 올려놓은 것을 까먹기도 한다. 알츠하이머병 환자는 음식을 만들고 나서 음식을 차리는 것을 잊어버리고 나아가 자신이 음식을 만들었다는 것도 까먹는다.

셋째, 언어사용이 어려워진다. 정상적인 경우에도 간혹 적당한 말이 생각이 나지 않아 머뭇거릴 수 있다. 알츠하이머병 환자는 적당한 이름을 대지 못하고 좀 더 추상적인 말로 대신한다거나 적절하지 않은 단어를 사용해서 이해하기 어려운 경우가 많다. 예를 들어 사과가 생각이 나지 않으면 그냥 과일 혹은 먹는 것이라고 말하기도 한다.

넷째, 시간과 장소를 혼동한다. 간혹 요일이나 날짜를 혼동하거나 자신이 가고 있는 목적지에 대해 혼동하는 일은 얼마든지 있을 수 있다. 알츠하이머병 환자는 자신이 잘 알고 있는 거리에서 자신이 어디에 있는지 그리고 집으로 가기 위해서는 어디로 가야 하는지를 잊어버린다.

다섯째, 판단력이 감소하거나 그릇된 판단을 자주 한다. 다른 일에 열중하다 보면 손자를 보는 중이란 사실을 잠시 잊을 수도 있다. 하지만 알츠하이머병 환자는 자신이 손자를 보고 있었다는 사실을 전혀 기억 못한다. 또 옷을 제대로 못 입고 계절에 맞지 않는 옷을 입곤 한다.

여섯째, 추상적인 사고능력에 문제가 생긴다. 돈 계산이 복잡해지면 누구나 잠시 혼동이 올 수는 있다. 하지만 알츠하이머병 환자는 간단한 돈 계산조차 어려워하고 하지 못한다.

일곱째, 물건을 잘못 간수한다. 간혹 돈이나 통장을 잘 두고는 어디에 두었는지를 잊어버리는 경우는 흔하다. 알츠하이머병 환자는 잘 간수해야 하는 물건을 엉뚱한 곳에 둔다든지 필요 없는 것을 지나치게 잘 간수한다든지 하는 행동을 보일 수 있다.

여덟째, 기분이나 행동의 변화가 심해진다. 누구나 다소 슬프거나 기분이 가라앉을 때가 있다. 알츠하이머병 환자는 특별한 이유 없이도 감정의 급격한 변화가 올 수 있다.

아홉째, 성격의 변화가 심해진다. 나이를 먹어가면서 다소 성격의 변화가 생기는 것은 자연스럽다. 하지만 알츠하이머병은 변화가 좀 더 심하여 의심이 많아지거나 충동적으로 변할 수도 있다.

열째, 자발성이 감소한다. 간혹 집안일을 쉬고 싶거나 사람을 만나고 싶지 않을 경우는 누구든 겪을 수 있다. 알츠하이머병 환자는 매우 수동적으로 되어 힌트를 주거나 지시를 해야만 일을 시작한다.

치매 증상이 의심된다고 생각하는 노인이나 가족이 일차적인 상담을 통해 검사 단계로 진입할 것인지를 판단하기 위해서는 자원이 필요하다. 이런 자원은 대체로 인터넷이나 지역사회에서 접근 가능성이 좋은 일반 노인 복지시설에서 제공하는 것이 바람직하다. 여기서 치매가 의심되는 증상이 있다면 치매 선별검사를 실시해 볼 수 있다. 이때는 간이 인지기능 선별검사 도구를 사용해서 전반적 인지기능 수준을 평가하고 환자나 보호자의 의견을 참고하여 본격적인 진단 검사로 들어갈 것인지를 결정하게 된다. 치매 진단 검사에 진입하면 앞서 말한 치매 진단과정을 거쳐 치매 여부를 진단하게 된다.

대부분의 국가들이 치매를 조기에 발견할 수 있는 시스템을 구축하기 위해 위에서 말한 단계들을 모두 혹은 일부 도입해서 운영하는데, 어떤 구성요소로 시스템을 설계할 것인지는 나라마다 사정에 따라 다르다. 예를 들어 서구의 경우는 조기발견 시스템 구축 초기에 주요 이슈는 진단 과정에 들어온 이후 진단까지 걸리는 시간을 단축시키는 문제였다. 그 이유는 2000년 후반까지도 영국의 경우 치매 임상 진단 후 뇌 CT영상을 촬영하기까지 평균 2개월이나 걸린다는 조사결과 때문이었다. 더불어 치매 진단의 전문성 문제도 제기되었다. 영국, 프랑스 등 대부분의 나라에서 일차 진료를 담당하는 지역 진료의사들은 인지기능 저하에 대한 전문적인 식견이 부족하고 간이 인지기능 평가를 실시하지 않는 경향이 농후했다. 이를 타개하기 위해 영국에서는 여러 분야의 전문가들로 구성된 다학제간-팀(multidisciplinary team)인 기억 평가 서비스(memory service)를, 프랑스에서는 메모리 유니트(memory unit), 호주는 인지, 치매 그리고 기억 서비스(cognitive, dementia and memory service, CDAMS) 등의 자원을 추가로 세웠다.

국내의 경우 2006년 한국치매협회를 중심으로 전국 15개 기관이 '치매 정밀검진 및 예방관리사업'을 실시하였으며, 2010년부터는 보건복지부 주관으로 전국 보건소에서 치매조기검진 사업을 실시하고 있다. 보건소 치매상담센터에서 이루어지는 치매 조기검진사업은 MMSE를 사용한 치매 선별검사로 치매 위험군을 확인하고, 이들을 지역의 거점병원에 의뢰해서 치매 진단을 받도록 연계하는 체계다. 검진은 60세 이상 지역 주민이면 일 년에 한 번 무료로 선별검사를 받을 수 있다. 진단 검사로 진입하는 경우 전문의 면담과 신경심리검사는 국비로 지원하고 뇌영상 촬영비 중 MRI를 실시하는 경우에도 2016년부터는 일부만 본인이 부담하고 있다. 국내의 치매 조기검진은 기존 시설과 인력을 활용함으로써 추가 자원 설립에 필요한 초기 투자비용을 절감하고 치매에 대한 사회적 인식 제고에 기여한 바가 크다. 그럼에도 불구하고 무리한 선별검진의 확대, 진단 과정의 통일성 문제, 진단 이후 서비스의 부재, 저비용-고효율 구조 등 향후 개선이 필요한 부분도 적지 않은 게 사실이다.

VI 치매의 치료

1. 개요

치매는 인지기능 증상, 정신행동증상 등 질병 자체로 인한 증상과 함께 노인의 특성상 병발하는 다양한 공존질병과 상황들에 대한 개입이 필요한 질병이다. 또한 독립적인 생활이 불가능해지는 질병의 특성 때문에 가족을 비롯하여 돌보는 사람의 부담이 크기 때문에 이에 대한 적절한 의료적, 사회적 개입이 필요하다. 이런 치료의 다면성으로 인해 치매 치료를 이야기하기 전에 큰 틀에서의 치료를 조망해 볼 필요가 있다. 여기서 말하는 치료는 관점에 따라 치료라고 불러도 좋고, 치료관리라고 불러도 좋고, 그냥 관리라고 불러도 좋다.

먼저 생각할 것은 치매로 인한 인지기능 저하와 정신행동증상이 환자의 심리와 행동에 영향을 미쳐 초기에는 심리와 인지 측면이 부각되지만, 점차 신체적인 측면이 부각된다는 사실이다. 이로 인해 초기에 비해 후기로 갈수록 육체적인 노력을 들여서 직접적인 도움을 주어야 하는 부분이 늘고, 이를 대부분 가족이나 요양보호사가 감당한다. 여기서 말하는 도움의 내용적인 측면을 보면 비의료적인 것들이 많지만, 한 개인이 감당하기에는 비용 부담이 커서 사회적 도움이 필요하다. 따라서 치매 초기에는 의료적인 개입 영역이, 후기에는 사회적인 도움의 영역이 상대적으로 크다고 보아야 한다.

개인적인 차원을 넘어서면 같이 사는 가족이 환자를 돌보는 데 가장 큰 역할을 감당한다. 환자의 가족은 가장 밀접하게 환자와 접촉하면서 동고동락을 같이하기 때문에 때로는 커다란 부담을 느끼고, 일부는 새로운 의미의 보람을 창출하기도 한다. 이렇게 환자와 가족은 서로 뗄 수 없는 강한 연대로 묶여 있기에, 이런 의미에서 환자와 가족을 한 데 묶어 치매 치료관리의 일차 유니트(primary unit)라고 부를 수 있다. 따라서 대부분의 치매 치료와 관리 방안은 일차적으로 치매 환자의 증상에 맞추고, 다음으로는 가족의 심리적 부담 경감에 초점을 두어야 한다.

치매 환자 가정은 산속에 고립된 게 아니라 어떤 마을이나 아파트 단지에 위치하기 마련이다. 치매 가족뿐 아니라 환자도 집을 나서면 길거리에서 이웃을 마주치고 동네 가게나 경노당에서 다른 사람과 어울리고 교회, 성당, 사찰 등에서 종교 활동도 한다. 이렇게 치매 환자가 사는 좁은 반경의 이웃사회는 치매 환자의 사회적 활동을 가능하게 만들 수 있는 잠재적 능력을 가진 치매 치료관리의 이차 유니트(secondary unit)가 될 수 있다.

치매는 인지기능 저하와 정신행동증상, 아직까지 뇌의 물리적 변화 결과로 보는 신경학적 증상과 전통적으로 마음의 문제로 보는 정신적 문제가 결합된 새로운 신경정신질환(neuropsychiatric disease)이다. 과거에도 이런 질병이 없었던 것은 아니지만 고령화와 함께 환자 수의 급격한 증가와 더불어 사회문제로 자리 잡았다. 문제를 더욱 복잡하게 만드는 것은 이런 신종 질병이 고령이라는 문제와 만나면서 각종 신체질병을 동반한다는 점이다. 또 한 가지 커다란 문제라면 만성적으로 진행되는 이 질병을 앓는 사람은 의학적인 치료뿐 아니라 동시에 사회적인 돌봄의 고객이 되어야 한다는 점이다. 이처럼 정신과 물질, 뇌와 신체, 의료과학과 사회복지 등 여러 분야에서 치매라는 하나의 현상을 바라보는데, 각각의 축에서 능히 감당할 수 있는 것들을 감당하던 기존 사회 시스템으로는 더 이상 치매를 해결하기가 어려워졌다. 그렇기 때문에 이런 문제를 해결하기 위해서는 사회 시스템적 측면에서 법, 제도, 관습 등에 대한 개선과 보완이 필요하다. 이런 사회 체계를 치매 치료관리의 삼차 유니트(tertiary unit)라 부를 수 있다.

이런 개념을 가지고 본 장에서는 먼저 치매를 앓고 있는 개인에 대한 약물치료와 비약물치료에 대해 설명하고 이어지는 장에서 나머지 부분들에 대해 설명하려 한다.

2. 인지기능에 대한 치료

1) 약물치료

치매 환자 또는 치매환자의 가족들 중에는 완치가 어렵고 인지기능개선제를 투약한다 하더라도 단지 병의 악화를 지연시킬 뿐이라는 사실에 실망하여 알츠하이머병과 같은 치매를 아무 치료도 하지 않고 방치하는 경우가 많다. 그러나 치매 악화의 지연을 통해 중증 치매 이환율을 줄이는 것은 치매 환자의 삶의 질을 향상시키고 치매 가족 및 사회적 부담을 줄이는데 매우 중요하다. 또한 인지기능개선제는 치매 가족들을 힘들게 하는 망상, 환각 등의 정신행동증상도 감소시키는 효과가 있는 것으로 보고되어 현재까지 치매 환자를 위한 최선의 치료라 할 수 있다.

노인들은 신체적으로 취약하기 때문에 약물에 의한 부작용이 많다. 또한 다른 질병으로 다양한 약제를 동시에 복용해야 할 가능성이 많다. 따라서 가능한 투약을 단순화하고 용량도 최소화하며 나누어 복용하는 것이 바람직하다. 항콜린성 작용, 진정작용, 혈압강하작용 등의 부작용이 있는 약물은 조심스럽게 사용하여 부작용을 최소화해야 한다.

치매 환자를 위한 대표적인 인지기능개선제로는 아세틸콜린분해효소억제제(Acetylcholinesterase inhibitor, ACEI)와 NMDA 수용체 길항제(NMDA receptor-antagonist)가 있다. 정상인의 경우 뇌의 신경세포에서 아세틸콜린이 적절히 분비되어 기억력이 유지되고, 학습이 가능하다. 그러나 치매 환자는 뇌에서 아세틸콜린을 분비하는 신경세포가 파괴되면서 아세틸콜린의 분비가 줄어, 기억력과 같은 인지기능이 떨어진다. 아세틸콜린분해효소억제제 계통의 약물들은 치매로 인하여 저하된 시냅스 간극(synaptic cleft)의 아세틸콜린 농도를 증가시켜 환자의 인지기능을 향상시킬 수 있다. 이 계통의 약물들은 병의 진행을 아주 막을 수는 없으나 그 경과를 약 6개월에서 2년 정도 늦출 수 있으며, 효과는 병의 초기와 중기에 큰 것으로 알려졌다. 또한 망상과 같은 정신행동증상에도 효과가 있다고 한다.

미국 FDA가 알츠하이머병의 치료제로 인정한 약물로는 도네페질(Donepezil),

리바스티그민(Rivastigmine), 갈란타민(Galantamine)이 있는데, 이 중 갈란타민은 사실상 시장에서 철수하여 앞의 두 가지 약물만 사용이 가능하다. 도네페질은 경도부터 말기까지 모든 중증도에 대해 사용 가능하고, 하루 한번 대체로 저녁에 복용한다. 초기 용량은 5mg이고 일정 기간 투여 후 부작용이 발견되지 않으면 10mg으로 증량하여 유지한다. 최근에는 중등도로 알츠하이머병이 진행되면 23mg으로 증량하거나 뒤에 소개하는 메만틴과 함께 투여할 수 있도록 보험심사기준이 변경되었다. 일반적으로 심한 부작용은 드물지만 오심, 구토, 설사, 두통 등의 부작용이 10% 내외에서 나타난다. 부작용은 대체로 경미해서 저절로 완화되지만, 그렇지 않은 경우에는 약물을 중단하거나 다른 약으로 대체하는 방법을 활용하는 것이 좋다.

리바스티그민은 1일 3mg이 초기 용량이며, 2주 이상의 간격을 두고 최대 권장 용량인 1일 12mg으로 증량시킨다. 리바스티그민은 경구용 제재 외에 하루 한 번 몸에 붙이는 패치 형태의 제재를 사용할 수도 있다. 패치제의 경우도 효과는 동일하며 경구용 제재에 부작용을 보이는 사람이 패치제로 바꾸는 경우 부작용이 나타나지 않는 경우가 있어 대체약물로 선호되고 있다.

현재까지 인지기능 치료제는 알츠하이머병을 중심으로 연구되어 다른 아형의 치매에 적용할 때는 제한점이 있을 수 있다. 혈관성 치매의 경우, 알츠하이머병의 병리를 공유하고 있는 경우가 대부분이라 현재에는 혈관성 치매에도 알츠하이머병의 인지기능 치료제로 알려진 약제들이 동일한 목적으로 처방되기도 한다. 루이체 치매의 경우, 아세틸콜린 분해효소 억제제가 인지기능 치료제로도 사용된다. 그러나 전측두엽 치매의 경우에는 현재까지 인지기능 치료제로 개발되거나 효과가 입증된 것이 없다.

글루타메이트(Glutamate)는 N-methyl-D-aspartate(NMDA) 수용체를 활성화시키는데, 이 수용체는 뇌에서 기억력과 같은 학습에 관여하고 과도하게 자극될 경우 뇌신경세포 내에 지나친 칼슘 유입을 통해 세포를 파괴한다고 알려졌다. 메만틴(Memantine)과 같은 NMDA 수용체 길항제는 글루타메이트가 작용하는 NMDA 수용체가 비정상적으로 활성화되는 것을 막아 뇌의 학습 및 기억능력을 증진하고 병의 진행을 막을 수 있다는 점 때문에 치매 치료제로 사용된다. 이 약물은 중등도 이상 진행된 알츠하이머병 환자에게 사용이 허가되어 최초 1일 5mg부터 시작해서 일주일 간격으로 5mg씩 증량시켜 1일 20mg까지 증량시키는 것을 권장하고 있다. 약물 부작용으로는 초조증상이 나타날 수 있고, 심하면 환각도 나타날 수 있다.

현재 알츠하이머병에 대한 치료제 개발이 매우 활발하게 진행 중인데, 극히 일부의 약물을 제외하면 시판 가능성이 높지 않다. 그 밖에 현재 시장에서 사용 중인 약물들로는 항산화제와 각종 콜린성 약물들을 들 수 있다. 활성산소 이론(free radical theory)에 근거해 알츠하이머병의 경과 지연의 효과가 있을 것으로 추정하고 사용하는 항산화제에는 비타민과 은행잎 추출물(gingko bibloba extract), 셀레질린(Selegiline) 등이 있다. 인지기능개선 효과는 확인되지 않았는데, 있다고 하더라도 미미한 정도여서 일반적으로 치료 목적으로 추천되지는 않으며 출혈 등 부작용이 나타날 수 있으므로 전문의와 상의가 필요하다. 또한 콜린 알포세레이트(choline alfoscerate)나 아세틸-엘-카르니틴(acetyl-L-carnitine)과 같은 콜린성 물질들도 임상적으로는 자주 사용되지만 치료제로 공인받은 것은 아니다.

2) 비약물치료

치매로 인한 인지저하에 대해 현재 다양한 인지기능개선제가 약물치료로서 이용 중이지만, 그 효과는 진행을 늦추거나 인지증상과 정신행동증상을 부분적으로 경감시키는 보존적 수준이다. 이와 같은 보존적 수준의 약물치료는 때로 치매 환자들에게 불완전한 약물치료 외에 할 수 있는 것이 아무것도 없다는 좌절감을 유발시키기도 하고, 환자 가족들에게 치료를 받아도 결국 심각한 치매로 진행되고 말리라는 불안감과 무력감을 안기기도 한다. 환자 자신이나 환자의 가족이 치매 극복을 위해 함께 참여할 수 있는 비약물학적 개입은 인지기능 자체에 대한 치료 효과뿐만 아니라 치매로 인한 환자와 가족의 정신적 부담을 경감시키는 것도 치료의 목표다.

기억장애를 경험한 치매 환자들은 그로 인한 자신감 저하로 노력하면 얼마든지 할 수 있는 일들마저 기피하고 우울, 불안 등을 경험하기 쉽다. 이러한 동기저하와 기분의 변화는 인지장애를 더 심하게 만드는 악순환을 낳는다. 따라서 치매 환자에 대한 치료의 목표는 인지장애뿐만 아니라 환자 자신의 능력에 대한 인지 오류를 수정하고 보상과 격려, 그리고 불안 및 우울의 조절을 통해 자신감과 동기를 불러일으키는 것을 포함하는 다차원적 접근이 되어야 한다.

인지기능에 대한 비약물학적 개입은 다양한 형태에 폭넓은 개념이다. 좁게는 치매환자들에 대한 기억재활훈련부터 넓게는 치매가족교실 등 가족들을 대상으로 하는 개입까지 포함될 수 있다. 즉, 기억재활훈련을 통해 치매 환자의 능력과 요구를 반영하는 개별화된 치료를 제공하고 이를 통해 환자의 자신감과 동기를 불러일으키며 메모, 다이어리 등 기억보조도구를 활용한 기억장애의 보완 전략을 환자들에게 가르칠 수도 있다. 또한 환자 가족의 경우에도 치매가족교실 등의 프로그램을 통해 치매에 대한 이해 증진을 위한 교육의 기회를 제공하고 가정에서 시행할 수 있는 가정기반 인지재활훈련 방법을 제공함으로써 환자의 치료에 적극적으로 참여시킬 수 있다.

기억은 독립적으로 기능하는 몇 개의 하부 시스템으로 구성되는데, 초기 치매 환자는 삽화 기억의 선택적 손상이 특징이다. 특히 부호화, 저장 및 재생하는 단계의 장애로 새로운 정보를 학습하는 능력이 현저히 감퇴된다. 그러나 초기 치매 환자가 새로운 정보를 학습하고 저장할 수 있는 능력을 완전히 상실하는 것은 아니며 의미기억이나 실행기억 등 삽화 기억 이외의 기억 능력은 대체로 잘 보존된다. 따라서 남아 있는 기억 기능을 강화하고, 이를 통해 손상이 심한 기억 기능을 보완하도록 하는 개입을 통해 일상생활에 필요한 기억을 향상 또는 유지시키고자 하는 다양한 기억재활(memory rehabilitation) 기법들에 대한 개발이 이루어지고 있다. 전반적 인지자극이나 현실중심 치료와 같은 비특이적 자극 기법들이 경미하나마 치매 환자의 인지 기능 개선에 도움이 된다는 것은 이미 잘 알려진 사실이다. 최근 기억 과정에 대한 이해가 심화되면서 초기 치매 환자의 기억 유지 또는 향상에 더 효과적인, 특수한 방법이 개발되고 있다. 특히 이런 기억 중심의 인지재활 기법들이 인지기능개선제를 비롯한 항치매약물의 인지기능 개선 효과를 증가시킨다는 보고도 있어 그 효용성이 기대되고 있다.

3. 정신행동증상에 대한 치료

1) 정신행동증상의 원인

치매의 정신행동증상의 발생 원인은 다양하다. 환자의 내적인 심리상태나 생물학적인 뇌의 변화뿐 아니라 주변의 인적, 물적 환경에 의한 자극도 원인이 될 수 있다. 또한 그 원인이 한 가지가 아니라 몇 가지 원인이 복합적으로 작용하는 경우도 있고, 때로는 원인을 전혀 찾을 수 없는 경우도 있다. 정신행동증상이 발생하는 주요한 원인들은 다음과 같다.

(1) 뇌의 변화

뇌의 변화는 치매로 인한 변화일 수도 있지만, 그와 무관한 독립적인 변화일 수도 있다. 예를 들어 알츠하이머병의 경우 대뇌 피질에 노인성 신경반과 신경섬유다발이 축적되어 일어난 뇌손상으로 인해 아세틸콜린, 도파민, 세로토닌, 노르에피네프린 등 인간의 정신과 행동조절에 중요한 뇌 신경전달물질이 결핍된다. 아세틸콜린 결핍은 환자의 기억력 저하의 원인이 되고, 망상과 같은 정신병적 증상과도 관련이 있다. 세로토닌과 노르에피네프린은 우울증의 원인이 된다.

(2) 인지기능장애

치매환자는 초기에 인지기능저하를 자각하면서 좌절감, 비애감, 울고 싶은 감정, 자기비하 감정 등을 느끼기 쉽다. 이러한 감정이 지속되면 우울증이 생길 수도 있다. 자신이 어디에 있는지 그리고 왜 사람들이 거기에 있어야 하는지를 모르는 환자는 배회하게 된다.

(3) 다른 정신행동증상

우울증이 심해지면 망상이나 환청이 생길 수 있으며 그 반대의 경우도 생길 수 있다. 그 밖에 수면장애, 배회, 초조, 불안 등의 증상도 우울증이 원인일 수 있다. 또 초조 공격성을 보이는 환자의 경우 내면적으로 우울증을 겪고 있을 수 있다. 또한 환청, 환시가 원인인 경우도 있다. 밤 동안의 수면문제가 낮 동안의 초조와 공격성의 원인이 될 수도 있다.

(4) 환자의 신체적 질병

갑자기 생긴 정신행동증상이라면 섬망인지 확인해야 한다. 섬망이란 신체적 원인에 의해 갑자기 의식이 저하되면서 각종 정신행동증상이 발생하는 것을 말한다. 예를 들어 고관절 수술을 한 후 과다 출혈로 인해 마취에서 회복된 후에도 마치 꿈꾸는 사람처럼 의식이 흐린 상태에서 헛소리를 하는 경우이다. 섬망 상태에서는 망상, 환각, 초조, 불안, 공격성, 수면장애 등 모든 정신행동증상이 나타날 수 있다. 섬망이 중요한 이유는 원인을 찾아 치료하면 상태를 회복시킬 수 있기 때문이다. 뇌졸중 등 급성 뇌손상, 경련 등 뇌신경질환 등은 망상과 환각 같은 정신병적 증상을 일으킬 수 있다. 췌장암, 폐암, 뇌졸중, 종양, 만성 폐질환, 비타민 B12 결핍, 갑상선 질환, 쿠싱 증후군 등은 우울증과 관련이 있다. 시력, 청력이 저하된 환자는 착각과 오해를 잘하고 초조와 공격성을 쉽게 나타낸다. 통증, 변비, 관절염처럼 신체적 불편을 일으키는 증상들은 모두 초조, 공격성, 배회증상을 일으킬 수 있다. 울혈성심부전, 수면무호흡증, 또는 전립선비대증 같은 질환이 있는 치매환자는 숨이 차고, 코를 골고, 소변을 보기 위해 깨는 것 때문에 수면을 취하기 어렵다. 요로 감염, 폐렴 등의 감염은 다양한 정신행동증상을 일으킨다. 예를 들어 요로감염이 있어 자주 소변을 보아야 하는 환자는 밤에 잠을 제대로 잘 수 없다. 소변 실수를 할지 모른다는 불안감으로 잠을 못 자고 화장실을 제대로 찾지 못한다면 배회증상이 생길 수도 있다(제2장 2. 치매의 경과 참조).

(5) 치료제 약물의 부작용

질병을 치료하기 위해 사용하는 약물의 부작용으로 정신행동증상을 보이는 경우가 많다. 예를 들어 가만히 있어도 팔이 떨리고 몸이 경직되어 가는 파킨슨병을 치료하기 위해 도파민성 약물을 투여하면 근육경직과 떨림은 호전되지만 망상과 초조와 같은 정신행동증상이 발생할 수 있다. 스테로이드나 베타 수용체 차단제를 사용하는 경우 우울증이 생길 수 있다. 베타 차단제나 항우울제, 항파킨슨 약물들은 악몽을 유발할 수 있다. 정신병적 증상을 조절하기 위한 항정신병 약물, 빈번한 배뇨를 일으키는 이뇨제, 갑상선기능 항진제, 뇌신경자극제, 카페인 등의 약물은 배회를 유발할 수 있다.

(6) 환 경

치매환자는 주변 환경으로부터 오는 자극을 소화할 수 있는 능력이 저하되어 있기 때문에 환경이 정신행동 증상의 원인이 될 수 있다. 자극이 지나치게 많은 환경은 치매환자에게 의심, 망상, 초조, 배회, 공격성 등의 증상을 일으킬 수 있다. 예를 들어 주변이 어지럽고 시끄럽거나 자극적인 경우 환자는 혼란스러워 하고 무슨 일이 일어나는지를 파악할 수 없어 의심과 피해망상이 발생되는 경우다. 반면 자극이 너무 없는 상황에서도 환각과 착각, 배회, 초조, 공격성 등의 증상이 생길 수 있다. 예를 들어 골방에 갇힌 치매환자는 환각을 쉽게 경험하고 긴장감이 증가하여 쉽게 공격성을 보일 수 있다. 이처럼 갑작스러운 환경변화는 환자를 당황하게 하고 우울증, 배회, 초조, 공격성, 수면장애 등 여러 가지 정신행동증상의 원인이 된다. 집과 가족을 포함하여 기존에 환자가 익숙해져 있는 모든 환경의 변화가 환자에게 영향을 미칠 수 있다. 이러한 환경 변화는 환자의 인지기능 수준과 서로 상호 영향을 미치며 정신행동증상을 일으키는 것이다.

(7) 수발자의 잘못된 태도

케어자의 잘못된 태도로 치매 환자에서 정신행동증상이 초래될 수도 있다. 수발자는 기능이 저하된 환자의 부족한 부분을 채워주는 분신과도 같은 사람이다.

하지만 현실적으로 고부간 혹은 부모-자식 간의 갈등, 케어자의 잦은 교대, 현실적으로 고정 케어자가 없는 경우, 오랜 병수발로 인한 피로의 누적 등으로 말미암아 환자의 모든 것을 이해하고 교감하기 어려울 수 있다. 이러한 상황에서 말을 똑똑하게 하지 않고 중얼거리거나 반 정도의 문장만 이야기하는 버릇이 있는 사람, 불안하거나 인내심이 부족한 사람, 환자가 혼돈스러워 할 때 안정감을 주지 못하는 사람은 환자를 불안하게 하고 잘못된 해석과 망상을 일으키게 할 수 있다. 환자가 엉뚱한 행동을 할 때 화를 내거나 환자를 다그치는 행위 또는 환자를 흉보거나 놀리는 듯한 태도를 취하면 환자는 화를 내거나 공격적인 행동을 할 수도 있다. 그렇기 때문에 때로 환자는 자신을 화나게 하는 케어자로부터 벗어나기 위해 배회할 수도 있다. 의사소통장애가 심해 말을 거의 알아들을 수 없을 정도의 환자라도 케어자의 이러한 태도는 수치심과 굴욕감을 느낄 수 있으므로 삼가야 한다.

일부 연구자들은 치매 환자의 이런 정신행동증상에 대해 사회심리적 차원에서 일관성 있는 모델을 제시하기도 한다. 정신행동증상을 설명하는 대표적인 심리사회적 모델로는 스트레스역치 감소모델(PLST : Progresively lowered stress threshold model), ABC 모델, 욕구가 내재된 치매와 타협된 행동모델(NDM : Need-driven dementia-compromised behavioral model) 등을 들 수 있다. PLST 모델은 인간과 환경 간의 적합성 및 상호작용 개념을 토대로 Hall과 Buckwalter에 의해 1987년에 개발된 모델이다. 이 모델에 따르면 개인의 스트레스 역치는 기본적으로 정해져 있고 어른이 되면서 점차 안정화 된다는 것이다. 그러나 치매환자의 경우 치매로 인한 인지적, 감정적 기능 및 일상수행 능력이 지속적으로 저하되어 외부 자극을 이해하고 받아들여 반응하는 능력이 감소하기 마련이다. 그 결과 스트레스를 일으키는 원인에 노출되었을 때 놀라고 불안해져 적응이 힘들어진 나머지 자신의 능력을 잃고 그 결과 부적절하게 보이는 정신행동증상을 일으킬 수 있다. 이 이론에서는 치매환자에게서 볼 수 있는 행동을 고유기능행동, 불안 행동, 부적절한 행동으로 나누고, 치매환자가 자신이 감당할 수 없는 스트레스를 받는 경우 불안 행동이 나타나기 때문에 이러한 상태가 지속되거나 자극의 강도가 증가하면 부적절한 행동이 발생한다고 정리하고 있다.

ABC 모델은 환경적 유발요인이나 다른 사람들의 반응이 행동에 영향을 줄 수 있다고 생각하는 학습모델의 하나로 정신행동증상의 발생에는 반드시 먼저 일어난 사건이나 아니면 증상을 유발하는 상황이 있다고 한다. 따라서 행동을 정확하게 관찰하고 선행사건을 파악하여 제거 또는 감소시켜 정신행동증상을 조절할 수 있다고 본다.

1996년 Algase 등에 의해 제시된 NDB 모델은 치매환자의 정신행동증상을 충족되지 않은 욕구 또는 치매환자의 목적 있는 행동으로 파악하는 모델로 신경학적, 인지적, 심리사회적 손상 또는 전반적인 건강상태의 악화가 원인이 될 수 있다는 이론이다.. 이 이론은 인지상태, 개인의 사회경제적 배경, 성격 등 상대적으로 변동이 적은 배경적 요소와 신체적, 생리적 욕구와 환경 등 변동이 큰 근원적 요소들이 단독으로 또는 서로 상호작용하여 정신행동증상을 유발시킨다고 보고 있다.

2) 치료 목표

치매의 정신행동증상 치료의 첫 단계는 목표를 정하는 것이다. 목표는 환자의 증상조절을 통해 환자 및 조호자의 안전을 확보하고 삶의 질을 향상시키는 것에 있다. 환자의 증상을 완전히 제거하는 것은 현실적인 목표가 아니다. 이상적인 환경 하에 최상의 조호가 제공되더라도 정신행동증상이 완전히 사라지기는 어렵다. 따라서 치료적 개입을 통해 문제행동의 빈도나 강도를 줄이거나 덜 파괴적으로 바꾸는 것이 주요 목적이다. 비약물적 개입과 약물치료를 통해 행동장애가 사라졌다고 하더라도 행동장애는 치료가 멈추면 보통 재발한다. 왜냐하면 환자는 끊임없이 변하기 마련인 환경에 대한 적응력이 저하되기 때문이다. 정신행동증상의 치료로 치매가 완쾌되거나 병을 멈추게 할 수 있을 것이라는 기대는 현실성이 없기에 바람직하지 않다.

환자, 조호자 또는 제3자의 안전을 확보하는 것이 중요하다. 치매환자는 인지기능이 저하되어 상황에 대한 적절한 판단이 어렵기 때문에 항상 사고의 위험이 있다. 배회하는 환자는 교통사고를 당할 위험이 높고, 쉽게 초조와 공격성을 보이는 환자는 다른 사람에게 위협을 가할 가능성이 높다. 정신행동증상은 여러 가지 부정적인 결과를 초래하기 마련이다. 예를 들어 밤에 배회하는 환자는 낮 동안 깨어있기 어려워 규칙적인 생활이 어렵고 가족들이 자신을 독살하려는 망상이 있는 환자는 식사를 거부하여 이차적인 영양실조를 일으킬 수 있다. 따라서 정신행동증상을 치료하여 이차적으로 생기는 신체적, 정신적 장애를 방지함으로써 환자의 삶의 질을 향상시키려는 분명한 치료목표 의식이 필요하다.

3) 정신행동증상에 대한 접근

정신행동증상은 매우 다양한 증상들로 이루어진 복합체이며, 그 원인 또한 다양하기 때문에 치료적 접근 역시 비약물부터 약물까지 스펙트럼이 넓다. 이를 종합적으로 이해하고 정확한 치료를 위해서는 체계적인 접근을 통해 문제를 해결하려는 자세가 필요하다. 연구자들마다 이에 대해 제시하는 접근 단계들이 서로 다른데, 저자의 견해를 바탕으로 정리하면 다음과 같다.

(1) 1단계 목표 증상의 선택과 정보 수집

먼저 행동이 언제, 어디서 발생하였는지, 행동이 표출된 방식은 어떠하고 행동 발생의 원인은 무엇인지 등에 대해 종합적으로 관찰하는 과정이 필요하다. 그리고 관찰된 행동을 사실 정보를 중심으로 기술하고, 증상을 기존의 정신행동증상의 분류에 맞추어 분류해 본다. 정신행동증상은 여러 증상들이 동시에 발생하는 것이 특징인데, 각각의 증상들에 대해 개별적으로 개입하려면 많은 시간과 노력이 필요하다. 가능한 적은 시간과 노력을 투입하여 개입의 효과를 극대화하려면 관찰된 증상을 정신행동증상 분류체계에 따라 분류해야 한다. 그리고 분류에 따라 정신행동증상 치료의 목표를 설정하는 방식이다. 목표 설정에서 중요한 것은 증상으로 인한 위급성의 평가다. 자해나 타해의 우려가 큰 경우에는 자세한 평가 과정보다 긴급한 개입을 통한 위험 감소가 우선이다. 위급성의 점검이 완료되면 행동의 발생빈도, 심각도, 행동으로 인한 영향, 그리고 개입으로 인한 효과성 등을 함께 고려하여 종합적으로 판단하는 것이 바람직하다.

목표증상이 선택되면 원인 분석을 위한 자료 수집의 과정이 필요하다. 환자와 관련된 정보를 가능한 많이 수집하는 것이 좋다. 정신행동증상은 매우 다양한 원인들이 복합적으로 작용하여 발생하고 이러한 원인들은 환자가 경험한 과거와 현재 삶의 거의 모든 부분들과 연결될 수 있다. 그렇다고 모든 정보를 다 파악하기란 불가능한 일이므로 분석에 도움을 줄 수 있는 정보에 대한 선택적 수집이 바람직하다. 따라서 치매의 원인과 심각도를 포함해 질병과 관련된 정보들을 모으는 것도 중요하다. 치매의 원인에 특정 정신행동증상이 뚜렷이 나타날 수 있고, 치매가 초기에서 중기로 진행될수록 빈도와 심각도가 증가하지만, 말기에 가까울수록 빈도와 심각도는 감소하기 마련이다. 인지기능 저하의 정도, 안경이나 보청기 등의 보조기 사용유무, 일상생활에서 다른 사람의 도움을 받는 정도에 따라 정신행동증상의 발현과 개입 방법 선정에 미치는 영향도 달라질 수 있다.

각종 건강정보도 취합해야 하고, 공존질병 및 치료 상황에 대한 것도 필요하다. 만성질환이 적절히 치료되지 않는 경우 신체적 불편감이 증가할 확률이 있고, 이로 인해 정신행동증상이 발생할 수 있기 때문이다. 이외에도 최근 3개월 이내에 수술을 받은 병력이 있는 경우와 시력, 청력 등의 감각저하가 있는 경우 환자의 행동에 영향을 미칠 수 있다.

치매환자는 최근의 사건을 기억하는 것보다 과거의 일을 기억하는 것이 너 편하기 때문에 과거의 기억에 머무르기를 좋아하는 특성이 있다. 그러나 과거의 기억 중 즐겁지 않고 환자에게 상처를 줄 수 있는 기억에 머무르는 경우 매우 고통스러운 일이 될 수 있고, 이로 인해 행동이 달라질 수 있어서 과거력과 대인관계도 알아야 한다. 환자의 선호도 파악을 통한 대안 제시로 행동 조절을 위한 개입의 효과를 높일 수 있다는 점도 중요하다. 현재의 활동 정도도 파악해 두는 것이 좋다. 독립적으로 활동할 수 있는 치매환자가 활동이 부족하고 만나는 사람이 없다면 지루하고 답답함을 느끼기 쉽고, 배회의 주요 원인이 되기도 한다. 다른 사람과의 관계가 원만하지 않은 경우라면 심리적 스트레스로 인한 초조증상의 원인이 될 수 있다. 치매환자가 생활하는 공간의 물리적 환경을 파악하기 위한 정보로 조명, 소음, 안내표시, 그리고 환경의 안전성 등을 종합적으로 파악해야 한다. 이는 돌보는 사람의 치매에 대한 이해정도, 환자와의 관계 그리고 케어방법 등이 행동에 영향을 미칠 수 있으므로 원인 분석을 위해 파악해 두는 것이 바람직하다.

(2) 2단계-목표행동 분석

위급성 점검, 개인의 욕구 평가와 원인질병의 상태 평가로 구성된다. 위급성 점검은 정신행동증상으로 인한 치매환자 본인은 물론 환자 주변의 사람들에게 발생할 수 있는 물리적 사고의 개연성을 파악하는 단계이다. 치매 환자는 판단력을 포함한 인지기능의 저하로 본인이 위급한 상황에 처해 있다는 사실 인지가 어렵고, 인지한다 하더라도 그 상황에 대처하는 방법을 몰라 피해를 입을 수 있다. 정신행동증상은 급작스럽게 나타나는 경우가 대부분이고, 다른 사람의 행동이 촉발 요인으로 작용하는 경우가 많아 환자 주변의 사람이 공격 대상이 될 가능성이 높다. 그러나 정신행동증상은 일시적으로 나타나는 경우가 많아 적절한 대처를 통해 비가역적 피해를 최소화할 수 있다. 그렇지 않을 경우 제한된 자원이나 시설이 환자의 공격적 행동으로 파괴되는 경우 돌이킬 수 없는 피해를 입을 수 있기 때문에, 역시 사전 위험성 평가가 중요하다.

위험도를 평가할 때는 환자와 다른 사람의 안전이 실질적으로 위협받는 모든 상황은 응급 상황으로 규정하고 낙상이나 실종, 기타 위험한 물건에 노출될 가능성을 염두에 두어야 한다. 위급성 점검이 중요한 또 한 가지는 의학적 응급성이다. 대부분의 치매환자는 고령으로 기존에 당뇨나 고혈압 등의 만성질환을 앓고 있을 가능성이 높다. 이러한 질환이 적절히 관리되지 않아서 악화되는 경우 의식의 저하와 같은 위험을 초래할 수 있지만, 치매환자는 본인이 느끼고 있는 불편함 등을 적절히 표현할 수 없어 돌이킬 수 없는 상태로 진전될 수 있다. 하지만 정신행동증상을 보이는 치매환자의 증상이 의식 저하에 따른 증상과 매우 유사하기 때문에 세심한 관찰 없이는 의식저하를 파악하기가 어려운 경우가 많다. 예를 들어 혼자서 활발히 잘 다니던 환자가 어느 날 아침 잠자리에서 일어나려 하지 않고 질문에 전혀 대답을 못하고 몸을 가누지 못한다면 환자의 기분 저하 가능성보다 의식변화의 동반 여부를 먼저 평가하는 것이 필요하다.

치매환자는 자신의 욕구 표현이 어렵고, 욕구가 있더라도 적절히 대처하는 방법을 몰라 해결되지 못한 욕구가 있기 쉽다. 치매환자도 신체 생리적, 그리고 심리적으로 편안한 상태에서 행복과 즐거움을 느끼고 싶어 하기 때문에 치매 환자 개인의 욕구에 대한 평가가 필요하다. 개인의 욕구는 몇 가지로 구분할 수 있다. 영국의 톰 키트우드(Tom Kitwood, 1937~)는 편안함의 가장 핵심으로 사랑에 대한 욕구를 꼽고, 그 아래에 편안함(comfort), 애착(Attachment), 소속감(Inclusion), 의미있는 활동(Occupation), 정체성(Identity) 등 다섯 가지 기본 욕구를 배치한바 있다. 이런 심리적 욕구는 배고픔, 탈수, 배설의지, 피곤함, 통증 등 신체생리적 욕구와 맞물려 다양한 정신행동증상을 일으킬 수 있다. 아울러 정신행동증상이 다른 사람과의 상호관계에서 발생한 것이 아닌지 따져 볼 필요가 있다. 주변사람들이 치매환자에 대해 고의적으로 나쁜 의도를 갖고 대하지는 않더라도 환자의 요구와 권리를 반영하지 않고 감정을 무시하는 등의 바람직하지 않은 태도와 행동을 보이는 경우 정신행동증상의 원인이 될 수 있기 때문이다. 키트우드는 이런 현상을 악성 사회심리(malignant social psychology, MSP)로 규정한바 있다.

(3) 정신행동증상의 원인 규명

정신행동증상이 치매의 원인 질병이나 심각도에 따라 자연스럽게 나타난 것은 아닌지도 고려해야 한다.

원인 분석이 끝나면 목표 증상에 대한 본격적 개입을 시작할 단계이다. 목표 증상에 대한 개입은 동전의 양면과도 같아 개입의 효과와 함께 위험도 함께 동반하는 경우가 대부분이다. 그러므로 2단계에서 분석을 바탕으로 각 개입 방법이 수반하는 위험의 정도와 개입으로 얻을 수 있는 효과를 정확히 평가하여 선택하는 것이 중요하다. 특히 위험의 정도를 평가할 때는 개입으로 인한 위험도는 물론 개입이 이루어지지 않을 때의 위험도를 함께 고려하여야 한다. 그러나 크든 작든 위험을 감수하지 않은 한 어떠한 효과도 얻을 수 없다는 것을 기억해야 한다.

일단 급한 상황이라면 위급성에 대한 개입부터 시작해야 한다. 환자가 심하게 흥분하거나 공격성을 보이는 상황이라면, 하던 것들을 멈추고 가만히 지켜보는 것이 처음 선택할 행동이다. 그리고 환자 스스로 차분해 질 수 있는 시간을 최소한 5분 이상 주는 것이 좋다. 이 시간 동안 환자의 말을 잘 듣고 언어적, 비언어적으로 공감을 표현하며 지지하는 것이 좋다. 시간이 어느 정도 흐르면 환자가 좋아하고 관심이 있는 화제를 이용하여 환자의 관심을 다른 곳으로 돌리도록 돕는 것이 필요하다. 그리고 환자가 무기로 사용할 수 있어서 환자 자신과 다른 사람에게 해를 끼칠 수 있는 물건이나 물질은 환자 주변에서 보이지 않도록 정리해야 된다. 하지만 이런 개입이 모두 실패하거나 처음부터 이런 개입이 효과가 없을 것이 명확하다면 그 상황에서 벗어나야 한다. 그리고 다른 사람에게 위험을 초래하는 행동이 지속된다면 환자를 격리하거나 일시적으로 화학적 혹은 물리적 억제를 통한 안정화 도모가 불가피하다.

급한 상황이 아니라면 원인 분석에 따라 적절한 개입 방법을 선택해서 적용하는 방법이 바람직하다. 개인적 욕구 충족을 위해서는 환자와의 상호작용이 필요한데, 이를 촉진하기 위해 긍정적 인간관계 형성(Positive person work)의 개념을 적용할 수 있다. 여기에는 앞서 언급한 악성 사회심리와 대비되는 축하(celebration), 협동(collaboration), 창조(creation), 촉진(facilitation), 지지(holding), 협상(negotiation), 함께 놀기(play), 휴식(relaxation) 등 다양한 활동들이 포함된다. 물리적 환경이 원인이 되는 경우 환경 수정이 도움이 된다. 치매 환자에게 혼돈을 증가시키나 불필요한 자극을 줄 수 있는 환경을 좀 더 안정적인 색감과 조명으로 바꾸고 위험한 물건들의 정리 따위가 여기에 포함될 수 있다. 또한 급작스러운 환경 변화가 원인이라면 환경에 익숙해지도록 돕는 것이 필요하다.

이런 저런 개입 방법들의 동원이 별다른 효과를 보지 못할 경우 자주 사용되는 방법 중 하나가 환자가 좋아하고 즐거워하는 활동으로 환자의 관심을 돌리는 전환기법(diversion technique)이다. 우는 아이를 달래는 것과 같은 이 기법은 환자의 관심을 돌려 현재 집중하고 있는 무언가로부터 빠져나오도록 돕기 위한 것이다. 그러나 현장에서는 이런 기법을 사용해도 큰 효과가 나타나지 않는 경우가 많다.

이 기법이 제대로 적용되려면 그 전에 환자와의 관계가 두텁게 형성되어 있어야 하고, 평소 환자의 기호나 관심사항을 잘 파악하고 있어야 한다. 서두르지 말아야 하고 자연스런 접근이 되어야 하며 상황에 맞게 창조적으로 대안을 제시할 수 있어야 한다. 그 외에 다양한 종류의 비약물요법(nonpharmacological intervention)을 시도할 수 있다. 이런 개입방법들은 다음 〈표 2장-17〉과 같은 요법 또는 프로그램이라는 이름으로 많이 시행되는데, 어떤 특정 증상을 목표로 하기보다는 비특이적인 효과를 목표로 하고 있다.

〈표 2장-17〉 치매환자 개입요법

프로그램	관련된 의미
행동수정요법 (Behavior Modification)	학습이론에 근거한 방법으로 환자의 증상을 일정 기간 관찰하여 행동을 일으키는 원인, 행동 양상, 그리고 행동으로 인한 결과를 분석함으로써 원인이 될 만한 요인을 조절하여 환자의 행동을 바람직한 방향으로 조절하는 기법
모의 존재 치료 (Simulated Presence Therapy)	비교적 최근에 발달된 방법으로 가족이나 친구들의 목소리나 대화를 녹음하고 이를 환자에게 들려주어 과거의 추억을 떠올리는 데 도움을 주는 기법으로 치매환자가 자주 만나지 못하는 사람들과 함께 있는 듯한 느낌을 줌으로써 불안과 초조의 감소를 위해 사용되는 기법
마사지 및 접촉요법	환자의 등을 토닥거리거나 손을 잡는 등의 신체적 접촉과 마시지를 통해 감정적인 접근을 시도하는 것으로 환자의 우울, 불안, 공격성 등을 조절하기 위한 기법
인지재활 (Cognitive Training)	치매환자의 남아 있는 인지기능을 강화하거나 손상이 심한 기억을 보완하는 개입을 통해 일상생활에 필요한 인지기능을 향상 또는 유지시키고자 하는 재활기법
회상요법 (Reminiscence Therapy)	예술이나 음악 등 다양한 방식을 이용하여 치매환자가 과거의 긍정적이고 중요한 경험을 회상하여 행복과 즐거움을 느끼도록 돕고 인지자극을 주기 위해 사용되는 기법
현실감각 훈련 (Reality Orientation)	현실을 파악할 수 있는 다양한 자극(예컨대 시계, 달력, 신문, 토론 등)을 통하여 치매 환자가 현실을 인식할 수 있도록 도움으로써 혼돈을 감소시키고 사회적 상호작용의 증가를 돕는 기법

이런 비약물요법의 효과는 연구에 따라 조금씩 다르게 나타난다. 그러나 대부분은 일정 기간 잘 짜인 프로그램으로 운영되었을 때 효과가 있다는 보고지만,

만약 그렇게 할 수 없는 경우라도 정신행동증상을 조절하는 데 도움이 될 수 있으므로 주어진 상황에서 운영할 수 있는 요법을 적절히 선택하는 것이 필요하다.

저자가 앞에서 제시한 3단계 정신행동증상에 대한 개입이 완료되면 그 효과를 판정하는 것이 중요하다. 효과적인 경우 당분간 그 방법을 유지하고 모니터링하는 것이 좋다. 효과가 기대에 미치지 못하는 경우라면 원인을 분석하고 문제 해결을 위해 새로운 계획을 수립할 수 있다. 위의 여러 가지 방법을 동원하였는데도 정신행동증상 문제가 여전하다면, 혹은 앞의 단계들을 모두 건너뛰어야 할 정도로 심각한 문제라면 약물치료를 고려해야 한다.

4) 정신행동증상의 약물치료

일반적으로 정신행동증상에 대해 비약물적인 개입을 시도해보고 실패하면 약물치료를 시도할 수 있다. 하지만 위급하거나 심각한 경우에는 두 가지를 병행하거나 바로 약물치료 단독사용을 고려해 볼 수도 있다. 모든 약물치료가 그렇듯이 정신행동증상에 대한 약물치료도 긍정적인 효과만 있는 것은 아니고 위험요인들도 있다. 그래서 정신행동증상에 대한 약물치료 방법을 시작하기 전에 몇 가지 고려해야 할 점이 있다.

노인은 약물의 흡수 속도 지연으로 인해 약물 효과가 늦게 나타날 수 있고, 간의 대사효율성 감소로 인한 혈중 약물 농도의 증가로 약물 부작용의 발생 가능성이 높아진다. 또한 노인에게 흔한 각종 만성질병과 이에 대한 다양한 치료 약물들이 약물의 대사에 영향을 미칠 수도 있다. 복용 약물 수의 증가에 따라 약물 간의 상호작용에 따른 부작용 발생 위험도 높아진다. 현재 정신행동증상에 대한 약물치료에 쓰이는 약물들은 모두 신경전달물질의 조절과 관련이 있다. 일반적으로 경도의 치매 환자는 아직 정상적이거나 기능 저하 신경세포들이 제한적이기 때문에 신경전달물질 조절을 통해 약물치료 효과를 충분히 기대할 수 있다. 문제는 치매가 중증으로 진행되면서 신경전달물질을 생성하고 조절하는 신경세포 자체가 소멸된다는 점이다. 이로 인해 중증으로 진행될수록 약물을 통해 얻을 수 있는 효과는 제한적이라 예상할 수 있다. 한편 치매 환자의 임상특성도 고려해야 한다. 치매환자의 경우 약물의 복용시간과 방법을 기억하기 어렵기 때문에 약물을 빠뜨리지 않고 정기적으로 복용하기가 어려워 돌보는 사람이 시간에 맞춰 약물 복용을 돕는 것이 필요하다. 아울러 치매의 원인에 따라 약물반응 특성이 다를 수 있는데, 레비소체 치매 환자의 경우 항정신병 약물에 대한 민감도가 증가하는 경우다.

이런 고려 사항들을 바탕으로 약물치료에 일반적으로 적용되는 원칙을 설정할 수 있다. 정신증상은 한 가지만 나타나는 게 아니고 여러 가지 증상이 복합적으로 나타나는 경우가 많다. 예를 들어 망상을 가진 환자가 자신의 물건을 도둑맞을까 초조해 하고 주변 사람들에게 공격적인 행동을 하는 경우가 있다. 이렇게 여러 가지 정신행동증상이 함께 나타나는 경우 어떤 증상을 목표로 약물치료를 시행할지에 대한 결정이 필요하다. 그리고 약물이 목표증상에 어느 정도 효과가 있을지도 고려해야 한다. 정신행동증상에 대한 약물치료의 효과는 증상에 따라 편차가 있다. 예를 들어 환청이나 망상은 항정신병 약물에 대한 반응이 좋지만, 아무 원인이 없는 배회증상에 대한 항정신병 약물의 반응은 그리 좋은 편은 아니다. 그리고 구체적으로 어떤 약물을 어느 정도 용량으로 사용할지 결정해야 한다. 정신행동증상을 조절하기 위해 사용하는 여러 가지 약물 중 어떤 약물을 선택할지는 환자의 나이, 신체적 건강상태, 증상의 심각성을 고려하여 결정한다. 약물이 결정되면 약물 사용방법을 결정하는데, 적은 용량으로 시작하여 효과가 나올 때까지 서서히 증량하는 것이 좋다. 적은 용량에서부터 시작하여 용량을 서서히 늘리는 것은 약물의 부작용을 줄이면서 개인별로 가장 효과적인 용량을 찾기 위한 것이다. 노인은 부작용에 민감하기 때문에 특별한 주의가 필요하다. 정신행동증상은 개인별로 차이가 크고 약물에 대한 반응도 개인차가 있다. 같은 용량이라도 개인별로 효과가 다르게 나타날 수 있다. 따라서 개인별로 가장 효과가 크고 부작용이 적은 용량을 찾아야 한다.

정신행동증상의 치료에는 항정신병 약물, 항우울제, 항불안제, 항경련제 등을 주로 사용한다. 한 가지 약물이 한 가지 증상에만 효과가 있는 것은 아니다. 예를 들어 공격성의 경우 항경련제, 항정신병, 항불안제 모두 효과가 있다. 따라서 환자가 공격성을 보이는 경우 얼마나 심한 공격성이냐, 만성적이냐 혹은 간헐적이냐, 특정약물을 사용할 수 없는 신체질환을 가지고 있느냐 등 여러 가지 상황을 고려하여 약물을 선정해야한다. 경우에 따라서는 다음 약물들 중 두세 가지를 병합하여 사용할 수 있다.

〈표 2장-18〉 정신행동증상 관련 약물

약물 종류	증 상
항정신병약물	망상, 환각, 초조, 공격성
항우울약물	우울, 불안, 초조, 수면장애
항경련약물	초조, 공격성
항불안약물	수면장애, 불안, 공격성

(1) 항정신병 약물

1920년대 클로르프로마진(Chlorpromazine)이 정신병적 질환 치료 약물로 사용되기 시작한 후 할로페리돌(haloperidol)이 개발되면서 정신분열병과 같은 중증 정신질환에 대한 약물치료가 활발하게 이루어졌다. 하지만 진정작용이나 EPS 등과 같은 부작용으로 일반인에게는 바보가 되는 약이라거나 약을 먹으면 잠만 잔다는 등의 부정적인 인식이 강하게 심어졌다. 다행히 1990년대 이후 정신질환에 대한 신경약물학적 연구가 진행되면서 과거에 비해 효과는 유사하지만 부작용은 현저하게 줄어든 약물들이 개발되면서 새로운 전기가 마련되었다. 때문에 과거의 약물을 전형적 항정신병약물(Typical antipsychotics)이라 하고 새로 개발된 약물들을 비전형적 항정신병약물(Atypical antipsychotics)이라고 부른다.

전형적 항정신병적 약물은 신경전달물질인 도파민에 주로 작용한다. 도파민의 수용체는 다양한 종류가 있지만 그 중에서도 D2 수용체와 도파민이 결합하는 것을 방해하는 약물(dopamine D2 receptor antagonist)이 정신분열병에 효과를 보인다. 정신분열병이 도파민 과잉 때문에 발생한다는 가설에 따라 개발한 약이다. 비전형적 항 정신병적 약물은 도파민과 함께 세로토닌에도 작용하는 약물이다. 1980

년대 이후 정신분열병의 발병에는 도파민뿐 아니라 세로토닌도 작용한다는 사실이 알려지면서 개발되었다. 비전형 항정신병약물은 이런 기전으로 인해 전형적인 항정신병약물보다 부작용이 적고 우울이나 무감동, 의욕저하 등의 증상에 효과가 더 있는 것으로 알려졌다. 두 가지 모두 정신병적 증상에 효과가 있지만, 몸이 뻣뻣해지고 얼굴표정이 없어지는 등의 추체외로증상, 안절부절못함, 졸림, 변비 등 부작용이 많이 나타나고 장기간 복용 시 근육이 통제가 되지 않고 마음대로 움직이는 지연성 운동장애가 나타날 수도 있다.

1990년대 이후 무작위 이중맹검 임상시험을 통해 효과가 입증되면서 항정신병약물은 망상, 환각 등 정신병적 증상을 보이는 경우, 심각한 초조와 공격성을 보이는 경우에 주로 사용되고 있다. 일반적으로 항정신병약물은 약물치료 시작 후 효과가 나올 때까지 시간이 필요하므로 용량 증량은 최소 며칠 동안 환자의 상태를 지켜본 후 결정하는 것이 바람직하다. 약물 투여 기간은 명확하진 않지만 일반적으로 약 3개월 정도 유지하고 증상이 더 이상 문제가 되지 않는 경우 서서히 감량하여 끊는 것을 원칙으로 한다.

항정신병약물과 관련된 이슈 중 가장 중요한 것은 과연 이 약물이 치매의 정신행동 치료에 얼마나 효과가 있느냐는 것이다. 앞선 연구들에서 그 효과가 입증되었다고는 하지만 그렇지 않다는 연구결과도 있고 2008년 미국을 비롯한 몇몇 선진국에서 이 약물의 위험성을 경고하고 나섰기 때문이다. 예를 들어 미국의 FDA는 2008년 6월 그 전에 시행된 임상시험결과의 부작용 발현을 재분석한 결과 치매 환자에게 항정신병 약물을 사용하는 경우 뇌졸중과 사망의 위험을 높인다는 점을 들어 제약회사에게 전형적 항정신성 약물과 비전형적 항정신성 약물 모두에 대해 경고문구 삽입(Black box warning)을 명령한 바 있다.

(2) 항우울제

우울증의 원인에 대한 이론들은 다양하지만 신경약물학적 관점에서는 신경전달물질인 노르에피네프린(norepinephrine)과 세로토닌(serotonin)이 중요한 역할을 하는 것으로 추정되었다. 이에 따라 이들 물질의 혈중 수치를 높이거나 신경수용체(neuroreceptor)에서의 결합능력을 증가시키는 약물들이 개발되었다. 최초의 항우울제인 삼환계 항우울제(Tricyclic antidepressants, TCA) 계통 약물들은 항우울 효과가 있지만 심장 독성, 졸음, 어지러움, 침 마름, 변비 등 부작용 또한 다양해 현재는 우울증에 제한적으로만 사용되고 있다. 그 대신 1990년대 이후 개발된 선택적 세로토닌 재흡수억제제(selective serotonin reuptake inhibitor, SSRI)와 같은 약물들이 주로 사용되고 있다. 그 밖에도 MAO 저해제(MAOIs, monoamine oxidase inhibitor), 선택적 세로토닌-노르에피네프린 재흡수 억제제(SNRI, Selective serotonin-norepinephrine reuptake inhibitors), 노어아드레날린 특이성 세로토닌 제제(NaSSA, noradrenergic-specific serotonergic agent), 노르에피네프린과 도파민 재흡수 억제제(NDRI, norepinephrine and dopamine reuptake inhibitorss)등 다양한 약물이 있다.

치매에서 우울증상이 심한 경우 초조, 불안, 불면 등 우울증의 세부 증상에 해당하는 항우울제를 사용할 수 있다. 약물을 시작한 이후 최초로 항우울 효과가 나타날 때까지는 며칠 이상 기다려야 하며 안정적인 효과를 기대한다면 그 이상을 기다릴 수 있어야 한다. 또한 항우울제는 항정신병약물에 비해서 치명적인 부작용이 드문 만큼 우울증상에 대해 적극적으로 사용할 필요가 있다.

(3) 항불안제

항불안제는 일반적으로 진정제라고 하는 약물 중 하나로 의존성과 금단증상이 있기 때문에 항정신성약물로 분류되어 마약류와 함께 규제되며, 신경전달물질인 GABA를 통해 작용한다고 알려져 있다. 항불안약물은 벤조다이아제핀(benzodiazepine)계 약물들이 대표적이다.

항불안제는 불안, 수면장애, 공격성 조절에 사용할 수 있다. 다만 벤조다이아제핀계 약물은 의존성이 생길 우려가 크기 때문에 증상 조절을 위해 일시적으로 사용하고, 장기간 유지가 필요한 경우는 항정신병 약물 등 다른 약물로 교체하는 것이 일반적이다. 또한 반감기가 짧은 수면제를 노인에게 사용할 경우 혼돈, 지남력 상실, 의식변화 등과 같은 섬망이 생길 가능성이 있어 주의해야 한다.

(4) 기 타

항경련제(anticonvulsant)인 리튬(Litium)이나 발프로익산(valproic acid)은 조증과 우울증이 반복되는 양극성 장애 환자에게 치료 효과가 있다는 사실이 알려진 이후 다양한 약물들이 양극성 장애에 사용되었다. 최근에는 이런 약물을 정동조절제(mood stabilizer)라고 부르기도 한다. 이 약물들은 조증 상태에서 자주 나타나는 갑작스런 감정의 폭발이나 불안정, 공격성, 탈억제 증상과 유사한 치매 환자의 정신행동증상을 치료하는 데 효과가 있을 것으로 기대된다. 그러나 약물이 주로 간에서 대사되는데 항정신병약물 등과 상호작용을 일으킬 수 있어 과도한 졸음이나 진정작용이 나타나는지 주의가 필요하다.

인지기능개선제의 효과를 파악하기 위한 임상실험에서 이 약물이 인지기능개선뿐 아니라 정신행동증상에도 일부 효과가 있다는 것이 밝혀진 이후 경도의 정신행동증상에 대한 사용도 권고되고 있다. 하지만 어떤 기전을 통해 정신행동증상에 효과가 있는지는 분명하지 않다. 그럼에도 불구하고 다른 약물에 비해 비교적 안전하고 인지기능개선효과도 얻을 수 있기 때문에 이 약물을 복용하고 있지 않는 정신행동증상에 대해서도 투여할 수 있다. 하지만 이 약물의 효과는 대체로 비특이적이고 안정 효과도 크지 않으므로 정신행동증상이 심한 경우는 다른 치료방법을 고려해야 한다.

〈표 2장-19〉 정신행동증상 치료 약물

약물 종류	증 상
항경련약물	초조, 공격성
항우울약물	우울, 불안, 초조, 수면장애
항정신병약물	망상, 환각, 초조, 공격성
항불안약물	수면장애, 불안, 공격성

Ⅶ 치매 환자 돌봄

전 세계적인 고령화(Aging)로 인해 노인성 질병을 앓고 있는 환자가 급증하고 있다. 대표적인 노인성 질병인 치매환자의 대부분은 다발성 인지기능장애가 지속적으로 악화되어 독립적인 일상생활이 어려우며 이와 함께 다양한 정신행동증상, 공존 질병 그리고 생활환경 등이 상호작용하여 환자의 기능 악화를 가속시키기 마련이다. 이러한 치매 환자는 다른 사람의 관심, 조언 그리고 도움이 필요하며 이를 영어에서는 케어(care), 일본에서는 개호(介護), 한국에서는 전통적으로 수발이지만, 돌봄, 케어, 조호(助護) 등 여러 가지 용어로 쓰이고 있다. 제도적으로 '독거노인 돌봄서비스'와 '노인돌봄종합서비스'란 용어가 선택된 이상 '돌봄'으로 통일되는 게 바람직한데, 정부문서를 비롯해 연구자들마다 서로 다른 용어를 쓰고 있다. 이 책에서도 맥락마다 여러 용어들을 사용하였는데, 통일될 필요도 있어 보인다.

현재 치매의 생물학적 원인규명을 위한 연구가 활발하고 치료방법이 지속적으로 발전하고 있어 언젠가는 치매의 완치 희망도 생기겠지만, 아직은 가장 흔한 치매의 원인인 알츠하이머병조차 완치 방법이 개발되지 않은 상태다. 이런 상황에서 대부분의 치매 환자에게 장기간의 돌봄이 필요하지만, 치매에 대한 돌봄에 대한 연구는 그동안 현실적 필요에 비해 구체화되지 못했다. 이로 인해 치매 환자의 돌봄에 대한 이론과 실제 적용 전략에 대한 실용적 지식이 충분하지 못한 결과 다시 치매에 대한 진단과 약물치료 등 생물학적 치료의 중요성만 강조하는 악순환이 아직 끊어지지 못하고 있다. 하지만 최근 치매환자 돌봄에 대한 정밀한 이론적 논의와 과학적 연구결과들이 쌓이면서 치매에 대한 돌봄이 더 이상 단순한 감독이나 보호 혹은 힘든 노동이 아니고 능동적이고 창조적인 기술일 수 있다는 사실이 부각되고 있다.

치매 환자 보살핌은 치매의 진행에 따라 변화하는 환자의 다양한 증상과 인간과 환경의 상호작용에 따라 발생하는 욕구에 대처해야 하는 능동적 개념이다. 또한 동시에 진단과 약물 투여 등 의료적 보호와 활동 요법, 심리상담 등 심리사회적 돌봄이 통합되어야 하는 매우 포괄적인 개념이다. 이러한 치매환자 돌봄에 대한 이론과 실천 전략을 올바로 이해하기 위해서는 의료, 간호, 복지 및 여타 다양한 차원에서 풍부한 논의가 이루어져야 한다. 바로 다학제 간 연구, 또는 여러 분야를 아우르는 연구가 필요한데, 여기서는 가장 기본이 되는 치매 환자 돌봄 이론, 환자에 대한 돌봄 기술, 가족의 부담경감 전략 등의 기본적 영역만 살펴보고자 한다.

1. 치매환자 돌봄 이론

1) 치매환자 돌봄의 개념

현재 학계와 현장에서 조호(助護)란 용어가 많이 쓰인다. 조호란 영어의 케어(care), 그리고 그걸 일본어로 소화한 개호에 상응하는 돌봄, 요양, 간호, 부양, 보호 등 혼자 일상생활을 유지하기 어려운 사람들을 돕고 보호하는 행위를 말한다. 도움(助)과 보호 또는 간호(護)를 합성한 말로 '도와서 보호함'(네이버 국어사전)의 뜻이다. 그럼에도 '돌봄'이란 용어를 주로 쓰는 이유는 통합과 함께 그로 인한 일반인의 이해 증진을 위해서다. 이미 "돌봄 서비스"가 실행되고 있는데, 돌봄 행위를 '조호'란 말로 대신해서 얻을 득보다는 실이 더 크리라 생각하기 때문이다. 그러나 의학, 심리 · 사회학, 약학, 재활의학 등 다양한 학문이 겹치면서 '돌봄'이란 용어가 충분하지 않다는 생각에서 '조호'란 용어를 쓰는 걸 탓할 수만은 없다. 사실 '장미'를 '돼지'로 부른다고 해서 향기롭지 않을 리 없다는 셰익스피어의 말도 맞지만, 또 '아' 다르고 '어' 다르다는 속담도 그른 것은 아니다.

치매 환자 돌봄은 생의학적 돌봄(biomedical care)과 심리사회적 돌봄(psychosocial care)의 2가지 큰 영역으로 구분할 수 있다. 생의학적 돌봄이란 치매의 원인 규명, 증상 파악, 진단, 약물 치료 효과 및 부작용, 동반 질병의 치료관리 등을 포함하고 있다. 심리사회적 돌봄은 상담, 심리적 지지, 각종 비약물적 개입프로그램, 윤리, 법, 제도 등을 포함한다. 따라서 넓은 의미에서 치매 환자 돌봄은 사실상 치매와 관련된 모든 영역을 포괄한다고 볼 수 있다. 그 동안 치매에 대한 연구는 주로 생의학적 모델에 치중하여 진행되었으며, 이를 통해 우리는 치매의 원인, 진단, 치료에서 큰 발전을 이루었다. 그리고 현재 많은 국가의 치매 서비스 또한 이런 생의학적 모델을 바탕으로 한다. 하지만 약물 치료로 대표되는 생의학적 모델에 대한 지나친 강조는 더 큰 관점의 치료를 받고 있는 사람들의 문제를 간과하기 쉽게 한다. 특히 약물의 효과가 적거나 효과를 기대할 수 없는 말기 치매 환자에 대해서는 아무런 개입 방법도 마련하지 못하는 등 부정적인 영향을 초래할 수 있다. 뒤에 살필 '사람 중심 돌봄'(person centered care)과 같은 심리사회적 모델은 이런 경향에 대한 대안으로 설득력을 얻은 것으로 보인다. 그러나 급속한 과학 발전과 함께 치매의 원인, 진단, 치료에 획기적인 전기가 마련된다면 치매 환자 돌봄에서도 생의학적 돌봄과 심리·사회적 돌봄이 조화를 이루는 생물·심리·사회학적 모델(Bio-Psycho-Social model)이 중심 모델이 되어야 할 것이다.

다른 사람을 돌보는 사람을 돌보미(조호자 carer 혹은 조호제공자caregiver란 말도 쓰인다.)라 하며 일반적으로 공식적 돌보미(formal caregiver)와 비공식 돌보미(informal caregiver)로 구분하고 있다. 비공식 돌보미라면 치매 환자와 함께 동거하거나 떨어져 살더라도 금전적 보상을 받지 않고 전적으로 혹은 부분적으로 치매 환자를 돌보는 사람을 말한다. 비공식적 돌보미에는 대체로 가족, 친구, 이웃 등이 포함되지만 가족이 대부분이기 때문에 가족 돌보미(family caregiver)와 같은 의미로 혼용되기도 한다. 공식 돌보미란 각종 센터, 기관, 시설에 속해 있으면서 치매환자 돌봄을 제공하는 전문, 준전문가 혹은 자원봉사자를 말한다. 아울러 돌봄의 형태에 따라 치매 환자의 일상생활을 직접 감독, 지원하는 직접 돌보미(direct caregiver)와 간접적인 방법으로 도움을 주는 간접 돌보미(indirect caregiver)로 구분되기도 한다.

2) 치매환자 돌봄의 원칙

(1) 사람 중심 돌봄(person centered care)

치매환자 돌봄은 병으로 고통 받는 사람이 중심에 있어야 한다는 말은 현재 영국 NICE(National Institute for Clinical Excellence) 가이드라인 등 많은 치매환자 돌봄 관련 문헌에서 가장 많이 논의되는 주요원칙이다. 사람중심 돌봄은 인간을 타인과의 관계를 통해 사회적으로 규정하는 상징적 상호주의(symbolic interactionism)와 칼 로저스(Carl Rogers, 1902~1987)의 내담자 중심 상담(client centered counseling)에 영향을 받았다. 그 핵심은 2가지다. 첫째, 치매를 단순한 생의학적 현상으로 축소하고 환자의 동기보다 달성해야 하는 과업을 중요하게 여겨서 불필요한 투약, 강박 등에 의존하며 치매 환자의 개별성과 독립성을 무시하는 기존의 돌봄 제공자 중심을 탈피한다. 둘째, 인간으로서의 가치를 중시하며 환자의 개별적 독립성에 초점을 맞춰 환자의 관점에서 심리적 안정을 지원하는 환경을 조성해야 한다.

인간중심 돌봄의 핵심 개념은 돌봄 대상자의 사람다움(personhood)을 인정하고 존중하며 가능한 한 오랫동안 유지할 수 있도록 지원하는 것이다. 독립적 인간의 핵심가치로 인정되는 논리적인 의사소통, 좋은 기억력, 사회적 적절성, 자기 통제 기능에 장애가 생긴 경우가 치매 환자다. 그런 탓에 인간이 아닌 '사회적 죽음' 혹은 '육체만 남은 죽음'에 이른 것으로 간주되며 낙인과 차별의 대상이 된다. 더구나 치매가 진행될수록 더 심해지는 경향이 있다. 따라서 치매 환자의 사람다움을 인정하고 존중하며 사회의 구성원으로 받아들이려는 노력이야 말로 치매 돌봄의 도덕적 근본원칙이다.

사람 중심 돌봄의 또 다른 주요 개념은 모든 치매 환자를 한 사람 한 사람 특별하게, 개별적으로 돌보아야 한다는 것이다. 치매 환자를 인간으로 존중하고 도우려면 그 사람의 인생 경력, 무엇을 좋아하고 싫어하는 것, 평소의 성격 등, 그 사람에 대해 많이 아는 것이 중요하다. 일반 사람들도 그렇듯이 치매 환자도 많이 알면 알수록 저마다 다 다른 개인이라는 것을 깨닫게 된다. 따라서 저마다의 다름을 존중하는 개별적인 돌봄 방법이야말로 당연한 귀결이다. 이를 위해 신경정신학적 기능, 건강과 신체적 건강 수준, 과거력, 성격, 사회심리적 환경에 대한 다차원적 평가를 바탕으로 한 강화된 돌봄 모델(enriched care model)을 적용하고 있다.

사람 중심 돌봄의 제공에서 중요한 것은 치매 환자의 관점에서부터 출발하는 것이다. 치매 환자도 자신의 관점에서 지속적으로 삶을 경험하는 사람이기에, 나름의 심리적 타당성이 있으니, 마땅히 존중해야만 한다. 이런 원칙에 따라 치매 환자에게 선택의 기회를 주고, 병 때문에 더 이상 할 수 없는 것들보다 아직 할 수 있는 것에 집중하며 환자와 의사결정을 공유해야 한다. 또한 치매 환자의 관점에서 행동의 의미를 찾으려고 노력해야 한다. 이 원칙을 적용하는 현장에서의 문제는 의사소통에 장애가 있는 치매환자들의 내적 세계를 어떻게 알 수 있느냐 하는 것이다. 한편으로는 치매 환자의 경험을 쓴 책, 치매 환자와의 주의 깊은 면담, 비슷한 증상을 보인 환자들과의 경험 등을 참고하고, 다른 한편으로는 함께 있기, 확인하기, 언어적 및 비언어적 의사소통, 인정요법 등을 통해 진실한 관계(authentic relationship)를 맺음으로써 상당부분 해결이 가능하다. 실제 몇몇 연구 결과는 환자의 관점에서 현실을 받아들이고 과도한 요구를 자제하는 방식의 의사소통을 통해 심하게 진행된 치매 환자라도 정신행동증상을 줄일 수 있음을 시사한다.

사람 중심 돌봄에는 지지적인 심리사회적 환경 조성도 중요하다. 우선 편안함(comfort), 정체성(identity), 애착(attachment), 의미 있는 활동(occupation), 소속감(social inclusion) 등 사람이면 누구나 갖는 심리적 욕구를 파악하여 환자에게 충족되지 않은 욕구(unmet need)가 있는지 확인해야 한다. 돌보는 이와 치매 환자 사이의 진실한 관계 수립을 막고 충족되지 않은 욕구를 만들어내는 비난하기, 무시하기, 낙인찍기와 같은 악성 사회심리(malignant social psychology)를 줄이기 위해 온화함, 받아들임, 칭찬하기와 같은 인간다움을 증진시키는 사람 긍정의 활동(positive person work)을 해야 한다.

사람 중심 돌봄은 치매 환자의 삶과 인격을 중시함으로써 윤리적으로 더 건강한 돌봄 모델을 제시한 의미가 있지만 아직 보완해야 할 부분도 있다. 사람 중심 돌봄을 적용한 많은 연구들의 표본의 크기가 작고, 대조군의 부재와 같은 방법론적인 한계를 보이고 있기 때문이다. 또한 치매 돌봄 매핑(dementia care mapping)이라는 사람 중심 돌봄의 평가 도구가 개발되어 있기는 하지만, 평가 시간이 길고 도구 특성이 명확하게 연구되지 않았으며, 그 외에 마땅한 도구가 없다는 비판도 있다. 그리고 어떤 사람에게 어떤 방법으로 누가 어떤 시기에 적절한 방법을 사용하는 것이 가장 큰 효과를 얻을 수 있는지, 그런 방법이 과연 비용대비 효과(cost-benefit effect)가 있는지에 대한 명확한 결론을 이끌어 내기에는 아직 근거가 미약하다. 일부에서는 더 포괄적인 개념인 완화치료(palliative treatment) 혹은 지지치료(supportive therapy) 모델의 도입이 주장되기도 한다. 그에 따르면 이 모델이 초기 치매보다 말기 치매, 약물치료보다 비약물 개입에 치중하여 개념적으로 심리사회적 모델에 가깝기 때문에 최근 생의학적 발전을 포괄하는 바람직한 치매 돌봄 모델로 보기에는 한계가 있다는 것이다.

(2) 통합적 접근

제대로 된 치매 돌봄을 위해서는 증상을 포함한 여러 차원에 대한 다차원적 접근(multidimensional approach)과 다양한 전문 분야를 넘나드는 다학제적 접근(multidisciplinary approach)이 결합된 통합적 치매 돌봄(integrated dementia care)이 필요하다. 치매 돌봄의 차원은 아주 다양하다. 가장 먼저 생각해야 하고 가장 중요한 것은 치매 환자의 차원이다. 치매 환자 차원에는 다시 신체 및 정신적 건강, 일상생활기능, 성격, 취미와 선호도 등의 하위 차원이 존재한다. 다음으로는 치매 돌봄 제공자의 차원인데, 치매 환자 차원과 떼어 놓고 보기 어렵다. 치매 환자의 다양한 특성과 증상이 조호제공자에게 영향을 미치며 반대로 조호제공자의 특성과 돌봄 능력도 치매환자에게 영향을 미친다. 그리고 이 두 차원의 기본 돌봄 단위를 둘러싼 가정환경 차원이 있다. 여기에는 이들이 생활하는 물리적 공간, 돌보는 이를 지지하는 가족의 존재와 같은 가족의 돌봄 자원 등이 포함된다. 마지막으로 이런 환자와 가족 돌봄에 영향을 미치는 지역 돌봄 서비스, 사회 지원 서비스 등이 있다. 결국 좁은 차원으로 보자면 치매 환자 돌보기는 환자에게 약물 투여 및 부작용 발견과 같은 의료적 조호, 상담, 활동 권유 등 사회심리적 돌봄,

위생관리, 영양관리 등의 개인 돌봄을 제공하는 일이다. 그러나 넓은 차원에서 보면 치매 환자뿐 아니라 가족과 사회적 자원에 대한 연계와 조정을 위한 서비스를 제공하는 일이다. 올바른 치매 돌봄을 위해서는 이런 다양한 차원에 대한 적절한 고려를 통해 포괄적인 돌봄이 필수적이다.

다차원적 접근에는 다학제적 접근이 필수적이다. 다학제적 접근은 치매 돌봄을 위해 의사, 간호사, 사회사업가, 작업치료사, 가족 혹은 전문 돌봄 제공자 등 다양한 전문분야의 사람들이 명목상의 팀을 이루어야 한다는 의미를 넘어 치매 환자에 대한 돌봄에서 각각의 역할이 물샐틈없이 조직되어야 한다는 의미이다. 또한 경계가 불분명한 경우가 많고 서로 영향을 주고받는 치매 돌봄의 다양한 차원들에 대응하기 위해 다학제팀 또한 수시로 서로 영향을 주고받아야 한다.

통합적 돌봄에서 중요한 이슈로 부각되는 것이 의료적 돌봄 서비스와 사회적 돌봄 서비스의 통합이다. 치매 환자에게는 급성 및 아급성 의료 서비스, 장기요양서비스, 사회심리적 서비스 등 다양한 방법의 서비스들이 제공되어야 한다. 의료서비스에는 외래, 응급, 전문, 입원, 재활 등을 꼽을 수 있다. 장기요양서비스에는 가정 조호 지원 및 시설 입소 서비스가 있고 사회심리적 서비스에는 상담, 교육, 지지 및 법적, 경제적 지원이 포함된다. 대부분의 국가에서 이들 서비스는 서로 다른 원칙에 바탕을 둔 서비스 체계를 통해 제공된다. 하지만 뇌라는 신체 일부의 질병으로 다양한 인지기능 장애와 정신행동증상을 보이는 치매 환자가 증가하면서 생의학적 조호모델과 심리사회적 모델을 분리하여 접근하는 기존 서비스 체계로는 만족스러운 서비스를 제공하기 어렵다. 따라서 치매 환자에 대한 적절한 돌봄 제공을 위해서는 두 서비스 체계 사이의 간극을 봉합하는 것이 매우 중요하다.

(3) 연속성의 원칙

치매 환자는 대부분 시간에 따라 증상, 욕구 및 돌봄의 필요도가 변하기 때문에 시간적 연속성(continuity)의 관점에서 계획하여 적절한 타이밍에 돌보는 것이 치매 돌봄의 중요한 원칙이다. 흔한 오해가 치매 돌봄은 많이 진행된 환자에게나 필요하다는 부분이다. 그러나 치매 돌봄은 진단과 동시에 시작해야 한다. 진단과 동시에 치매 진단을 환자에게 알릴지 여부, 어떤 약물을 어떻게 복용할지, 심리사회적 개입 방법은 어떤 것이 있는지, 치매에 대한 정보를 어디서 얻을 것인지 등 돌봄과 관련한 다양한 문제들이 발생한다. 이처럼 치매 초기부터 다양한 개입 방법을 통해 환자와 가족에게 도움을 줄 수 있는 방법이 있는데도, 초기 치매 환자로 진단된 이후 '일단 약 먹으면서 보자.' 혹은 '더 진행이 되어 장기요양서비스를 받을 때까지는 그냥 기다려야 한다.'는 등의 태도로 아무런 도움이나 개입 없이 단순 관리되거나 방치되는 경우가 많은데, 이는 분명한 '돌봄 공백(care gap)'이다. 물론 치매 진단 이후 시간이 지남에 따라 증상이 변하고, 이에 따라 돌봄의 양상도 변화되기 마련이다. 치매의 진행에 따라 도구적 일상생활에 직접적인 도움이 필요하고, 더욱 악화되면 기본적 일상생활에 대한 도움을 제공하고, 말기가 되면 지속적인 도움을 주어야 한다. 이렇게 치매가 진행됨에 따라 돌보는 이에 대한 신체적, 정신적, 경제적 지원과 환자의 편안함, 영적 안녕 등 새로운 돌봄의 문제들이 부각된다. 결국 양질의 치매 돌봄을 위해서는 질병의 진행에 따라 변화하는 다양한 돌봄 문제에 대해 적절한 시기에 적절한 방법으로 대응해야 한다.

변화하는 것은 치매 환자뿐만이 아니다. 돌보는 이도 변한다. 행동변화에 대한 이론횡단 모델(transtheoritical model, TTM)에 따르면 치매 환자와 돌봄 제공자는 문제를 극복하는 정도에 따라 전사색기(pre-contemplation), 사색기(contemplation), 준비기 (preparation), 행동기(action), 유지기(maintenance)의 5개의 이행단계를 거친다. 치매 돌봄 제공자는 치매 환자의 진단과 증상에 대해 문제를 인식하는 단계, 진단을 받아들이는 단계, 현실적으로 미래를 예상하는 단계, 애도, 행동변화에 대한 문제 해결과 대응전략을 수립하는 단계, 적절한 돌봄을 위한 의사결정 단계를 거친다. 이 과정에서 알츠하이머병 환자의 돌봄 제공자들은 점차 '죽음'에 가까이 다가가는 환자의 가족을 마주하기 마련이다. 그래서 '돌봄 제공자가 되면 날마다 가슴이 무너지는' 상실과 애도 반응을 반복하게 된다. 따라서 변화를 겪는 돌봄 제공자의 욕구에 적절히 대응하는 것이 돌봄의 질적 향상을 위해 중요한 과제이다.

2. 치매 환자 돌봄의 전략

1) 돌봄의 방법

(1) 의사소통기법

치매 환자와의 효과적인 의사소통을 위해 가장 중요한 것은 진실한 관계(authentic relationship)를 맺는 것이다. 특히 사람 중심 돌봄에서 치매 환자는 말기까지도 다른 사람과 진실한 관계를 맺을 수 있다고 주장한다. 이를 위해 함께 있기(being with), 확인하기(confirming), 의사소통 상황 유지하기(being in communication)와 같은 기법을 사용할 수 있다. 기관들마다 업무를 중시하다 보면 직원들이 환자와 함께 있지 못하는 경우가 많다. 사람 중심 돌봄의 시각에 따르면, 이런 상황에서 환자와 함께 있어 주는 것(being with)만으로도 치료 효과를 기대할 수 있다. 또한 대화에서 환자의 입장에 공감하는 것, 환자의 말을 반복하거나 풀어서 말해 주는 것, 실수를 무시하여 넘겨버리는 것과 같은 지지적인 태도를 보이는 것만으로도 말기 치매 환자의 증상을 줄일 수 있다.

그 밖에 일반적으로 활용하는 기법들로는 편안한 환경에서 여유 있는 마음가짐으로 의사소통에 임하기, 상대방에 대한 친근감과 관심 표현, 부정적인 태도나 표현을 삼가하고 긍정적으로 칭찬하는 것이 좋다. 특히 사실 여부 보다 환자의 감정 상태에 대한 공감과 이해 강조, 환자와의 말다툼 하지 말기, 간단하고 명료한 문장으로 분명하고 천천히 말하기, 미소 짓기와 악수를 청하는 등 가벼운 신체 접촉, 말과 동반하여 몸짓 표현하기 등이 있다. 한 가지 명심할 것은 이런 일반적인 기법들은 치매 환자와의 의사소통 능력과 상황에 따라 적절하게 변형되어 활용되어야 한다는 점이다.

인정요법(validation therapy)은 나오미 페일(Naomi Feil, 1932~)이 치매 환자와의 의사소통 경험을 토대로 개발한 기법이다. 인정요법의 중심 개념에 따르면, 사람저마다 다 특성이 개별적이어서 치매가 있더라도 그 특성을 무시해서는 안 되고, 함부로 판단하려 하지 말고 받아들여야 한다. 또한 환자의 모든 행동에는 그 나름의 이유가 있기 때문에 본인의 의사에 반해 행동을 바꾸려고 해서는 안 된다. 사람들 저마다 처해 있는 각 단계마다 성취해야 할 나름의 과업이 있기 때문에, 이를 달성하지 못할 경우 심리적 문제가 생긴다. 이로 인한 고통스러운 감정은 공감을 바탕으로 하는 믿을 수 있는 사람에게 표현되어서 인정되면 자연히 감소하기 마련이다. 이런 기법을 통해 인정요법을 통해 기대하는 효과는 3가지다. 첫째, 자기 가치를 회복하고 가능한 한 독립적인 생활을 촉진하여 끝나지 않은 인생의 과업을 해결하도록 돕는다. 둘째, 스트레스와 불안, 무기력하게 지낼 가능성을 줄여 화학적, 신체적 강박을 줄인다. 셋째, 다른 사람과의 의사소통 등 외부세계와의 접촉을 늘린다. 한편 인정요법에서는 다음 14가지 기법이 주로 사용되고 있다.

인정요법 대상자에게 집중하는 중심화(centering)

- 신뢰 쌓기 위해 위협적이지 않은 단어 사용하기
- 환자의 말 다시 말해주기
- 환자에게 불평거리의 가장 극단적인 상황을 예로 들어보게 하기
- 그런 행동이나 상황의 반대를 상상하도록 하기
- 과거 회상으로 과거의 적응기제 재정립하게 하기
- 가깝게 눈을 맞추고 진실한 태도 유지하기
- 알아들을 수 없는 환자의 말은 그대로 반복하기보다 대명사를 써서 대꾸하기
- 분명하면서 낮고 사랑스러운 목소리 톤 유지하기
- 신뢰 관계 형성을 위해 관찰하고 환자의 동작과 감정에 맞추기
- 환자의 행동을 충족되지 않은 욕구와 연결시키기
- 환자가 선호하는 감각 확인하고 사용하기
- 신체적 접촉 활용하기
- 적절한 음악을 사용해 초기 기억과 생각 촉발시키기

인정요법은 체계적인 의사소통 기법을 활용하여 환자와 돌봄 제공자의 상호작용을 촉진함으로써 치매 환자 돌봄에 도움이 될 수 있지만, 그 한계 또한 분명해 보인다. 먼저 인정이라는 용어가 대부분의 심리치료 기법이나 사람 중심 돌봄에

서 사용하는 일반적인 의미와 어떤 차이가 있는지 불분명하다. 그래서 일부에서는 인정요법을 사람 중심 돌봄을 수행하는 기법의 하나로 취급하기도 한다. 또한 인정요법에서는 치매의 진행과정을 지남력 장애(malorientation), 시간 혼동(time confusion), 반복행동(repetitive motion), 식물화(vegetation)의 4단계로 구분하고 각각의 특징에 따라 여러 기법을 사용하는데, 이러한 구분은 치매에 대한 현재의 생의학적 모델과 큰 차이를 보인다. 특히 인정요법에 대한 연구는 대부분 표본 수가 적고 그나마 사람 중심 돌봄을 증진시킴으로써 얻어지는 간접적인 효과로 보이기 때문에 인정요법의 효과를 입증하기 위해서는 더 많은 연구가 필요하다.

(2) 일상생활 돌봄 기법

① 사람 중심 돌봄 원칙의 적용

먹기, 입기, 씻기 등 기본적인 일상생활은 치매 환자의 생리적인 측면에서 꼭 필요하지만 그에 못지않게 심리사회적 욕구도 중요하다. 먹는 것은 적절한 영양과 수분공급을 통해 건강을 유지하는 수단이면서, 동시에 즐거움의 근원이기도 하다. 거동이 불편한 환자의 이동을 돕기 위해 휠체어를 이용할 때에도 의사소통을 통해 편안함을 극대화하려는 노력이 필요하다. 최근 연구에 의하면 목욕할 때에도 환자의 선택과 선호도를 기초로 물리적 환경을 편안하게 조성하고 거부 혹은 저항을 충족되지 않은 욕구로 해석하려는 사람 중심 돌봄 원칙에 기초한 목욕 기법이 통상적인 방법에 비해 목욕 중 환자의 정신행동증상을 현저하게 감소시킨다고 한다.

② 동반질환 관리

동반질환은 그 자체로 치매 환자 기능 저하의 주요 원인이며 인지기능과 일상생활 기능의 저하를 가속화시키는 요인이 될 수 있으므로 중요하다. 돌봄과 관련하여 섬망과 약물 부작용을 예방하는 것이 중요하며, 운동, 신체청결 유지, 구강건강, 배설 관리 등의 방법도 반드시 포함되어야 한다. 또한 말기 치매 환자에게는 영양, 수분 섭취, 피부 관리 등의 기본적인 필요사항을 고려해야 한다.

③ 생활 및 환경관리

환자의 잔존 능력과 기능을 극대화하기 위해 환경적 요구에 대응할 수 있는 환자의 기능 상태에 따라 물건이나 구조와 같은 물리적 측면, 간단한 도구 조작과 같은 작업적 측면, 그룹 활동과 같은 사회적 측면을 고려하여 생활을 규칙적으로 구조화하는 것이 중요하다. 이와 함께 치매 환자의 사생활을 보호하고 주거 공간을 개별화하면 증상을 줄이고 환자와 가족의 만족도를 높이며 위험한 상황을 줄일 수 있다. 또한 가정과 유사한 환경을 조성하면 환자의 행동과 정동에 긍정적인 효과가 있으며, 작은 규모의 시설은 큰 시설에 비해 사회적 상호작용도 많고 초조 증상도 적다는 보고도 있다.

④ 위험도 관리

치매 환자의 돌봄에는 독거와 투약의 어려움으로 인한 관리 문제, 배회, 낙상, 운전 등으로 인한 예기치 않은 사고 등 다양한 위험에 대한 관리가 필요하다. 많은 경우 치매 환자의 위험은 지렛대처럼 삶의 질 측면에 중요한 안전과 자율성이라는 주제가 서로 상반된 방향으로 작용하고 있다. 그래서 많은 경우 위험을 적극적으로 제거하고 안전을 극대화하려다 보면 그 과정에서 환자의 독립성 저해와 선택의 폭 제한으로 삶의 일부를 포기하게 만드는 '조용한 위험'(silent harm)을 초래할 수 있다. 과거 강박이나 수용과 같이 환자의 안전만을 고려하는 관점에서 벗어나 환자에게 발생할 수 있는 물리적 위험으로부터 안전을 확보하려는 노력과 함께 환자의 안녕과 자율성을 모두 고려하려는 것을 긍정적 위험부담(positive risk taking) 혹은 위험-이득 평가(risk-benefit assessment)라고 부른다. 이 방법의 핵심 주장은 3가지다. 첫째, 위험이라고 하여 오로지 부정적이고 해로운 것만은 아니고, 삶의 질을 향상시킬 수 있는 또 다른 기회일 수도 있다. 둘째, 위험을 전적으로 제거하는 것은 가능하지도 않고 또 바람직하지도 않다. 따라서 해로움을 줄이고 긍정적인 결과의 극대화를 위해 타협해야 한다. 셋째, 개인에 따라 위험에 대한 판단이 다를 수 있으므로 환자의 선택을 표현하도록 돕고, 이를 존중하는 것이 중요하다.

(3) 기능 향상을 위한 기법

아직 과학적 연구방법론에 입각한 연구가 많지 않아 치매 환자의 기능 향상을 위해 근거가 명확한 사회심리적 개입 방법을 적용하기가 쉽지 않다. 더구나 치매 환자는 노화와 치매에 대한 이중 낙인(double stigma)과 기능 저하로 인해 서비스 이용률 또한 낮은 경향이다. 하지만 최근 연구들은 이런 어려운 여건에서도 환자에게 긍정적인 효과를 줄 수 있다는 기대를 주는 심리사회적 개입방법들이 다음과 같이 몇 가지 소개되어 있다.

① 정신행동증상 돌봄

정신행동증상을 보이는 환자에 대한 돌봄은 크게 평가와 개입의 두 단계로 구분할 수 있다. 평가에서 중요한 것은 증상을 주의 깊게 관찰하고 환자의 행동이 어떤 의미인지, 무엇을 바라는 것인지를 생각하면서 원인을 확인하는 것이다. 정신행동증상의 원인은 뇌 질환 자체, 신체 생리적 불편, 물리적 환경, 돌보는 이와의 관계 등 다양하므로 각각의 원인에 맞는 대책을 마련해야 한다. 개입은 약물치료와 비약물치료로 구분된다. 이 둘은 원인과 상황에 따라 단독 혹은 병행도 가능하지만, 일반적으로 약물을 사용하기 전에 회상 자극, 힌트 등의 인지적 개입, 소음 감소, 익숙한 물건 제공 등 환경적 개입, 규칙적인 활동, 복잡한 활동 배제 등과 같은 요구 사항 변경, 간단한 언어 사용, 불필요한 논쟁 삼가 등과 같은 인간관계적 접근 등을 통해 원인에 따른 적절한 대응책을 먼저 사용할 것이 권장된다.

② 인지재활

치매 환자에 대한 인지재활은 잔존 기억력 활용과 기억력 장애의 보완을 위한 대안 마련 등 두 가지 방향으로 제시되고 있다. 잔존 기억력 활용을 위해서는 기억할 필요가 있는 정보에 대한 정교화(elaboration), 기억증진기법(mnemonics), 확장 연습(expanding rehearsal), 무오류 학습(errorless learning)과 같은 방법을 사용한다. 기억 장애에 대한 대안으로는 오래 전부터 메모, 달력, 기억 지갑 등의 방법이 사용되는데, 환자가 이런 기억 보조기구를 잘 활용하도록 하려면, 이것이 무엇을 하기 위한 것인지 분명하게 인식해야 한다. 주기적인 힌트와 지시를 통해 생활에서 규칙적으로 활용할 수 있도록 하는 것이 중요하다. 이런 전략은 현실적이고 대상자에게 실제적인 도움이 되는 구체적인 목표를 가지고 제공되어야 한다. 목표는 개인별로 다르고 질병의 진행에 따라 시간적으로도 변한다는 점을 명심해야 한다. 따라서 기억뿐 아니라 일상생활에 대한 관찰과 평가를 통해 개인의 장단점과 욕구가 파악되어야 하고, 목표와 방법이 환자와 가족과 함께 공유되어 개입과정에서 협력관계를 유지해야 한다.

③ 회상요법

회상요법은 치매 환자가 사진, 가구, 음악 등의 도구를 사용해 과거 활동, 사건, 경험을 회상하고 관련된 감정을 치료자와 이야기함으로써 의사소통, 인지증진, 정서안정 등 다양한 효과를 얻기 위한 치료방법이다. 1960년대부터 정신과 영역에서 사용되기 시작한 회상요법은 현재 치매 환자뿐 아니라 일반 노인들의 현실 적응을 돕기 위해 주간보호센터, 양로원, 병원 등 다양한 시설에서도 사용되고 있다. 치매 환자의 경우 자전적 기억(autobiographical memory)을 활용하여 사람 중심 돌봄의 원칙에 따라 환자를 좀 더 이해하고, 활발한 의사소통과 일상 활동을 자극하는 환경을 조성하며 그룹 활동을 통해 사회적 소속감을 느낄 수 있게 한다는 목적으로 활용되고 있다. 치매 환자의 회상을 자극하기 위해서는 기본적인 의사소통 기법을 익혀야 하며 과거에 사용했던 익숙한 물건, 사진, 음악, 율동, 대중매체 등 오감을 자극할 수 있는 다양한 방법을 그룹 혹은 개인을 대상으로 적용해야 한다. 회상요법은 치매 환자의 인지기능 향상과 우울증상이 호전되고 돌봄 제공자의 부담을 줄일 수 있다는 보고가 있지만, 대부분의 연구들이 표본 크기가 작고 다양한 치매 심각도를 가진 환자들이 포함되어 있었으며, 효과 크기도 작아 추가 연구가 필요한 상황이다.

2) 치매의 경과에 따른 개인 돌봄 전략[18)]

초기 치매 환자에 대해서는 진단과 동시에 치매에 대한 낙인으로부터 벗어나 건강과 안녕을 추구할 수 있는 방법을 제공할 수 있어야 한다. 진단을 환자에게 알리고 가정 기반 인지재활이나 훈련, 기억보조 기구 제공, 가정에서의 일상적인 활동이나 사회활동의 격려, 회상 요법 등을 시행하는 것도 한 가지 방법이다. 사회적인 자극을 받을 수 있는 기회가 없는 환자와 가족들에게는 그룹 인지자극 프로그램, 회상 요법 등을 제공하는 것이 좋다. 사회 통합(social inclusion)의 개념 하에 진행되는 다양한 활동들을 통해서도 사회 참여의 기회를 제공할 수 있다. 회기가 정해진 구조화된 프로그램과 달리 비구조화된 사회클럽 형태의 '알츠하이머 카페'(Alzheimer café)나 '기억에 대해 말하는 커피 모임'(talking about memory coffee club)이 좋은 예다. 치매 환자가 스트레스를 받고 있다면 자신감과 사회적 지지 혹은 즐거움을 제공하기 위한 그룹 지지 프로그램, 환자나 돌봄 제공자에 대한 개인 상담을 제공할 수 있다.

치매가 다소 진행된 상태에서도 심리사회적 개입을 시도해 볼 수 있다. 예를 들어 우울증을 가진 중기 이후의 치매 환자도 즐거운 활동에 참여하거나 문제해결 중심 접근법을 교육하면 일반적인 지지나 연계를 제공하는 것보다 환자와 돌보는 이의 우울증상을 줄일 수 있다. 이후 치매가 더욱 진행되면 의사소통 기능, 판단력 등이 심하게 저하되어 사회심리적 개입 방법을 통한 효과를 얻기 어렵다. 아울러 신체 기능 저하와 정신행동증상, 사고 위험, 동반질환 악화 및 합병증 등이 증가한다. 이런 말기 치매 환자의 돌봄에서 중요한 전략은 앞서 설명한 사람 중심 돌봄이다.

---

18) 치매 돌봄 10계명을 나열하면 다음과 같다. 첫째: 치매어르신도 존중받아야 할 사람임을 잊지 말아야 한다. 둘째: 치매어르신을 격려하고, 잔존기능을 활용할 수 있도록 지지해야 한다. 셋째: 치매어르신의 작은 변화도 가치가 있고 감사해야 한다. 넷째: 치매어르신의 신체적 건강에 대한 세심한 관심으로 적절한 건강관리를 받도록 해야 한다. 다섯째: 장기적인 계획을 바탕으로 치매어르신들 돌봐야 한다. 여섯째: 불의의 사고를 항상 대비하고 예방하여야 한다. 일곱째: 치매관련 다양한 자원을 적극 활용해야 한다. 여덟째: 치매에 대한 지식을 꾸준히 쌓아가야 한다. 아홉째: 치매는 모든 가족구성원들이 함께 돌보아야 한다. 열째: 치매어르신을 돌보는 가족은 자신의 건강도 잘 챙겨야 한다(자료: 보건복지부·중앙치매센터, 2016: 46).

이와 관련해 한 가지 언급하고자 하는 것은 최근 이슈가 되고 있는 치매 환자에 대한 완화치료(palliative treatment)이다. WHO의 정의에 의하면 완화치료는 생명을 위협하는 질병(life threatening illness)과 관련된 문제를 가진 환자와 가족에게 통증이나 다른 신체적, 심리적, 영적 문제를 조기에 발견, 평가 및 치료를 통해 삶의 질을 향상시키기 위한 접근방법이다. 기본 원칙은 3가지다. 첫째, 말기 치매가 생명을 위협하는 질병인 만큼 죽음을 정상적인 과정으로 받아들이고 억지로 생명을 단축시키거나 연장하려는 시도를 하지 않게 한다. 둘째, 심리적이고 영적인 측면을 통합한 돌봄을 제공하여 죽음에 이르기까지 적극적인 삶을 영위할 수 있도록 돕는다. 셋째, 삶의 질을 향상시키려는 노력을 한다.

완화치료는 말기 치매 환자에 대해 공격적인 치료방법을 추천하지 않기 마련이다. 이를테면 치매가 진행되면서 식이장애가 심해지고 식사를 거부하는 상황이 발생할 수 있다. 이에 대한 공격적인 접근 방법은 비위관을 삽입하거나 경피내시경하 위루술(percutaneous endoscopic gastrostomy)을 통해 영양을 공급하는 방법이 있다. 하지만 이런 방법이 치매 환자의 흡인을 줄이고 생명 연장이나 삶의 질을 높인다는 증거는 없다. 오히려 강박, 압박성 궤양 등의 위험을 증가시킬 수 있다고 알려졌다. 따라서 완화치료의 입장에서는 비위관 삽입을 추천하지 않는다. 하지만 말기 치매 환자에 대한 치료적 개입에 대한 결정은 환자의 상태에 대한 의료전문가의 판단뿐만 아니라 문화시회적 환경과도 연관되는 복잡한 과정이다. 그 밖에도 서서히 진행되는 치매의 특성상 말기 암환자처럼 임종을 준비하고 예측하고 준비할 수 있는 기준 시점이 마땅하지 않기 때문에 완화 치료를 적용할 수 있는 치매 환자에 대한 선택기준에 일정한 합의가 어려운 점도 풀어야 할 과제로 남겨져 있다. 이는 치매 환자의 완화 치료에 대한 보다 광범위한 논의를 통해 풀어야 할 숙제다.

3. 돌봄의 부담

1) 개념과 모델

돌봄의 부담이란 돌봄 제공자가 매일매일 치매 환자를 돌보면서 겪는 어려움의 정도를 말한다. 돌봄의 부담은 돌보는 이 개인과 환자의 심리적, 신체적 상태뿐 아니라 가족과 주변 환경 등 다양한 영역이 서로 영향을 주고받는 동적인 개념이다. 따라서 이를 명확하게 객관화하는 것은 매우 어렵다. 하지만 돌봄의 부담을 개념화하고 객관화하여 학술적 차원의 연구를 진행하려는 시도가 오래 전부터 다양한 방향으로 전개되어 왔다. 초기에는 돌봄의 부담을 문제 행동과 일상생활 돌봄에서 나타나는 스트레스에 대한 주관적 반응으로 개념화하였다. 하지만 같은 돌봄 스트레스에 대해서도 사람에 따라 느끼는 부담이 다른 개인차가 크다는 사실이 알려진 이후 부담을 돌보는 이의 감정적 반응을 의미하는 주관적 부담과 케어 시간, 경제적 부담, 조호자의 건강 등을 포함하는 객관적 부담으로 구분하는 경향이 나타났다. 또한 스트레스 모델을 이용하여 치매 환자의 일상생활 혹은 정신행동증상 등 스트레스를 초래하는 사건들의 빈도와 이에 대한 돌봄 제공자의 스트레스를 평가하는 방법을 이용하여 돌봄의 부담을 개념화하기도 하였다. 한편 돌봄의 부담을 주관적 부담, 돌봄 활동의 영향, 통제감, 만족, 평가의 5개 영역을 구분하거나 시간, 발달학적 부담, 신체적 부담, 사회적 부담, 감정적 부담의 5개 영역으로 구분하는 등 부담에 대해 다차원적인 접근을 시도한 경우도 있다.

일반적으로 치매 돌봄 제공자는 다른 질병의 돌봄 제공자들에 비해 건강 측면, 가정 측면, 경제 측면 등 다양한 측면의 문제를 호소하고 있다. 이에 따르면 치매 돌봄 제공자는 우울, 불안, 분노 등 부정적 감정 상태일 때가 많다. 주관적 건강상태도 좋지 않고, 좀 더 많은 정신과 약물을 복용하는 등 건강관련 삶의 질도 낮다. 돌봄 제공자가 다른 가족들과 돌봄의 역할을 공유하기도 하지만, 그 비율은 약 30% 정도에 불과하다. 따라서 사회적 돌봄 시스템에서 제공하는 서비스의 이용 가능성과 본인에게 요구되는 돌봄 역할 사이에서 적절한 균형점을 잡아 환자를 돌보아야 한다. 이런 과정을 일러 불안정한 정리(precarious ordering)라고 한다. 치매 돌봄 제공자는 사회적 활동 참여 시간이 줄어 사회적 지지의 관계가 축소되는데, 이렇게 감소된 사회적 관계가 다시 돌봄 제공자의 부담을 증가시키는 악순환으로 이어진다. 과도한 부담을 호소하는 가족들은 자신들을 지지해 주는 사람들이 없고 가족관계도 소원해지며 정신적으로 피곤하기 때문에 환자로부터 도망치고 싶을 때가 많다고 한다. 또한 치매 환자가 발생하면 그 가정은 치매 환자의 노동력 상실 외에 치매 돌봄 제공자의 노동시간 감소라는 이중 타격(double whammy)을 받아 경제적 부담이 증가하기 마련이다.

돌봄을 맡은 사람의 부담을 객관적으로 입증하는 일반적인 방법 중 하나는 돌봄 시간의 비교다. 일주일 평균 돌봄 시간은 일반적인 돌봄 부담자의 경우 17.9시간, 장애가 심한 노인의 경우 약 40시간 이상인데 반해 치매 환자의 돌봄은 약 56.5시간이나 된다. 돌봄시간 못지않게 중요한 것이 실제 가족 돌봄 제공자들의 돌봄 영역이다. 돌봄 제공자의 80%는 이동, 음식물 구매, 음식, 재정, 투약 등 도구적 일상생활 활동 중 3가지 이상에서 도움을 준다고 한다. 초기 치매 환자를 돌보는 이들이 매우 고통스러워하는 것 중 하나가 한시도 눈을 뗄 수 없다는 점을 꼽고 있다. 치매 환자가 본인이나 타인에게 해가 될 수 있는 행동을 하지 않도록 감독하고 통제하며 관찰하는 돌봄 제공자의 활동을 불침번 돌봄 제공자(caregiver vigilance)라는 용어로 표현하기도 한다.

최근에는 치매 돌봄 부담에 대한 개념과 심각도보다 돌봄의 부담을 발생시키는 다양한 원인요인들을 파악하여 돌봄의 부담을 설명하는 것에 초점을 맞추는 추세다. 가장 견고한 설명 모델은 스트레스를 외부 자극의 평가와 대처라는 적극적인 적응 과정으로 파악하는 모델에 기초하여 돌봄 제공자의 부담이 돌봄에 대한 평가, 대처과정, 사회적 지지와 자원 활용 등에 의해 결정된다는 이론이다. 이 모델은 1차 스트레스 요인이 2차 스트레스 요인에 영향을 미치며, 이것이 돌봄 제공자의 평가로 이어지고, 그 결과로 부담이 발생한다. 저 각 요인들이 부담을 경감 혹은 악화시키는 매개변인이 된다.

1차 스트레스요인에는 치매의 원인, 심각도, 문제 행동, 인지기능, 일상생활 기능, 질병과 같은 환자의 상태가 포함된다. 이 중 배회와 감정 폭발과 같은 정신행동증상과 부적절한 행동이 치매 돌봄 부담의 가장 강력한 예측인자로 보고되고 있다. 또한 돌봄 기간과 돌봄의 강도 역시 1차 스트레스 요인에 포함되는데, 돌봄의 강도가 높을수록 심리적 부담과 우울증상이 증가하기 마련이다. 2차 스트레스 요인은 1차 요인으로부터 영향을 받아 돌봄 활동에 영향을 주는 직업 활동 감소, 재정적 부담, 가족 갈등, 여가 활동 시간 부족, 사회활동 감소 등이 포함된다. 예를 들어 돌봄의 강도가 높거나 기간이 길면 사회적 활동 감소와 고립을 심화시켜 부담을 높인다. 환자의 증상이 심해져 전적으로 의존하게 되는 경우 가족 간에 돌봄 문제에 대해 이견이 생겨 또 부담을 증가시킬 수 있다. 한편 돌봄 제공자의 자기 역할에 대한 주관적 평가에 따라 객관적인 돌봄의 부담이 같더라도 대응전략, 자원 활용 능력 등에 따라 달라질 수 있다. 돌봄 제공자가 자신의 능력보다 많은 역할이 요구된다고 평가하면 우울증이 심해지고 질병이 증가하며 시설에 일찍 입소시키는 결과를 초래한다. 이런 요인들에 영향을 미치는 매개 요인으로는 돌봄 제공자의 지식, 성격, 건강, 사회경제적 자원, 대인관계, 돌봄에 자신감, 대응전략 등이 포함된다. 예를 들어, 돌보는 사람의 지식이 부족한 경우 환자의 능력을 과대평가하여 분노, 좌절, 우울증이 커지고, 부정적인 대응 전략을 사용하는 경우에는 불안이 증가하기 마련이다. 또한 돌봄 제공자의 인구학적 정보가 여러 요인들의 배경요인으로도 작용하기도 한다. 여성은 남성에 비해 더 많은 우울증상을 호소하는 경향이 있고, 배우자는 자녀들에 비해 스트레스와 우울증을 더 많이 호소한다.

기존의 많은 연구들이 치매 돌봄의 부정적인 측면에 주목하였지만, 돌봄 활동이 돌봄 제공자에게 미치는 긍정적인 역할에 대해 언급하는 연구들도 있다. 예를 들어 돌봄의 부담이 작다고 응답한 상당수는 돌봄을 통해 대상자를 잘 알게 된 것이나 돌봄이라는 가족 의무에 만족하게 된 것 그리고 자발적으로 돌보며 환자와 더 많은 시간을 함께 지내는 것, 환자가 작은 것에 만족하는 것을 보는 것 등에 긍정적 반응을 보여주고 있다. 특히 환자가 고마움을 표시하고 감사해하는 것, 환자를 진정으로 도울 수 있다는 것, 질병에도 불구하고 환자의 장점이 부각되는 것, 환자와의 관계가 가까워지며 환자의 건강이 좋아지는 것을 보는 것, 어려운 상황을 극복하고 있다는 성취감, 사랑하는 사람과 작은 기쁨을 함께 하고 있다는 즐거움, 삶의 목적에 대한 자신감 등도 긍정적 이유로 꼽는다. 따라서 치매 돌봄은 지속적인 소모(wear and test) 가설로 설명하기보다 시간과 함께 변화하며 내적 및 외적 돌봄 자원에 따라 다양한 적응방식이 존재하는 것으로 개념화하는 것이 타당하다.

그 동안 치매 돌봄 부담에 대한 많은 연구를 통해 보다 정밀한 이론적 개념을 구축해 왔음에도 불구하고 치매 돌봄의 부담에 대한 연구는 부담에 대한 정의부터 서로 달랐다. 따라서 평가 방법 또한 치매 돌봄에 적합하게 변형된 것들이 많아 다른 질병으로 인한 부담과 비교가 어려워 일반화하기에는 한계가 있다. 아울러 대부분 단면적 연구여서 돌봄 제공자가 호소하는 주관적 부담감이 돌봄 활동 자체가 직접적인 원인이라는 것을 확인하기 어렵다는 점도 한계로 남겨져 있다.

2) 부담 경감을 위한 개입 방법의 종류와 효과

돌보제공자의 부담 경감을 위한 개입 방법은 종류가 매우 다양하고, 다양한 구성요소들이 서로 중첩되기 때문에 분류가 쉽지 않지만 흔히 사용하는 방법으로 다음 몇 가지가 있다.

- 자문과 사례관리 : 치매 가족에게 실질적인 조언이나 정보를 제공하고 가족을 상담하며 도움을 줄 수 있는 기관이나 서비스로 연계하는 것을 말한다.
- 정신치료 : 개인 혹은 그룹별로 정신역동치료, 행동치료, 인지행동 치료 등을 활용하는데, 그중에서도 인지행동치료가 가장 널리 사용된다. 인지행동치료는 돌봄 제공자가 편향되고 부정적인 사고와 행동을 스스로 확인하고 조정하도록 도움으로써 돌봄에 따른 감정과 요구사항을 다루는 새로운 사고와 행동을 발전시키도록 한다. 또한 신체적으로는 건강하지만 정신적으로 장애가 진행되는 치매 환자의 '불분명한 상실'(uncertain loss)에 대해 정상적인 애도반응을 진행하도록 돕는다.
- 심리교육(psychoeducation) : 치매에 대한 정보, 돌봄에서 예상되는 문제, 스트레스 관리, 환자의 행동에 대한 대응요령 등을 구조화되고 적극적인 기법을

사용하여 교육하는 방법이다.

- **지지그룹** : 개인적인 감정과 관심사를 공유하고 서로 인정하고 격려하는 그룹 활동을 통해 사회적 고립감을 극복하기 위한 방법이다. 지지그룹은 심리교육과 달리 구조화되어 있지 않으며, 대상자의 심리적 상태를 탐색하거나 문제점을 지적하는 대신 참석자 서로의 유대관계와 의사소통을 강조한다.
- **휴식** : 객관적인 돌봄의 부담을 줄이기 위해 주간보호센터, 가정, 시설 등을 이용하여 계획에 따라 조호제공자에게 잠시 쉴 수 있게 하는 방법이다. 휴식을 제공하는 기관에서는 단순한 환자 수용이 아닌 환자에게 적합한 활동 치료 프로그램을 제공한다.
- **환자에 대한 훈련** : 치매 환자의 기능 유지를 위해 시도하는 방법이며, 이를 통해 돌봄의 부담을 줄이고자 한다.
- **약물치료** : 환자의 증상을 완화하여 돌봄 제공자의 부담을 줄이는 방법이다. 돌봄 제공자 자신의 우울, 불안, 불면 등의 증상 조절에도 도움을 받을 수 있다.
- **기타** : 교육, 휴식, 지지 등 여러 요소들을 하나의 프로그램에 포함하여 적용하는 개입 방법도 사용할 수 있다.

여러 가지 방법 중 심리교육은 체계적인 프로그램으로 환자의 증상을 이해하고 이에 대한 대처방법을 교육함으로써 케어 제공자의 지식증가, 부담감과 우울증상 감소 및 주관적인 안녕감 증진 등에 효과가 가장 크다. 그러나 통상 그룹으로 진행되는 교육은 적극적 기술훈련(active skill training)이 포함되어야 하며 순수 이론적인 교육은 부담과 우울증상에 영향을 주지 못한다. 또한 돌봄 제공자가 새롭게 배운 지식과 기술을 적용하려는 적극적인 참여와 노력이 전제될 때 효과가 있다. 또 그럴 경우 전환기법 등으로 환자의 흥분을 방지하도록 하여 환자의 증상 완화도 도모할 수 있다.

다른 개입 방법들의 경우 영역에 따라 효과가 있기도 하고, 없기도 하다. 인지행동치료는 돌봄 부담, 우울증상, 불안 등의 감소 효과가 있지만, 치매에 대한 지식을 늘리지는 못한다. 사례관리는 돌봄 부담을 줄이지만, 우울증에는 효과가 없다. 환자에 대한 기능훈련은 환자에게는 효과가 있지만 돌보는 이에 대한 효과는 아직까지 보고되지 않고 있다. 휴식은 돌봄 제공자의 돌봄 시간과 강도를 줄임으로써 제공자의 부담과 우울증상을 줄이고 주관적 안녕감을 높이기 마련이다. 지지그룹은 이차적인 돌봄 부담 유발 요인인 사회적 고립감을 줄임으로써 부담과 우울증상을 줄일 수 있다.

한 가지 구성요소를 가진 프로그램이 돌봄 제공자의 욕구를 모두 만족시킬 수는 없겠기에 몇 개의 구성요소를 조합해 다양한 기술들을 활용하는 복합프로그램이 돌봄 제공자의 부담 경감에 더 큰 효과를 기대할 수 있다. 케어 기술과 가족 지원에 초점을 맞춰 개발된 구조화된 복합프로그램에 참여한 그룹은 그렇지 않은 그룹에 비해 주관적 부담이 줄고 입소 비율이 낮춘다는 보고다. 최근에는 사례관리, 의사소통 기술과 대응 전략 교육, 환자를 위한 돌봄 및 운동 가이드북 제공 등이 포함된 프로그램과 1년 동안 개인과 가족에 대한 집중적인 상담, 심리교육, 지지그룹 참여 등을 포함하는 프로그램이 환자의 정신행동증상과 돌봄 제공자의 부담을 줄였다는 보고들도 있다. 주간보호와 함께 돌봄 제공자를 지지하는 프로그램을 운영하는 경우에도 단순 보호하는 것에 비해 환자의 증상이 줄고 돌봄 제공자의 자신감이 향상되었다고 한다.

현재 장기요양보험의 도입과 가정 돌봄 지원 자원의 부족이 맞물리면서 돌봄의 부담경감 방법으로 요양시설 입소가 고려될 수 있지만, 그것이 바람직하지 않다는 연구가 많다. 그에 따르면 환자를 입소시킨 돌봄 제공자들은 직접적인 돌봄의 부담은 줄지만 죄책감과 동시에 재정적인 부담, 시설의 신뢰도에 대한 걱정 등으로 가족들의 심리적 안녕과 건강이 반드시 좋아지는 것은 아니다. 입소한 치매 환자 역시 스트레스와 고립감이 증가하고 신체 및 심리적 기능이 저하될 수도 있다. 이런 부작용을 줄이기 위해서는 지속적인 가족의 개입이 필요하지만, 현실적으로 그렇지 못한 경우가 많다. 따라서 요양시설 입소 여부는 연령, 기능장애의 정도, 문제행동과 같은 환자 요인과 함께 돌봄 주제공자와 환자의 관계, 다른 가족의 도움과 의사소통의 패턴 등 가족의 돌봄 능력과 스트레스를 종합적으로 고려해 신중하게 결정해야 한다.

요약하면 돌봄 제공자 부담 경감을 위한 현재의 개입 방법들은 우울증상을 줄이는 효과가 가장 크고, 자신감, 주관적 안녕감, 주관적 스트레스 감소 등을 통해 돌봄 제공자의 삶의 질 향상에 기여할 수 있다. 치매 돌봄 부담에 대한 개입 방법이 많지 않지만 효과가 있다는 것은 분명해 보인다. 다만 몇 가지 해결해야 할 문제들 있다. 일반적인 치매 가이드라인에서는 돌봄의 부담을 확인하고 지역 교육과 지지 프로그램으로 연계할 것을 권고하고 있다. 하지만 언제 어떻게 돌봄의 부담을 평가할 것이며, 어떤 경우에 어떤 프로그램으로 연계해야 하는지가 명확하지 않다. 아울러 돌봄 제공자의 부담이 충족되지 않은 욕구(unmet need)와 깊은 관련이 있다는 점을 감안하면, 그 욕구를 확인하고 해결할 수 있는 방법에 대한 보다 근본적인 연구가 필요하다. 또한 현재 프로그램들보다 효과가 더 크고 오랫동안 지속되는 프로그램 그리고 특정 증상이 아닌 보다 광범위한 부담 경감 프로그램 개발이 필요하다. 현재 개입 방법의 효과가 비용 경제적인 효과 면에서 타당한지에 대한 의문이 있지만 이에 대한 연구는 거의 없다.

3) 부담경감을 위한 개입 전략

몇몇 치매 가이드라인에서 제시한 치매 가족 돌봄제공자에 대한 개입방법을 기초로 부담경감에 대한 개입전략을 다음 〈표 2장-20〉처럼 설명할 수 있다.

개입을 위해서는 돌봄 제공자가 쉽게 접근할 수 있고 도움을 얻을 수 있는 개입 방법을 잘 알고 있는 것이 중요하다. 영국 NICE 가이드라인은 개인 혹은 그룹 심리교육, 지지그룹, 전화 및 인터넷을 이용한 정보와 지지, 질병교육, 돌봄 문제 해결방법에 대한 교육, 서비스 이용방법 교육, 인지행동 치료 등과의 연계를 권고하고 있다. 미국 노인정신의학회 가이드라인에서도 교육, 문제해결 기술 교육, 지역 자원 연계, 돌봄 계획 수립, 감정적 지지, 휴식 등을 제시하고 있다. 앞서 언급한 대로 각각의 개입 방법은 적용기법도 다르고 효과도 차이가 있다. 따라서 어떤 결과물을 예상하는지 분명히 하고 개입 방법을 선택해야 한다. 예를 들어 돌봄 제공자의 돌봄 시간이 문제라면 휴식을 권해야 하지만, 환자의 증상에 대처하는 방법의 문제라면 심리교육 프로그램을 권유하는 것이 바람직하다.

〈표 2장-20〉 부담경감에 따른 개입전략

접근분야	주요내용
개입 필요성 확인	개입 필요성은 부담평가로부터 시작한다. 하지만 현재 돌봄의 부담 평가 도구는 이론적 배경에 따라 다양하기 때문에 반드시 대상자에 대한 인터뷰와 함께 사용하는 것이 바람직하다. 개입의 필요성은 심리부담뿐 아니라 신체적 혹은 경제적 차원 등 다양한 영역에서 평가되어야 한다. 이때 환자와 돌봄제공자의 안전도 반드시 고려해야 하는 요소이다.
개입시점 고려	다양한 차원에서 개입에 필요한 부담이 확인되었다면 개입 시점을 고려해야 한다. 우선 급하게 개입해야 하는 위기 상황의 존재여부를 고려해야 한다. 돌봄 초기에 본인이 예상치 못한 스트레스가 닥칠 경우 조기에 시설에 입소하는 부정적 결과를 초래할 수 있기 때문에 질병의 증상과 진행뿐 아니라 돌봄 제공자의 변화라는 관점도 고려해서 종합적으로 개입 시기를 결정하는 것이 바람직하다.
돌봄 부담의 원인 평가	돌봄 부담 경감을 위해서는 부담의 원인에 대한 평가가 필요하다. 치매 돌봄 부담은 일반적으로 환자의 질병 및 개인 특성, 돌보는 이의 특성, 환경 요인 등 3가지 주요요인들이 객관적 측면과 주관적 측면에서 서로 영향을 미친다. 따라서 각각의 요인들이 부담에 미치는 영향을 평가하여 개인 맞춤형 개입전략(individually tailored intervention strategy)를 수립해야 한다.

현재 국내에서는 이런 다양한 개입기법들이 아예 없거나 부실한 상황이어서 연계가 쉽지 않은 경우가 많다. 따라서 다양한 목적에서 개입 방법을 기획하고 운영해야 하는 상황이 자주 발생할 수 있을 것이다. 개입 프로그램을 기획하는 경우는 앞서 언급한 것들 외에도 다음 사항들을 고려해야 한다. 먼저 목적에 맞는 개입 기간을 설정하는 것이 중요하다. 치매 지식과 기술에 대한 자신감을 훈련하기 위한 심리교육은 10회기 미만으로도 충분하다고 알려져 있지만, 우울증상을 줄이는 것이 목적이라면 부족할 수도 있다. 또한 환자의 증상과 돌봄의 상황이 지속적으로 변화하기 때문에 개입의 효과는 오랫동안 지속되지 않을 것으로 상정하고 전화, 방문 등의 방법으로 추가적인 개입을 시도하는 것이 좋다. 돌봄 제공자들의 프로그램 참여를 보장할 수 있는 계획을 수립해야 한다. 돌봄 제공자는 치매 환자를 떠날 수 없기 때문에 프로그램에 참석하기 어렵고 다른 신체 질환 환자들의 돌봄 제공자들에 비해 효과를 얻기 어렵기 때문에 참여 동기도 떨

어질 수밖에 없다. 돌봄 제공자에게 동기를 부여하기 위해서는 이들의 역할 변화에 대한 이해와 공감, 증상 악화에 대한 원인 평가 방법, 구체적이고 실질적인 돌봄의 기술 등 돌봄 제공자의 욕구에 부합되는 내용들이 역할극, 동영상 등 다양한 방법으로 제시되어야 한다. 이를 위해 아직 명확한 증거가 부족해 보이지만 매우 유망한 방법으로 판단되는 복합적 개입기법을 적극 활용하는 것이 바람직하다.

마지막으로 개입프로그램을 통해 돌봄의 긍정적인 면을 발견하도록 격려하는 것이 바람직하다. 많은 개입 방법들이 돌봄의 부정적인 측면을 줄이거나 제거하는 것을 목표로 하지만, 돌봄 제공자의 경험에는 부정적인 경험과 긍정적인 경험이 동시에 존재한다. 따라서 긍정적인 평가를 하고 의미를 부여하며 즐거운 면을 느낄 수 있도록 돕는 방법이 포함되어야 한다.

제 3 장

정책과 법적 차원의 치매 이해

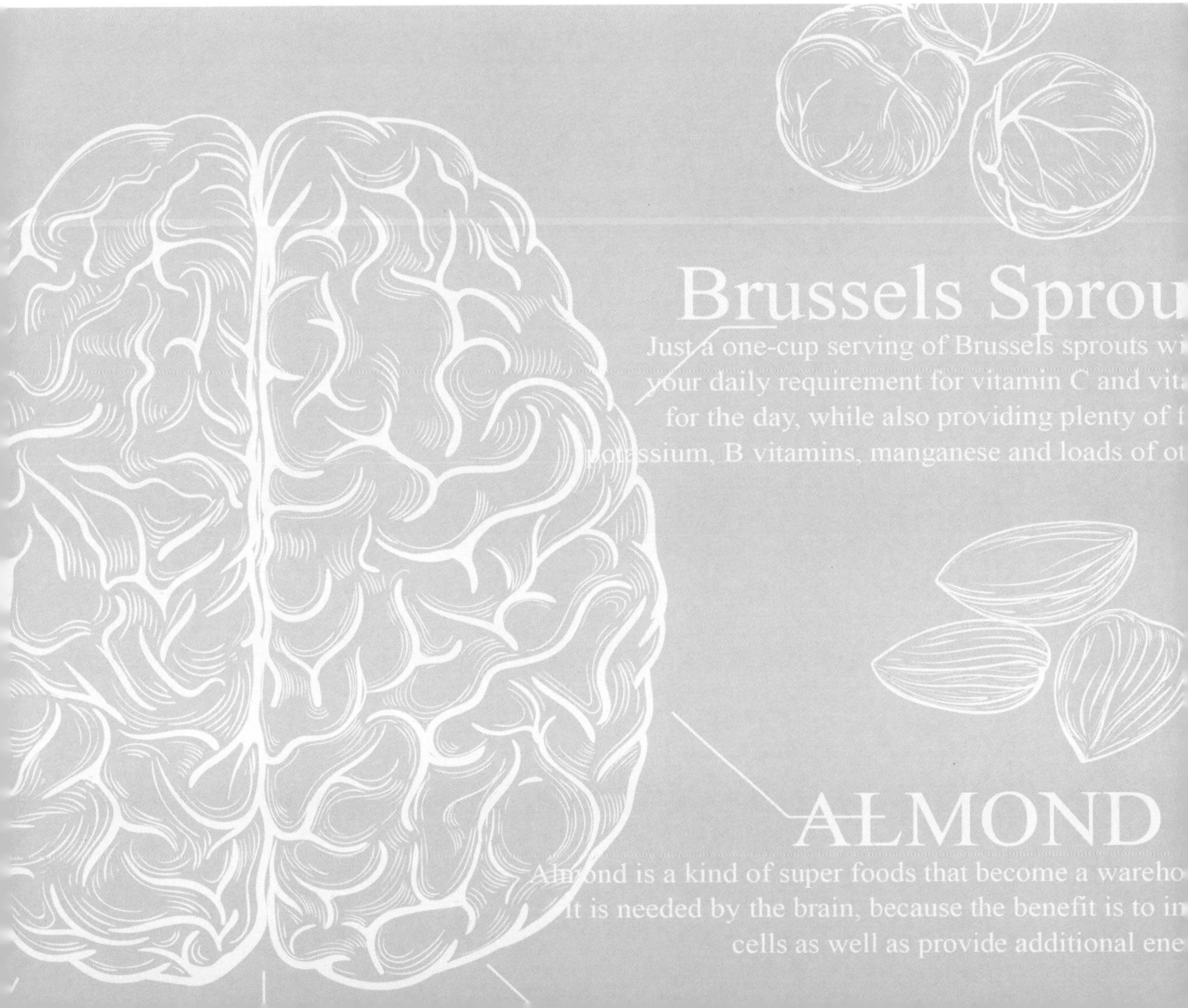

I 치매 정책

1. 치매 정책의 원칙

일반적으로 뇌의 질병인 치매에 대한 서비스를 제공하는 시스템의 기본 원칙은 3가지다. 첫째, 누구나 예방, 치료, 관리 서비스에 공평하게 접근할 수 있어야 한다(공평성). 둘째, 서비스 이용을 위한 비용과 절차는 받아들일 만한 수준이어야 한다(비용의 적정성). 셋째, 필요한 동안 중단 없이 제공되어야 한다(지속성). 치매 서비스에 대한 공평한 접근성(equitable access)을 확보하기 위해서는 먼저 치매 환자와 가족이 원하는 양질의 서비스가 있어야 한다. 다음으로 연령, 독거여부, 재정 상황, 지역적 차이, 인종 등 서비스접근을 가로막는 다양한 원인들이 제거되어야 한다.

서비스에 접근하더라도 그 비용이 감당할 수 있는 수준(affordability) 이상이라면 좋은 시스템이라고 볼 수 없다.[1)]

서비스는 필요한 동안 지속적(sustainability)으로 제공되어야 한다. 치매는 장기간에 걸쳐 서비스가 필요하고, 각 단계마다 증상에 따른 서비스가 다르기 때문에 중단 없는 지속적인 서비스 제공이 매우 중요하다. 예를 들어 OECD에서 제시한 치매 케어 모델에 따르면 초기 치매 환자에게는 진단, 증상치료, 정보와 교육, 지지 등이 필요하다. 반면 말기에는 일상생활 보조, 가족에 대한 지지, 생애 말 돌

1) 예컨대 치매 관련 서비스를 이용하기 위해 본인이나 가족이 전적으로 혹은 대부분의 비용을 부담해야 하는 저개발국 또는 개발도상국들의 경우 저소득층 치매 환자들은 제대로 된 서비스를 받기 힘들다. 반면 우리를 비롯한 선진국에서는 연금이나 장기요양보험을 비롯한 전반적인 사회보장 시스템을 통해 일부 서비스를 제공하고 있다.

봄(end of life care)이 상대적으로 더 중요하다.

이런 원칙에 따라 치매 서비스 시스템을 구축하기 위해서는 다음 3가지 현실적인 이슈들이 고려되어야 한다. 첫째, 건강보험으로 대표되는 건강 돌봄 시스템(health care system)과 장기요양으로 대표되는 사회 돌봄 시스템(social care system)의 조율이다. 뇌의 질환인 치매는 기본적으로 건강 돌봄 시스템에 포함되어야 하지만, 치매가 진행되면서 최적화된 치료방법이 마땅하지 않은 말기 상태로 진행되면 일상생활 보조를 담당하는 사회적 돌봄 시스템의 역할이 더 커진다. 따라서 환자 한 명에게 요구되는 다양한 서비스들은 누가 어떻게 연계하고 조정하며 궁극적으로 통합적인 돌봄을 제공할 것인지, 이것이 치매 시스템 구축의 핵심 주제가 된다.

둘째, 정신질환과 신체질환에 대한 균형 잡힌 접근이다. 치매 환자는 뇌의 병변으로 인해 우울증, 정신증 등 정신증상과 함께 걸음걸이, 배뇨 등 신경학적 증상을 보이는 경우가 흔하고, 고혈압, 당뇨, 뇌졸중 등 다양한 신체 질환이 동반되는 경우가 많다. 치매는 기본적으로 정신질환으로 구분된다. 그런데 일반적으로 정신질환과 신체질환을 별도로 관리하는 시스템에서 정신질환이 상대적으로 경시되는 것이 대부분 국가들의 현실이다. 그런 현실이 치매 환자가 적절한 서비스를 제공받기 어렵게 되는 상황이다. 결국 치매 환자에 대한 최적의 서비스 시스템을 확립하기 위해서는 치매 환자가 보이는 천의 증상이 건강이라는 커다란 틀에서 통합적으로 관리될 수 있는 체계를 구축할 수 있는 방안이 마련되어야 한다.

셋째, 일반 노인에 대한 서비스로부터 치매 특이적 서비스로의 분화이다. 알츠하이머병이 학계에 알려진 후 100년이 지났지만 치료약물이 개발된 것은 불과 20년이 되지 않았을 정도로 치매는 오랜 동안 노화와 구분되지 않았고, 이에 대한 국가적 관심도 부족했던 것이 사실이다. 더욱이 치매 환자에 대한 서비스는 매우 부족하고, 설령 있다고 하더라도 전문성이 떨어져 환자와 가족에게 도움이 되지 못하는 경우가 흔하다. 따라서 선진국에서는 일반 노인 서비스와는 별도로 치매 서비스를 제공하기 위해 필요한 노력을 기울이고 있다. 예를 들어 미국에서는 알츠하이머병 환자에 대한 지원 서비스 프로그램(Alzheimer's Disease Supportive

Service Program)을 통해 지역사회 치매 환자와 가족을 위한 프로그램을 개발하여 전국화하고 있다. 프랑스에서는 정신행동증상이 심한 치매 환자의 효과적인 입원 치료를 위해 특별 병동을 설치, 운영하고 있다.

이런 현실적인 문제를 관통하고 있는 것은 치매 시스템의 근저에 인도주의(humanitarianism), 공리주의(utilitarianism), 공평성(equity), 인권(human right) 등과 같은 도덕적 가치가 뒷받침되어야 한다. 그러니까 치매에 대한 편견, 관련 사회적 자원의 불균형, 장애인에 대한 규정 미비, 환자의 사회적 격리와 소외, 의사결정권의 박탈, 치매 환자에 대한 대상화 등 치매와 관련된 다양한 차원의 사회적, 윤리적 문제들에 대한 활발한 담론이 전개되어야 한다. 예컨대 국내에서 알츠하이머병을 비롯한 퇴행성 치매 환자의 장애인 인정 여부는 경제적 혜택을 차치하고라도 치매 환자의 법적 위치를 규정함으로써 정책 수립의 시발점이 될 수 있는 중요한 문제이다. 이런 담론들에 대한 논의를 시작해야 하는 이유는 치매가 그동안 노인성 질환의 자원 소모적인 측면만 강조하는 연령차별(ageism)에 더하여 치료적 비관론이 맞물려 국가 정책과 사회 시스템의 변방에 머무르며 이중적 차별과 소외의 대상이었기 때문이다. 따라서 전통적으로 사회적 관심을 받지 못하는 취약계층을 정책, 연구, 서비스 제공의 중심으로 끌어들인다는 사회통합(social inclusion)의 가장 중요한 본보기가 치매라고 주장하는 것은 그리 놀랄 일이 아니다.

현실에서 치매 정책을 수립할 때는 매우 다양한 측면을 포괄적으로 고려하여 정밀한 정책적 판단을 해야 하기 때문에 일정한 원칙이 필요하다. 첫째, 근거중심정책(evidence based policy, EBP)은 무분별한 정책 남발과 그릇된 정책으로 인한 사회경제적 손실을 최소화하고 효율적인 정책 수행에 도움을 줄 수 있기 때문에 여러 나라에서 그 중요성이 강조되고 있다. EBP는 정보 확보, 분석 그리고 정책 결정의 3가지 주요 과정으로 이루어진다. 정책 수립에 필요한 정보는 과학적 연구에 바탕을 둔 것이 우선적으로 필요하지만, 모든 상황에 항상 체계화된 과학 지식이 존재하는 것은 아닌 현실에서는 서비스 제공자와 사용자의 경험 지식이나 국가 혹은 정치 전략이 모두 포함되는 포괄적인 개념으로 이해되어야 한다.

둘째, 정보를 수집한 후에는 이를 분류하고 위계질서(evidence hierarchy)를 결정하는 것이 필요하다. 이 과정에서 종종 자연과학과 사회과학의 관점이 충돌한다. 예를 들어 말기 치매 환자의 폐렴에 대해 약물치료를 할 것인가, 한다면 얼마 동안 할 것인가와 같은 문제는 이중맹검법에 의한 임상시험 수행이 매우 곤란하기 때문에 과학적으로 그 효과와 부작용을 가늠하기 어렵다. 아울러 이 지점에서는 환자의 임종에 대한 권리, 가족의 결정권, 경제적 비용 부담 등 다양한 사회적 문제들이 관여한다. 이러한 충돌 상황에서 치매 정책은 두 가지 관점을 적절하게 융합시킬 수 있는 지혜가 필요하다. 따라서 정책 결정 단계에서는 인력과 비용뿐 아니라 시간도 많이 소요되는 어려움이 있더라도 다양한 서비스 제공자와 사용자를 비롯한 사회구성원의 합의를 도출해 내는 과정이 반드시 필요하다. 문서는 몇몇 공무원이나 전문가의 머리로 만들 수 있지만, 현장의 목소리를 반영하지 못하면 책상물림 정책이 될 가능성이 높다. 물론 이렇게 충분한 근거와 사회적 합의에 기초하여 정책을 수행한다고 하더라도 자료와 분석 방법의 복잡성(complexity), 정책 시행결과의 불확실성(uncertainty), 사회 구성원간의 다양한 가치(value divergence)의 충돌로 인해 현실과 이상적 EBP는 괴리가 존재할 수밖에 없다는 점은 고려해야 한다.

치매 정책은 그 동안 소외되었던 치매를 인도주의와 인권이라는 도덕적 가치 체계 위에 건강 돌봄과 사회적 돌봄이라는 커다란 시스템으로 융합함으로써 사회통합을 이루기 위한 질병의 본보기로 삼는다는 분명한 목표의식이 필요하다. 이를 위해 노인에 대한 관점, 정신질환에 대한 관점, 장애에 대한 관점을 포괄하는 통합된 관점에서 기존의 자연과학 및 사회과학적 근거를 검토하고 치매 환자와 가족 그리고 다양한 전문가들이 정책 수립과 결정에 참여할 수 있는 기회를 보장해야 한다. 현실과 원칙은 항상 긴장관계에 놓이게 되겠지만 이런 원칙에 충실할 때 실천 가능한 치매 서비스 시스템을 구축할 수 있을 것이다.

2. 치매 정책의 주요 영역

예방, 진단 및 치료관리에 이르는 치매 돌봄의 전 영역을 개인과 가족, 사회적 차원에서 다루어야 하는 치매 정책은 나라마다 경제, 사회, 문화적 차이가 존재하기 때문에 수많은 개별 정책들을 모두 언급하는 것은 바람직하지 않고 가능하지도 않다. 따라서 각 나라들의 국가 정책에서 공통적으로 발견되는 주요 정책 영역들을 인식개선, 조기발견, 돌봄 서비스, 가족 지원, 인력 양성, 연구 진흥으로 나누어 살펴보고자 한다.

1) 인식개선

일반 국민 10명 중 7명이 치매에 걸린 사람을 알고, 약 3명 중 1명이 가족 중에 치매 환자가 있다고 할 정도로 치매환자가 늘어나는 추세이다. 그럼에도 치매가 오랫동안 사회적 관심과 과학적 치료의 대상에서 제외되었던 탓에 아직도 치매를 자연스러운 노화과정의 일부로 보거나, 치매의 증상과 발병 위험인자를 잘 모르는 등 치매에 대한 일반 인식 수준은 낮은 편이다. 이처럼 낮은 수준의 치매 인식은 치매 예방, 진단, 치료뿐만 아니라 돌봄에도 큰 영향을 미치기 때문에 중요한 치매 정책의 과제다. 치매를 노화현상으로 보면 치매 예방을 위한 정보와 교육은 별 의미가 없고 진단과 치료조차 필요하지 않다는 비관주의에 빠지고 만다. 치매의 치료관리에 대한 잘못된 지식은 치매에 대한 과도한 걱정을 낳고, 그 결과 노인들이 반복적으로 불필요한 검사를 받거나 효과 없는 약물 복용 등 과도한 재정 소모로 이어질 수 있다.

특히 치매 환자가 더럽고 바보이며 폭력적이라는 일반인의 편견은 일반 국민들이 치매 환자와 가족을 경원시하고 지역사회에서 고립시키는 비윤리적인 상황을 조장한다. 치매에 대한 이해 부족은 치매 환자와 가족에게도 큰 영향을 미친다. 치매 환자는 자기 병을 다른 사람에게 밝히면 친구 관계가 소원해지고 더 나아가 바보 취급을 당하지 않을까 하는 불안감에 병을 부정하거나 아니면 아예 사회적 관계를 단절하기도 한다. 치매 가족은 환자의 발병과 증상 악화가 본인의 잘못이라며 자책하고 주변의 시선이 부담스러워 환자와의 외출을 꺼리게 된다. 일부 의료 및 복지 전문가 또한 치매 증상을 무시하고 노화로 치부하거나 치료를 받지 말도록 권유하기도 하며 반대로 모든 것을 병의 탓으로만 돌리고 치매 환자의 욕구를 무시하기 쉽다.

이런 상황을 개선하기 위해 정책 차원에서 우선적으로 고려해야 하는 것은 치매에 대한 일반 인식을 파악하여 이를 개선하기 위해 전달할 주요 메시지를 선정하는 것이다. 국내에서는 2008년 치매 역학조사 당시 치매 인식도 조사를 통해 약 반 수 이상의 노인이 치매를 노화의 결과로 여기고, 치매가 흔하지 않으며 치료가 불가능하다고 생각한다는 것을 확인한 바 있다. 그에 비해 영국에서는 유사한 조사를 통해 다음 10개의 메시지를 선정한바 있다.

① 치매는 질병이다.
② 치매는 흔하다.
③ 치매는 노화의 필연적 결과가 아니다.
④ 사회적 환경이 중요하며 풍부한 관계와 상호작용이 삶의 질을 향상시킨다.
⑤ 치매는 곧 죽는 병이 아니기 때문에 치매 환자도 남은 인생이 있고 충분히 좋은 삶의 질을 누릴 수 있다.
⑥ 가족, 친구, 전문가가 환자의 삶의 질을 향상시키기 위해 할 수 있는 일이 많다.
⑦ 치매 환자도 지역사회에 긍정적인 기여를 할 수 있다.
⑧ 누구나 치매를 앓을 수 있고, 누구나 다른 사람을 돌볼 수 있다.
⑨ 누구나 치매 환자와 가족을 지원하고 보호하는 역할을 할 수 있다.
⑩ 운동, 영양 등 건강을 지키는 방법으로 치매 위험을 줄일 수 있다.

일반 대중의 치매에 대한 이해를 높여 치매 예방과 조기발견을 꾀하고 사회적 낙인과 차별을 제거하여 치매 환자와 가족을 사회에 통합시키기 위한 수단은 다양하다. 국제알츠하이머협회(Alzheimer Disease International, ADI)는 1995년 WHO와 함께 매년 9월을 세계 알츠하이머의 달(World Alzheimer's Month)로 규정하고 9월 21일을 세계 알츠하이머의 날(World Alzheimer Day)로 정했다. 우리나라도 같은 날을 치매 극복의 날로 정하여 다양한 대중행사를 벌이고 있다. 교육 강좌를 통해 일반 대중이 치매를 불가항력의 운명이 아니라 장애를 동반한 질병일 뿐이라는 사실을 인식하도록 힘쓴다. 아울러 치매의 초기 증상을 알리고 발병 위험인자에 대한 정확한 정보를 제공함으로써 치매 진단 시스템에 접근하고 치료관리 서비스를 찾는 빈도를 높이는 효과를 얻을 수 있다. 치매에 대한 부정적인 인식과 차별의 극복을 유명인이나 치매 환자가 TV나 라디오, 인터넷을 통한 메시지를 전달할 수 있게 한다. 영국에서는 치매 환자가 직접 나서서 '내겐 치매가 있지만, 삶도 있다!'(I have dementia, I also have a life.)라는 캠페인을 시행하기도 하였다.

잔존 능력을 활용한 미술, 음악, 운동 등 다양한 활동들을 통한 활발한 사회적 상호작용 지원으로 사회적 소속감과 자신감을 증진시키고 치매 환자의 삶의 질 향상을 높일 수 있다는 것을 강조하는 일도 중요하다. 치매 환자, 가족, 친구, 치료자, 자원봉사자 등이 함께 참여하여 교류하고 사회관계를 형성하는 알츠-카페를 예로 들 수 있다. 일반 국민을 위한 캠페인을 진행하려면 목표 대상과 주제를 선명하게 제시하고 이를 가장 효과적으로 전달할 수 있는 방법을 찾아 융통성 있게 적용해야 하며, 일반인, 유명인, 환자, 가족, 전문가, 정치인 등 다양한 구성원이 참여할 수 있도록 독려해야 한다.

2) 조기발견

치매 진단은 약물 및 비약물 치료관리를 위한 시발점이다. 조기에 발견할수록 약물치료를 통한 일부 가역성 치매에 대한 완치, 진행 지연, 적절한 개입과 관리를 통한 과도한 기능저하 방지, 요양원 입소 지연, 가족 돌봄 제공자의 돌봄 계획 수립 등을 통해 환자와 가족의 삶의 질 향상, 사회경제적 비용 감축 등의 효과를 얻을 수 있기 때문에 대부분의 국가에서 조기발견을 위한 정책을 수립하고 있다.

치매 조기발견을 위해서 먼저 고려해야 하는 게 국민들의 인식개선이다. 아직도 많은 국민들이 치매 증상을 정상적인 노화로 여기거나 치매에 대한 부정적인 인식으로 인해 주변사람과 상의하기를 꺼리기 때문에 치매는 증상이 나타난 후 1~2년이 지난 다음에야 클리닉을 방문하는 게 보통이다. 더 나아가 치매가 강하게 의심되는데도 진단을 받지 않아 치매 진단율이 30% 정도밖에 되지 않는 나라들이 많다. 이런 상황을 극복하기 위해서는 치매에 대한 일반인의 부정적인 편견을 허무는 한편 미국 알츠하이머협회의 경고증상 홍보처럼 치매의 주요 증상 및 조기발견의 이득을 홍보하여 적극적으로 진단 서비스를 찾도록 격려하는 방안이 강구되어야 한다.

치매 환자가 조기발견 시스템에 접근할 때 적절한 시기에 양질의 진단 서비스를 받을 수 있도록 보장하는 정책도 필요하다. 아직까지 치매를 전공한 의사는 부족하고, 특히 일차 진료의는 치매에 대한 인식이 부족하다. 선진국의 경우 일차 진료의의 역할을 중시하고 지속적으로 그 역할의 확대를 시도하려 하지만, 현실적으로 잘못된 치매 지식을 가진 경우가 흔하고 클리닉 진료 일정까지 바빠 매우 제한적인 선별 검사 위주의 진료만이 가능한 상황이다. 따라서 전문적인 진료를 위해서는 먼 거리를 이동하거나 오래 기다려야 한다. 예컨대 사회보험이 아니라 세금으로 의료체계를 유지하는 영국은 치매 진단을 위해 뇌 MRI가 필요한 경우 약 10주나 기다려야 한다. 이런 상황을 개선하기 위해 지역사회에 전문성 있는 치매 진단서비스를 강화하려는 영국에서는 기억 클리닉을 활성화하고 지역정신 보건팀을 통해 기억서비스(memory service)를 제공하고 있다. 프랑스에서는 전국적으로 약 400여개의 메모리 유니트(memory unit)를 설치, 운영 중이다. 국내에서도 2007년부터 지역 보건소와 거점 클리닉을 중심으로 치매 조기검진사업을 시작하였고 2010년부터는 전국으로 확대하였다.

치매 검사를 모든 노인을 대상으로 해야 하는가 하는 문제도 매우 논쟁적인 부분이다. 2003년 미국 예방서비스 위원회(Preventive Services Task Force)는 치매 선별검사가 민감도는 높지만 특이도가 낮은 점, 약물 치료의 효과가 크지 않고 일차 진료기관의 진단의 이득이 분명하지 않다는 점, 약물 외에 기타 치료방법의 효과가 불충분한 점, 선별검사에서 위양성으로 판단된 노인에 대한 라벨링의 문제가 검증되지 않은 점 등을 들어 찬성과 반대의 입장을 정하기에 아직 근거가 부족하다는 결론을 내린 바 있다. 2009년 영국의 검진 위원회에서도 알츠하이머병의 사망률이나 질병이환율을 줄이기 위한 규칙적인 선별검사(routine screening test)를 실시하기에는 증거가 아직 부족하다고 결론지었다. 그럼에도 이 보고서는

2003년 미국 보고서에 비해 현재 사용하고 있는 인지기능 검사의 초기 증상 알츠하이머병환자의 발견 가능성과 증상관리를 위한 약물치료의 효과 인정, 그리고 무엇보다 초기 알츠하이머 증상의 조기 발견과 서비스와 지원 제공을 위한 국가 치매전략 등에 대한 언급이 포함되었다.

이런 보수적인 입장에도 불구하고 치매의 조기 진단에 대한 국민들의 요구가 높고 이미 진단과 치료관리에 대한 중요한 방법들이 확립된 상태이므로 치매 환자의 삶의 질 향상을 위해 검진에 포함시키는 것이 옳다는 주장이 점차 힘을 얻는 추세다.

3) 돌봄 서비스

치매 초기에는 약물 및 비약물치료적 개입이 중요하고 진행에 따라 정신행동 증상 돌봄과 일상생활 도움의 필요성이 증가하기 마련이다. 말기에는 일상생활 도움, 가족 지지, 임종과 관련된 돌봄 등이 필요하며 모든 시기에 걸쳐 적절한 정보제공과 교육이 필요하다. 따라서 양질의 서비스를 적절한 시기에 필요한 이들에게 지속적으로 제공하는 것이 치매 돌봄 서비스의 정책 목표다.

약물치료는 인지기능개선제를 처방하는 의사의 자격과 클리닉 접근성, 약물을 복용하는 환자에 대한 기준 등이 정책적 고려대상이 되어야 한다. 의료보험 또는 건강보험을 통해 인지기능개선제 사용을 인정하는 나라들이 많지만, 구체적인 사항에서는 조금씩 차이가 있다. 예를 들어 유럽 29개국 중 19개 나라는 인지기능개선제를 처음 처방할 수 있는 자격을 정신과, 신경과, 노인의학과 등 일부 전문가 그룹으로 한정하고, 정해진 진단 프로토콜을 따를 것을 요구하고 있다. 그러나 나머지 국가에서는 처음부터 모든 의사가 처방할 수 있다. 지속적인 처방을 위한 조건도 차이가 있는데, 호주의 경우는 MMSE 등의 인지기능 검사를 통해 약물 효과를 입증해야 한다. 그런 이유들로 정책적으로는 두 개의 방향으로 방안을 모색하고 있다. 첫째, 진단과 처방을 받을 수 있는 클리닉의 질 향상 방안 모색. 둘째, 환자의 접근을 가로막는 물리적으로 먼 거리, 부족한 교통수단, 거동 불편 치매 환자를 보조해야 하는 보호자의 부담, 부담스러운 경제적 비용 등 다양한 요인들의 제거 방안이다.

치매 환자에 대한 비약물적 개입은 증상위주 약물치료의 한계로 인해 지속적으로 그 중요성이 강조되지만, 아직 과학적 근거가 명확한 방법들이 많지 않기 때문에 연구개발이 전제되어야 한다. 하지만 구조화된 형태로 진행되는 인지재활, 회상요법, 자조그룹 형태의 사회적 모임, 사회심리적 교육 및 상담 등과 같이 상당한 근거가 확보된 개입 방법들은 정책적으로 활용할 만하다. 최근 들어 치매 환자가 잃어버렸거나 부족해진 기능들에 초점을 맞추고 재활을 중시하던 흐름에서 벗어나 치매 환자도 사람이라는 사실을 강조하면서 병적인 증상이 아닌 건강한 부분을 강조하고 사회적 참여와 활동을 중시하는 흐름이 두드러지고 있다. 이런 예로 '알츠하이머 카페'(Alzheimer café), '기억에 대해 말하는 커피 모임'(talking about memory coffee club), '시간여행 이야기 프로젝트'(time slips story telling project)를 들 수 있다.

치매 돌봄 제공자가 가장 힘들어하고 조기 입소의 가장 중요한 원인이 되는 증상 중 하나인 정신행동증상에 대한 적절한 정책적 대응이 필요하다. 현재 정신행동증상에 대한 약물치료의 효과에 대해 이견이 존재하고 환자에 따라서는 다양한 부작용이 발생할 위험이 있기 때문에 환자의 증상과 상황에 따라 숙련된 전문가가 조심스럽게 사용하는 것이 바람직하다. 특히 요양시설에서 소란스럽거나 다루기 어려운 환자들을 약물 및 비약물로 구속하려는 시도는 철저히 경계하여야 한다. 이런 약물의 과도한 사용을 통제하기 위해서는 치매에 대한 치매 케어 제공자의 이해도를 높이는 것이 무엇보다 중요하다. 따라서 회상 자극과 힌트 제공 등의 인지적 개입, 소음 감소와 익숙한 물건 제공 등의 환경적 개입, 규칙적인 활동과 복잡한 활동 배제 등과 같은 활동과제 제공, 간단한 언어사용과 불필요한 논쟁 삼가 등의 인간관계적 접근 등 다양한 돌봄 기술을 익힐 수 있는 기회를 제공해야 한다. 일례로서 프랑스와 같이 병원에 치매의 정신행동증상을 전문적으로 치료하는 병동을 별도로 운영하는 것도 검토할 수 있다.

일상생활에 도움이 필요한 치매 환자가 만성 질병이나 장애로 인해 스스로를 돌볼 수 없는 사람들의 의료 및 비의료적 욕구를 충족시키기 위한 서비스인 장기요양서비스의 주요 대상이 되는 것이 마땅하다. 그렇지만 나라마다 경제적 수준과 장기요양 시스템이 달라 일부 선진국을 제외하고는 치매 환자를 위한 서비스가 존재하지 않거나 제한된 경우가 흔하다. 예를 들어 미국이나 호주 같은 나라에서는 일반 노인의 외출, 식사 준비 등 일상생활 보조서비스가 광범위하게 제공된다. 국내에서는 장기요양보험 외에 마땅한 요양서비스가 없고 그나마 장기요양보험이 식사, 이동, 배설 등 기본적 일상생활에 장애를 가진 사람을 주요 대상으로 삼기 때문에 초기 치매 환자들은 장기요양 서비스의 대상이 되기 어려웠던 것이 사실이었다. 다행히 2014년 7월부터 요양등급이 5등급으로 재편되며 '치매특별등급'이 신설되었다.

자칫 간과되기 쉬운 말기 치매환자에 대한 돌봄 서비스는 죽음을 위협하는 치매라는 질병에 대해 인간의 존엄성을 최대한 유지하면서 삶을 마감하는 과정을 보장하기 위해 정책적인 지원이 필요한 영역이다. 이를 위해 폐렴, 요로감염과 같은 합병증에 대한 항생제 치료나 인공호흡기 및 비위관 사용과 관련된 완화치료(palliative treatment)에 대한 검토가 필요하다. 사전의료의향서(advance directive, 사전의료지시, 사전지시)나 대리인에 의한 의사결정(성년후견인제도) 등과 같은 법과 제도도 제대로 작동될 수 있도록 해야 한다. 말기 암환자나 존엄사의 문제에서 그랬듯이 이 문제는 의학뿐 아니라 법률, 종교, 철학 등 다양한 사회 분야의 합의가 필요한 복합적인 문제이다. 그에 따라 말기 치매환자에 대한 돌봄 서비스 제공을 위해 사회적 논의를 함께 진행하려는 계획을 추진 중인 국가들이 많다.

4) 치매 가족 지원

치매 돌봄으로 인한 가족의 심리적, 육체적, 경제적 부담은 본인의 삶의 질뿐만 아니라 그의 돌봄 행위를 통해 환자의 삶의 질에도 영향을 미치기 마련이다. 따라서 치매 환자와 가족은 서로에게 의지하고 영향을 미치는 뗄 수 없는 한 쌍으로 취급되어야 한다. 치매 문제에 대응하기 위해서는 치매 가족의 부담을 이해하고 이를 경감하기 위한 다양한 방법들이 정책적으로 강구되어야 한다.

치매 가족에 대한 근거 중심서비스를 개발하기 위해 고려할 수 있는 것은 교육과 훈련 같은 사회심리적 개입서비스이다. 치매에 대한 정보, 예상되는 돌봄 문제, 스트레스 관리, 환자의 행동에 대한 대응요령 등을 구조화된 프로그램을 통해 교육하는 심리교육(psychoeducation)이나 정신행동증상, 스트레스 관리 등이 있다. 구체적인 돌봄 기술을 집중적으로 훈련하는 프로그램은 돌봄 제공자의 지식증가를 통한 자신감 향상, 부담감 감소, 주관적인 안녕감(well being) 증진에 효과가 있으며 요양원 입소 위험도를 약 40%까지 줄일 수 있다고 알려졌다.

다음으로는 지지와 휴식 서비스 제공을 고려할 수 있다. 지지 서비스는 돌봄 상황에서 발생하는 다양한 문제나 돌봄 제공자의 감정적인 문제에 대해 개인적인 상담이나 정신치료를 통해 혹은 자조그룹 참여를 통해 제공할 수 있다. 치매 돌봄으로 인한 부담이 교육이나 지지만으로는 해결되지 않는 경우가 흔하기 때문에 일정한 휴식을 제공하는 것은 필연적이다. 가족이 아닌 다른 사람이 일시적으로 치매 환자를 돌보는 것을 의미하는 돌봄 휴식(respite care)은 요양보호사 가정 파견, 주간보호센터 이용, 지역사회 모임 동반 참석 등 다양한 형태로 제공될 수 있다. 이런 돌봄 휴식은 치매 가족의 심리적 부담과 우울증상을 줄일 수 있을 뿐 아니라 환자와 가족 모두에게 사회적 자극과 참여의 기회를 제공할 수 있다.

치매 가족 지원을 위해서는 다음 사항들에 대해서도 고려가 필요하다. 치매 가족이 서비스의 필요성을 인식하고 활용하고자 하는 동기를 유발할 수 있는 방법이 마련되어야 한다. 이를 위해서는 앞서 언급한 치매 진단과 치료관리에 대한 부정적인 인식이 해소되어야 하고 사회적 낙인으로 인해 서비스 이용을 꺼리는 태도가 바뀔 수 있도록 치매에 대한 인식개선 작업이 선행 또는 동반되어야 한다. 그리고 치매 가족이 서비스를 찾아 헤매는 불편을 줄여야 하는데, 선진국일수록 진단 후 서비스를 통해 돌봄 계획수립, 정보 제공, 상담 등의 서비스를 일관되게 제공하는 체계를 갖추려고 하고 있다. 치매 가족에게 주어지는 서비스는 필요와 선호도에 따른 맞춤형 전략에 기반해야 한다. 이를 위해 돌봄 부담평가 도구를 활용하여 부담의 원인과 특성에 따라 적절한 개입 방법을 제공할 수 있는 가이드라인이 개발되어야 할 것이다. 마지막으로 서비스 이용을 위한 재정적 부담해소가 중요하다. 대부분의 건강보험에서는 치매 가족의 지지를 위한 서비스를 인정하지 않기 때문에 서비스 제공 체계는 불안정하고 지역적으로 파편화되는 경향이 있다. 이를 개선하기 위해 지속적이고 안정적인 지원 대책이 마련되어야 하고 필요하다면 현금, 바우처, 세금감면 등 직간접적인 재정 지원도 고려대상이 되어야 한다.

5) 인력 양성

치매 인력을 환자의 건강과 삶의 질을 향상시키기 위해 전문적으로 일하는 모든 사람으로 정의한다면, 의사, 간호사, 사회복지사 및 전문치료사뿐 아니라 요양보호사와 간병인과 같은 직접 돌봄 제공자를 포함한 매우 다양한 전문분야 종사자들이 포함된다. 치매 환자에 대한 약물 및 비약물치료, 지역사회 및 시설 서비스, 치매 가족에 대한 각종 지원 서비스를 담당하는 인력들의 치매에 대한 태도와 경험, 전문적인 지식과 기술은 돌봄 서비스의 질에 커다란 영향을 미치기 마련이다. 예를 들어 일차 진료의가 치매 진단 능력, 지역사회 서비스에 대한 지식, 치매 치료에 대한 적극적인 태도가 부족하면 치매 조기 발견과 치료를 방해하는 요인이 된다. 돌봄 제공자가 돌봄 지식과 돌봄 기술이 부족하면 돌봄에 따른 부담이 커지면서 환자 학대나 방임의 중요 원인이 될 수밖에 없다. 따라서 수준 높은 치매 인력을 양성하는 것은 치매 돌봄의 질적 향상을 위한 중요한 정책 영역이라 할 수 있다.

인력 양성을 위해 필요한 것은 다양한 차원의 욕구를 가진 치매 환자에게 양질의 서비스를 제공할 수 있는 일정한 능력을 갖춘 전문가들을 교육하고 훈련하는 것이다. WHO에서는 장기요양이 필요한 환자를 돌보는 인력이 갖추어야 할 능력을 다음과 같이 제시하고 있다.

- 환자의 욕구와 선호도에 따라 개별화된 돌봄 계획을 수립하고 제공할 수 있는 환자중심 돌봄(patient-centered care) 수행 능력
- 다양한 전문영역이 어우러진 팀의 일원으로서 함께 협력할 역량
- 돌봄의 질적 향상을 위한 노력을 계획하고 수행할 역량

- 케어 관리를 위한 기록과 정보관리 및 동료 간의 의사소통 역량
- 지역 자원을 활용하여 건강을 위한 생활습관과 행동을 장려할 수 있는 공중보건 학적 관점(public health perspective)

영국의 NICE 가이드라인에 의하면 모든 노인관련 건강, 복지, 자원봉사 인력들은 각자의 역할 수행에 필요한 수준의 치매 교육을 받도록 하고 있다. 그리고 치매교육에 포함되어야 할 내용은 다음과 같다.

- 치매의 주요 원인과 초기 증상
- 치매의 원인에 따른 환자와 가족의 변화
- 약물치료 모니터링
- 사람 중심 돌봄의 원칙을 적용하는 방법
- 의사소통 기술
- 다른 전문가의 역할에 대한 이해
- 정책과 법률에 대한 이해
- 완화 돌봄(palliative care)에 대한 이해

이런 원칙과 내용들은 복합적인 문제에 대해 팀 접근을 통한 해결 능력을 키워 지식과 현실의 간극을 줄이기 위한 실전중심 교육(practice-based teaching)이다. 문제를 확인하고 기존 지식을 활용하여 가설을 세우고 스스로 혹은 그룹으로 해결하는 방식을 익히는 문제 중심 학습(problem-based learning), 환자의 경험을 공유하고 다양한 돌봄 욕구를 이해하기 위한 환자 중심 실기(patient- focused practice)를 활용하여 효과적으로 전달될 수 있을 것이다. 좋은 교육 프로그램 내용을 구성한 다음에는 어떻게 교육을 실시할 것인가를 고민해야 한다. 교육은 당연히 온라인과 오프라인을 통해 활자와 영상 등 다양한 매체를 활용해서 제공되어야 한다. 하지만 많은 경우 기관이나 시설들은 직원의 교육과 훈련에 대한 시간 투자를 꺼리는 경향이 있기 때문에 치매 케어의 질에 대한 감독을 통해 직원들이 치매 교육을 위한 시간을 보장받을 수 있도록 지원하는 것도 중요하다. 예를 들어 호주에서는 지역사회와 시설에서 근무하는 케어제공자가 의무적으로 치매 교육

을 받도록 한 주들이 많다. 따라서 지역 치매 교육훈련 서비스팀을 조직하여 기관 자체 교육을 지원하는 것도 고려할 수 있다.

양질의 인력을 양성하고 유지하기 위해서는 교육과 훈련 프로그램을 제공하는 것과 동시에 이들에 대한 보상 체계도 마련하여야 한다. 치매 관련 분야에서 지속적으로 본인의 전문성을 높일 수 있는 보수교육의 기회를 제공하고, 이를 인증이나 자격증과 연결시켜 경력 사다리(career ladder) 체계를 만들어 양질의 인력이 지속적으로 자신의 능력을 향상시키고자 하는 동기를 부여할 필요가 있다. 특히 날마다 치매 환자를 돌보는 요양보호사나 간병인은 낮은 임금과 높은 노동 강도로 인해 높은 이직율을 보이고 있다. 그런 이유들로 사회적으로 거리끼는 직업이 되기 쉬운데 복지 수준 등의 근무환경 개선뿐만 아니라 교육훈련 기회 제공을 통해 전문성을 높이고 금전을 포함한 적절한 보상체계 도입을 통해 직업 만족도를 높일 수 있는 대책 마련이 중요하다.

6) 연 구

연구는 치매 정책을 수립하고 실행하기 위해 가장 기초가 되는 분야로서 매우 중요하기 때문에 국가적인 치매 전략을 수립하고 있는 모든 나라들의 정책에 포함되어 있다. 연구에 대한 정책은 크게 두 부분으로 나누어 볼 수 있다. 첫째, 현실을 극복하고 치매를 근본적으로 해결하기 위한 치매의 원인 규명을 통해 완치를 위한 치료약물 개발 및 예방에 대한 연구다. 둘째, 현실을 좀 더 효율적이고 조화롭게 조직하기 위한 돌봄 서비스 개발, 시스템 조정 및 개발, 치매에 대한 인문사회과학적 측면 등에 대한 연구이다. 두 가지 모두 필요하고 중요한 영역이지만 국가 정책의 강조점을 어디에 둘 것인가는 나라마다 차이가 있다. 미국에서 최근 발표된 '알츠하이머병 해결을 위한 계획'(National Plan to address Alzheimer's disease)은 2025년까지 알츠하이머병에 대한 효과적인 치료 및 예방법을 개발한다는 목표 하에 정부와 민간, 미국과 기타 국가 간의 협력을 강화하고 1년에 5천만 달러 이상의 새로운 연구비를 투자한다는 내용이 포함되어 있다. 영국 국가전략의 모토가 '치매 있어도 잘 살기'(Living well with dementia)'라는 점을 고려하면 미국의 전략은 유럽, 호주, 우리나라에서 발표된 계획들에 비해 근본적인 연구 진흥을 강조하는 것으로 보인다. 이는 미국이 국제사회에서 약물 개발 등의 분야에서 지속적으로 주도적인 역할을 하기 위한 전략적 선택으로 보인다.

그럼에도 불구하고 대부분 나라의 연구 정책에는 몇 가지 공통점이 있다. 첫째, 과학적 지식을 현실에 적용하기 위한 응용연구에 현재보다 많은 지원이 필요하다는 점이다. 그 동안 치매의 치료와 돌봄에 대한 연구결과들이 기하급수적으로 늘었음에도 불구하고 현실에서는 이를 구현하는 서비스가 부족하였다. 따라서 당장 급한 치매 환자와 가족의 어려움을 덜어주면서 국가 부담도 줄이기 위해서는 응용 연구가 더 많이 필요하다는 인식 하에 건강 및 복지 프로그램 개발, 치매로 인한 사회문제 토의, 정책 개발 관련 연구 등을 강조하고 있다.

둘째, 치매 서비스의 효율적 전달을 위한 새로운 시스템 모델 개발을 위한 연구를 강조한다. 이를 위해 전국 혹은 지역 차원의 치매 상황을 모니터링하는 계획을 세우기도 한다. 예를 들어 미국에서는 국민 건강을 모니터링하는 '건강한 사람들 2020'(Healthy People 2020)이란 계획에 치매 관련 목표를 포함하였으며 '국립 건강 및 노화 트렌드 연구'(National Health and Aging Trends Study), '노인의료보험 수급자 현황 조사'(Medicare Current Beneficiary Survey), '건강위험행태요인 감시체계'(Behavioral Risk Factor Surveillance System) 등 지역사회 기반 데이터를 활용하여 국가 계획의 진행을 모니터링할 계획이다. 프랑스는 각 지역에서 치매 환자의 진단, 치료, 돌봄 등에 대한 종합적인 정보를 얻기 위해 연간 3,000만 유로가 투자되는 대규모 데이터베이스 구축 계획을 발표한 바 있다.

셋째, 치매 극복을 위한 연구를 지속적으로 수행하는 것이다. 이를 위해 질병 기전에 대한 연구를 확대하고 그 결과를 약물 개발과 연결시키는 것, 유전자 및 뇌 영상자료를 포함한 역학 연구를 통해 치매 예방을 위한 기반을 마련하는 것, 초기 및 전임상 단계의 치매 환자를 정확하게 진단하기 위한 생물학적 표지인자에 대한 연구가 강조되고 있다.

3. 정책 수립 및 추진

국가 차원의 치매 정책은 치매의 진행 과정에 따른 모든 돌봄 경로(care pathway), 치매 환자와 가족 및 사회를 포괄하는 모든 돌봄 단위(care unit)에 광범위한 영향을 미치는 중요한 분야이다. 이러한 정책을 올바르게 수립하고 효율적으로 추진하기 위해 고려해야 하는 다양한 요인들을 정책 수립과 추진의 두 가지 측면에서 살펴보면 다음과 같다.

1) 정책 수립

치매 정책을 수립하기 위해서는 먼저 치매로 인한 상황을 파악하여 문제의 심각성을 판단해야 한다. 상황 파악은 치매의 발생 정도와 그로 인한 사회적 영향으로 나누어서 파악할 수 있다. 치매 발생 정도는 유병율을 조사하여 현재 치매 환자 수를 국가 전체 혹은 각 지역별로 추정하는 방식이다. 또 치매 발생률을 조사하고 출생률과 사망률을 고려하여 향후 인구 변동에 따른 치매 환자 수 변동을 추산하여 파악할 수 있다. 치매로 인한 영향은 다음 세 가지 차원으로 나누어 살필 수 있다. 첫째, 건강 상태, 기능 장애의 수준 및 생존 기간, 삶의 질, 사망률에 미치는 영향 등, 환자 영향에 대한 파악, 둘째, 돌봄 상황, 부담 정도, 서비스 요구사항, 삶의 질 등 가족을 포함한 돌봄 제공자에게 미치는 영향 파악. 셋째, 치매로 인해 직간접적으로 소요되는 사회적 비용에 대한 추정. 세 가지 모두 중요하지만 치매로 인해 소요되는 국가 비용의 추산은 치매 정책 결정에 많은 영향을 미칠 수 있다. 이 비용은 국가가 치매 서비스를 위해 지출하는 비용과 치매 환자가 서비스를 이용하기 위해 직접 지출하는 돈을 더하여 직접 비용을 산출하고, 여기에 현실적으로 가능한 방법을 사용하여 질병 발생 및 돌봄으로 인한 노동력 상실로 인한 간접비용을 더하는 방법으로 얻을 수 있다. 다만 계산 방법에 따라 차이가 크게 날 수 있다는 점은 유의해야 한다.

치매 서비스의 양과 질적 상태에 대한 정보도 중요하다. 치매 서비스에 대한 이용률을 파악하여 현재 서비스 체계가 제대로 작동하고 있는지 점검하고 미래에 대한 계획을 세우는 것이 필요하다. 이와 동시에 부족한 정보, 서비스의 낮은 질, 부족한 서비스 양, 불합리한 서비스 이용 조건, 비싼 서비스 이용료 등 서비스를 이용하지 않는 이유도 파악하여야 한다. 환자와 가족의 숨겨진 요구를 찾아내고 이를 바탕으로 기존 서비스를 개선할 것인지, 아니면 서비스를 신설할 것인지도 결정해야 한다. 서비스를 신설할 경우는 반드시 다른 질병이나 상태에 대한 서비스에 비해 치매 서비스가 상대적으로 충분한지 혹은 불충분한지를 고려해야 한다.

치매 정책 수립을 위해서는 여러 대상 영역 중 어떤 것에 얼마의 비중을 줄지 영역간의 위계질서를 결정해야 하는데, 현재 상황을 바라보는 시각에 따라 갈린다. 이때 중요한 것은 치매 환자의 인간으로서의 기본권을 존중하고 동등한 서비스 접근권 및 이용권을 보장하고 사회적 구성원으로서의 활동을 보장하는 근본 윤리적 접근방법이다. 서비스의 양과 질, 지역적 편차, 이동을 억제하는 물리적 구속, 치매 환자의 의사결정 능력에 대한 판단 등을 통해 법적 대리인이나 성년후견인을 선정하는 문제, 연명치료에 대한 사전 의료 지시 혹은 가족 대리인의 결정문제 등은 치매 환자의 가장 기본적인 권리와 관련한 주요한 정책적 이슈가 된다.

안정적이고 지속 가능한 재원 조달도 중요하다. 또한 실행을 위한 시간계획과 효율적인 진행을 모니터링하기 위한 구체적인 방법들도 치매 계획에 포함되어야 한다. 시간계획은 구체적인 예산 확보와 연동되어야 하며 모니터링은 민간단체나 전문가와 같은 제3의 그룹에게 의견을 구해야 한다. 결과에 대한 평가는 간과되기 쉽지만, 치매 정책의 효율성을 높이기 위해 매우 중요한 요인이기 때문에 반드시 포함되어야 한다. 모니터링과 평가를 통해 다양한 돌봄 욕구에 대응하고 물샐 틈 없이 촘촘한 돌봄 서비스가 제공되고 있는지 확인하고 개선방안을 마련할 수 있을 것이다. 이를 위해서는 구체적인 차원의 서비스 매뉴얼이나 가이드라인 및 평가 도구 개발을 위한 연구가 먼저 진행되어야 한다.

효율적인 정책 수립을 위해서는 법적 근거부터 명확해야 한다. 이를 위해서는 현재 관련 법률에 치매 조항들을 수정 혹은 추가하는 방법과 신설 법률을 제정하는 방법이 있다. 어느 방식을 택할지는 각 나라의 법률 환경에 따라 다르다. 예를 들어 최근 통과된 미국의 알츠하이머병 해결을 위한 계획(National Plan to address Alzheimer's disease, NAPA)의 경우 포괄적인 사회복지법안에 치매 관련 조항을 추가하는 방식으로 제정되었다. 우리의 경우 2011년 9월 치매관리법이 공포되어 2012년 2월부터 시행에 들어갔다. 뒷장 치매관리법 단원에서 구체적으로 언급하고 있지만 본 법의 주요목적 3가지는 다음과 같다. 첫째, 국가가 치매 관리 사업을 통해 치매 환자 삶의 질 개선. 둘째, 가족 및 사회경제적 부담 경감. 셋째, 국민의 건강과 복리증진에 이바지. 총 21개 조항으로 구성된 이 법은 5년마다 치매관리에 대한 종합계획을 수립하고 예산을 지원하여 중앙과 지역에 치매센터를 설립 운영하고 치매 조기검진사업을 실시하며 역학조사 등 조사연구 활동을 수행하는 등의 내용을 포함하고 있다. 치매관리법은 국내 치매관리사업의 법적 근거를 제공하는 중요한 법률이지만, 앞서 언급한 치매 정책에서 다루어야 하는 모든 문제를 아우르는 법률은 아니다. 따라서 실제 정책 수립과 추진에는 노인장기요양법, 노인복지법, 민법, 정신보건법 등 여러 법률에 대한 검토가 함께 필요하다.

치매 정책의 수립을 위해서는 정부와 민간단체를 아우르는 포괄적인 자문이 필요하다. 정부 내에는 보건 및 복지 담당부서뿐만 아니라 주거, 법률, 고용, 연구, 재정 등 다양한 정부 부처들이 치매 정책과 관련이 있으므로 이들 부서간의 역할 분담과 조정 그리고 협력과 연계가 매우 필요하다. 정부 내에서도 각 부서들 사이에 이해관계가 상충되는 경우가 흔히 발생하는데, 원활한 조정을 위해서는 개별 부처들보다 상위 조직에서 치매 정책을 담당하거나 특별 위원회 형태의 협의체를 상설화하는 것이 바람직하다. 정부 외에도 치매 관련 단체와 다양한 분야의 전문가, 치매 환자와 가족 등 당사자들의 자문을 얻으려고 노력해야 한다. 물론 이런 자문 과정은 시간과 노력이 많이 소모되지만 정책에 대한 이해와 참여를 높이기 위해 꼭 필요한 과정이다.

2) 추 진

다양한 치매 환자와 가족의 욕구에 적절하게 대응하는 치매 돌봄 시스템을 구축하기 위해서는 진단, 투약, 동반질병 관리 등 건강관리 시스템과 일상생활 보조, 경제적 지원, 거주 환경제공 등 사회지원 시스템이 조화를 이루어야 한다. 건강과 복지, 지역과 시설 서비스가 조화롭게 융합된 통합적인 치매관리 시스템을 구축하기 위해서는 몇 가지 제안이 가능하다. 우선 치매를 일정한 수준의 전문가들이 적절한 시기에 최적의 방법으로 진단하고 치료할 수 있는 건강관리 시스템에 통합시키는 것이 필요하다. 이를 위해 먼저 지역사회 치매 환자들이 낙인으로 인한 질병 숨김, 치매와 노화에 대한 혼동, 치매 치료에 대한 비관적 생각을 극복하고 건강관리 시스템에 접근할 수 있도록 치매 인지도를 높이고 건강 추구 행동을 도울 수 있는 방법들이 강구되어야 한다. 또한 치매의 진단과 치료에 전문적인 지식과 기술을 가진 전문가와 환자의 접근이 용이한 지역에서 일차 진료의 간의 적절한 역할 분담과 의사소통 시스템을 구축해야 한다. 뿐만 아니라 병원에 입원하고 퇴원하는 치매 환자를 위한 낮 병원이나 단기 입원시설과 같은 중간 돌봄(intermediate care)을 위한 시설을 갖추는 것도 필요하다. 우리나라의 경우는 종합병원, 개인의원, 요양병원 간의 치매 서비스 전달체계 구축도 필요하다.

이와 함께 치매 환자와 가족의 요구에 적절하게 대응할 수 있는 사회적 지원 시스템을 구축해야 한다. 치매 돌봄 과정에서 필요한 일상생활 보조, 가사지원, 돌봄 제공자의 휴식 등 장기요양과 관련된 주요한 서비스들이 적절하게 제공될 수 있도록 해야 한다. 현재 장기요양 체계는 신체적 장애에 초점이 맞추어져 있는 만큼 인지장애와 정신행동증상을 보이는 치매 환자의 특별한 욕구에 대응할 수 있는 평가와 서비스 전문성을 갖추는 것이 필요하다. 또한 장기요양에서 부족한 의료적 건강관리 서비스를 보완하고 건강관리 시스템과의 소통 채널을 확보하는 것도 중요한 정책적 이슈가 된다.

다음으로 지역사회에서 두 가지 시스템을 조율하는 것이 필요하다. 치매 환자와 가족의 요구, 국가 경제적인 이득 등의 이유로 대부분 국가는 지역사회 중심의 치매 돌봄을 강조하고 있다. 따라서 지역사회에서는 병원, 주간보호센터, 요양시설, 자원봉사 조직 등이 함께 치매 환자와 가족에게 치매 상담과 정보제공, 서비스 제공과 연계 등 건강관리 서비스와 사회지원 서비스를 제공해야 한다. 이를 연계하고 조정하며 치매 환자와 가족의 요구를 추적하기 위해서는 적절한 지역사회 서비스 접촉지점을 설정해야 한다. 이런 접촉지점이 단일한 지점으로 설정될 때 서비스에 대한 접근성을 향상시키고 보다 통합적인 서비스를 제공할 수 있다. 또한 치매 환자와 가족이 서비스를 받기 위해 절차상 접촉해야만 하는 전문가의 수를 줄일 수 있다. 그래야만 불필요한 평가는 빼서 불필요한 경제적 비용 지출 억제라는 효과도 기대할 수 있다. 최근 프랑스가 국가계획 하에 전국에 설치하고 있는 '치매환자의 자율성과 통합을 위한 시설'(Maisons pour l'Autonomie et l'Integration des malades Alzheimer, MAIA), 호주의 빅토리아 주에서 운영 중인 '인지 · 치매 · 기억서비스'(cognitive, dementia and memory service, CDAM), 영국의 '크로이돈 기억 서비스 모형'(Croydon memory service model)과 국내의 치매상담센터가 그 예가 될 수 있다.

통합적 시스템에서는 치매관련 사업 모두를 정부 단독으로 수행할 수 없기 때문에 정부와 비정부기구(Non Government Organization, NGO)의 협력이 중요하다. 예컨대 민간은 치매 환자와 가족을 대변하고 자원봉사 활동을 촉진하며 연대를 통해 사회적 인식을 개선하기 위한 캠페인을 전개하는 등 공공의 이익을 실현하기 위한 활동을 벌일 수 있다. 정부는 이들 기구의 역할과 기능을 모니터링하고, 정부의 역할이 제한되거나 미비한 분야에서 적절한 활동을 할 수 있도록 지원하는 정책이 필요하다.

Ⅱ 치매에 대한 법적, 제도적 대응

1. 치매의 사회문제화

「노인복지법」이 제정되고 거듭 개정되었지만, 1995년 전부개정 이전까지 치매는 아직 사회문제의 문턱을 넘어서지 못해 사회문제의 범주에 들지 않았다. 1995년 들어서야 노인인구 비중이 5.9%로 '고령화사회'(7%, 2000년도)가 어른거리기 시작했다고 볼 수 있다. 그래서 그 전까지는 「노인복지법」과 장애인복지법에서도 치매에 대한 대응책이 언급되지 않았다. 오히려 사회노령화와 저출산 문제가 심각해지면서 '저출산 · 고령화'문제가 먼저 사회문제화 되기 시작했다(저출산 · 고령화 대책 제1차 기본계획: 2006~2010; 제2차: 2011~2015; 제3차: 2016~2020).[2] 그러나 노인인구의 가파른 증가에 따른 치매인구의 증가 현상은 꾸준히 진행 중이었고, 그런 현상은 다음 여러 가지 경로를 통해 언론을 통해 부각되고 있다. 이런 절차는 세

---

2) "치매종합관리대책"은 제1차(2008~2012), 제2차(2013~2015), 제3차(2016~2020)로 '저출산 · 고령화 대책'보다 2년 뒤에 시작했지만, 제2차에서 기간이 조절되면서 결국 기간의 동조화가 이루어졌다. 한국보건사회연구원(2014)에 따르면 최근 노인 중 후기 고령자(80대 노인)의 비중이 20.6%로 가파르게 증가하였다(김상우 외, 2014; 김근혜, 윤은기 2016: 1에서 재인용).
치매유병률은 연령에 따라 급격히 증가하기 때문에(65~69세는 1.3~3.6%, 85세 이상은 30.5~33.2%) 전체 노인인구의 증가뿐만 아니라 노인인구 중 초고령층 비율 증가가 치매 환자 증가를 가속화시키는 주요 요인으로 예측되고 있다(김기웅 외 2015: 10). 한편 알츠하이머 인터내셔널(ADI: Alzheimer's Disease International)의 지원에 따른 킹스 칼리지 런던의 글로벌노화치매연구소(Global Oservatory for Aging and Dementia Care)의 세계 알츠하이머 보고서 발표에 따르면 2015년 세계 치매 환자 수는 4,680만 명이었고, 해마다 신규 치매환자가 1천만(초당 1명꼴), 20년마다 두 배 증가할 것이라고 한다. 따라서 2050년엔 1억3천1백만 명까지 예측되고 있다. 치매에 따른 사회경제적 비용 또한 2015년 8,170억 달러에서 매 13년마다 두 배 이상 증가하리란 추정이다(한-영 치매극복 국제심포지엄, 2015~16: 27).

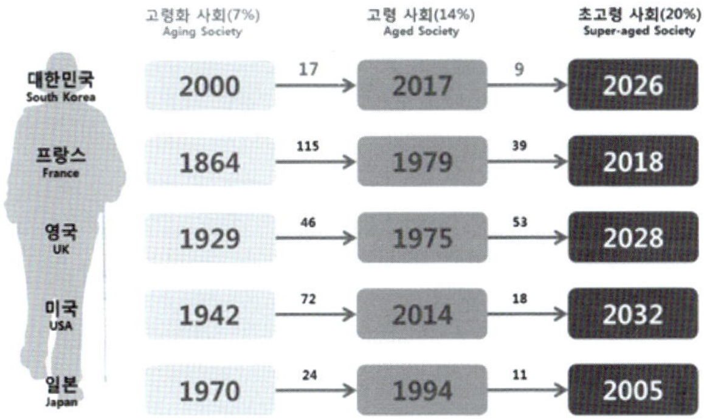

〈그림 3장-1〉 각국의 고령화 속도

자료: 경기도(보건복지국), 2017: 1

중앙치매센터 홈페이지 오늘의 치매 현황에 따르면 환자 수 699,728명, 유병률 10.0%, 진단율 76.2%, 비용 155,771억 원으로 나타났다(http://www.nid.or.kr/ main/main.aspx/2016.12.24., 인출).

〈표 3장-1〉 연도 별 치매의 사회적 비용 추계

(단위: 조원, %)

구분 \ 연도		2013	2020	2030	2040	2050
실질 GDP(C)		1,134.9	1,471.3	1,938.6	2,384.7	2,787.9
사회적 비용	실질비용(D)	11.7	15.2	23.1	34.2	43.2
	GDP 대비 비율(D/C)	1.0	1.9	1.2	1.4	1.5

자료: 보건복지부, 2015

이병호(2015)에 따르면, 인구고령화 현상과 함께 높은 노인빈곤율, 전통 가족구조 해체에 따른 비자발적 독거노인 증가, 노인자살률 증가 등의 사회문제가 심화되고 있다는 관점이다. 그에 따른 노인복지사업 관련 지출 증가로 지자체 재원마련에 난항을 겪을 수밖에 없다는 의견이다(김춘남, 2016: 17 재인용).

〈표 3장-2〉 치매 유병률 조사('12)

(단위 : 천 명, %)

구 분	'10년	'13년	'14년	'15년	'20년	'24년	'30년	'50년
노인인구	5,425	6,138	6,386	6,624	8,084	9,834	12,691	17,991
치매노인인구	474	576	612	648	840	1,008	1,272	2710
치매유병률(%)	8.7	9.4	9.6	9.8	10.4	10.2	10.0	15.1

자료: 분당서울대 병원, 2013

부적인 차이는 있더라도 대개의 입법 과정에서 나타난다.

첫째, 치매로 인한 가정파탄, 자살이나 살인 등의 치매 관련 사건이 뉴스에 실리는 일이 잦아진다. 글로벌화와 함께 이웃나라는 물론 먼 나라들의 관련 사정들도 참고 대상이다.3)

둘째, 치매를 수발하는 전문가 또는 특수인력의 교육을 선점하기 위한 기관들(협회, 학원, 아카데미, 전문대학 또는 대학교 등)이 등장하며 수강생 모집 기사나 그와 관련한 문제들(과장광고, 사기 등)이 등장한다.4) 아울러 이들의 입법로비도 생각해볼 수 있다.

셋째, 치매에 대한 연구5)와 통계를 통해 개인 차원을 넘어 사회적 차원에서 치매의 심각성이 잇따라 보고되고, 보도된다.

넷째, 입법 필요성과 타당성에 대한 검토가 이루어지고, 이어서 입법을 통해 치매에 대한 국가의 개입이 제도화된다. 제도화 과정에서 나타나는 문제들이 누적되면 법의 개정이 이루어진다.

---

3) 2005년 초고령사회에 진입한 일본은 치매인구가 200만 명이 넘었다(김춘남, 2016: 7).

4) 처음 요양보호사 학원은 과대광고로 돈을 많이 버는 것처럼 유혹하여 교육을 끝내고 취업은 개인사정으로 미루고 끝냈던 것이 사실이었다(http://tip.daum.net/question/56263041/ 2016.12. 20., 인출). 특히 2008년 노인장기요양보험제도가 시행되면서 일정시간 이상의 교육을 수료한 사람에게 요양보호사 자격증을 발급했는데, 교육기관과 교육생 간의 부당한 거래를 통해 허위 자격증이 남발되어 자질 문제로 비화되면서 2010년부터 자격시험제도로 바뀌었다(박은수, 2012: 276).

5) 미국의 경우 AAA(Alzheimer's Accountability Act) 제정 후 알츠하이머 연구비로만 2천5백만 달러(약 276억)를 추가 배정하고, 영국은 2014~2015에 1,120억 원, 프랑스의 경우 2014~2019 기간 매년 약 4억5천만 유로를 지원한바 있다. ADI는 '2015 First WHO Ministerial Conference on Global Action Against Dementia'에서 치매 관련 연구개발비 규모를 국가치매관리비용의 1% 수준 확대 제안하였다. 우리나라 연구개발 규모는 2013년 173억, 2015년 252억 원으로 증가 추세지만, 국가치매 관리비의 0.2%, 암연구개발비의 1/7 수준이다. 예산뿐만 아니라 연구 자료와 성과에 대한 통합적 관리 체계도 없고, 뇌 은행은 있어도 질환별 임상 정보가 수반된 뇌 조직 확보 체계나 대상자 관리 시스템마저 없는 상태다(김기웅 외, 2015: 11~12).

2. 입법절차

1) 국가 개입의 필요성과 정당성

입법 절차가 본격적으로 공식화되기 위해서는 먼저 치매가 사회문제로 인정될 수 있는지에 대한 검토와 함께, 치매 문제를 국가 차원에서 개입해도 될, 또는 개입해야만 할 근거를 도출하는 것이다. 치매관리에 대한 정부 개입의 정당성을 김근혜·윤은기(2016: 3~5)는 김강림(2012), 양봉민(1999), 윤은기(2015) 등이 각자의 연구를 바탕으로 정리하였는데, 이를 다시 간추리면 다음과 같다.

첫째, 치매에 대한 지식과 정보의 불균형 : 치매에 대한 지식과 정보 자체가 완전하지 않지만, 그나마도 치매관련 서비스 공급자인 의료인에 편중되어 소비자인 일반 시민과 비대칭 관계에 놓인 상태다. 이 상태에서 서비스 제공기관이 공공성보다 수익성과 효율성에 치우칠 수 있다. 따라서 소비자의 건강과 효용을 지키기 위해서는 정부의 개입이 필요하다.

둘째, 수요의 불확실성과 공급 독점의 지양 : 정보와 지식의 부족 때문에 질병이 언제 어떻게 발생해 비용이 얼마나 소요될지 모르는 시민의 불안은 사회적 불확실성을 야기한다. 한편 보건의료 서비스 공급은 면허를 가진 이들만의 법적 독점 상태에서 경쟁시장의 활성화를 저해하고 공급자 측에서 집단적 이익을 추구할 경우 시민들의 피해를 피할 수 없다. 아울러 치매에 대한 예방 중심의 의료시스템이 치매 발생 이후의 의료서비스보다 비용을 대폭 경감시킬 수 있다.

셋째, 공공재와 가치재로서의 보건의료 치매서비스 : 치매는 개인의 건강파괴뿐만 아니라 가족, 사회, 국가 전체의 경제적 및 비경제적 피해를 초래한다. 따라서 단기적으로 적정수준까지 소비가 이루어지지 않더라도 국민의 건강 증진과 건강경제의 보건산업 증진이 장기적 편익을 거둘 수 있다. 따라서 이러한 공공재요 가치재인 치매 보건의료 서비스를 시장에만 맡길 수 없기에 국가의 개입이 필요하다.

넷째, 외부효과 : 치매 예방은 본인은 물론 가족들의 정신적, 경제적 고통과 사회경제적 비용을 줄이는 외부효과를 거둘 수 있다. 이러한 외부효과가 있지만 소비의 안정화 단계에 들어서기까지는 시장 실패 방지를 위해 국가 개입이 정당화된다. 치매 예방에 대한 개입이 없을 경우 개인 소비자들은 당장의 효과를 보기 어려운 치매예방에 매력을 느끼지 못하고, 공급자들의 경우 최대 이익을 위해 예방보다 치료와 수발 서비스 공급을 선호하게 된다.

여기에 하나를 더 추가한다면 국제법에 따른 국내법 입법 책임과 국제동향이다. UN 총회에서 '노인을 위한 UN원칙'이 채택된 이상 회원국은 그 원칙을 국내법에 담는 것이 권고사항이다. 권고인 이상 의무는 아니지만 국제관계며 국가의 품격 등은 '메이드-인-코리아' 제품들이며 투자 등과도 연결되기 때문에 가능한 따라왔다. 심지어 60년대 아동문제나 빈곤문제에 관해서도 실천 가능성 여부를 떠나 입법은 하였다. 이 원칙에서 '건강과 장기간 보호를 위한 효율적 비용의 의료비 지출에 관심을' 갖도록 권고했다. 또 UN의 노인 인권관련 활동에서 수발문제에 관한 '비엔나 세계고령화회의'(World Assembly on Ageing, 1982년)의 '고령화 관련 비엔나 행동계획'(Vienna International Plan of Action on Ageing)이 1982년 유엔총회의 승인을 받았다. 아울러 제2차 회의인 '마드리드 고령화 국제행동계획(MIPAA: Madrid International Plan of Action on Ageing, 2000)은 인구고령화에 대한 포괄적인 행동계획으로 3가지 방향을 제시하였다. 첫째, 노인과 발전(특히 사회 참여, 지식, 교육, 훈련에 대한 접근, 세대 간 연대, 빈곤해소, 소득보장 등). 둘째, 노년까지의 건강과 안녕 증진(전 생애 건강 증진, 평등한 보건의료서비스, 보호제공자와 보건전문가 훈련, 노인 정신건강, 노인 장애). 셋째, 능력 부여하고 지원하는 환경 확보(주택과 주거환경, 보호와 보호제공자 지원, 노인 유기, 학대와 폭력, 노인 이미지 개선)(http://www. unescap.org/ageing-asia/ko/about-mipaa/2016.12.14., 인출)[6]. 이런 국제 원칙들이 결국 「노인복지법」과 「노인장기요양보험법」 그리고 결국에는 치매관리법 입법에 영향을 줄 수밖에 없었을 것이다. 그리고 주요 국가들이 치매에 대응하는 정책기조도 참고하게 된다. 세금을 재원으로 하는 영국의 건강-의료 체계에서는 다른 여느 질병과 마찬가지

6) 마드리드 고령화 국제행동계획에서는 활기차고 지속가능한 고령화 사회를 위해 3가지 방향을 정하고 구체적인 행동계획에 들어갔다.

로 치매 역시 국가의료서비스(NHS) 대상이다. 그러나 갑작스런 사회문제로 등장해 엄청난 사회적 비용 때문에 2009년 '국가치매관리전략', 2012년과 2015년 '치매와의 전쟁' 선포(수상) 등 특별한 조치들을 취해야 했다.[7] 일찍이 의료보험(Krankenversicherung-질병보험)의 과부하 때문에 노인들의 수발문제를 따로 해결하기 위해 '수발보험법'을 추가 입법했던 독일도 급증하는 치매로 인한 비용 때문에 처음에는 수발보험 수급 대상에 치매를 포함하지 않았다. 그러다 문제가 더욱 커지자 수발 등급을 조절하며 특별등급으로 치매를 수발보험에서 처리하였다. 일본의 경우도 개호보험을 마련하였고 그 절차가 독일과 비슷하지만, 수발 담당 가족이나 친지에 대한 급여가 없다. 어차피 사회보험과 연계한 공공 의료체계가 없다시피 한 미국(44대 미국 오바마 대통령(2009년 1월 20일~2017년 1월 20일) 오바마케어(Affordable Care Act)의 경우 국가의 개입을 위한 '치매관리법'을 세계 최초로 마련한 이유를 짐작할 만하다. 우리는 일본과 미국을 아우르는 방법을 선택했다.

2) 관련법 체계

입법으로 문제가 모두 해결되는 것은 아니지만, 그럼에도 국가가 입법 없이 문제에 제도적으로 접근하기 어렵기 때문에, 입법은 중요한 단계가 된다. 문제는 입법 자체가 그리 간단하지 않다는데 있다. 우선 기존 국내법체계를 확인하여 상

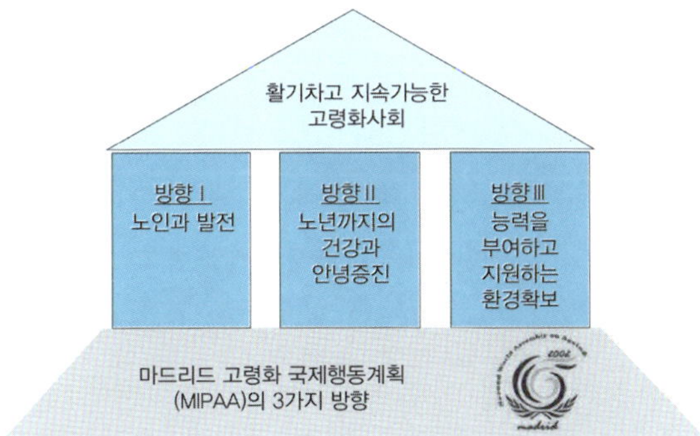

〈그림 3장-2〉 마드리드 고령화 국제행동계획

자료: 보건복지부, 2002

7) 우리나라의 경우 2008년에 보건복지부에서 치매와의 전쟁을 선포한바 있다.

위법(헌법, 사회복지기본법)에 위배되지 않고 상위법에서 규정한 국가의 의무와 책임들을 현실적으로 완수하는 방식의 대안을 모색하는 것이 중요하다. 이미 존재하는 법률들과 중복되는 일 없이 연계성과 효율성을 키울 수 있는 방법도 강구해야 한다. 치매와 관련성이 가장 큰 기존의 법에 치매 관련한 조항을 추가함으로써 문제 해결을 시도할 수도 있다. 예컨대 처음 사회문제로 떠오른 치매를 「노인복지법」 안에서 해결하려는 방식이다.

〈표 3장-3〉 치매 관련법 체계

핵심 관련법	「치매관리법」, 「국민건강보험법」, 「노인장기요양보험법」, 「의료급여법」, 「노인복지법」, 「민법」제2장제1절과 제5장에서 '성년후견'에 관한 조항들
관계있는 법	「사회복지사업법」,「국민건강증진법」,「보건의료법」,「의료법」,「공공보건의료에 관한 법률」,「지역보건법」,「저출산 · 고령사회기본법」, 「장애인복지법」등

자료: 노재철 · 고준기, 2013: 12를 보완, 재구성

치매문제의 해결을 위해 상위법뿐만 아니라 관련법들의 체계를 살펴볼 수밖에 없다. 가장 기본적인 차원인 공적 의료보장을 규정한 법으로 국민건강보험법, 노인장기요양보험법, 저소득자 의료 무상 지원을 위한 의료급여법, 노인의 건강유지와 최저 의료 보장을 위한 노인복지법 등이 있다. 먼저 치매가 질병인 이상 국민건강보험법과 직접 연결된다. 그런데 장기적인(65개월 이상) 요양이 필요한 노인질환인 경우라면 재가 및 시설 장기요양 급여와 가족요양보호제공자에 대한 급여를 제공하는 노인장기요양보험법과 연결된다. 그렇다면 치매는 노인성질환인가? 전체 치매환자의 약 20% 정도가 노인이 아니라고 하는데, 이 사실부분이 사정을 복잡하게 만든다. 그러나 더 근본적인 문제는 비용과 재정이다. 게다가 치매는 일정정도 진전이 된 경우 치료가 거의 불가능하다. 그렇다면 치료라기보다는 수발, 요양에 가깝다. 이런 복잡한 사정과 초기 치매가 대부분 노화의 문제로 인식되었던 사정을 감안하여 결국은 가장 무난한(그래서 현실적 보장도 약한) 노인복지법에서 치매 규정을 추가하였으리라 추정해본다. 따라서 치매 노인 중

저소득자에 한해 공공부조 방식으로 지원하겠다는 의도인 셈이다. 그 외에는 고령친화산업진흥법을 통해 길을 틔워놓은 서비스와 보장구 등을 스스로 구매하여 해결해야 한다.

3) 치매관리법 입법

'치매'란 말이 법률에서 처음 언급되기 시작한 것은 「노인복지법」에서다. 그러니까 새로운 입법보다는「노인복지법」의 보완(개정)을 통해 치매문제를 해결하는 쪽으로 방향을 잡은 것이다. 1997년 8월 22일 「노인복지법」 전부개정에서 '치매'란 말이 처음 등장한다. 개정된 전문에서 "인구의 고령화 추세에 따라 증가하고 있는 치매 등 만성퇴행성 노인질환에 보다 효과적으로 대처"한다는 취지가 제시된다. 아울러 재활요양사업과 함께 치매 예방과 퇴치를 위한 치매의 연구와 관리사업을 국가 또는 지방자치단체가 실시하도록 하고(제29조), 치매를 비롯한 만성퇴행성 노인환자 시설을 설치할 수 있게 하였다(제34조). 법을 새로 제정하는 것과 맞먹는 전부개정에서 제시된 법의 목적 또한 노인질환의 사전예방과 조기발견이 처음으로 언급된다(〈표3장-4〉 참조). 처음 치매 문제가 사회적 현안으로 떠오른 것이 입법의 원인을 제공하였지만, 입법 후 치매를 제대로 다스리기 위해서는 예방이 최선책이라는 게 밝혀진 데 반해 국민 전반의 인식은 예방과 거리가 멀어 다시 시민의 인식 개선을 위한 방안이 강구되는 셈이다.[8)]

그러나 1993년 「노인복지법」 개정에서도 치매와 연관될 수 있는 정황이 이미 보였다. 직접 치매를 언급하진 않았지만, 치매를 비롯한 장기요양 수요자가 늘어나는 현실에서 유료 복지시설과 민간 고령친화산업의 도입을 위한 입법 장치가 마련된 것이다. 여기서 이 분야 문제해결의 상당부분을 시장에 맡긴다는 입법방향을 읽을 수 있다. 그것은 한편으로는 원활한 서비스 공급의 보장과 경쟁을 통한 서비스의 질적 수준 향상을 꾀하는 동시에 관련 시장분야의 발전을 통한 일자리창출과 경제발전 그리고 국제적 경쟁력 확보를 통한 수출 강화 등 국가 경제 전반과 연결된다.

---

8) 이런 정책에 따라 다시 여러 기구와 기관들이 생겨났다. 이를테면 치매예방 단체로 '국제치매예방협회'(http://www.kaptc.or.kr/01.php?sub=2)와 '한국치매예방협회(http://www.chimae.or.kr/)등이 있다.

그리고 이를 위한 방향이 이미 고령친화산업진흥법(2008)에서 제시되었다.

〈표 3장-4〉 노인복지법 1993년 일부와 1997년 전부 개정의 목적 비교

구분	1993년 개정된 「노인복지법」	1997년 개정된 「노인복지법」
목적 (제1조)	이 법은 노인의 심신의 건강유지 및 생활안정을 위하여 필요한 조치를 강구함으로써 노인의 복지증진에 기여함을 목적으로 한다. * 유료복지시설 설치 운영 허가, 고령친화산업에 대한 민간기업의 관심 유도	이 법은 노인의 질환을 사전예방 또는 조기발견하고 질환상태에 따른 적절한 치료·요양으로 심신의 건강을 유지하고, 노후의 생활안정을 위하여 필요한 조치를 강구함으로써 노인의 보건복지증진에 기여함을 목적으로 한다.

치매에 대한 법적 정의는 2007년 1월 3일 일부 개정된 「노인복지법」(제1조의2)에서 비로소 처음 등장한다.[9] 여기에 언급되어 있는 "'치매'라 함은 퇴행성 뇌질환 또는 뇌혈관계 질환 등으로 인하여 기억력, 언어능력, 지남력, 판단력 및 수행능력 등의 기능이 저하됨으로써 일상생활에서 지장을 초래하는 후천적인 다발성 장애"로 제시되어 있다. 아울러 "치매의 예방과 치료에 관한 사회적 인식을 제고하기 위하여 매년 9월 21일을 치매극복의 날로" 지정하였다(「노인복지법」 제6조 제3항). 시·군·구의 관할 보건소에 치매예방 및 치매환자관리를 위한 치매상담센터 설치 규정도 이때 이루어졌다(제29조의2). 2007년 8월 3일 개정에서는 노인시설에서 치매노인이 추가되고(제34조), 다시 치매로 인한 실종 노인에 대한 신고의 의무(제39조의10)가 추가되었다.

그러나 치매 문제를 「노인복지법」의 틀 안에서 제대로 해결하기 쉽지 않다는 의견에 따라 결국 2008년 '치매 종합관리대책'에 이어 2011년에「치매관리법」이 따로 입법되어 2012년부터 시행되었다. 그리고 2014년 7월부터「노인장기요양보험법」의 개정을 통해 '치매특별등급'이 마련되었다. 국가 차원 또는 사회보험 차원에서 문제해결을 시도한 것이다. 그러나 여기 언급된 세 개의 법들은 관련성이

9) 세계보건기구(WHO) 국제질병분류 제10차 개정판(ICD-10)의 규정은 다음과 같다: 뇌의 만성 또는 진행성 질환에서 생긴 증후군. 기억력, 사고력, 이해, 계산, 지남력, 학습능력, 언어, 판단력 등을 포함하는 대뇌피질 기능의 다발성 장애. 의식 혼탁 없이 일상생활의 활동이 손상될 정도의 장애가 최소 6개월 이상 지속되는 경우(김고은, 2011: 1)등을 말한다.

매우 깊은데(노인이 주요 대상이란 점), 과연 그렇게 따로 구분하는 법체계가 바람직한 것인지는 확실하지 않다.[10] 그렇게 보자면 여기에 국민건강보험법은 다시 「노인장기요양보험법」 및 치매관리법과 연관될 수밖에 없다. 게다가 국민연금법 또한 노후생활과 연결된다. 따라서 관련이 있다 하여 법률 하나로 통합하기도 쉽지는 않다. 그럼에도 적어도 서로 관련된 법조항의 준용 규정 등을 추가하여 연계성을 높일 필요는 있어 보인다.[11]

재원은 노인장기요양보험료가 되어야 하는데, 아직 제자리를 갖추지 못하였기에 독립적이되 연계된 건강보험재단과 어차피 부대비용을 포함한 일부 재원을 충당해야 할 국가(지방자치단체)의 부담도 함께 요구된다. 따라서 가용 재원의 한계와 효율성을 생각해야만 한다. 물론 애초의 헌법 차원의 제도에 따라 달라지긴 하지만, 현실에서 새로운 분야에 들어갈 재원이 막대하고 또 관련 시장의 변화가 요구되는 경우 거의 예외 없이 거쳐야 할 절차다. 이와 관련하여 해외의 사례들에 대한 모니터링이 이루어진다.

---

10) 2011년 8월 4일 「노인복지법」 제1조의2(정의): "3. '치매'란 「치매관리법」 제2조 제1호에 따른 치매를 말한다." 이와 함께 치매극복의 날(제6조 제3항 =〉 제5조), 치매관리사업(제29조 =〉 여러 조항에 산재), 치매상담센터의 설치(제29조의2 =〉 제17조) 등이 삭제되고, 「치매관리법」으로 넘어갔다.

11) 국회 보건복지위원회 간사 이명수 의원이 2015년 보건복지부 국정감사에서 제기한 노인건강보장 관련 법률의 체계 정비의 필요성으로 노인건강보상관련 법률들이 시속적으로 제정되면서 기존법률과의 영역별 구분의 모호함과 중복 및 법률개념의 혼선에서 비롯한다고 주장하였다. 따라서 문제와 대안으로 각각 3가지 정도로 나눠서 정리한바 있다. 첫째, 요양보호사에 대한 장기요양급여 제공 근거는 「노인장기요양보험법」에서 규정하면서, 요양보호사의 자격취득설자에 대한 근거는 「노인복지법」과 그 시행규칙에 규정된 문제-「노인복지법」에 규정된 요양보호사 대상 교육과정과 절차 조항을 「노인장기요양보험법」에 준용규정으로 신설. 둘째, 노인장기요양보험제도에 새로 치매특별등급의 도입 후 기존 요양보호사에게 추가 제공되어야 하는 인지활동형 교육관련 규정을 「노인복지법」과 「노인장기요양보험법」 중 어디에 둘지 혼선의 문제-요양보호사 인력의 전문성 확보와 관련 서비스 질 제고의 문제 해결을 위해 「노인장기요양보험법」과 「치매관리법」 간의 규정연계가 필요. 셋째, 노인학대나 실종노인 상당 수가 치매노인인 것을 감안하면 그 신고 및 보호와 지원 절차와 관련하여 「노인복지법」과 「치매관리법」 사이의 관련 체계 미흡의 문제-「노인복지법」의 노인학대 관련 규정 중 치매노인에 대한 학대나 실종노인에 대한 사후관리 절차 등은 '치매관리법'을 준용하고, 「노인복지법」의 노인의료복지시설과 「노인장기요양보험법」의 장기요양기관 사업적 연계성을 보여주는 조항 신설 등을 언급하였다(http://medicalworldnews. co.kr/news/view.php?newsid=1441897942/2016. 12.13., 인출).

3. 치매관리법의 이해

1) 치매관리법의 제·개정 이유와 목적

(1) 제정 이유

질병인 치매는 예방과 조기검진으로 비용과 고통의 절감이 가능하고 건강과 복리 증진이 가능하다. 이를 위해 국가 차원의 치료 대책과 사회적 인프라 확보를 위한 법적 근거를 마련해야 한다. 이 법 제정의 가장 근본적 이유는 치매에 대한 조기 검진 및 예방의 필요성과 국가 차원에 대책과 인프라 확보라 할 수 있다. 제정 이유에 따르면 치매는 자연스런 노화현상이 아닌, 뇌의 기능 장애에 따른 퇴행성 질환이다. 질환이기에 예방하고 또 조기 검진으로 꾸준히 치료하면 진행속도를 낮추고 증상을 완화시킬 수 있는데, 아직까지 치매환자는 그런 혜택을 모른 채 가족과 사회의 무관심 속에 방치되고 있는 것이 현실이다. 따라서 국가가 나서서 예방, 홍보, (조기)검진 등 관리사업을 지원해 치매환자의 삶의 질 개선과 가족과 사회의 경제적 부담을 덜어 국민의 건강과 복리증진에 이바지해야 한다.

지극히 당연하고 합리적인 이유다. 생물학적 차원의 치매는 뇌세포 손상에 의해 개인이 제 기능을 하지 못하는 현상이다. 물론 고통이 수반되고 더구나 그 고통은 혼자의 고통으로 남지 않는다. 아무리 좁게 잡아도 가족을 비롯한 주변사람들에게도 고통이요 부담이 되기 마련이다. 그것이 모아지고 커지면 바로 사회적 부담이 된다. 사회적 차원에서 치매는 결국 사회 공동체 전체에 부담을 줄 수 있다. 따라서 사회적 지원 속에서 연구와 정책을 통해 예방과 조기진단 및 치료를 하고, 그 결과 개인의 고통과 사회적 부담을 줄여야 한다.

(2) 개정 이유

치매관리법의 당면한 실정은, ① 급속한 고령화로 개인과 사회의 부담 증가 ② 치매환자 가족에 대한 지원 절실 ③ 광역치매센터의 설치에 관한 법적 근거 필요, 이렇게 세 가지로 정리된다. 이에 따라 치매환자 가족 지원 사업, 광역치매센터 및 치매상담콜센터의 설치에 관한 근거 규정이 필요하게 되었다.

급속한 고령화로 치매노인이 2024년에 100만 명을 초과할 전망이며, 이로 인한 개인과 사회의 부담 증가가 예견되는 실정이다. 부양에 따른 부담으로 신체적, 정신적 스트레스가 다른 질병에 비해 훨씬 높기 때문에 치매환자 가족에 대한 지원도 필요하다. 법령에 따라 5년마다 수립·시행되고 있는 정부의 치매관리종합계획에서는 중앙과 광역 그리고 지역이 연계된 치매관리 전달체계의 확립을 추진 중이지만, 현행법에 광역치매센터의 설치에 관한 법적 근거가 없는 실정이었다. 따라서 치매환자 가족의 부양부담을 완화하고, 이들을 위한 상담·교육 프로그램을 개발·보급하는 등 치매환자의 가족 지원 사업(제3조에 2개항, 제6조에 1개항, 제12조에 2개항 추가)과 광역치매센터의 설치에 관한 근거규정(제16조의2)을 마련하기 위한 개정이었다. 또한 급증하는 치매 치료·돌봄기관에 대한 서비스 기술 지원 및 종사인력에 대한 교육·훈련을 수행할 수 있도록 하고, 치매환자 관리 등에 대한 전문적이고 체계적인 상담서비스를 제공하기 위한 '치매상담콜(전화)센터'의 법적근거(제17조의2)도 마련하였다.

(3) 법의 목적

이 법의 목적을 통해 치매에 대한 국가와 사회의 태도와 지향하는 바를 알 수 있다. 이 법의 목적(제1조)은 다음과 같다.

> 이 법은 치매의 예방, 치매환자의 진료·요양 및 치매퇴치를 위한 연구 등에 관한 정책을 종합적으로 수립·시행함으로써 치매로 인한 개인적 고통과 피해 및 사회적 부담을 줄이고 국민건강증진에 이바지함을 목적으로 한다.

이미 「노인장기요양보험법」에서 겪은 바 있듯이, 요양의 필요성을 되도록 늦추고(생활태도, 식생활, 운동 등), 아울러 가능한 자신의 가정에서 지낼 수 있다면(재가요양), 요양시설에서 지내는 것보다 훨씬 더 비용이 절감될 것이다. 물론 요양 서비스 수급자 자신도 바라는 일이기도 하다. 따라서 국가로서는 이 방향의 정책 시행을 조속히 그리고 가능한 완전에 가깝게 하는 것이 다방면으로 바람직하다. 다만 앞에서 거론되었듯이 현실적 비용과 재정의 한계를 함께 감안하지 않을 수 없다. 따라서 초기에는 가장 기본적인 부분만 국가에서 감당하고, 가급적 민간 서비스 시장의 활성화를 통해 치매환자들이 개인적으로 해결하도록 하자는 취지였다.

그것이 우리의 경우 초기 시설의 난립을 초래했던 결과를 낳았다. 서비스도 전문적인 교육과 자격증 제도 미비로 저임금의 전문성 낮은 직종으로 자리 잡아 갔고, 그나마 현실적 필요에 충분할 정도로 배치되지 못하였다. 즉, 적은 비용으로 일단 수용하고 보자는 격으로, 이는 과거 아동보호시설이나 양로원처럼 치료나 생활이 아니라 사회적 격리라고 볼 수밖에 없다. 그것이 오늘날 대부분의 노인들이 시설을 꺼리게 된 가장 큰 이유일 것이다.

그러는 사이 법이 제정되면서 서비스 수준의 안정성을 위해 교육과 자격증 제도가 필요하고, 다시 시설에 수용될 수밖에 없는 사람들을 위해 시설의 기준이 강화되었다.[12] 그에 따라 기존의 노인시설들이 치매환자들을 수용하려면 더 구체적이고 현실적인 요구조건들을 충족시켜야 했다. 그러나 그럴 경우 비용이 증가할 수밖에 없다. 따라서 개인과 사회적 비용의 절감을 위해서는 시설요양보다는 재

12) 제3차 치매관리 종합계획의 주요 내용은 〈그림 3장-3〉과 같다.

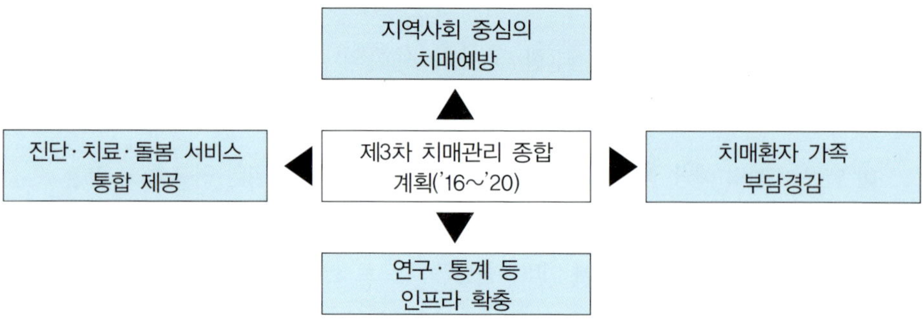

〈그림 3장-3〉 제3차 치매관리종합계획(2016~2020 구성)

주요 내용으로는 예방·인식개선, 진단·치료·돌봄, 가족지원, 연구·통계 등을 꼽을 수 있고 그에 따른 구체적인 내용은 아래와 같다. 예방·인식개선: 치매정밀검진 급여전환, 치매고위험군 관리 강화, 치매안심마을 지정, 치매 파트너즈 50만명 양성, 치매예방실천지수 개발·보급. 진단·치료·돌봄: 치매가족상담수가 신설, 치매전문병동 운영, 24시간 단기 방문요양 제공 장기요양 치매유니트 설치 확대, 치매노인 공공후견제도 도입 검토. 가족지원: 치매가족 여행바우처 지원, 치매가족 온라인 심리검사 지원, 치매상담콜센터 가족상담 강화, 치매환자 소득공제 홍보. 연구·통계: 치매연구·통계연보 발간, 치매노인 연구 코호트 구축, 치매진단 및 치료연구 지속 지원(자료: 보건복지부, 2015).

가요양이 훨씬 더 합리적이다. 더구나 노인들 스스로도 살던 곳에서 계속 머무르길(Aging in Place) 바라는 것은 수없이 검증된 사실이다. 그에 따라 노인들 스스로 꺼리는 시설요양보다 재가요양 쪽으로 정책을 바꾸면서 재가요양을 위한 법적 장치들이 마련되었다(방문요양서비스 강화-24시간 방문요양도 1년 6일 이내, 치매가족상담 및 지원). 아울러 노인들과 요양에 편리한 주택개조와 시설 마련을 위한 규정들과 지원이 필요하지만, 우리의 경우엔 아직 거기까지는 미치지 못한 상황이다.

한편, 시설요양을 지양하고 재가요양을 지향하기 위해서는 무엇보다 지역사회 공동체가 살아나서 그 공동체 안에서 공동체 차원에서 치매를 대응하는 것이 중요하다. 특히 예방과 조기진단의 중요성이 밝혀지면서 조기진단을 유도하기 위하여 진단비용을 건강보험에서 대부분 책임지도록 하였고, 치매에 대한 예방과 일반 인식의 개선을 위한 방안들이 강구되었다(치매프랜즈, 치매안심마을, 치매예방 홍보 등). 이것을 종합하면 바로 제3차 치매관리종합대책의 핵심인 공급 위주보다 수요자 중심, 지역사회 중심, 재가요양 중심의 정책기조 전환이라 할 수 있다

Ⅲ 치매관리법의 체계와 내용

1. 법체계

2011년 입법되었을 때 5장 20조였던 치매관리법은 2015년 개정되었는데, 이 법의 체계를 보면 다음 〈표 3장-5〉과 같다.

〈표 3장-5〉 치매관리법 구성도

제1장	제2장	제3장		제4장	제5장
총칙	치매관리종합계획	치매연구사업		보칙	벌칙
제1조	제6조	제10조	제15조	제18조	
제정 목적	치매관리종합계획	치매연구사업	자료제공 협조의무	사업비지원	
제2조	제7, 8, 9조	제11조	제16조	제19조	
용어 정의	국가치매관리위원회	치매검진사업	중앙치매센터	비밀 유지	
제3조		제12조	제16조2	제20조	
국가 등의 의무		치매의료비지원	광역치매센터	위임 위탁	
제4조		제12조2	제17조		
타 법률관계		치매환자 가족 지원	치매상담센터		
제5조		제13조	제17조2		
치매극복의 날		치매등록 통계사업	치매상담 전화센터		
		제14조			
		치매역학조사			

총 5개의 장으로 구성되었고, 각각 총칙, 치매관리종합계획, 치매연구사업, 보칙, 벌칙이다. 총칙에는 법의 제정 목적과 용어의 정의, 국가와 지자체의 의무 등 법 전체를 포괄하고 있다. 특히 질병 가운데 암(암 예방의 날 3월 21일)에 이어 기념일(치매극복의 날 9월 21일)까지 지정한 것이 특징이다.

2. 법의 주요 내용

치매관리종합계획(제2장, 제6조)은 보건복지부 차관을 위원장으로 하는 총 15인 이내의 국가치매관리위원회에서 심의하며, 종합계획에 포함된 사항은 다음 8가지다.

1. 치매의 예방·관리를 위한 기본시책
2. 치매검진사업의 추진계획 및 추진방법
3. 치매환자의 치료·보호 및 관리
4. 치매에 관한 홍보·교육
5. 치매에 관한 조사·연구 및 개발
6. 치매관리에 필요한 전문인력의 육성
7. 치매환자가족에 대한 지원
8. 그 밖에 치매관리에 필요한 사항

법의 본론에 해당하는 제3장은 8+3(제10조-제17조 + 제12조, 16조, 17조에 2항 추가)로 11개의 조항이다. 제10장의 치매연구 사업에는 다음 3가지 사업이 포함된다. 첫째, 치매환자의 관리에 관한 표준지침의 연구 둘째, 치매 관련 의료 및 복지서비스에 관한 연구 셋째, 그 밖에 보건복지부령으로 정하는 사업 등을 말한다.

제11조는 치매 조기발견을 위한 치매검진사업을 규정하고 있다. 검진 대상은 「국민건강보험법」 제5조에 따른 건강보험가입자 및 피부양자와 「의료급여법」 제3조에 따른 의료급여수급권자며, 검진 주기는 6개월이다(치매관리법 시행령 제8조). 제12조는 치매환자의 의료비 지원사업, 제12조의2는 치매환자의 가족을 위한 상담·교육 프로그램을 개발·보급하게 하는 가족지원 사업으로 규정되어 있다. 한

편 치매환자 가족을 위한 위의 프로그램에는 다음 4가지가 포함되었다. 첫째, 치매에 대한 인식 개선 둘째, 치매지원서비스 정보 및 치매환자 돌봄 정보 제공 셋째, 치매환자 가족의 고충 상담 넷째, 치매환자 가족 자조(自助)모임의 구성·운영(치매관리법 시행규칙 제3조의2).

치매 발생의 원인 규명을 위한 역학조사(제14조)에는 다음 3가지가 포함된다. 첫째, 치매환자의 성별, 나이 및 증상 둘째, 치매의 종류 및 중증도 셋째, 그 밖에 조사 대상의 인구학적·경제학적·사회학적 특성에 관한 사항(치매관리법 시행규칙 제4조 제3항). 그 다음부터는 관련 시설 설치에 관한 조항들이 명시되어 있다(제16조 중앙치매센터, 제16조의2 광역치매센터, 제17조의2 치매상담전화콜센터).

3. 주요 사업 내용

다른 사회복지관련법에 비해 치매관리법은 가장 최근에 등장한 법률이지만 주요 사업으로 꼽을 수 있는 것은 다음 5가지가 있다. 첫째, 5년마다 치매관리종합계획 수립(제2장). 둘째, 치매 예방과 치료, 관리를 위한 연구사업, 검진사업, 의료비지원사업, 등록통계사업 등(제3장). 셋째, 중앙치매센터 지정(치매의 연구 및 관리사업 지원: 제3장 제16조). 넷째, 지역사회 치매 예방 및 치매환자 관리 위한 치매상담센터 설치(보건소: 제3장 제17조). 다섯째, 치매관리사업 수행에 따른 비용 지원(제4장 제18조).

치매관리에 관한 시책은 치매 검진과 조기치료를 통해 치매증상의 효과적 호전 또는 진행의 지연을 꾀하는데, 여기에는 치매조기검진 사업과 치매치료관리비 지원 사업이 있다. 시·군·구의 보건소에서 치매 위험이 높은 60세 이상 노인(모두를 대상으로 하되 저소득층에 우선권 부여)을 대상으로 치매 조기검진의 1단계인 치매선별검사를 실시하는 것이다. 그 결과 기능 저하가 나타난 노인들은 거점병원에서 진단검사와 감별검사를 받게 한다.

이러한 치매조기검진 사업을 통해 시·군·구의 보건소에서 치매진단을 받고 치료약을 복용하는 만 60세 이상 노인들에게 연간 36만 원 내에서 치매치료관리비 보험급여분에 대한 본인부담금도 지원하고 있다(김고은, 2011: 5).

4. 치매관리법의 의미와 한계

우리나라에서 질병 하나를 놓고 관리를 위한 법률이 제정된 경우는 암(암관리법, 2003)과 치매뿐이다. 암관리법은 암으로 인한 사망률 증가로 국민 건강의 위협과 막대한 비용이 사회문제가 되어 예방과 진료 및 연구사업 등의 정책을 국가에서 수립하고 관리하기 위해 마련하였다(제정 이유).(http://www.law.go.kr/lsEfInfoP. do?lsiSeq=57474#/ 2016.12.1., 인출). 법체계의 경우 암 관리법이 완화치료 부분 등을 포함해 치매관리법에 비해 좀 더 규정이 많다. 둘 다 5개의 장으로 구성된 점과 그 짜임새는 비슷하지만, 암 관리법에서는 절 단위 분류가 포함된다. 결국 치매관리법은 암 관리법의 체계를 빌어 제정되었다고 볼 수 있다.

치매관리법의 의의라면 암보다도 더 많은 비용이 소요되는 치매를 개개인에게 맡겨 둠으로써 개인과 공동체 더 나아가 국가사회의 건강과 안녕을 해치게 되는 결과를 국가사회 차원에서 막으려는 의지요 시도라는 점이다. 치매에 걸리면 환자 본인도 고생이지만, 그 가족과 친지들 그리고 이웃들까지 고통을 받게 된다. 어쩌면 고통 자체로 보자면 가족들의 고통이 더 심할 수 있다. 이러한 고통은 심리적, 정신적인 것으로 국한되지 않고, 환자 수발하느라 경제활동을 하지 못하여 결국 수발하는 사람의 미래마저 어두워진다. 치매로 인해 일어나는 수많은 살인과 동반자살, 자살 등은 그러한 고통을 난적으로 보여주는 극단적인 예들이다.

치매환자로 발생하는 비용은 개인과 가족에 국한되지 않는다. 설사 국가가 아무런 개입을 하지 않더라도 치매환자와 수발자들의 생산 활동이 곤란해짐으로써 사회 전체의 생산력이 저하되고, 수발과 치료에 쓰이는 비용은 생산적이지 않기 때문에 다시 국가의 생산력을 더 낮추게 된다. 비단 비용문제에 그치지 않고 이러한 불상사들이 많을수록 사회는 공동체로서 유지되기 어려워진다. 공동체 의식과 유대감이 없어지면 사람들끼리 늘 의심하게 되고 제도 전반에 대해서도 믿지 못하게 된다. 그렇게 되면 사소한 일들마저 개개인들이 알아서 해결하느라 엄청난 사회적 비용이 낭비된다. 이를테면 돈 몇 푼을 빌리는 데에도 계약서에 공증 등의 절차를 거치게 되고, 정부의 정책들 하나하나를 믿지 못하기에 어떤 정책이 세워져도 효력을 거두지 못한 채 엄청난 비용 낭비만 초래하게 된다. 그것이 바로 사회적 자본(social capital)의 결여로 인한 낭비라 할 수 있다.

국가와 사회의 기본 구성요소인 개인과 가족의 불행과 해체가 곧 공동체와 전체 국가의 와해를 초래하기 때문에, 국가는 암과 치매에 대한 관리정책을 통해 개인과 가족의 불행과 해체를 막으려 한다. 그에 따른 방향은 대체로 예방과 조기검진, 치매에 대한 인식 개선, 치매에 대한 연구, 이렇게 3가지를 꼽을 수 있다.

첫째, 암도 그렇지만 치매도 예방과 조기검진이 근본적으로 중요하다. 평소 질병을 부르는 생활태도를 교정함으로써 예방할 경우 암이나 치매 발생비율을 낮추게 된다. 설사 병이 발생하더라도 가급적 조기 검진을 통해 확인되면 치료 가능성을 크게 키우고 병의 진행속도를 떨어트릴 수 있다.[13] 그 결과는 환자 당사자나 가족의 행복(삶의 질)과 비용절감은 물론 사회 전체의 생산력을 높이고 비용낭비를 줄이게 한다. 따라서 국가에서는 치매의 조기검진을 위해 적극 나서게 된 것이다(건강보험공단: 66세 대상 인지기능검사를 포함한 생애전환기 건강검진; 보건소: 60세 이상 대상의 치매조기검진사업). 정밀검진 비용의 대부분을 건강보험에서 부담하기로 했고(2016년부터), 그럼에도 비용

---

13) 치매조기 치료에 따른 진행속도의 차이를 살펴보면 초기부터 입원시기까지 경과속도를 알 수 있다.

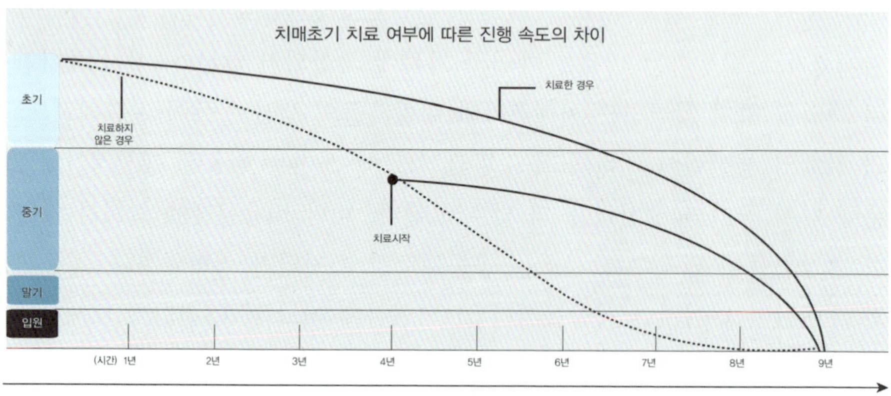

〈그림 3장-4〉 치매 조기 치료에 따른 진행 속도의 차이

자료: Lopez et al., J Neurol Neurosurg Psychiatry, 2002(2017년도 경기도 치매관리사업 계획, 3에서 재인용)

때문에 검진을 받기 어려운 사람들에겐 비용지원까지 한다. 그 비용보다 치매발생 비율 저하로 얻는 제반 이익이 훨씬 크기 때문이다.

둘째, 치매 예방을 위해서는 치매에 대한 인식의 개선이 중요하다. 치매 첫 증상 발생 후 병원 방문까지 걸린 기간이 우리의 경우 평균 2.7년이나 되어 평균 1.4년에 불과한 주요 선진국들과는 크게 차이가 난다. 아울러 일반적으로 “치매 발병 가능성에 대해 전혀 생각해본 적이 없다”와 “나는 걸리지 않을 것”이란 인식이 각각 29.9%와 4.1%나 된다는 조사 결과도 있다(김고은, 2011: 3). 그런 인식을 지닌 사람들의 경우 치매에 대한 예방의 실천은 커녕 신경조차 쓰지 않을 가능성이 농후하다. 그래서 국가에서 치매에 대한 일반 인식의 개선 사업에 나선 것이다.

셋째, 치매의 예방, 검진, 치료 그리고 치매에 대한 예방을 효과적으로 하기 위해서 필요한 것이 치매에 대한 지식이다. 치매에 대한 연구는 치매 관련 사업 전체에 크게 영향을 미치지만, 개인 차원에서 수행하기에는 한계가 있다. 그런 이유들로 국가에서 나서서 치매연구를 지원하려는 제도를 마련한 것이다.

치매관리법이 국가의 개입을 규정하기에 중요하지만, 아직 여러 가지 한계점들도 보이기에, 원시연(2015)은 다음과 같이 정리하고 있다.

첫째, 치매관리종합계획과 치매관리 사업 운영체계에 치중한 나머지 치매노인의 인권보장에 대한 규정이 누락되었다. 고령자의 인권개념과 이에 입각한 철학이 담겨야 한다. 예컨대 치매노인에게 절실한 성년후견제도가 치매관리법에도 또 노인장기요양보험법에도 담기지 않았다.

둘째, 노인복지법에 따른 노인 학대 관련 규정 중 치매노인에 대한 학대 및 치매노인 실종의 처리와 절차 등이 규정되지 않았다.

셋째, 치매환자인 고령자에 대한 지원사업으로 의료비지원사업 조항 1개뿐, 치매노인의 권익보장에 초점을 맞춘 규정이 없다.

넷째, 고령자가 주요 대상인 현행 법제들 사이의 연계성이 부족하여 체계 부정합성을 노출시키고 있다. 이에 따라 사업들 간의 통합적 추진이 이루어지지 못해 행정중복과 예산 낭비 가능성이 크다.

다섯째, 고령자를 취약계층으로 범주화하는 과정에 집단 내의 차이가 간과되어 포괄성 상실 문제가 있다. 고령자 집단의 취약성과 특수성을 고려하면서도 고령자가 다양하고 또 변화하는 욕구를 가진 집단이라는 인식을 담은 통합적 고령자 관련 법 체계가 필요하다(원시연, 2015: 27~29).

〈표 3장-6〉 공적의료보장 관련법 구조

영 역	관련법	급여 내용과 성격	대 상
사회보험법	국민건강보험법	단기적 건강보험급여 · 질병보험 · 건강보험	일반국민
	노인장기요양보험법	장기적 요양급여 · 노인장기요양보험	노인
공공부조법	의료급여법	생활곤궁자에 대한 무상 의료보장	일반국민
사회복지법	노인복지법	노인의 최저 의료보장 실현	노인

자료: 노재철 · 고준기, 2013: 12 재구성

「치매관리법」이 제정된 후 「치매관리법」의 관련 규정에 따라 치매관리종합계획의 수립과 시행이 나름 체계를 갖추면서 성과를 이루고 있는 것 또한 사실이다. 위에서 살펴본 것처럼 치매에 대한 연구와 검진, 치매환자 의료비 지원, 치매환자 가족지원, 관련 통계의 등록 및 역학조사 등 국가적 차원의 대책이 작동될 수 법률적 근거가 마련되었다는 점에서 상당한 성과라 할 수 있다. 그럼에도 아직 치매관리사업의 운영체계는 개선되어야 할 부분들이 많다. 왜냐하면 급격한 고령화 속도로 인하여, 암 · 심장질환 · 뇌졸중 이 세 가지 질병을 모두 합한 사회 · 경제적 비용보다도 치매의 사회 · 경제적 비용이 더 커질 것으로 추계되는 상황이기 때문이다. 따라서 이미 발표되어 시행하였던 「제2차(2013~2015) 국가치매관리종합계획」이나 암관리사업 운영체계 등을 참고하여 치매관리사업의 운영체계를 좀 더 강화해 나가는 제도개선도 생각해볼 과제라 하겠다.[14)]

---

14) 이에 대해 원시연은 (가칭)국립치매센터 설치와 광역 또는 지역치매센터를 지정하는 작업을 언급하고 있다. 이를 통해 치매관련 통계사업을 중점적으로 수행하는 치매등록본부를 마련하는 등의 개편 등이 동반된다면 지금보다 체계적이고 안정적인 치매관리사업의 운영체계를 갖추어 나갈 수 있을 것이라 전망되기 때문이다(자료: https://www.nid.or.kr/info/etc_expert_ view.aspx?bid=1127/ 2017.1.25., 인출).

IV 치매와 연계되는 법률

1. 사회복지 관련법

「국민연금법」, 「사회복지사업법」, 「국민건강증진법」, 「보건의료법」, 「의료법」, 「공공보건의료에 관한 법률」, 「지역보건법」, 「저출산 · 고령사회기본법」,[15] 「장애인복지법」, 「국민건강보험법」, 「기초연금법」등 치매와 연결될 수 있는 법안들이 많다. 그런데 상식과 달리 치매는 장애면서 장애인 범주에 포함되지 않는다. 또 병이지만 건강보험보다 장기요양보험과 연계된다. 「치매관리법」에서 치매는 '후천적인 다발성 장애'(제2조 제1항)로 규정되지만, 장애인복지법 시행규칙에 따른 보건복지부 고시(제2015~188호) 장애등급판정기준(6.라.〈3〉)에서는 노인성 치매를 제외하였다.[16] 2006년 3단계 장애범주 확대에 치매와 암 등의 포함 여부에 대한 검토가 있었지만, 2008년부터 노인장기요양제도 시행이 예정되어 장애에 포함시키지 않기로 결정되었다. 물론 가장 큰 원인은 비용이다. 그에 따라 '법정장애 대상'에 포함시키기보다 국회와 정부의 '정책적 판단'이 필요한 사안이라고 본 것이다. 그런데 국민연금법에서 장애연금 지급 기준이 되는 '국민연금 장애심사규정'(보건복지부고시 제2013~28호)에서는 치매가 정신 또는 신경계통의 장애(제5절)에 포함되었다(박은수, 2012: 100~101). 다만 '노령연금 지급 연령 미만'(국민연금법 제67

15) 김용환(2015: 153)은 "저출산과 고령화는 인구 문제라는 공통점을 가진다는 점을 제외하고는 매우 이질적인 범주에 속하는 분야… 노인이 출산하는 것도 아니고, 저출산과 관련된 전문가와 고령화에 관련된 전문가가 겹치지도 않는다고 주장하고 있다. 이것은 해군이 있고 수산업이 바다를 기반으로 이뤄지므로 국방과 수산업을 묶어놓은 것만큼이나 어색하다는 관점이다.

16) 뇌 손상, 뇌 질환 등 여러 가지 원인에 의하여 성인이 된 후 지능저하가 온 경우에도 상기 기준에 근거하여 지적장애에 준한 판정을 할 수 있다. 단, 노인성 치매는 제외한다.

조 제1항)이란 규정 때문에 역시 치매노인과는 무관하다. 노령연금[17] 지급 연령이란 국민연금 가입 기간이 10년 이상인 가입자 또는 가입자였던 사람으로 60세(특수직종 근로자는 55세)가 된 때를 말한다(제61조 제1항).

여기서는 치매와 관련성이 높은 법률들로 노인복지법, 사회복지사업법, 노인장기요양보험법, 고령친화산업진흥법, 기초연금법, 민법의 성년후견제 등 좀 더 긴밀하게 연계되는 법들에 대해서만 간략하게 살펴보고자 한다.

2. 노인복지법

1) 개 요

1981년 제정된 이 법에 규정된 기본이념을 따르면 노인은 권리와 책임이 두 개씩 있다. 존경받고 건전하고 안정된 생활을 보장받을 권리와 능력에 맞는 일에 종사하고 사회적 활동에 참여할 기회를 보장받을 권리를 말한다. 또한 노령에 따른 심신의 변화를 지각하여 항상 심신의 건강을 유지할 책임과 지식과 경험을 활용하여 사회 발전에 기여하도록 노력할 책임이 있다. 그리고 그런 권리의 근거는 후손의 양육과 국가 및 사회의 발전에 기여했다는 점이다(제2조 기본이념). 실제 법안에는 권리와 책임이란 용어가 사용되지 않은 채 막연하고 추상적이다. 깊이 들어가면 헌법과 인간 존엄성의 인권까지 가 닿겠지만, 이 법에서는 인과 혹은 조건처럼 후손 양육과 국가사회 발전에의 기여를 들었다.

이 법의 목적은 노인의 보건복지 증진에 기여하는 것으로 다음 두가지를 꼽을 수 있다. 첫째, 노인 질환의 사전 예방 또는 조기 발견과 질환 상태에 따른 적절한 치료·요양으로 심신의 건강 유지. 둘째, 노후의 생활 안정을 위하여 필요한 조치 강구를 꼽고 있다. 결국 치매가 질환인 이상에는 이 법과 직접적인 연결이 되는 것이다. 아울러 치매뿐만 아니라 모든 질병에 대해 예방이 최고요, 그나마

17) '기초연금'으로 바뀌기 전의 '기초노령연금'과는 다르다. 국민연금 가입자가 정상적으로 연금수급 개시 기준 연령(65)이 되어서 받는 것이 노령연금이고, 기초연금은 우선 국민연금에 가입되지 않은 사람을 위해서 기능을 하는 연금이다. 노령연금을 받더라도 많이 모자란 사람들의 경우 기초연금의 절반을 받을 수 있다.

차선이라면 되도록 일찍 발견해서 일찍 치료하고 요양하여 질병의 진전 속도를 늦추는 것이다. 그것이 개인적으로 삶의 질을 높이고, 사회적 비용을 줄이는 길이라는 걸 확인할 수 있다. 물론 이 사실은 노인뿐만 아니라 모두에게 다 해당될 수 있다. 노인복지법이 따로 마련된 것은 노인이 질병에 취약하다는 사실과 그럼에도 예방이나 조기진단에 제대로 신경 쓸 여력이 없는 노인들이 많기 때문이다.

이 법에서는 노인 복지 증진을 위한 국가와 지방자치단체의 의무사항들이 규정되어 있다. 기본으로는 경로효친과 미풍양속에 따른 건전한 가족제도 유지 노력이 있다. 따라서 3년마다 노인의 보건 및 복지에 관한 실태조사(보건복지부 장관)를 실시하고 노인의 날(10월 2일), 경로의 달(10월), 어버이날(5월 8일), 노인학대 예방의 날(6월 15일)을 명문화 하였다. 이런 날들의 지정으로 효(孝)와 노인에 대한 사회적 관심과 공경의식을 높이고 노인 학대에 대한 국민적 인식을 고취하자는 취지다. 그 밖에 공공단체가 설치 운영하는 공공시설 안의 매점이나 자동판매기 설치 허가 또는 위탁할 때 65세 이상인 사람들의 신청을 우선 반영토록 하였다. 한편 경로우대 프로그램으로 국가 또는 지자체의 수송시설, 고궁, 능원, 박물관, 공원 등 공공시설을 무료 또는 할인 받을 수 있다. 건강진단과 필요시 건강진단 받은 이에게 필요한 지도를 하고 홀로 사는 노인에 대한 방문요양서비스 등 서비스와 안전 확인 등의 보호조치 등도 담겨져 있다.

2) 치매와의 관련성

경로연금과 경로우대의 경우 대상이 치매와 무관하지만 치매 예방과 관련이 깊다. 특히 실종노인에 관한 신고의무(제39조의10)나 노인학대 신고의무와 절차(제39조의6), 그리고 제39조의9의 금지 사항들도 치매노인들에게는 매우 중요하다. 신체 폭행이나 상해, 성적 수치심을 주는 성폭행·성희롱, 자신의 보호·감독을 받는 노인의 유기나 의식주를 포함한 기본적 보호 및 치료에 소홀한 방임행위 등이 있다. 특히 구걸을 하게 하거나 노인을 이용하여 구걸하는 행위, 노인을 위하여 증여 또는 급여된 금품을 그 목적 외의 용도에 사용하는 행위, 폭언·협박·위협 등으로 정신건강에 해를 끼치는 정서적 학대행위 등도 여기에 포함된다.

그 외에도 치매 예방과 조기검진을 위한 건강진단(65세 이상의 노인 대상 2년 1회 이상 국·공립병원, 보건소 또는 보건복지부령이 정하는 건강진단기관에서 건강진단과 보건교육; 제27조), 상담(노인복지상담원) 등의 규정(제7조)들도 있다. 치매에 걸린 뒤라도 65세 이상으로 신체, 정신 또는 환경상의 이유 및 경제적 이유로 거택에서 보호 받기 어려운 경우 노인주거복지시설 또는 재가노인복지시설에 입소 혹은 입소를 위탁하는 것이나,[18] 노인재활요양사업(제30조)[19] 등의 보건복지조치도 치매와 연결된다. 홀로 사는 노인에 대한 방문요양서비스와 안전 확인 서비스의 경우 도움이 될 수 있다(제27조의2).[20] 끝으로 치매노인의 재가 또는 시설 요양보호에서 중요한 역할을 하게 되는 요양보호사의 규정(제39조의2)과 해당 교육시설의 기준과 감독(제39조의3), 재가노인복지시설 규정(제38~39조) 등도 노인복지법에 담겨져 있다.

3. 사회복지사업법

1) 개 요

관련법으로 국민기초생활보호법, 노인복지법, 장애인복지법, 정신건강법, 장애인·노인·임산부 등의 편의증진 보장에 관한 법률, 의료급여법, 기초연금법, 긴급복지지원법, 장애인연금법 등 총 27개나 되는 방대한 영역의 사회복지 전반에 걸쳐 필요한 사업을 규정한 법이다(1970년 1월 1일 제정, 4월 2일 시행). 이 법의 목적은 다음 3가지로 세분할 수 있다. 첫째, 사회복지사업에 관한 기본적 사항 규정으로 사회복지가 필요한 사람에게 인간의 존엄성과 인간다운 생활을 할 권리 보장. 둘째, 사회복지의 전문성 제고. 셋째, 사회복지사업의 공정·투명·적정성 도

18) 제34조 노인의료복지시설 중 치매환자와 관련된 시설은 급식과 요양 및 일상 편의를 제공하는 노인요양시설과 노인요양공동생활가정을 말한다.

19) 복지실시기관은 보건소 또는 노인복지시설에 대하여 노인건강증진 및 노인성질환예방 등 노인재활요양에 필요한 전문인력 및 장비를 지원할 수 있고, 노인건강증진 및 노인성질환예방 등 노인재활요양을 위한 프로그램을 개발·보급하여야 한다(노인복지법 시행규칙 제13조).

20) 다만 구체적으로 시행하기 위한 보건복지부 장관의 행정규칙이 정해지지 않은 상태다.

모와 지역사회복지 체계 구축으로 사회복지의 증진에 이바지하기 등이 있다. 더욱이 사회복지사업법의 주요 기본이념(제1조의2)으로 보편성, 공공성, 인권[21) 등 3가지가 있다.

사회복지사(제11, 12, 13조)의 시험(보건복지부장관)과 채용에 대한 부분, 사회복지시설과 운영상의 인권보장과 최대봉사의 원칙(제4, 5조), 사회복지위원회와 지역사회복지협의체(제7조), 사회복지의 날(9월 7일)과 사회복지주간(9월 7일부터 1주일) 지정(제15조의2), 사회복지법인(제2장), 사회복지서비스의 실시(제2장의2-신청과 조사 포함), 사회복지시설(제3장), 재가복지(제3장의2-가정봉사서비스, 주간·단기 보호 서비스) 등에 대한 규정들도 담겼다.

2) 치매와의 관계

사회복지상담, 의료복지, 재가복지, 자원봉사활동 등이 치매와 연관이 있는 사업들로 꼽힐 수 있다. 그리고 서비스를 현물(現物)로 제공하는 것을 서비스 제공의 원칙으로 한 규정(제33조의7)은 장기요양서비스의 방법에도 적용되고, 위의 노인복지법 제27조2와 함께 뒤에 살펴볼 노인돌봄서비스의 근거가 된다.

4. 노인장기요양보험법

1) 법의 개요

2007년 4월 27일 제정되어 10월 1일부터 시행된 이 법은 고령이나 노인성 질병 등의 사유로 일상생활을 혼자서 수행하기 어려운 노인과 노인성 질병 환자들에게 신체활동 또는 가사활동 지원 등의 장기요양급여 지원에 관한 사항들을 규정하고 있다. 목적은 노후의 건강증진 및 생활안정을 도모하고 그 가족의 부담을

21) 그에 따른 구체적인 세부내용은 다음과 같다. ① 보편성: 사회복지가 필요한 사람은 누구나 서비스를 신청하고 제공받을 수 있다. ② 공공성: 사회복지법인과 사회복지시설 및 사회복지사업 시행의 바탕은 공공성이어야 한다. ③ 인권: 사회복지사업 시행에서 사회복지를 제공하는 자는 사회복지를 필요로 하는 사람의 인권을 보장하여야 한다.

덜어줘 국민 삶의 질을 향상시키는 것이다(제1조). 국민 삶의 질 향상을 위한 국가의 개입인 것은 분명하지만, 다른 한편으로 국가가 당연히 해야 할 의무를 보다 효율적으로 수행하기 위한 장치이기도 하다. 그런 의미에서 제3조의 장기요양급여 제공의 기본원칙은 다음 3가지가 중요하다.

첫째, 장기요양이 필요한 사람의 심신상태 · 생활환경과 그 가족의 욕구·선택을 종합적으로 고려하여 필요한 범위 안에서 적정하게 제공한다.

둘째, 재가급여를 우선 제공해야 한다.

셋째, 의료서비스와 연계하여 심신 상태나 건강이 악화되지 않게 한다.

이중 둘째 항목이 바로 국가개입의 재정적 효율성과 직결된다. 한정된 시설, 더구나 공영보다 민영이 대부분인 상황에서 시설 입소는 더 큰 비용을 초래하기 마련이다. 따라서 재가요양서비스를 제때, 제대로 제공하면 시설입소를 그만큼 줄이거나 지연시킬 수 있다. 이는 독일과 일본 등 선진국에서 이미 확인했던 정책의 변화였다. 물론 요양서비스 수요자들도 자신이 살던 곳에서 오래도록 머물길 바란다는 점에서 이상적인 정책이다.[22)]

노인장기요양보험법이 도입된 처음에는 경증 치매환자를 요양등급에 포함시키지 않았다. 우선은 비용문제가 가장 큰 이유고, 그 다음으로 치매 문제의 심각성을 아직 제대로 인식하지 못했기 때문이다. 독일과 일본에서도 마찬가지였다. 2014년 시행령 개정을 통해 특별등급인 5등급으로 요양 서비스 수급자 범위를 확대하였다. 전에는 신체활동에 제한이 없는 경증치매환자의 경우 요양급여를 제공하는 것은 엄밀히 위법이다. 2013년 개정에서 거짓 청구에 대한 처벌수위를

22) 이 법은 2001년도 김대중 대통령 8.15경축사에서 언급되었고, 2002년 노무현 후보의 공약에 포함되어 2003~2004년 공적노인요양보장추진기획단의 활동에 이어 2004년 공적노인요양보장제도 실행위원회가 구성되었다. 2005년 입법 예고 뒤 각 정당의 입법안과 정부입법이 제출되어, 2007년 법안의 수렴을 통해 국회를 통과하게 되었다. 1단계 시행령과 시행규칙은 2007년 10월 1일, 2단계는 2008년 7월 1일에 마련되어 준비기간(2008 3월에서 7월)을 거쳐 2008년 7월에 시행되었다. 2014년 7월부터 노인장기요양 등급체계 개편으로 5등급('치매특별등급')이 신설되어 3등급 체계에서 5등급 체계로 개편되어 오늘에 이르고 있다(http://www.longtermcare.or.kr/npbs/e/b/102/npeb102m01.web?menuId=npe0000000040/ 2016.12.21., 인출).

높인 것과 함께 생각해야 한다.[23] 그러나 장기적인 안목으로 볼 때 치매환자에 대한 요양급여로 초기 관리를 하는 것이 치매의 진행을 억제할 수 있고, 그러는 것이 당사자와 가족의 고통 경감은 물론 시설입소에 따른 개인적·사회적 비용 절약의 효과도 크다. 그에 따라 1, 2등급에게만 부여하던 요양서비스 기준을 완화하며 5등급까지 확대하여 주3회, 월 12회 인지활동형 프로그램이 제공되고 있다.

이 법의 한계라면 결국 비용이나 재정과 연결되는데 다음과 같이 몇가지가 지적될 수 있다. 첫째, 치매를 노인성 질병으로 규정하고(제2조제1항), 65세 이상 노인과 노인이 아니더라도 노인성 질병이 있는 사람들에게 장기요양의 자격을 부여하지만, 국민건강보험에 함께 가입되어 있어야 한다는 전제가 있다. 즉, 건강보험에 들지 않고서는 노인장기요양보험에 들 수 없고, 이 권리를 누리지 못한다. 그런 경우에는 다시 노인복지법이나 공공부조(의료급여 포함)에 기대는 수밖에 없다. 둘째, 장기요양급여 수급자가 되는 순간 기존에 받을 수 있던 노인돌봄종합서비스 수급 대상에서 제외되어 방문서비스나 단기가사서비스 이용이 불가능해진다. 이렇게 되면 경증 치매의 경우 오히려 불리해질 수도 있다. 셋째, 방문요양시간이 하루 2시간만 인정되기 때문에 오가는 시간을 따질 때 가산금이 있더라도 요양보호사 급여가 낮고, 입소 정원이 정해진 시설에서도 장기요양수가가가 낮은 5등급은 달갑지 않기 쉽다(조인순, 2014: 198~199).

---

23) 2014년 경증의 치매환자에게도 장기요양급여를 제공할 수 있도록 장기요양 5등급을 신설하였다. 이에 등급별 수급자의 비율을 조정하기 위하여 수급자 간 심신 기능 상태의 차이가 큰 장기요양 3등급을 3등급 및 4등급으로 세분화하여 장기요양 등급체계를 현행 3등급에서 5등급으로 개편함으로써 수급자의 심신 기능 상태에 따라 요양이 필요한 정도(요양필요도)에 맞추어 요양서비스를 제공하기 위해(개정 이유) 개정된 등급판정에 관한 시행령 제7조의 등급 기준은 다음과 같다.

〈표 3장-7〉 장기요양 등급판정 기준

장기요양 등급	심신의 기능 상태
1등급	일상생활에서 전적으로 다른 사람의 도움이 필요한 경우(95점 이상)
2등급	일상생활에서 상당 부분 다른 사람의 도움이 필요한 경우(75점 이상)
3등급	일상생활에서 부분적으로 다른 사람의 도움이 필요한 경우(60점 이상)
4등급	일상생활에서 일정 부분 다른 사람의 도움이 필요한 경우(51점 이상)
5등급	노인장기요양보험법 시행령 제2조에 따른 노인성 질병에 해당하는 치매환자(45점 이상)

2) 신청 및 이용 방법

만 65세 이상의 노인이나 그 미만이더라도 노인성 질병이 있는 사람이 장기요양보험 급여로 장기요양을 받으려면 국민건강보험공단의 각 지사 노인장기요양보험 운영센터나 공단 홈페이지에서 신청서를 작성하고 의사소견서를 제출해야 한다. 다만 거동이 현저하게 불편하거나 도서·벽지 지역에 거주하여 의료기관을 방문하기 어려운 경우엔 제출하지 않을 수 있다. 본인은 물론 가족, 친족, 이해관계인, 사회복지전담공무원 또는 시장·군수·구청장이 지정하는 사람이 대리 신청할 수도 있다. 공단에서 '의사소견서 발급의뢰서'를 발급받아 의료기관에 제출하면 국가 또는 지자체, 공단에서 발급에 드는 비용의 일부를 부담하도록 되어 있다(〈그림 3장-5〉 참고).

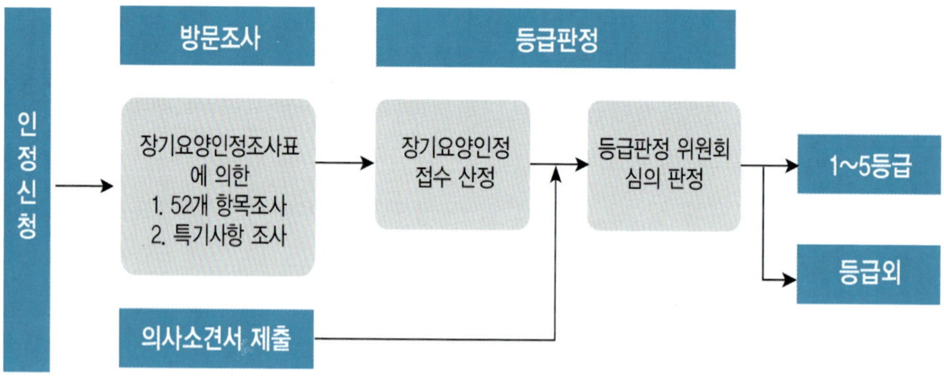

〈그림 3장-5〉 장기요양 신청절차

자료: https://www.guro.go.kr/senior/indisposed_senior_support/long_medicalcare_insure.jsp/ 2017.1.15., 인출

의사소견서 발급 비용에서 본인이 부담해야 하는 비율과 금액은 다음과 같다. 일반의 경우 20%(의료기관 5,900원; 보건소 3,860), 의료급여 수급권자, 저소득층·생계곤란자 경감대상자는 10%(의료기관 2,950원, 보건소 1,930원)만 부담한다. 다만 국민기초생활보장 수급권자의 경우 본인부담을 면제 받을 수 있다.[24)]

장기요양 신청서가 접수되면 국민건강보험공단에서는 소속직원이나 일정 교육을 이수한 간호사, 사회복지사 등이 신청인의 거주지를 방문해 기본적 일상생활 활동(ADL), 인지기능, 행동변화, 간호처치, 재활영역 등의 요양욕구 5개 영역(52개 항목)의 기능 상태와 환경 상태, 서비스욕구 등을 조사하게 된다. 의사소견서와 이 조사를 기초로 등급판정과 함께 장기요양 인정서를 신청자에게 발송하고, 신청자는 인정서를 받은 날부터 요양급여를 받을 수 있다.

요양급여를 받기 위해서는 먼저 요양서비스 유형(재가, 시설[25], 특별 현금 급여[26])을 선택하고, 그 선택에 따라 장기요양기관을 방문하여 장기요양인정서와 신분증을 제시하면 된다. 기관에서는 장기요양등급, 유효기간, 장기요양 급여의 종류와 내용, 본인부담금 등을 확인시키고 수급자와 적절한 요양서비스를 선택

---

24) 재가급여 종류는 다음 〈표 3장-8〉과 같다.

〈표 3장-8〉 재가급여 4종(방문요양, 방문목욕, 방문간호, 주간보호) 등급별 비용

장기 요양 등급	월 한도액	법정 본인 일부 부담금		
		일반(15% 적용)	의료급여(7.5%)	기초연금 수급자
1등급	1,185,300	177,795	88,898	면제
2등급	1,044,300	156,645	78,323	
3등급	964,800	144,720	72,360	
4등급	903,800	135,570	67,785	
5등급	766,600	114,990	57,495	

※ 시설급여 비용(월 한도액 = 등급별 해당금액 × 월간 일 수)

자료: https://www.guro.go.kr/senior/indisposed_senior_support/long_medicalcare_insure.jsp/ 2017.1.15., 인출

25) 노인의료복지시설 중 노인요양시설과 노인요양 공동생활가정 그리고 노인전문병원은 제외된다. 이런 시설에서는 장기간 머무는 수급자에게 신체활동 지원, 심신기능 유지와 향상을 위한 교육과 훈련 등을 제공한다.

26) 현금 급여는 극히 예외적인데 크게 가족요양비, 특례요양비, 요양병원간병비로 구분하고 있다. 특히 가족요양비는 다음 세 가지 경우가 있다. 첫째, 도서나 벽지처럼 장기요양기관이 주변에 없는 지역에 살거나 둘째, 천재지변이나 그와 유사한 사유로 장기요양급여 이용이 어려운 경우를 말한다. 물론 두 경우 모두 기준은 보건복지부장관이 정한다고 되어 있다. 셋째, 신체, 정신, 성격 등 대통령령으로 정하는 사유로 가족 등으로부터 장기요양을 받을 수밖에 없는 경우다. 이 경우 수급자에게 가족요양비를 지급할 수 있다(제24조). 특례요양비는 장기요양기관이 아닌 노인요양시설 등 기관 또는 시설에서 재가급여 또는 시설급여에 상당한 장기요양급여를 받은 경우 장기요양급여비용 일부를 수급자에게 지급할 수 있다(제25조). 요양병원간병비란 수급자가 요양병원에 입원한 경우 장기요양에 드는 비용 일부를 지급할 수 있다(제26조).

한 다음 장기요양급여 제공계약을 문서로 작성해야 한다. 계약 당사자는 이용자(갑), 제공자(을), 대리인 또는 보호자(병)으로 명시되어 있다.

5. 기초연금법

2014년 5월 20일 제정되어 7월 1일부터 시행된 이 법은 기존의 기초노령연금법을 폐지하고 대신한 것으로 기초연금 지급으로 안정적인 소득기반을 제공함으로써 노인의 생활안정을 지원하고 복지를 증진함을 목적으로 한다(제1조). 제정이유는 국가재정의 지속가능성을 확보하면서 노인세대를 위한 안정적인 공적연금제도를 마련하여 65세 이상의 노인 중 소득기반이 취약한 70퍼센트의 노인에게 기초연금을 지급함으로써 노인 빈곤 문제를 해소하고 노인의 생활안정과 복지 증진에 기여하기 위해서다. 그에 따라 국민연금기금은 사용하지 않는 걸 원칙으로 국가(기초연금 지급에 소요되는 비용의 100분의 40 이상 100분의 90 이하의 범위에서 일정 비율을 부담)와 지방자치단체가 기초연금 재원을 조성하도록 하고 있다.

기초연금 수급 대상은 일단 나이가 65세 이상이어야 하고, 소득이 보건복지부장관이 정하여 고시하는 '선정기준액' 이하여야 하며(제3조), 기초연금을 받는 사람이 전체 65세 이상인 사람 중 100분의 70 수준이 되도록 하고 있다. 국민연금 가입자의 경우 국민연금 급여 중 소득재분배 성격의 급여 일부(3분의 2)를 기초로 산정하는 금액을 감액 조정하여 기준 연금액의 2분의 1에 해당하는 부가연금을 지급한다. 국민연금 미가입자, 국민연금 지급이 정지된 사람, 장애인연금 수급권자 및 국민기초생활 수급권자 등은 기준연금액을 기초연금으로 지급한다. 공무원연금, 군인연금, 사립학교교직원연금, 별정우체국 직원 연금 등 개별 법률에 따른 직역연금 등을 받고 있는 사람 등에 대해서는 기초연금 수급권자에서 제외하지만, 소득인정액이 기초연금 수급권자 선정 대상에 해당하고, 이 법 시행일 현재 65세 이상인 사람에 대하여는 보건복지부장관이 고시하는 기준연금액의 50퍼센트를 지급할 수 있다.

2017년 산정기준액은 배우자 없는 노인가구의 경우 월 소득인정액 119만 원, 배우자가 있는 노인가구의 경우 월 소득인정액 190만 4천 원으로 하고 있다. 2017년도 기준 연금액은 20만 4천 10원이다. 선정기준액과 기준금액은 매년 고시된다.

기초연금의 지급을 신청하려면 신분증, 소득재산신고서 금융정보 · 신용정보 또는 보험정보의 제공 동의서를 가지고 주소지 읍 · 면 · 동사무소(주민자치센터)에 방문하여 신청서를 작성하면 된다. 거동이 어려운 경우 위임장을 가진 대리인이 대신할 수 있다. 이때 대리인의 신분증도 지참해야 한다. 또 소속 공무원이 대신 신청할 수 있지만, 수급희망자의 동의는 필요하다. 특별자치시장 · 특별자치도지사 · 시장 · 군수 · 구청장은 기초연금수급희망자의 가족관계증명서와 소득 · 재산관계 서류 중 건물 등기사항증명서와 토지 등기사항증명서를 확인해야 한다.

6. 성년후견제도

2011년 3월 7일 개정에서 성년후견제도가 마련되었다[27]. 국어사전에는 후견(後見, guardianship, wardship)이란 말 그대로 뒤를 보아주는 일인데, "역량이나 능력이 부족한 사람"이 그 대상이다. 그렇지만 법률 용어에서는 "친권자 없는 미성년자나 한정치산자, 금치산자를 보호하며 그의 재산 관리 및 법률 행위를 대리하는" 일을 뜻한다(네이버국어사전)[28]. 더 어려워졌지만, 애초 판단과 결정을 내릴

27) 〈그림 3장-6〉는 성년후견제 시행안내에 따른 내용이다.

〈그림 3장-6〉 성년후견제도 안내서

28) 그러나 이 사전 내용은 이제 고쳐야 한다. 뒤에 살펴보겠지만 '금치산'이며 '한정치산'이란 용어 자체가 법에서 사라졌기 때문이다.

역량이나 능력이 부족하거나 아예 없는 사람을 위해 판단과 결정 등 중요한 일을 대신해주는 일을 말한다.

치매가 진행되어 심해지면 사실 판단과 결정은커녕 시간이나 방향에 대한 감각조차 무뎌지다 사라지고 만다. 사실 꼭 치매가 아니더라도 노화의 진행에 따라서 의식이 흐려져 판단과 결정을 내리기 어려워지기도 한다. 그런 상태에서 자기 재산처리나 심지어 자신에 대한 치료 방식에 대한 결정도 내릴 수 없다. 그러면 작게는 혼란이 야기되고, 크게는 재산이 사라지거나 그 재산으로 자식들 간에 다툼이 일고, 본인 의사로는 결코 선택하지 않을 결정이 자기 뜻과 무관하게 이루어질 수 있다. 그런 경우를 대비해서 치매가 오기 전에 또는 늦어도 치매가 심해지기 전에 그도 아니면 노쇠하기 전에 자신의 재산과 신상에 관한 결정을 어떤 식으로 대신 내리도록 할 후견인을 정하게 한 것이 이 법의 취지다.[29]

의사결정 능력이 부족하거나 결여된 사람도 장애인에 해당한다. 후견제도는 미성년자와 이런 장애인을 대상으로 하고 있다. 장애인에 대한 후견의 시각(철학)에서도 변화가 반영되었다. 처음에는 그런 장애인을 가려내 사회로부터 격리시키는 게 일반적이었다. 그런 시설이 바로 동떨어진 지역에 세워진 정신병원이다. 나병 같은 돌림병 걸린 사람들처럼[30] 우리가 아닌 그들에겐 판단 능력도 또 필요도 없었던 것이다. 그 후 아직 우리는 아니지만 그래도 보호해야 한다는 데 눈이 뜨였다. 그래서 격리보다는 '우리'가 보기에 합리적인 방식으로 재산을 관리해

---

29) 성년후견 절차는 다음 〈그림 3장-7〉 과 같다.

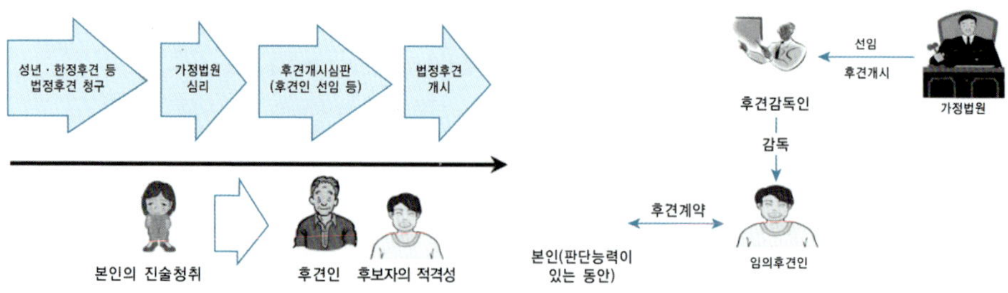

〈그림 3장-7〉 성년후견제 절차

30) 노인이든 장애인이든 혹은 돈 없는 사람들이든 사회보장이 사유화되면 벼랑 끝으로 몰리고 격리되기 마련이다.

주고 신상을 보호해줘야 한다는 의견들이 제시되었다. 민법에 쓰인 용어부터가 그랬다. 1989년 장애인복지법으로 전면 개정되기 전까지는 장애를 가진 사람에 대한 비하의 의미를 담은 장애자(障碍者)란 말이 쓰였다. 후견자가 아니라 후견인이라고 쓰면서 피후견인을 금치산자라고 표현한 것도 마찬가지다. 자본주의 사회에서 생활의 기본 요소인 재산을 가질 수 없게 한다는 의미의 '금치산'이란 용어도 그랬다(박은수, 2012: 8).[31]

31) 이러한 변화가 이루어지기까지는 국제적인 노력들 덕이 컸다. 국제관계에서 떳떳하려면 국제적인 기준을 따라야 한다. 그래서 우리도 마침내 노인과 치매노인 그리고 장애인들에 대한 태도를 적어도 법률에서만큼은 국제기준에 따르게 된 것이다. 그간의 국제적인 노력들과 우리나라의 입법과 법 개정을 정리해 보면 다음〈표 3장-9〉과 같다.

〈표 3장-9〉 권리차원의 입법과정 주요 내용

시 기	내 용
1971	지적장애인 권리선언(Declaration on the Rights of the Mentality Retarded Persons)
1982	UN 장애인 세계 행동 강령 UN World Programme of Action concerning Disabled Persons
1991	노인을 위한 UN원칙 UN Principles for Older Persons 장애인고용촉진 및 직업재활법
1996	정신보건법
2000	성인보호를 위한 헤이그협약 Hague Convention on the International Protection of Adults
2002	마드리드 고령화 국제행동계획 Madrid International Plan of Action on Ageing
2005	장애인기업활동 촉진법
2006	UN 장애인권리협약 UN CRPD(Convention on the Rights of Persons with Disabilities)
2007	장애인차별금지법 - CRPD 비준 위한 입법:
2008	장애인 등에 대한 특수교육법 중증장애인생산품 우선구매 특별법
2010	성년후견제도에 관한 요코하마 선언(Yokohama Declaration 장애인연금법 장애인·고령자 등 주거약자 지원에 관한 법률
2011	장애인활동지원법-독립적 자립 지원과 접근권 보장 성년후견제도 도입을 위한 민법 개정 장애인활동 지원에 관한 법률
2012	멜버른 제2회 세계성년후견대회 2nd World Congress on Adult Guardianship 장애아동 복지지원법
2014	워싱턴 제3회 세계성년후견대회 3rd World Congress on Adult Guardianship
2016	장애인·노인·임산부 등의 편의증진 보장에 관한 법률

그 다음에는 그들도 우리에 포함된다는 인식에 이른다. 그렇지만 아직은 제대로 믿을 수가 없기 때문에 믿을만한 사람이 판단과 결정을 대신 내려줘야 한다. 아직 사회생활을 자기 마음대로 할 수 있는 존재로 보지 않는 것이다. 그리고 마침내는 장애인도 스스로 결정하고 스스로 자립생활을 하며, 다만 부족한 부분을 지원하는 것(보충성 원칙 Subsidiarity Principle)이 후견이란 생각에 다다랐다. 그것이 2011년 법 개정에 반영된 철학이다.

성년후견제도의 본질적 역할은 장기요양의 사회화, 보편적 복지국가 논쟁, 민법과 사회복지의 관계, 사법적극주의 문제에까지 연결되는 논쟁적이고 철학적인 문제인데, 신상보호가 주거, 의복, 식생활까지 포함해야 할까 싶다. 그러나 후견인은 '법률서비스의 대리'를 주 업무로 하고, 주거와 의복 등은 사회복지 영역에서 담당하는 게 효과적이라는 게 민법 개정 전문가들의 견해다. 즉, 후견인은 피후견인이 가장 적합한 사회복지서비스를 이용할 수 있도록 계약체결, 의사결정의 조력, 법률행위의 대리와 같은 법적 지원을 통해 조정 역할을 해야 한다는 말이다. 문제는 복지국가에 다가갈수록 복지는 권리가 되어 법률서비스와 복지서비스의 영역이 갈수록 융합되어간다는 것이다. 성년후견제도는 바로 이 융합의 중심에 있다. 성년후견제도로 법적 영역과 복지 영역을 이어주는 다리 역할을 위한 근거가 마련된 것이다. 더구나 개정에서 복수의 후견인이 가능한 만큼 법률 전문가와 사회복지사 또는 사회복지법인을 함께 선임함으로써 더 효율적인 후견을 받을 수도 있다(박은수, 2012: 153~4).

성년후견의 지정을 치매관리법에 담는 것이 필요하다는 의견도 있지만(원시연, 2015), 다른 한편으로는 재산처분과 상속 등 다양한 사항들이 포함되기에 치매환자들만을 위한 규정을 따로 넣을 경우 법의 중복이 문제가 될 수도 있다. 그러나 그런 조항과의 연결 장치마저 치매관리법에 전혀 없다는 점은 역시 문제이다.

제 4 장

사회복지 · 노인복지 차원의 치매이해

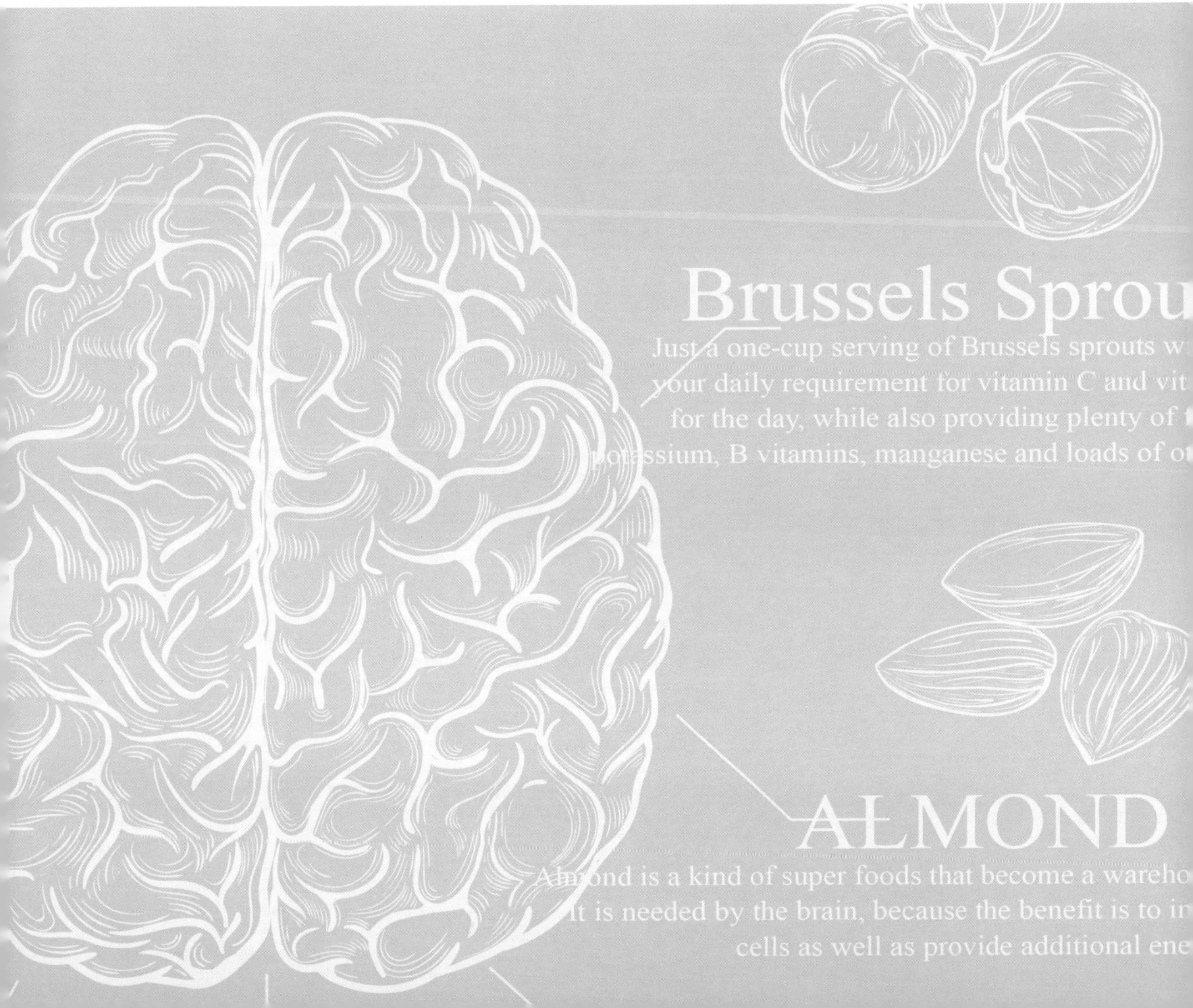

I 사회복지 · 노인복지 차원의 치매이해

1. 개념(사회보장, 사회복지, 노인복지, 노년학)에 대한 이해

앞서 사회문제에 대한 법적 해결에서 보았듯이 사회복지와 노인복지도 그러한 입법과 함께 국가의 개입이 이루어지고 있다. 그 전체 과정을 사회복지정책 또는 좁혀서 노인복지정책이라 한다. 이를 좀 더 좁히면 치매정책이란 말도 가능하다. 치매와 관련한 정치적 목적, 그러니까 치매환자를 비롯한 그 가족과 주변 그리고 사회 전체의 안녕을 도모하려는 목적을 실현하기 위한 방책이기 때문이다. 그러나 사회복지와 노인복지 자체가 법적 개념은 아니고, 좁게는 학문의 분과이기도 하고, 넓게는 사회와 노인의 문제를 해결하여 더 나은 사회, 더 나은 노인 삶의 질을 이룩하기 위한 모든(정부, 지자체, 학계, 시민단체, 각종 시설과 기관의) 활동과 그 활동의 결과 또는 활동의 목표와 이상이 되기도 한다.

사회복지는 거시적 차원에서 노인복지를 포함하는 것으로 볼 수 있다. 사회문제들을 해결하여 사회의 건강과 안녕을 보장하는 것이 사회복지라면, 노인복지는 사회문제화 된 노인문제들을 해결하는 역할을 하기 마련이다. 이와 관련한 개념들로 사회보장이 있고, 노년학이 있다. 사회보장은 사회의 안전성, 공동체의 건전성을 확보하기 위한 정책으로 사회복지와 서로 겹치기도 하지만, 굳이 구분을 한다면 사회복지가 사회보장을 위한 길, 과정에 더 가깝다고 할 수 있다. 사회보장이 되면 사회복지가 이루어지기도 하지만, 거꾸로 사회복지가 제대로 서야만 사회의 안전(social security)이 보장된다는 것이 논리적으로 매끄러워 보인다. 국방이 국토의 방위를 통해 대내 · 외적 국가 안전(national security)을 위한 것이라면,

사회복지는 대내적인 사회보장, 곧 사회 안전을 책임진다고 이해할 수 있다.

노인복지가 사회복지의 차원에서 노인문제에 접근한다면, 노년학은 노인 및 노화와 관련된 사항 전체를 다 다룬다. 옛날에도 노화에 대한 관심과 연구가 있었다고 하는데, 그 경우 불로장생의 욕망(진시황제의 불로초, 양생법, 신선술, 회춘, 젊음의 샘-루카스 크라나흐–Lucas Cranach)과 관련이 더 컸다. 시장논리로 따지자면 특수층(권력자나 부호)을 대상으로 한 사기 내지는 개인 차원의 수양이었다.[1] 그에 반해 현대의 노년학은 새로운 소비층, 시장부분이 크게 형성되면서 생겨난 공급자에 더 가깝다. 상품과 서비스 시장뿐만 아니라 학문에서도 평균수명 연장에 따른 노인인구의 증가란 전제조건이 충족되고 나서 등장하여 그 분야에서 수요 창출을 꾀하는 것이다. 학술 논리로 보자면, 노화의 과학적, 의학적 원인과 노화에 대한 사회적, 문화적, 정치적, 경제적 파급효과 그리고 노인에 대한 개인과 사회의 인식, 노화로 인한 (사회)문제의 해결을 위한 다양한 접근방법들을 모두 포괄하는 것이 노년학이다. 따라서 노년학과 무관한 분야가 오히려 드물 지경이다.[2] 그런 의미에서 노인복지란 사회복지와 노년학의 교집합이라 할 수 있다.

2. 노인과 치매에 대한 인식

1) 노인에 대한 인식

노인복지가 법제화된 것은 1981년으로, 이 해에 1961년에 생겼던 아동복리법이 아동복지법으로 대체되었던 시기이다. 어린이가 제대로 대우받기 시작한 것이 1920년대 부터다.[3] 그러나/그렇기 때문에 현대의 법제도를 통한 대우에서는

1) 진시황도 엄청난 투자를 했지만, 불로초를 구해온 이 없었고, 결국은 영생을 위한 수은 섭취로 더 일찍 사망했다고 한다. 크라나흐의 젊음의 샘은 서양식 회춘의 욕망을 보여주는데, 약초 대신 신비의 물이 등장한다. 동서양 모두 산 속을 헤매야 하는 것은 마찬가지로 보여 진다.

2) 심지어 저출산고령사회기본법에서 보듯이 노년학은 저출산과도 연결될 정도다.

3) 우리나라에서는 방정환이 고안한 '어린이'란 개념이 이즈음 나왔고, 국제연맹의 '아동권리에 관한 제네바 선언'이 나온 게 1924년이다. 전통적인 효의 개념으로 볼 때 과거에는 노인에 대한 대우가 나았거나 또는 나아야 했다.

노인이 어린이보다 더 늦게 제도적인 보호를 받게 된 셈이다. 한편으로는 어른으로서의 대우를 받던 노인보다 어린이들이 위험에 더 노출되었기 때문이고, 다른 한편으로는 본능인 듯한 내리사랑에 더하여 노인이 저무는 해이고, 떠오르는 어린이가 미래의 주역이라는 인식도 작용하였으리라 미루어 짐작해 본다.

그러나 다른 한편으로 보면 역시 노인인구의 증가에 따른 시장과 세력(투표)의 형성과 맞물린다고 해석할 수도 있다. 한 예로, 장기요양 관련한 사회보험에 대한 법이 독일 수발보험(Pflegeversicherung)과 일본의 개호보험(介護保険)인데 우리나라만 유독 '노인장기요양보험'이라 지은 것도 노인 표를 의식한 게 아닐까 싶다. 장기요양이나 치매 모두다 노화에 따라 발생 비율이 높아지는 것은 마찬가지다. 아울러 장기요양이나 치매가 젊은 층에서 발생하는 것도 같다. 그럼에도 하나는 '노인장기요양보험'이고, 다른 하나는 '치매관리법'이다. 단순히 일반에게 부정적인 인상을 주는 말인 치매 때문이라고 볼 수도 있지만, 법의 내적 체계를 감안하면 아무래도 아귀가 잘 들어맞지 않는다.

치매관리의 경우도 마찬가지지만 노인복지가 화두로 떠오르기 시작할 때에도 노인인구의 증가에 따른 노인복지 부담이라는 파국적 결과 예측이 과장될 정도로 강조되었다. 노인문제 관련 책이나 논문들 거의 모두, 특히 현대화이론에서 급작스런 노령화가 초래할 위험을 강조한 바 있다. 이를테면 권중돈(2016)의 경우 현대화이론에 따른 노인의 어려움을 다음 네 가지로 정리하고 있다.

첫째, 노인 지위 하락에 따른 수입 감소와 경제적 의존
둘째, 건강 악화와 (만성)질병에 따른 보호부양의 어려움
셋째, 심리사회적 소외와 고립 등 고독과 소외 문제
넷째, 여가시간 연장과 역할 상실의 문제

여기에다 저출산·고령화 문제의 국면으로 접어들면서 일자리와 한정된 국가 재원을 둘러싼 세대 간의 경쟁과 갈등까지 언급되었다. 심지어 "늘어난 노인 인구가 비노인층을 위협한다는 공포"[4]까지 언급하였다. 물론 이러한 문제들이 현

4) 경향신문(2016.12.10.)의 책(마거릿 크룩생크/이경미〈역〉. 나이 듦을 배우다). Scherf(2006: 50)에서는 "앞으로 50년 이내에 노인과 젊은이들 간의 내전이 벌어질 수도 있다는 끔찍한 예감"도 이야기된다.

실적으로 엄연히 존재하는 것은 어느 정도 사실이다. 더구나 사회문제라고 하는 게 현재 당면한 것을 전제로 하기에 문제와 차후 그 문제로 야기될 결과들에 대한 예측으로서도 정당한 작업이기도 하다. 그러나 그러한 문제의 제도적 원인 분석과 다른 방식의 해결방식에 대한 고민 없이 문제의 존재 자체만 당연시하는 것은 문제가 있다. 크룩생크(Cruikshank)는 이러한 접근방법, 인식 태도의 문제를 비판하면서, 대략 다음 4가지로 정리하고 있다(Cruikshank, 2013).

첫째, 젊음과 생산성만 지향하는 사회에서 늙어가는 이들에게 '안티에이징'만 요구하지만, 그것은 '안티흑인'이나 '안티 여성'처럼 말이 될 수 없다. 연령차별은 인종차별, 성차별, 동성애 혐오 같은 사회문제의 범주에 올리고, 직장 내 노인 노동자 차별이나 대중매체의 노인 표현, 노인의 외모 비하 등도 소수자나 여성차별과 같이 취급해야 한다.

둘째, 노인을 위한 복지비용으로 비노인층이 경제적으로 곤궁해진다는 전망의 근거가 희박하다. 사회가 노인의 의료비를 아낀다면, 노인은 젊은 시절부터 스스로 저축해야 하고, 그랬더라면 돈은 노인들에게만 머무르고 비노인층으로 흘러가지 않았을 것이다. 그렇지 않더라도 사회의 엄연한 일원인 이상 노인복지 비용은 정치적으로 올바르다(정의롭다).

셋째, 유년기나 사춘기 사람들을 신체적 특징으로만 평가하지 않듯이, 신체 상태만으로 노인을 파악하는 건 부당하다. 의료계와 제약업계는 노인을 '약물 투약의 표적'으로 삼지만, 고질병 치료를 위해 다중 복용하는 약 때문에 건강이 악화되는 사례가 드물지 않다. "질병들은 제약회사의 영리를 위해 만들어지고 유지된다."

넷째, 현대 사회의 인간은 열심히 일해야만 하고 일과 이후에도 자기계발에 매진해야 한다. 심지어 은퇴 이후에도 분주하길 강요한다. 아프지 않은 이상 계속 일하거나 자원봉사하는 노인이 건강하고 바람직하다고 제안한다. 여기서 분주함은 연약함, 무능, 느림, 의존의 반대말이다. 그러나 힐라 콜먼은 80대 이후 삶에 이렇게 썼다. "쓸모 있는 존재로 살아가는 데 지쳤다. 지금은 그저 존재하고 다만 멈춰서 바라보고 느끼고 생각하는, 나 자신에게 침잠해 들어가서 고요함을 즐길 수 있는 나만의 시간." 노년은 생산성 약화, 쇠락, 질병의 시간이 아니라, 또 다른 가능성의 시간이다.

진정한 의미에서 문제의 발견과 본질적 해결은 사고방식의 전환과 새로운 시각에서 시작되어야 할 때가 많다. 그러나 문제의 발견과 해결을 연구하는 사람들, 법의 제정과 개정을 책임지는 사람들조차 현재의 구도는 변화하지 않는다는 걸 전제로 하고 문제들을 제한된 시각에서 바라보기 마련이다. 그것이 우리를 비롯한 전문가의 전형적인 태도일 수 있고, 현실성만 놓고 본다면 가장 효과적인 접근방법일 수도 있다. 그러나 문제의 진정한 해결과는 거리가 있다. 왜냐하면 문제 발생의 근본 원인이 현재의 구조와 제도에 있을 경우 구조와 제도 자체의 문제에 대한 검토와 개선 없이는 문제 해결이 가능하지 않기 때문이다. 노인과 노화에 대한 노인 자신의 인식과 일반인의 인식이 부정적일 경우 그것은 이제까지 내려온 문화와 제도의 연장선에서 나왔거나 아니면 노화를 새로운 시장으로 삼으려는 시장전략에서 비롯한 것일 경우가 많다. 그러면 그런 전략과 이른바 전통이 과거와 다른 현재의 상황에서 옳은 것인지 또는 바람직한 것인지 검토할 필요가 있다.

2) 치매에 대한 인식

죽음은 아무도 피할 수 없는 인생의 마무리지만, 죽음이 두려워서 생활에 조심한다거나 생활태도를 바꾸는 사람들은 별로 없다. 물론 죽음에 대한 의식, 죽음을 상정한 상태의 삶의 태도라야 참다운 삶, 소중한 시간과 기회로서의 인생을 바라볼 수 있다는 말도 옳다. 죽음이 있어 비로소 인생이 가치가 있다는 말도 그렇다. 그럼에도 우리가 죽음을 떠올리며 자기 삶을 돌아보는 일은 흔하지 않다. 그렇다면 치매라면 어떨까? 이 두 가지 모두 분명 나이와 연결이 될 듯하다. 나이가 들수록 인생의 마무리에 대해 생각하게 되고(좋은 수의를 사 두었다고 안심하며 좋아하던 어른들의 모습이 떠오른다.), 주변에서 치매 걸린 사람들 소식에 혹시나 싶은 걱정이 느는 것이다. 결국 치매에 대한 이해도 이런 사정에 맞춰, 나이에 맞게 접근해야 하지 않을까 싶다.

우리는, 적어도 우리나라에 사는 사람들은 아직 죽음에 대한 교육을 제대로 받을 기회가 별로 없었던 것이 사실이다. 특히 학교에서나 방송에서는 더하다. 영국에서는 5월 5일을 죽음의 날로 정하고, 가지각색의 죽음 관련 행사들이 열린다. 죽음을 기피하고 멀리할수록 죽음은 그만큼 느닷없는 사건이나 변고가 되고, 가까이하고 의식할수록 오히려 하루하루 시간이 소중해지고, 삶의 보람이 커진다고 한다. 아울러 주변 사람들의 죽음도 건강한 애도를 거쳐 더 쉽게 받아들여 극복할 수 있다.

치매는 어떤가? 치매 역시 기피하지 않고 금기시하지 않을 때라야 치매 걸린 이웃을 우리와 같은 이웃으로 받아들이고 도와줄 수 있다. 멀리하고 덮을수록 유령처럼 소문만 피어나고 특별한 난리가 없어도 사람 사는 맛이 사라지며 유령의 마을이나 저마다 따로 유리벽에 갇혀 사는 유리마을, 또는 아무 감정 없이 움직이는 강시나 좀비 마을이 되고 만다.5)

병은 자랑해야 한다던 조상들의 지혜, 죽음도 고려시대는 물론 조선 초기까지 자연스럽게 받아들여 장례를 잔치처럼 치렀다고 한다. 유교가 들어온 뒤에 두 전통은 합쳐져 문상을 드릴 때까지는 더 없이 엄숙하고, 그런 다음 차려진 상에 가면 요란을 떠는 게 적어도 저자가 자란 시골의 초상집 모습이었다. 왁자지껄하니 술판에 화투판도 벌어진다. 그러나 지금 장례식장에 가보면 갈수록 조용해진다. 그러다 보니 장례식장에 오래 머물지 않고 되도록 일찍 돌아오는 것이 사실이다. 죽음에 대한 의식은 그다지 들지 않는다. 생명의 탄생과 결혼과 죽음 등 아무리 큰일이라도 공동체의 도움 없이도 전문화된 서비스로 처리된다. 치매마저 그렇게 전문화된 서비스에 맡겨버리고 마는 게 사실 그리 낯설지 않다. 문제는 그런 사회가 결코 건강할 수 없을 것이라는 점이다.

치매는 물론 죽음에 대한 인식의 전환, 그러기 위해 모두에 대한 교육의 마당,

---

5) 만인이 만인에게 적이 되고 분노가 되는 세상이 아니라 만인이 만인에게 친구가 되고 위안이 되는 세상을 위하여 내가 자유로워 내 옆의 당신이 자유로와 지고 만인이 인에게 자유가 되는 평화로운 세상을 위하여 우유병 문 유모차도 오고 힘겹게 바퀴 굴리며 휠체어도 왔다. 퀵서비스도 왔고 실업자도 잠시 실업을 잊고 왔고 중절모 쓴 할아버지도 왔고 한시도 떨어지기 싫은 연인도 왔다. 한 사람이 촛불 밝혀 한 사람이 더 따뜻해지고 두 사람이 촛불 밝혀 두 사람이 따뜻해지고 천 사람 만 사람의 촛불로 우리 모두가 환해지도록 지금, 우리는 밝힌다. 이 작고도 사소한 촛불 하나를 여기에서, 우리는 노래한다. 사람이, 사람답게, 사람으로, 살 세상을 위하여 자유여 민주여 평화여 내 사랑이여(김해자의 시 '이 좋은 봄날에' 중에서).

교육의 기회가 필요하다. 그리고 그 교육은 모든 연령대를 위한 교육도 있어야 하지만, 연령대에 맞는 눈높이의 교육이 필요하다. 우리가 죽음을 배우고 생각하는 이유는 삶을 보람차고 알차게 보내기 위해서다. 치매를 배우고 생각하는 이유는 첫째로 가능한 치매에 걸리지 않고 건강하게 살기 위해서이고, 둘째는 치매에 걸린 사람들을 이해하고 공감하며 가능한 도우며 함께 살기 위해서다. 피할 수 없는 숙명의 죽음도 우리가 어떻게 하느냐에 따라 그 모습이 달라진다. 비참한 모습으로 일찍 다가올 수도 있고, 더 끔찍하게 오래 걸릴 수도 있는가 하면 아주 늦게 느닷없다시피 다가와 편안히 맞을 수도 있다. 그에 반해 치매는 우리 자세와 태도에 따라 아주 늦게 오게 할 수도 있고 더 나아가 아예 오지 않게 할 수도 있다. 그런 의미에서 치매에 대한 인식의 전환은 개인에게나 사회에게 아주 중요하다.

치매에 대한 인식은 치매에 대한 예방과도 직결되기 때문에 더욱 중요하다. 막연한 두려움은 치매에 대한 적극적 예방보다 오히려 기피하는 행동으로 이어지기 쉽다. 치매조기 발견 및 예방 강화, 가족지원 강화와 사회적 인식 개선, 맞춤형 치료 및 보호 강화, 효과적 치매관리를 위한 인프라 확충 등을 4대 추진과제로 삼은 제2차 치매관리종합계획(2012~2015)[6]에도 불구하고, 2014년 전국 치매인식도 조사에시는 50세 이상 연령층에서 가장 두려운 병으로 치매가 꼽혔다. 50세 이하 연령층에서도 암 다음으로 무서운 병으로 바로 치매가 인식되었다. 게다가 치매환자나 가족들 가운데 절반은 자신들에게 필요한 서비스가 있는 줄 몰라서 이용하지 못했다는 응답이었다(김기웅 외, 2015: 11). 치매에 대해 제대로 알아야

6) 3대 정책 목표(첫째, 치매의 예방-치료-보호를 위한 체계적 기반 구축. 둘째, 치매환자와 가족의 삶의 질 향상 및 노년의 불안감 해소. 셋째, 치매에 대한 올바른 이해 및 사회적 관심 제고)에서부터 이미 예방, 인식과 관심에 역점을 두었다. 뿐만 아니라 2014년의 '생활 속 치매대응전략-치매예방 및 돌봄체계 강화를 중심으로'에서도 예방강화와 조기발견, 치매환자 돌봄과 가족지원 강화, 치매환자의 안전한 돌봄을 위한 기반 마련 등을 3대 추진과제로 재천명했다. 제3차 치매관리종합계획(2016~2020)의 주요 추진과제에서 4차 세부과제에도 치매돌봄 강화, 치매가족 지원, 치매 연구 및 통계와 함께 치매 예방 및 인식개선이 들어 있다. 그만큼 중요하여 중시한다는 말도 되고, 다른 한편으로는 그만큼 어려워 단기간에 성과를 보기 어렵다는 뜻이기도 하다. 그러나 인식개선의 경우 좀 더 적극적인 정책으로 조속한 성과를 보도록 해야 할 것이다. 그 바탕에서 예방과 적절한 시비스를 통한 돌봄의 강화가 가능했기 때문이다.

예방도 제대로 할 수 있고, 걸린 사람이나 가족들 역시 받을 수 있는 국가의 서비스를 제대로 받아서 더 나은 치료, 더 나은 보살핌을 통한 모두의 삶의 질을 높일 수 있을 것이다.

3. 사회복지와 노인복지 영역의 치매 대응

1) 치매 관련 노인의 실태

제3차 국민건강증진종합계획에서도 이미 국민의 건강 향상을 직접 추진하는 중점과제로 건강생활실천의 확산, 예방중심의 질병·건강관리, 인구집단별 건강관리 및 건강지원환경 등을 조성하고자 하였다(보건복지부·한국보건사회연구원, 2011). 이 계획에는 노인의 건강 지원과 관련하여 대략 다음 4가지 내용이 담겨 있다. 첫째, 노인의 신체기능 장애율 유지. 둘째, 치매 유병률의 증가 경감. 셋째, 독감예방접종률 및 건강검진 수진율 증가. 넷째, 노인의 낙상률 감소 등. 언급된 내용처럼 대부분 치매 예방과 관련이 있다.

제2차 저출산·고령사회기본계획에서도 건강수명의 연장이라는 목표를 달성하기 위해 다음 3가지 과제가 설정되었다. 첫째, 스스로 미리 지키는 건강 증진체계 추진. 둘째, 지역사회 중심의 건강지킴 체계 마련. 셋째, 노인건강정책 인프라 확충 및 효율화(정경희 외, 2014: 67). 개인 차원의 예방과 지역사회 그리고 국가 차원의 건강정책 인프라라는 삼각구도가 그야말로 이상적인 형태를 이루지만, 단기적으로는 뚜렷한 효과를 보기 어려워 보인다.

2011년 '치매노인실태조사'에 따르면, 우리나라는 가족 중심의 비공식 조호가 90.1%로 대부분을 차지한 것으로 나타난 바 있다. 주조호자의 2/3는 여성(68.5%)이고, 하루 평균 조호 시간은 4.8±8.8시간이었다(김기웅 외, 2015: 10~11). 2014년의 '노인실태조사'(장경희 외, 2014)에서는 사회제도(노인장기요양보험서비스 15.4%, 노인돌봄서비스 6.4%)에 의존한 경우가 21.8%로 높아졌는데, 기능 장애가 있어서 수발이 필요한 노인들 대부분이 수발을 받는 것으로 추정되었다. 전체 노인의 4.4%가 장기요양 대상자 신청을 했는데, 일상생활기능장애(ADL)가 있는 노인이 전체 노인의 6.9%이고, 장애가 한 가지뿐인 경미한 경우가 2.6%라는 점에서 그런 추정이 나온 것이다. 그러나 그 서비스로 수발이 완전 해소되지 않기 때문에 가족 91.9%, 친척이나 이웃 7.3%, 개인간병인 1.3% 등의 추가 수발이 있는 것으로 나타났다. 여성 수발자가 많은 것은 여전하지만, 남성의 비율도 1/4 이상으로 증가하였다 (선우덕, 2015: 44~45).[7)]

2014년 노인실태조사 인지기능을 파악하는데 이용된 도구는 치매선별용 한국어판 간이정신상태 검사(Korean version of Mini-Mental State Examination for Dementia Screening: MMSE-DS)이다. 이 도구로 측정된 점수가 총 30점 중에서 성별, 연령과 교육수준을 고려하여 계산된 일정점수 이하인 경우에는 치매의심의 인지저하자로 판정하고, 치매확정을 위한 진단검사의 대상이 되었다. 전체노인의 MMSE-DS의 평균점수는 23.7점으로 나타났는데, 인지저하자의 비율이 31.5%이다. 노인의 특성과 연결하여 보면, 인지저하자 비율이 상대적으로 높은 것은 읍·면부노인(37.9%), 무배우자 노인(33.5%), 미취업 노인(32.6%), 기능 제한이 있는 노인(49.1%)이다.[8)] 가구 형태별로는 자녀동거 가구가 33.6%로 가장 높으며, 노인부부가구는 자녀의 도

7) 2014년 실태조사에서도 통계적으로 무의미하다고 지적했지만, 2011년 여성 비율이 2/3라고 했는데, 2014년에 1/4이상이 남성으로 증가했다는 것은 오차가 있어 보인다.

8) 교육수준과 건강수명의 관계며 치매와의 관계, 그리고 사용하는 어휘의 다양성과의 상관관계에 대해서는 1980년대 후반부터 연구들이 있었고, 대체로 긍정적인 결과들이 보고되었다. 다만 그러한 연구결과가 학력이 낮은 사람들에게 자괴감이나 공포심을 줄 수 있다는 점이 문제로 지적되었다(Snoden/유은실, 2003/2015: 66~149).

〈표 4장-1〉 연령과 교육 수준을 고려한 치매의심 판성 짐수

〈MMSE-DS 진단검사 의뢰 점수표〉

연령	성별	교육 연 수			
		0~3년	4~6년	7~12년	13년 이상
60~69세	남	20	24	25	26
	여	19	23	25	26
70~74세	남	21	23	25	26
	여	18	21	25	26
75~79세	남	20	22	25	25
	여	17	21	24	26
80세 이상	남	18	22	24	25
	여	16	20	24	27

자료: 정경희 외, 2014: 353에서 재인용

움을 받는 자녀동거 가구에 비해 그 수준이 낮았다. 한편, 성별 차이는 없지만, 연령이 높을수록, 교육수준이 낮을수록, 가구소득이 낮을수록 인지저하자 비율이 높았다. 특히 85세 이상 연령군에서는 절반가량(52.5%)이 인지저하자로 나타났다. 또한 신체적 기능의 제한을 경험하고 있는 노인에게서 인지기능저하자의 비중이 높았다(정경희 외, 2014: 353).

2) 치매 노인의 증가를 반영하는 새로운 정책 필요

국가가 사회의 안전을 보장하기 위해 관련 법안들을 제정하고, 그 법에 따라 개입하는 과정과 치매와 가까운 법률들은 위에서 살펴보았다. 그러한 입법이 시작되기 이전에 이미 사회복지 분야에서는 여러 가지 활동이 지속되고 또 새로 시작된 것 또한 사실이다. 예컨대 치매환자가 늘기 시작하면 사회복지학계에서 먼저 원인 규명과 해결방법의 모색이 이루어졌다. 해외의 사례에 대해 연구하며 앞으로의 추이를 유추하고 초래될 위험에 대비하며 입법을 통한 국가의 개입을 촉구하였다. 그러는 과정에서 치매와 관련한 전문가들이 부각될 수 있었다. 특히 치매는 사회복지는 물론 의학, 정신 및 신경의학, 재활의학, 간호학, 작업치료학, 요양보호학, 영양학, 특수교육학 등 다양한 학문 분과들이 연계되어 있는데, 각 분과학문에서 치매와 관련한 나름의 연구와 해결방안 모색이 이루어졌다. 따라서 중복을 피하면서 시너지를 키우기 위해 학제 간 통합 또는 공동연구가 중요하다.[9)]

국가개입에 해당하는 사회복지 분야 일선에서는 늘어나는 치매환자들과 관련하여 기존의 사회복지사업법, 노인복지법, 노인장기요양보험법 그리고 기초연금법[10)]과 의료급여법 등, 적용 가능한 근거들을 동원해 해결에 힘쓰는 한편, 문제

9) 국회전자도서관에서 '치매'라는 단어로 검색하면 도서자료 445건(일반도서 422, 세미나자료 23), 학위논문(1,700), 학술 기사(2993: 일반학술지 1,495, 등재(후보)학술지 1,282), 정기간행물(216) 등 총 5,562건의 검색결과가 나온다. 2016년 자료만 350건인데, 1962년부터 치매 연구 자료가 시작되는 걸 감안하면 최근에 급격히 증가했다고 유추할 수 있다. 그러나 연구 분량의 증가가 곧바로 치매관련 지식의 고도화로 이어지진 않는다. 그러기 위해서는 제3차 치매관리종합계획에서 지적되듯, 연구현황과 연구 데이터 및 연구 성과에 대한 통합 DB와 연구지원의 통합화가 필요하다(김기웅 외, 2015: 42).

의 심각성을 상부기관에 알려 새로운 대책을 요구하기 마련이다. 이를테면 노인복지상담원(8급 공무원 급으로 사회복지사 3급 이상의 자격-노인복지법시행령 제12조)의 경우 노인 및 그 가족 또는 관계인에 대한 상담 및 지도를 하며 치매환자가 있는 가정의 심각성을 접하고 또 직접 가정환경 및 생활실태를 조사하며 가능한 해결책을 모색하고 상담, 지도한다.

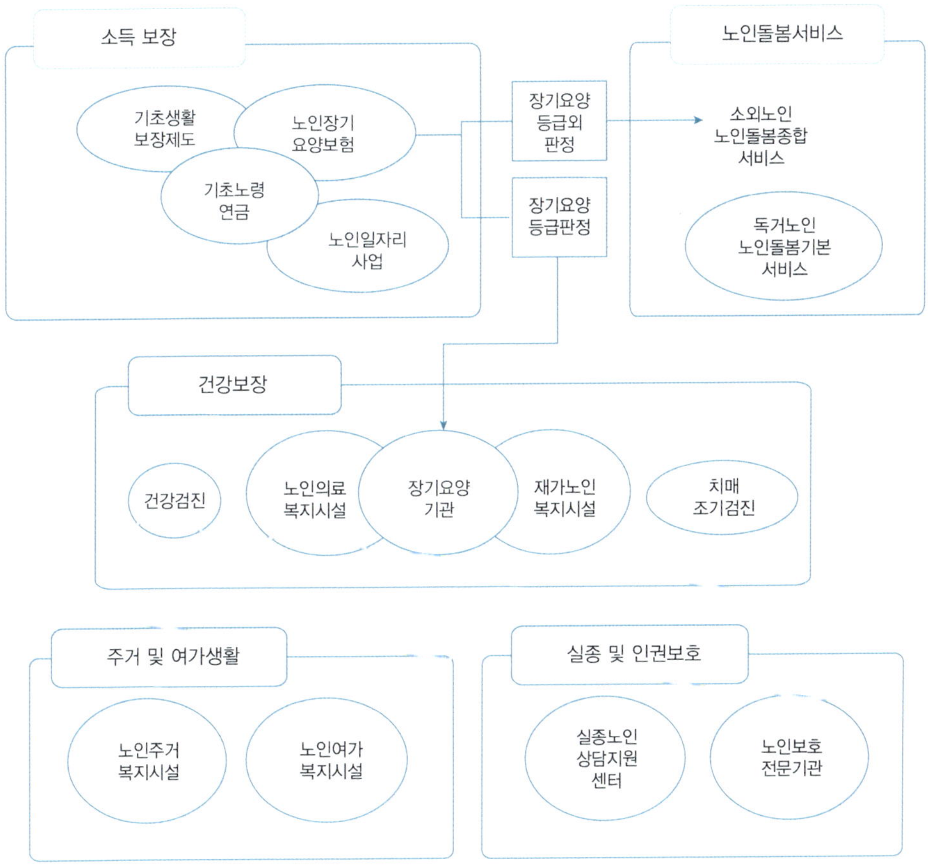

〈그림 4장-1〉 생활법령정보

자료: http://oneclick.law.go.kr/CSP/CnpClsMain.laf?popMenu=ov&csmSeq=673&ccfNo=1&cciNo=1&cnpClsNo=1/ 2017.1.18., 인출.

10) 2014년 7월부터 '기초노령연금제도'가 폐지되고 "기초연금제도"로 바뀌었다.

가정봉사원[11] 파견시설이나 노인의료시설 등에서는 치매환자 증가에 따라 새로운 서비스의 개발에 노력하는 한편, 정부에 치매환자 관련 가정봉사원의 서비스 수가 인상을 촉구하기 쉽다. 그러나 인상안이 받아들여지지 않을 경우 또는 그에 앞서 가정봉사원 파견을 기피하는 일이 다음과 같은 이유들로 생길 수도 있다. 첫째로 가정봉사원 자신이 힘들어 그만두는 일이 많을 것이기 때문이다. 둘째로 그럴 경우 파견 기관은 계약위반에 따른 손실을 볼 수 있다. 그런 경우 한편으로 시민 또는 종교 계열의 봉사단체에서 치매환자 보살핌에 나서게 되고, 치매문제의 심각성이 여론화되는, 다시 긍정적인 흐름을 탈 수 있을 것이다. 다른 한편으로는 시민의 권리로 국가에서 제공하는 서비스들에 대해 아예 무관심해지며 곳곳에서 치매들이 지뢰처럼 터져대는 부정적 나락으로 떨어질 수도 있다. 뒤에 살펴볼, 사회서비스와 노인 돌봄 서비스, 독거노인보호사업, 노인돌봄종합서비스는 노인인구의 증가, 그중에서도 독거노인과 치매노인 등의 증가와 함께 위의 심각성이 반영된 정책들이다.

사회복지 분야에서 치매는 사회보장에 위협이 되는 현상으로 무엇보다 노인인구의 증가가 근본적인 원인으로 보인다. 노인복지의 틀 안에서 해결을 모색할 수 있지만, 예방과 그것을 위한 일반 인식 그리고 노인이 아닌 치매환자들 등 사회복지의 큰

---

11) 옛날에 식모, 침모, 보모 등으로 불리던 직업이 1960년대 시간제 가정부, 출장제 가정부 등으로, 다시 1970년대에는 (시간제)가정부, 파출부, 파출가정부 등으로 변화된다. 1980년대 환자 돕는 이(후반엔 간병), 가정탁아모, 가정관리인, 가정비서, 상가파출부 등의 이름이 새로 보이며, 파출부란 명칭도 여전하다. 1990년대 간병인, 가사노동 근로자, 주부활동가, 가정입주자, 일일파출부, 가정도우미, 유급가정봉사원 등의 명칭이 쓰인다. 2010년대 이후에는 가사관리서비스, 가사도우미서비스, 가정관리사, 전문가사도우미, 시간제가사도우미, 입주가사도우미, 간병인, 가사근로자와 같은 명칭들이 사용되었다(이종득, 2016: 258). 줄여 말하자면 '식모'라는 이름에서 시작되었고 이후 가정부, 파출부, 가사도우미 등으로 이름이 바뀌었다. 가사노동자단체들과 노동사회단체들이 연대하여 근로기준법 개정안을 비롯해 가사노동자 보호입법을 발의하여, 고용노동부에서 2015년부터 가사노동자도 4대 보험과 근로기준법 적용 받게 하는 '가사서비스 이용 및 가사종사자 고용촉진에 관한 특별법'을 제정한다고 하였으나 지켜지지 않았다. 이름만 바뀐 게 아니라 가사일도 가사관리, 가정보육, 산후관리 등으로 세분화되고 영역별로 전문화가 요구되었다. 이러한 수요자의 전문화 요구에 맞추어 전문 교육 시스템을 갖추고 직업교육과 인성교육을 이수한 가정관리사가 체계적인 서비스로 각 가정의 가사 및 돌봄을 지원한다(자료: https://ko.wikipedia.org/wiki/%EA%B0%80%EC%A0%95%EA%B4%80%EB%A6%AC% EC%82%AC/ 2017.1.9., 인출.).

테두리에서도 함께 다루지 않을 수 없다. 치매를 사회문제로 사회복지 차원에서 다루지 않을 경우 사회보장에 부담이 된다는 것은 여러 면에서 확인할 수 있다.

첫째, 치매에 대한 사회 전반의 인식 개선과 그에 따른 치매예방 및 조기 검진 없이는 치매환자 수가 훨씬 늘어 그 개개인들은 물론 사회 전체에 부담이 된다.

둘째, 그럼에도 개인들과 시장에만 맡겨 놓을 경우 치매에 대한 무시로 치매환자가 느는 한편, 치매 및 노후대비에 대한 불안감 때문에 경기 위축을 초래한다. 지금 우리가 겪고 있는 경기위축 원인의 일부도 이와 무관하지 않을 것이다. 즉, 아직 치매를 비롯한 노후대비가 개인 차원에서도 충분하지 않고, 이에 대한 국가 차원의 복지정책도 사람들을 안심시키지 못한다는 말이다.

셋째, 앞의 두 가지 대책이 실패하거나 부족할 경우 사회적 신뢰를 비롯한 사회적 자본이 줄어들며 전체 사회적 비용의 증가와 함께 공동체의 안전이 위험해진다.

이에 따라 치매와 관련한 입법과 장기적 정책이 입안되면서 국가 전체 차원은 물론 지방자치단체에도 치매에 대응하는 체계가 세워질 수 있을 것이다. 현재 국가적 치매 대응 체계도를 살펴보면 다음 〈그림 4장-2〉와 같다.

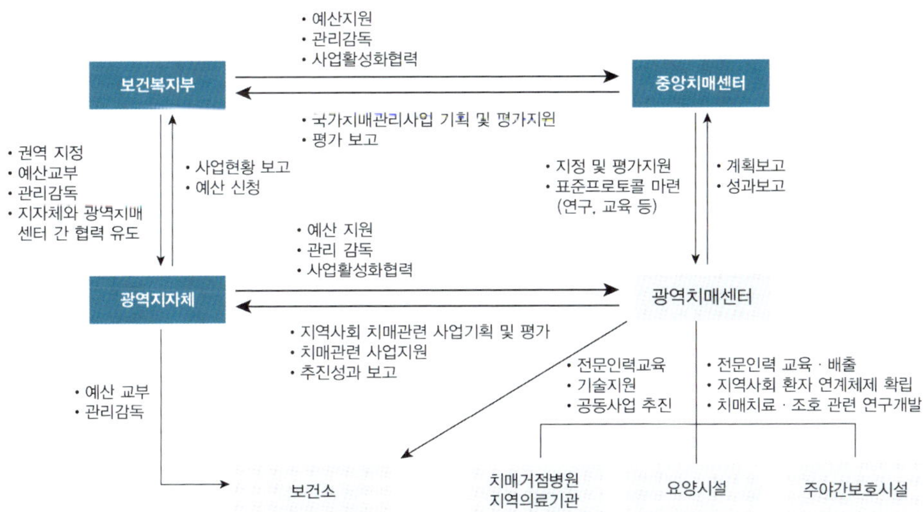

〈그림 4장-2〉 국가 치매관리사업 추진체계

자료: 경기도 보건복지국, 2016: 22

3) 예방, 조기검진 및 조기치료의 강화정책

(1) 예 방

예방은 치매 교육과 홍보를 통한 치매인식 제고와 공동체 복원에 있다. 모든 병과 사회문제가 다 그렇듯이 치매 역시 예방이 최선의 대응이다. 개인적으로 삶의 질을 끝까지 누릴 수 있는 기반을 굳히는 길이고, 사회적으로도 비용절감과 생산성 유지 및 사회적 삶의 질을 높일 수 있다. 개인 차원에서는 우선 식생활과 생활태도를 치매와의 거리를 키우는 쪽으로 가져가야 한다. 비만, 당뇨, 고지혈, 고혈압 등 만성 성인질환을 없애는 식사와 운동습관은 동시에 치매도 가까이 오지 못하게 한다. 이에 대해 제3차 치매관리 종합계획에서는 치매예방수칙 333,[12] 치매예방운동, 두근두근 뇌운동 등의 실천 유도를 위한 전국 사업을 시작하였다. 더불어 캠페인의 지속적 지원과 다양한 사용자들의 욕구 충족을 위한 수준별 예방 프로그램

12) 치매예방수칙 333은 다음과 같은 의미를 갖고 있다. 3권(勸): 일주일에 3번 이상 걷기, 부지런히 읽고 쓰기, 생선과 채소 골고루 먹기 등이고 3금(禁): 술은 적게 마시기, 금연하기, 머리 다치지 않게 조심하기 등이며 3행(行): 정기적으로 검진받기, 가족, 친구들과 자주 소통하기, 매년 치매 조기 검진받기 등이다.

〈그림 4장-3〉 333 치매예방수칙

자료 : https://clinic.paju.go.kr/clinic/clinic_03/clinic_03_14/clinic_03_14_03.jsp., 2017.1.15., 인출

의 추가 개발 및 치매예방 운동 보급도 포함하고 있다.

보건복지부와 중앙 및 광역 치매센터 등은 다양한 치매 예방과 조기검진을 홍보하는 책자들(일례: 우리들의 치매 이야기, 치매 가이드북 등)을 발행하고 있다. 특히 제3차 치매관리 종합계획에는 예방과 관련하여 치매정보 365, 치매예방 컨텐츠의 양 및 적시성과 다양성 강화, 치매체크·동행 앱을 통한 모바일 커뮤니케이션 포털로 치매 예방을 위한 컨텐츠 접근성 개선 등이 담겨져 있다.[13] 이는 미래 지향적 소통 채널을 확보하고 청장년층 소통 강화를 통한 예방 효과 증대를 도모하려는 영역이다(김기웅 외, 2015: 18).

한편 청소년들을 대상으로 한 치매 교육과 함께 언론에서도 치매에 대한 내용이 전에 없이 많아지고 충실해졌다(일례: 중앙치매센터와 조선일보의 '두근두근 뇌 운동' 등). 제3차 치매관리종합계획(보건복지부)에 따르면 치매관련 정보 습득 및 인식 개선을 통해 치매환자와 가족 지지활동 및 자원봉사 수행 인력 확보를 위하여 2020년까지 50만 명의 치매파트너를 양성하여 활용할 계획이다. 일본에서는 인지증 서포터 700만 명, 영국 Dementia Friends 70만 명 등이 이미 확보되어 활동하고 있다(경기도 보건복지국, 2016: 15). 치매파트너는 한편으로 파트너 당사자와

13) 중앙치매센터와 조선일보가 2014년부터 공동으로 만드는 것으로, 매일 신문 기사나 날씨, 오늘의 운세 등을 활용해 뇌를 운동시켜주는 '똑똑한 신문 놀이'라는 게 조선일보의 설명이다. 신문도 읽고 치매도 예방하는 이 뇌 운동은 매일 하나씩 소개 되고 있다(http://news.chosun.com/site/data/html_dir/2014/10/07/2014100700294.html/ 2017.1.6., 인출).

〈그림 4장-4〉 헬스 조선의 치매예방

가족들에 대한 치매 이해 교육이기도 하면서, 동시에 치매환자 가족과 지역사회 공동체를 강화하는 역할을 할 수 있다. 이러한 역할은 치매환자의 시설입소를 늦추거나 입소율 자체를 낮추는 효과를 낳으며, 아울러 가족들의 고통과 부담을 덜어줄 수 있을 것이다.[14] 특히 지역 이웃들의 이해를 통해 치매환자의 실종문제를 해결할 수 있고 동시에 공동체정신이 살아나 살기 더 좋은 공동체로 만들 수도 있다. 현재 추진 중인 '치매안심마을'이나 용인시의 '치매행복마을' 등이 그런 시도의 일환이다.[15]

OECD국가들 대부분은 안전하고 서로가 서로를 받아들이고 보호하는 지역사회 조성을 통해 한편으로는 치매환자의 인권과 삶의 질을 보장하고, 다른 한편으로 사회경제적 치매관리 부담을 경감시키려는 정책을 추진하고 있다(OECD 치매관리 핵심정책-3). 이와 관련하여 G7 국가들이 택한 전략 역시 학교 기반 교육과 봉사프로그램 개발 및 확산, 치매서포터즈 양성으로 학교 교육과 봉사 강화, 웹과 모바일 기반 지식 확산, 낙인 최소화, 소통 채널의 현대화를 통한 일반 대상 홍보 강화 등을 꼽을 수 있다. 우리도 중·고교 전체를 대상으로 한 보건교육 내 치매교육, 초등학생을 위한 맞춤형 치매교육, 치매관련 대학 봉사활동 문화 정착을 위한 치매극복 선도대학(일례: 서울대 의대, 강남대)의 치매교육을 전체 대학으로 확산시키는 등의 노력을 기울이고 있다(김기웅 외, 2015: 20~22).

이러한 지역사회의 공동체 의식 강화와 일자리 창출을 통한 경제성장을 함께 도모하는 정책이 바로 「사회서비스 이용 및 이용권 관리에 관한 법률」(2011.8.4. 제정, 2012.2.5. 시행)이다. 사회복지 또는 사회보장 분야에서 마침내 일반 시장경제에서 쉽게 나서지 못하는, 그러나 경제성장이나 아니면 최소한의 경기 활성화를 위해서는 꼭 필요한 정책 방향을 마련한 것이다. 물론 아직은 사회서비스 분야 일자리들 대부분이 저소득층을 위한 저임금의 기간제일 뿐이지만, 어려운 사람들의 사회서비스 욕구를 충족시키면서 동시에 어려운 사람들에게 최소한의 소득을 줄

14) 다양한 두뇌 활동 운동이나 건강관리는 치매예방에 결정적인 역할을 하는 것으로 알려져 있다.
15) 네덜란드의 '드 호그벡'마을은 이런 공동체와는 거리가 있다. 여기는 오히려 이상적인 치매환자 시설에 가깝다고 평가하는 사람들이 많다(https://www.youtube.com/watch?v=kP586HoICag/2017.1.07., 인출).

수 있는 일자리까지 창출하고 다시 경기를 활성화할 수 있는 일거삼득이다.

구체적으로 광역지자체의 경우 치매예방 및 인식 개선 사업을 수행하고 있다. 이 사업의 목적은 크게 두 가지다. 첫째, 치매에 대한 올바른 인식을 유도하는 교육 및 홍보활동을 통해 치매도 예방 및 치료관리가 가능하다는 사회적 이해를 확산시키는 데 있다. 둘째, 다양한 홍보활동을 통해 일반시민 및 유관기관 종사자들이 서울시가 추진하는 치매관리 사업에 적극 동참할 수 있는 분위기를 조성하는 것이다. 그 내용은 네 가지가 있다. 첫째, 교육 및 홍보자료 제작 및 보급. 둘째, 교육 및 홍보 프로그램 시행. 셋째, 치매 극복의 날 개념행사. 넷째, 치매 홍보 서포터즈 운영. 그에 따른 일례로서 서울시의 추진체계를 보면 다음 〈표 4장-2〉와 같다.

〈표 4장-2〉 서울시 치매예방 및 인식개선 사업 추진체계

구분	교육 및 홍보자료 제작·보급	교육 및 홍보 프로그램 시행	치매극복의 날 기념행사
서울 광역	• 교육 및 홍보자료 제작 • 지역센터 및 유관기관 보급 • 언론홍보(중앙언론)	• 프로그램 기획 • 홍보물 및 기념품 제작지원	• 치매의 날 행사 기획 및 진행총괄
자치구	• 지역주민, 환자가족대상 자료보급 • 언론홍보(지역언론)	• 프로그램 홍보 및 시행 • 홍보물 및 기념품 배포	• 치매의 날 행사 홍보 및 지원

자료: https://www.seouldementia.or.kr/business/enterprise.asp/ 2017.1.02., 인출

(2) 조기검진과 조기치료 및 꾸준한 관리

미처 예방이 이루어지지 못해서 또는 예방에 힘썼음에도 치매는 일어날 수 있다. 그런 경우라도 조기검진을 통해 조기에 발견된다면 치료의 효과를 높이면서 치매의 진행을 늦춤으로써 역시 예방에 버금가는 효과를 볼 수 있다. (국립) 중앙치매센터에서는 치매의 조기발견과 지속치료의 중요성을 다음 〈표 4장-3〉과 같이 강조하고 있다.

〈표 4장-3〉 치매 조기 발견의 효과

주요목표	내 용
치매환자 100명 중 5~10명은 완치 가능	다양한 치매의 원인 중 뇌종양, 심각한 우울증, 갑상선 질환, 약물 부작용, 영양문제 등의 경우 일찍 발견하여 치료하면 회복될 수 있다.
큰 치료 효과 기대	치매의 진행을 늦출 수 있는 약물치료는 일반적으로 빨리 시작할수록 효과가 좋다. 초기에 약물을 사용하면 건강한 치매환자의 모습을 가능한 오래 유지할 수 있다.
체계적 치료와 관리로 환자 삶의 질 높여	고혈압, 당뇨 등 동반질병을 체계적으로 관리하고 다양한 비약물적 개입을 통해 삶의 질을 높일 수 있다.
병의 악화로 인한 다양한 문제에 미리 대처	치매환자의 판단력이 상실되기 전에 유산상속과 같은 경제적 혹은 법적인 문제에 미리 대처할 수 있다(성인 후견제도 참조).

자료: 보건복지부 · 중앙치매센터, 2015: 10

꾸준한 치료 역시 독립적인 생활을 이어가는 한편 가족들의 돌봄 비용이며 시간을 현저히 줄일 수 있다. 결국 사회적으로도 유용한 것은 마찬가지다. 아직 치매 자체를 완치시킬 수 있는 약은 개발되지 않았지만, 그러나 여러 가지로 증세를 늦추거나 개선시킬 수 있는 약들은 제법 많다. 조기 발견하여 조기 치료를 시작하면 향후 8년 동안 가족들이 약 7,800시간의 여가시간을 더 누릴 수 있고, 6,400만 원을 더 절약할 수 있다. 치매 초기단계부터 약물치료를 꾸준히 하면 5년 후 요양시설 입소율도 55%나 감소할 것이라 한다(보건복지부 · 중앙치매센터, 2015: 11). 그 결과 사회 전체적으로 보면 연간 5,174억 원이 절감되는 것으로 추정된다(경기도 보건복지국, 2016: 3).

〈표 4장-4〉 치료군과 방치군의 돌봄 비용과 시간 비교

기 간	돌봄 비용		돌봄 시간	
	치료군	방치군	치료군	방치군
3년 후	133만 원	188만 원	147만 원	243만 원
8년 후	3.4시간	5.8시간	4시간	8.2시간

자료: 보건복지부 · 중앙치매센터, 2015: 11

G7 국가들의 조기 검진과 치료를 위한 전력은 크게 3가지다. 첫째, 진단 시설과 전문인력의 기반 구축을 통한 진단 서비스의 접근성 향상. 둘째, 치매 진단 지침과 도구 개발 및 교육 그리고 진단 인센티브 제공을 통한 1차 진료의 치매대응 역량 강화. 셋째, 협력 및 정보 교육을 통한 치매 진단 후의 서비스 강화. 그런데 G7 국가들의 전략은 우리의 제3차 치매관리 종합계획에서도 비슷한 맥락이 담겨져 있다. 첫째, 통합건강증진사업, 정신건강증진사업, 일차보건의료 사업 등의 지침에 치매 고위험군 개념을 정립하여 조기검진사업과 연계를 통하여 체계적인 맞춤형 치매예방서비스의 제도적 기반을 마련한다. 둘째, 경도인지장애와 경증치매환자 대상으로 인지증진 프로그램 브랜드화 및 두근두근 뇌운동과 같은 생활밀착형 자기 주도 인지증진 프로그램을 지역사회에 체계적으로 확산시킨다. 셋째, 지역사회 기반 치매예방 전략의 개발과 성과 평가를 위한 연구가 가능하도록 빅데이터의 연계 방안을 모색하고 개인정보관리 등에 관한 제도를 정비하며, 맞춤형 치매예방 프로그램 개발 및 프로그램 효과의 검증을 위한 연구를 지속적으로 지원하는 정책적 전략을 마련한다(김기웅 외, 2015: 18~19).

조기진단 인센티브는 2가지로 나누어 생각해야 한다. 첫째, 제3차 종합계획에서처럼 개원의와 협력 병원의 치매조기진단 서비스 참여 독려를 위해 조기진단 인센티브 체계 구축. 둘째, 나이든 사람들로 하여금 조기 진단에 적극적으로 참여하도록 인센티브를 제공하는 방법. 정기검진을 받지 않을 경우 보건소에서 제공하는 5대 암 환자 의료비지원을 받지 못하는 것처럼, 치매조기검진 불참에 국가 서비스에서 일정 정도 불이익을 받는다면?[16] 그것은 최후에나 생각할 일이다. 왜냐하면 아직도 서비스가 부족한 형편에 그마저도 축소된다면, 결국 문제만 더 키울 수 있기 때문이다. 따라서 인센티브 방식을 강구해야 할 것이다.

---

16) 보건소에서 제공하는 암 환자 의료비지원 사업은 5대 암에 걸린 사람들의 의료비 일부를 지원해주는 제도다. 비급여, 즉 자기부담 일부를 지원해 주는데, 직장가입자/지역가입자냐, 월 보험료 등을 구분하여 지원 금액이 결정된다. 직장가입자의 경우 월 8만 9천 원, 지역가입자의 경우 월 8만 8천 원 이하 납부자는 연 최고 200만 원이 지원된다. 치료시기에 따라 연속 3년까지, 치료 해당 년도에 지원받을 수 있다(http://www.ohmynews.com/NWS_Web/view/at_pg.aspx?CNTN_CD=A0002201995/2017.1.6., 인출).

2014년 12월 국민 1천 명을 대상으로 한 한국보건의료연구원(NECA)의 이메일을 이용한 온라인 설문조사 결과 88.3%(883명)는 치매 진단 시 질병의 진행을 늦추는 치료를 받기를 바라서 치료 효과가 확실하지 않은 치료약 임상실험이라도 참가하겠다는 사람이 60.6%나 되었다. 그렇지만 FDG-PET(불화디옥시포도당 양전자 단층촬영) 검사를 받겠느냐는 질문에는 68.8%(688명)이 검사를 받지 않겠다는 대답이었고, 그 이유는 비용부담(74.6%)이 가장 컸다(http://www.yonhapnews.co.kr/bulletin/2015/05/10/0200000000AKR20150510054100017.HTML/2017.1.06., 인출). 2016년부터 치매 정밀검진에 건강보험을 적용하여 본인부담금을 현재의 20% 수준(약 8만 원)으로 한 것은 일종의 인센티브에 해당하는데, 그 효과를 살펴보아야 할 것이다.

(3) 치매조기검진 및 치매환자 등록 사업

최악의 경우라면 치매에 걸린 줄도 모른 채 방치되거나 그저 모르고 살면서 병을 키우는 경우라 할 수 있다. 따라서 적어도 치매에 걸린 사실을 확인하여 최소한의 치료를 할 수 있도록 하자는 게 치매조기검진과 치매등록사업의 근본적 취지다. 치매조기검진사업의 목적은 지역사회 거주노인 전체에 대한 치매조기검진을 통해 치매 및 고위험 노인을 조기에 발견하여 체계적인 치료·관리를 받을 수 있게 하여서 치매 예방 및 악화 방지에 기여하는 것이다. 이는 광역 지자체 별로 실시하는데 사업 절차는 대부분 다음 〈표 4장-5〉과 같다(서울의 예).

〈표 4장-5〉 치매검진사업의 목적과 주요내용

단 계	주요목적	내 용
1단계	기초 상담	전화, 방문, 인터넷 등을 통한 기초 상담 및 예약
2단계	선별검진	치매 선별 검진도구(MMSE-K/MMSE-KC/MMSE-DS)를 이용한 인지저하 여부 확인
3단계	정밀검진	선별검진 결과 '인지저하'로 분류된 대상자를 상대로 1단계 치매신경심리평가(CERAD-K〈N〉 또는 SNSB검사)와 2단계 치매임상평가(1단계 검진 결과 참고하여 임상평가 시행 후 치매/치매고위험/정상으로 진단 분류)
4단계	치매원인 확진검사 연계	정밀검진 결과 '치매'로 진단된 대상자는 자치구 치매지원센터 수탁병원(또는 지역사회 내 병의원) 연계를 통한 뇌영상검사 및 기타 진단의학적 검사 후 그 결과에 따라 예방등록관리사업으로 연계하여 지속 관리

자료: https://www.seouldementia.or.kr/business/checkup.asp/ 2017. 1.20, 인출.

서울시의 치매 예방등록관리사업은 정상관리, 치매고위험군 관리, 치매관리 등 3단계로 나뉘며 세부 사항은 다음 〈표 4장-6〉과 같다.

〈표 4장-6〉 서울시 치매 예방등록관리사업

치매관리서비스 종류	치매고위험군 관리 서비스 종류	정상 관리 서비스 종류
• 인지건강센터 프로그램시행 • 방문간호 서비스 • 조호물품 제공 서비스(위생재료 무상공급, 조호기구 무상대여) • 배회가능어르신 (배회인식표, 팔찌, GPS 보급 및 사전 지문등록 연계 실시) • 치매관련 정보 제공 • 가족모임(또는 가족교실) • 지역 치매관련 자원연계 (의료기관, 복지시설 등 연계) • 치료비 지원(저소득층) • 기타 필요한 서비스	• 정기 정밀검진 서비스 • 인지건강센터 프로그램 시행 • 치매예방 정보제공 서비스 • 치매예방 관련 프로그램 연계 서비스 • 기타 필요한 서비스	• 정기선별 검진서비스 • 치매예방 정보제공 서비스 • 치매예방 관련 프로그램 연계서비스 • 기타 필요한 서비스

자료: https://www.seouldementia.or.kr/business/register.asp/ 2017.1.3., 인출

한편 경기도의 경우 '치매예방 · 조기발견 · 등록관리 · 가족지원'을 통합한 통합 서비스시스템 운영체제로 대응하고 있다. 아직 2015년 12월 말 기준으로 검진율(전국 18.2%, 경기도 11.7%)이나 등록관리 비율(전국 44.9%, 경기도 36.1%)에서 전국 평균을 밑돌았고, 2017년도 계획에서도 따라잡진 못하지만 실현 가능하게 각 40%와 13%를 목표로 하는 전략목표와 추진방향을 세운바 있다[17].

아울러 치매환자 가족에게 힘이 되는 서비스를 제공한다는 목표로서 다음 사항들을 진행하고 있다.

17) 그에 따른 구체적인 내용을 살펴보면 치매 예방 및 조기발견 강화, 맞춤형 등록관리 및 치료강화, 치매관리 인프라 및 자원 네트워크 구축 그리고 치매관리사업 평가 및 우수기관 포상 등을 꼽을 수 있다.

- 치매환자 및 고위험군 활동프로그램 지원
  - 가족사랑 이음센터 확대 설치
    (치매환자 건강관리와 인지생활 지원)
  - 치매환자 비약물적 치료 프로그램 보급
  - 치매 환자가 즐거운 "락 카페"운영
  - 가정방문을 통한 맞춤형 서비스 제공
- 치매 가족지원 서비스 강화
  - 치매가족을 위한 "헤아림" 교실 운영
  - 치매 환자와 가족이 함께 하는 콘서트 개최
  - 치매 가족 자조모임 운영지원
- 치매 친화적 사회안전망 구축
  - 치매 파트너 및 파트너 플러스 양성
  - 경찰과 함께하는 치매 실종노인 예방
  - 범 도민 치매 극복 걷기대회 개최
  - 치매 극복의 날 치매환자 초청 음악회
  - 치매예방 캠페인 및 인식개선사업

서울시도 이와 비슷한 사업의 일환으로 치매지역사회 지원강화 사업을 실시하고 있다(https://www.seouldementia.or.kr/business/volunteer.asp/ 2017.1.20., 인출).

비교하면 경기도의 가족사랑이음센터와 락-카페는 서울시의 기억키움학교 및 사례관리와 비교할 수 있지만, 접근방법은 다소 다르다. 특히 서울시의 경우 치매 전문 자원봉사자 양성 프로그램이 눈에 띈다면, 경기도는 치매환자 가족 프로그램(헤아림 교실)과 치매전문 자원봉사자와 비견되는 치매파트너와 치매파트너 플러스 프로그램이 두드러진다.

Ⅱ 국가의 개입 - 노인을 위한 사회서비스

1. 사회서비스 개요

개인 또는 사회 전체의 복지증진과 삶의 질 향상을 위해 국가 사회 차원에서 제공되는 서비스를 사회서비스라 한다. 여기에는 공공행정(일반행정, 환경, 안전), 사회복지(보육, 아동·장애인·노인의 보호), 보건의료(간병, 간호), 교육(방과 후 활동, 특수교육), 문화(도서관, 박물관, 미술관 등 문화시설 운영) 등이 포괄된다.[18] 서비스 사업은 사회보장기본법 제3조 제4항의 사회서비스에 대한 정의[19]와 사회복지사업법 제33조의7에서 규정한 현물 서비스 제공 원칙에 따라 현금이 아니라 사회복지서비스 이용권 또는 바우처를 제공하는 것이다. 따라서 수급자는 이 바우처로 국가나 지방자치단체 이외의 서비스 제공자로부터 서비스를 제공받을 수 있는 제도이다.

〈그림 4장-5〉 사회서비스

자료: http://www.socialservice.or.kr/user/htmlEditor/view.do?p_sn=1/ 2017.1.15.

18) 사회서비스 부분은 정부의 사회서비스 홈페이지를 참고로 작성하였다(http://www.socialservice.or.kr/user/htmlEditor/view.do?p_sn=1 / 2017.1.7., 인출).

19) 사회보장기본법 제3조 제4항에는 다음과 같이 명시되어 있다: "국가·지방자치단체 및 민간부문의 도움이 필요한 모든 국민에게 복지, 보건의료, 교육, 고용, 주거, 문화, 환경 등의 분야에서 인간다운 생활을 보장하고 상담, 재활, 돌봄, 정보의 제공, 관련 시설의 이용, 역량 개발, 사회참여 지원 등을 통하여 국민의 삶의 질이 향상되도록 지원하는 제도를 말한다."

2. 노인을 위한 사회서비스 - 노인돌봄 서비스

노인이라고 다 치매에 걸리는 것은 아니지만, 치매에 걸릴 위험이 커지는 것은 사실이다. 따라서 노인들은 스스로도 조심해야 하지만, 국가와 지자체 그리고 이웃공동체에서도 각별히 신경을 써야 한다. 현재 노인을 대상으로 하는 국가 서비스에는 크게 3가지를 꼽을 수 있다. 첫째, 국민건강보험에 가입한 경우 노인장기요양보험에 자동 가입되므로 치매가 오거나 다른 이유로 몸이 불편할 경우 장기요양 등급을 받아서 노인장기요양서비스를 받을 수 있다. 둘째, 노인장기요양보험의 혜택을 받지 못하는 노인들을 위해 노인돌봄종합서비스를 받을 수 있다.[20] 셋째, 이 서비스도 받을 수 없는 경우 특히 홀로 사는 노인들을 대상으로 한 독거노인 보호사업 또는 노인돌봄 기본서비스를 받을 수 있다. 따라서 65세 이상 독거노인들 중 요양서비스를 받지 않으면서 소득·건강·주거·사회적 접촉 등의 수준을 평가해 보호할 필요가 높은 순으로 대상자를 선정하고 있다. 노인 돌봄 서비스는 절대평가가 아니라 지자체의 재원에 따라 그 기준이 오르내리는 상대평가 방식을 취하고 있다.

1) 노인돌봄 종합서비스

(1) 개 요

장기요양서비스를 받지 않는 노인들 가운데 혼자 힘으로 일상생활을 영위하기 어려운 경우 가사·활동 지원 또는 주간보호 서비스를 제공하여 안정된 노후생활을 보장하고 가족의 사회·경제적 활동기반을 조성하기 위한 서비스를 말한다. 소득수준에 따라 본인부담금이 있으며, 그 부분을 먼저 납입하면 바우처가 생성되어 서비스를 받을 수 있다. 서비스는 서비스 제공기관에서 모집하여 교육시킨

20) 여기에는 단기가사서비스(월 24시간), 방문서비스(월 27시간, 36시간), 주간보호서비스(월 27시간-9일, 36시간-12일), 치매환자가족지원서비스(연 6일) 등이 포함된다. 물론 이러한 서비스를 받으려면 건강(노인장기요양 등급 외 A, B)과 소득(가구 소득이 전국가구 평균소득의 150%이하)에서 일정 기준을 충족시켜야 한다.

노인돌보미에 의해 제공된다.[21]

노인돌보미 채용시 요양보호사 자격증과 건강진단서를 첨부하여 제공기관과 채용 계약을 맺는 방식이다. 다만 노인돌봄종합서비스 제공기관의 장이나 관리책임자 등(일 8시간 이상 상시근무자) 기타 정부지원 사업의 상시근무자는 특별한 경우를 제외하고 노인돌보미 역할을 할 수 없도록 되어 있다. 아울러 고용노동부 지원 사회적일자리사업, 희망근로 등 기타 이에 준하는 정부·지방자치단체에서 실시하는 사회적 일자리 참여자 중 주 30시간 이상 전일제 근무자도 노인돌보미가 될 수 없다.

(2) 서비스 대상과 선정 절차

만 65세 이상의 노인들(단기가사의 경우 독거노인 또는 만 75세 이상의 고령 부부 노인가구) 중 노인장기요양등급 외 A, B 판정자(장기요양등급 판정서 유효기간은 최근 3년 이내)로서 전국가구 평균소득의 150% 이하이어야 한다. 연도기준으로 1951년 출생일 경과자, 고령의 경우 1941년 출생일 경과자 또는 시·군·구청장이 인정하는 장애 1~3등급 및 중증질환자 중 차상위계층 이하자도 해당된다. 그러나 소득과 건강상태 기준이 충족되더라도 시·군·구별 예산 한도 범위 내에서 지원하기 때문에 초과가 예상되면 우선순위로 선정하는 방식이다. 단기가사서비스의 경우 75세 이상 고령 부부 노인가구보다 독거노인이 우선된다. 방문·주간보호서

21) 노인돌보미 교육은 독거노인종합지원센터에 위탁하는데, 교육기관은 16개 시·도 노인돌봄서비스 거점수행기관이며, 기간은 2월 1일-11월 30일(2016년 기준), 교육시간은 4시간이다. 신규자 교육 종료까지 80% 이상 출석자에게 수료증 발급하게 된다. 한편 과목과 내용 및 시간은 다음 〈표 4장-7〉와 같다.

〈표 4장-7〉 노인돌보미 교육과정

과목명	교육내용	강 사	시 간
노인복지정책 및 노인돌봄종합서비스 이해	사업 취지 및 내용, 슈퍼비전 제시	독거노인종합지원센터	1
징후 선별, 조치방법, 대상자 실제 관리 등	노인학대 예방교육	중앙노인보호전문기관	1
	치매예방 교육	중앙치매센터	1
노인의사소통 및 상담	노인의 특성 이해를 통한 소통방법 및 상담기술, 응대매뉴얼 제시	거점수행기관 섭외	1
합 계			4

자료: 보건복지부, 2016: 125

비스는 독거노인, 치매질환자, 기타 노인성 질환자 순이고, 다른 한편으로 장기요양등급외 A가 B보다 우선한다.22)

〈그림 4장-6〉 업무 흐름도(선정 및 관리 = 시군구, 읍면동)

구 분	주 체	내 용
건강상태 조사 (방문·주간서비스) 의사진단 (단기가사)	국민건강보험공단 진료기관 (병·의원)	• 최근 3년 이내 최종 판정 받은 장기요양등급 판정서(등급 외 A 또는 B 판정자) • 최근 2개월 이내 의사진단서(소견서) • 입원으로 2개월 경과시 퇴원일자로부터 1개월 이내 신청 가능
신청 및 접수 (읍면동)	본인·가구원·담당 공무원	• 신청서 • 제출서류(소득확인서류, 의사진단서/소견서)
상담(읍면동)	읍면동 담당자	• 가구원 수, 가구 내 노인 돌봄 가능자 유무 등 확인
자산조사 (읍면동)	읍면동 담당자	• 소득조사(건강보험료로 판정)
대상자 선정 (시·군·구)	시·군·구 사업팀 (노인 담당자)	• 선정결과 통보: 사회보장정보원
통지 (시·군·구)	시·군·구 사업팀 (노인 담당자)	• 선정결과 통지: 신청자

자료: 보건복지부, 2016: 91

22)

〈표 4장-8〉 전국가구 월평균 소득 150% 기준

가구원 수	1인	2인	3인	4인	5인	6인	7인	8인
전국가구 월평균 소득 150%(천원)	2,307	4,648	6,635	7,461	7,898	8,335	8,771	9,208

자료: http://www.socialservice.or.kr/user/htmlEditor/rssi/view2.do?p_sn=5/ 2017.1.8. 인출

3) 서비스 실시 업무 흐름도

전체적인 서비스 이용신청과 서비스 실시는 다음 〈그림 4장-7〉과 같고, 서비스별 서비스 내용과 단가 대상자 자격은 〈표 4장-9〉와 같다.

〈그림 4장-7〉 바우처 신청절차 및 서비스 실시

절 차	내 용
서비스 이용 신청 접수	• 서비스 대상자가 제공기관에 연락 * 서비스 제공 전 대상자의 바우처 생성(본인부담금 입금 확인)
서비스 제공(이용) 계획 수립	• 서비스 제공기관 담당자가 대상가구 방문 상담 실시 – 서비스 제공(이용) 계획서 작성
서비스 제공(이용) 계약	• 서비스 제공기관과 서비스 대상자(이용자) 간 계약서 작성
서비스 실시	• 서비스 제공 전 바우처 잔량 조회 • 서비스 제공 계획에 의해 지정된 날짜에 방문, 서비스 제공
모니터링	• 서비스 제공기관이 이용자 및 가족을 대상으로 서비스 실시 상황 확인

자료: 보건복지부, 2016: 92

〈표 4장-9〉 바우처 서비스 내용과 단가 대상자 자격

구분(시간)	서비스 내용	자격 기준	단가(원)/ 본인부담
방문서비스 (월 27, 36시간)	신변활동 지원: 식사·세면도움, 옷 갈아입히기, 신체기능의 유지·증진, 화장실 이용 도움, 외출	장기요양보험 등급 외 A, B 판정(행복e음 시스템으로 확인), 가구 소득 전국 가구 평균소득	시간당 9,800/심야·휴일 10,540*/소득수준별**

	동행, 목욕보조(보호자가 동의할 때만) 가사-일상생활 지원: 취사, 생필품 구매, 청소·세탁 등 *의료서비스 제공 불가, 서비스 대상자 본인 외에 대한 서비스 불가; 집에서만 서비스-입원시 불가	의 150%이하, 시·군·구청장 인정자(장애 1~3등급 또는 중증 질환자, 차상위 소득계층 이하-대상자 전체의 5%이내)	
주간보호 서비스 (월 27시간 −9일; 36시간−12일)	심신기능 회복서비스 (여가, 물리치료·작업치료·언어치료 등의 기능 훈련), 급식 및 목욕, 노인 가족에 대한 교육 및 상담 등 *송영서비스 포함		일당(9시간) 29,400/심야·휴일 31,620/소득수준별
치매가족 휴가지원 서비스 (연 6일)	서비스 제공기관에서 일정기간 동안 치매노인 보호	노인돌봄종합서비스 이용자(방문·주간보호 서비스) 중 치매노인, 최근 6개월 이내 발급된 진단서(상병코드 F00-F03, G30) 또는 의사 소견서로 치매 확인	일당 36,380/소득수준별
단기가사 서비스 (1개월-24시간 또는 2개월-48시간, 1회당 2시간) # 1회 연장 가능	방문서비스와 동일	만65세 이상 독거노인, 만75세 이상 고령 노인부부, 최근 2개월 이내 골절(관절증, 척추병증 포함) 진단 또는 중증질환 수술로 단기간 돌봄 필요한 경우 −의사진단서(소견서) 또는 입퇴원·수술 확인서 중 1개; 소득 전국가구 평균소득의 150% 이하	방문서비스와 동일

자료: 보건복지부, 2016: 87~113

* 가산 단가는 1일 최대 3시간까지만 적용하되 실시간 결제 건에 한정(노인돌보미가 휴일에 3명 이용자에게 총 10시간 서비스 제공시 3시간에 대해서만 가산단가, 나머지 7시간은 평일단가).

** 소득 수준별 본인부담금

서비스 유형과 시간		기초생활 수급자	차상위 계층	차상위 초과 100% 미만	100% 초과 130% 미만	130% 이상 150% 이하
방문·주간	27시간	무료	18,000	37,000	42,000	48,000
	36시간	8,280	24,000	49,000	56,000	64,000
단기가사	24시간	무료	16,000	33,000	38,000	42,000
	48시간	무료	32,000	66,000	76,000	84,000
치매가족 휴가지원	연 6일 범위 내	무료	2,500/일	5,100/일	5,800/일	6,500/일

2) 노인돌봄 기본서비스(독거노인 보호사업)

(1) 개 요

「노인복지법」 제27조의2와 사회복지사업법 제33조의7(보호의 방법)에 따라 국가 또는 지방자치단체는 홀로 사는 노인에 대해 방문요양서비스를 비롯하여 서비스와 안전 확인 등의 보호조치를 취해야 한다. 노인돌봄기본서비스는 홀로 사는 노인의 생활실태 및 복지욕구를 파악하고 정기적인 안전 확인, 보건·복지서비스 연계 및 조정, 생활교육, 가사지원, 활동지원 등 맞춤형 복지를 제공하여 어려운 독거노인에 대한 종합적인 사회안전망을 구축하기 위한 서비스다. 물론 노인돌본 기본서비스 사업이 치매와 직접적인 관련은 적다 할 수 있겠지만, 치매 예방 측면에서는 나름 중요한 의미를 지니고 있다.

(2) 서비스 대상자

주민등록상 거주지와 동거자 유무에 상관없이 현재 실제로 혼자 살고 있는 65세 이상의 노인들 중 다음 3가지 경우에 해당된다.

첫째, 일상적 위험에 매우 취약하여 정기적인 안전 확인이 필요한 경우

둘째, 소득, 건강, 주거, 사회적 접촉 등의 수준이 열악하여 노인관련 보건복지서비스 지원이 필요한 경우

셋째, 안전 확인이 필요한 상태는 아니지만 정기적인 생활상황 점검 및 사회적 접촉기회 제공이 필요한 경우

노인돌봄 기본서비스 취지는 다른 보건복지 서비스의 혜택을 받지 못하는 사람들에게 최소한의 사회 복지 서비스를 제공하자는 것이다. 따라서 위의 3가지 조건이 충족되더라도 다른 서비스(자활근로에 의한 간병서비스, 노인돌봄종합서비스, 노인장기요양보험, 국가보훈처 보훈섬김이 기타 정부부처·지방자치단체에서 시행하는 사회서비스사업의 가사 간병서비스 등 이에 준하는 재가 서비스)와 중복되어서는 안된다(보건복지부, 2016: 32).[23] 아울러 노인돌봄 기본서비스 수급 대상이 아닌 경우라도 안부확인 등의 서비스 제공이 필요한 독거노인의 경우 다시 '독거노인사랑잇기서비스'[24]를 제공 받을 수 있다. 그러기에 치매 독거노인, 자살 고위험 독거노인, 학대피해 독거노인 등은 노인돌봄기본서비스 대상자로 우선 배정하여 집중 관리가 중요하다.

(3) 노인돌봄 기본서비스의 내용

노인돌봄기본서비스에서 제공하는 주요 내용은 크게 안전 확인서비스, 서비스 연계 및 조정서비스, 생활교육 서비스, 단기 가사·활동지원 서비스 그리고 무연고 독거노인 장례지원서비스 등 총 5가지가 있다. 서비스에 따른 구체적인 내용은 〈표 4장-10〉와 같다.

〈표 4장-10〉 노인돌봄 기본서비스

서비스 항목	주요 서비스 내용
안전 확인 서비스	① 주 1회 이상 직접 방문과 주 2회 이상 안부전화를 통해 안전 확인 ② 주거 및 생활상태 점검을 통한 위험요소 제거 등 생활환경 정비 ③ 위급상황 대응 및 도움 요청을 위한 연락체계 구축 및 긴급출동
서비스 연계 및 조정	① 독거노인의 보건복지욕구에 따른 필요한 서비스 연계 및 조정 그리고 제공된 서비스에 대한 사후점검 등 ② 공공기관에서 제공하는 각종 노인복지서비스뿐만 아니라 지역 내 민간기관의 복지서비스 자원을 최대한 발굴하여 연계 ③ 유사서비스의 중복 등 불필요한 서비스의 중복이 발생하지 않도록 조정

23) 기초생활수급자 등 급여서비스 대상자는 무조건적인 제외 대상자가 아니고 판정 기준에 따라 대상자 선정 여부가 결정된다.

24) 다음과 같이 2가지 서비스가 제공된다. 첫째, '사랑잇는 전화' - 민간의 자원봉사자가 주 2~3회 안부전화 및 말벗서비스 제공. 둘째, '마음잇는 봉사' - 민간의 자원봉사자가 규칙적인 방문서비스 및 후원금품 제공 등.

생활교육	독거노인을 대상으로 보건·복지·교육·문화 등에 관한 다양한 프로그램 교육 및 정보 제공 - 장수노트, 치매예방교육, 기상특보 대책방안 교육 등 적극 활용(생활관리사 별 월 1회 이상, 1회당 1시간; 독거노인 별 분기당 1회 이상. 장소 - 주민자치센터, 복지관, 경로당, 기타 공공장소 등 독거노인이 접근하기 쉬운 곳. 5인 이상-사업대상자 외의 노인들도 참여 가능)
단기 가사·활동지원 서비스	① 취사, 생활필수품 구매, 청소, 세탁 등 가사와 일상생활 지원 ② 식사도움, 옷 갈아입기, 외출동행 등 신변·활동지원
무연고 독거노인 장례지원서비스	무연고 독거노인이 사망했을 때 수행기관의 서비스관리자 및 노인돌보미가 상주 또는 연고자를 대행하여 최소한의 의례 지원

자료: 보건복지부 2016: 41

(4) 서비스 대상자 선정 절차

매년 1월~2월 사이에 독거노인 현황조사를 하고 서비스 대상자 선정 및 서비스 신청 절차가 진행되면 대상자 승인과 함께 노인돌보미가 배정된다. 서비스는 매년 1월~12월을 기준으로 제공되지만, 현황조사와 선정 기간인 매년 1월~2월은 기존 대상자에게도 서비스가 제공된다.

〈그림 4장-8〉 독거노인 현황조사

절차	내 용
현황조사대상자확정 (시·군·구)	• 주민등록상 독거노인, 이 · 통반장 등에 의해 발굴된 독거노인 중 재가복지서비스를 받지 않는 독거노인을 대상자로 확정
현황조사실시 (수행기관)	• 확정된 대상자를 기준으로 생활관리사가 현황조사 실시
사업 대상자 추천 (수행기관)	• 재가서비스를 받지 못하는 치매환자 • 관계기관으로부터 의뢰받은 자살 · 학대 고위험군 • 판정기준에 따라 서비스 지원 대상자 선정 • 기타 지자체장이 정하는 자
서비스 신청 (대상자)	• 추천된 사업 대상자가 서비스 신청서 작성 제출
서비스 자격 결정 (시·군·구)	• 신청된 서비스 대상자에 대해 자격확인 후 자격 결정 - 중복 · 제외 대상자 확인 후 결정
서비스 제공 (수행기관)	• 생활관리사 배정 및 서비스 제공

자료: 보건복지부, 2016: 33

(5) 판정 기준 및 사업추진 체계

지역 내 전체 독거노인을 판정 기준에 따라 낮은 점수 순으로 정렬하여 사업규모만큼 선별하는 상대평가 방식을 적용하고 있다. 단 판정에서 고려해야 할 항목으로 사회활동, 이웃(가족)과의 왕래 빈도, 식사횟수, 질병 개수 등 5항목(-2~18점 판정기준)이 있다.

사업추진체계는 보건복지부에서 사업기본계획을 수립하여 사업지침을 시달하면 시・도에서 예산을 지원하고 최종적으로 시・군・구 서비스 수행기관에서 서비스를 제공하는 순서로 진행된다.

(6) 시설관리자 및 생활관리사의 교육[25)]

독거노인 보호사업 서비스 제공 인력은 서비스관리자와 생활관리사로 나뉜다. 서비스 관리자는 노인돌봄기본서비스, 독거노인사랑잇기서비스, 기타 보건복지 연계 서비스에 대한 지원을 총괄하거나 행정 회계처리를 담당한다. 그에 비해 생활관리사는 대상자를 주기적으로 방문하고 안부전화 등을 통해 안전 확인 및 서비스 욕구를 파악하는 업무들을 주로 감당한다.

한편 인력에 대한 교육에는 보건복지부가 주관하는 전산집합 교육과 시・도 거점수행기관에서 실시하는 역량 강화 교육으로 나뉘어 운영되고 있다(〈그림 4장-9〉 참조). 전산집합 교육은 전산 사용 및 운영 등에 대한 교육을 사회보장정보원에서 실시하며 교육 시기는 3월~11월이다.

제공인력의 역량 강화 교육은 신규채용자(전년도 기본교육 미수료자 포함)와 기존 수행인력을 대상으로 시・도 거점수행기관에서 실시된다. 교육시간은 25시간(기존 수행인력 및 신규 채용인력 공통 15시간, 신규자 10시간)[26)]이고, 교육 장소는 접근성을 고려하고 무료로 쓸 수 있는 시・도 회의장 등이 활용된다. 신규교육 종료 때 80% 이상 출석한 사람에게 수료증 증정 및 우수 교육생을 포상하기도 한다.

---

25) 보건복지부가 주관하는 '독거노인보호사업 사업설명회'에는 서비스관리자뿐만 아니라 시・도 및 시・군・구 공무원도 포함된다. 교육 방법은 집합교육이고 2016년의 경우 3월에 실시되었다.

26) 보건복지부에서 지정한 교과과정 및 교육교재에 따라 실시하되, 시・군・구 및 사업수행기관과 협의 시・도 거점수행기관에서 시간을 결정한다.

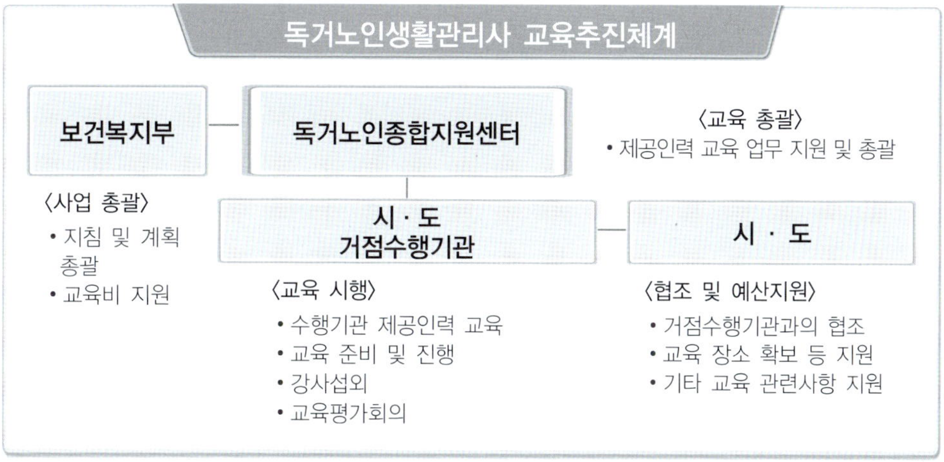

〈그림 4장-9〉 교육의 체계도

(7) (치매)요양보호사의 대우

치매에서 케어 담당자의 중요성은 그 어느 분야보다 중요성을 내포하고 있다. 그런 이유들로 '치매케어'[27]의 기본은 첫째, 병의 원인을 정확한 파악하여 부자유를 이해하는 것이다. 이에 "할 수 없는 것은 요구하지 않으며 할 수 있는 것의 역할을 빼앗지 않는 배려"가 필요하다. 둘째, 치매노인 한 사람 한 사람에 대한 마음의 존중이 있어야 한다. 그리고 이러한 이해와 배려는 항상 존중이 통합되어야 한다(김춘남 외, 2016: 7).

치매환자의 수발을 맡는 전문인력으로 우선 의료와 관련하여 의사와 간호사 그리고 간호조무사가 있다. 그리고 다양한 수발을 식섭 실천하는 요양보호사가 있다. 그런데 치매관리법에 주요한 역할을 감당하고 있는 요양보호사에 대한 구

27) 1994년 의료, 간호, 노인복지, 심리, 법률, 경영, 영양, 건축 등 8개 분야 전문가를 중심으로 설립된 한국치매협회(http://www.silverweb.or.kr)에서는 이 '치매 케어'란 용어를 쓰며, 다시 '케어'와 '조호'를 같은 의미로 쓰고 있다. 협회에 따르면 조호(케어)는 '보살피고 돕는다'는 의미로 사용하고 있다. 현재 국내에서는 부양, 요양, 돌봄, 보살핌, 조호, 개호 등이 혼용되는 중이다(http://www.silverweb.or.kr/load.asp?subPage=620/ 2016.12.20., 인출). 개인적으로 '수발'이란 용어가 좋다고 생각하고 그렇게 주장도 했지만, 통일성을 위해서라면 애초 '노인장기요양보험'과 노인복지법의 요양보호사가 법적 용어로 자리 잡은 상태기에 '요양보호'나 노인돌봄 서비스에 돌봄(돌보미)가 그 중 낫겠다.

체적인 규정이나 조항들이 없다. 다만, 노인복지법 제39조의2(요양보호사의 직무·자격증의 교부 등)에 요양보호사에 대한 규정이 다음과 같이 일부분 언급되어 있다.[28] "① 노인복지시설의 설치·운영자는 보건복지부령으로 정하는 바에 따라 노인 등의 신체활동 또는 가사활동 지원 등의 업무를 전문적으로 수행하는 요양보호사를 두어야" 한다. 요양보호사는 교육과정을 거쳐 자격시험에 합격하여 요양보호사 자격증을 받아야 된다. 그리고 그 교육과정과 자격시험 시행 및 자격증 교부는 보건복지부령을 따르도록 되어 있다(제5항). 요양보호사교육기관은 노인복지법 제39조의3에서 시·도지사가 지정·운영하게 하고 있다.

그런데 치매관리법 제6조 제2항의 치매관리종합계획에서는 치매관리에 필요한 전문인력의 육성 책임기관을 광역치매센터로 정하고 치매 관련 종사인력에 대한 교육·훈련을 맡게 하고 있다(제5항).[29] 일례로서 경기도 광역치매센터의 교육과정별 안내를 살펴보면, 의사는 노인정신의학회와 대한치매학회에서, 간호사는 대한간호협회 등에 교육을 맡겨서 진행된 것으로 나타났다. 요양보호사(노인복지법에 따른 요양보호사)는 치매전담형 신청기관, 방문요양기관, 주야간보호기관 등의 프로그램 관리자(시설장, 사회복지사, 간호〈조무〉사, 물리〈작업〉치료사)와 함께 국민건강보험공단의 노인장기요양보험(http://www.longtermcare.or.kr)에서 실시한다. 보건소 치매전문인력과 광역치매센터 직원은 한국보건인력개발원에서 담당하고 있다. 그리고 장기요양기관 담당자(사회복지사 또는 간호사)에 대한 치매환자가족 과정은 한국치매협회에서 담당한다(http://gyeonggi.nid.or.kr/education/intro/view.aspx/2016.12.20., 인출). 이런 관점에서 볼 때 치매광역센터의 전문인력 교육은 전문인력 양성보다는 기존의 전문인력에 대한 추가교육에 해당하는 셈이다.

요양보호사는 노인복지법 시행규칙 제39조의3에 따라 시·도지사로부터 지정

---

28) 사회복지사의 경우 사회복지사업법 제11조에서 규정되어 있다.

29) 제17조(치매상담센터의 설치)의 제3항에서 치매상담센터의 인력기준은 보건복지부령(시행규칙)으로 정하게 하였는데, 이에 따르면 전담 인력은 보건소장이 보건소에 배치된 「의료법」 제2조 제1항에 따른 의사·한의사·간호사 또는 「정신보건법」 제7조에 따른 정신보건전문요원 중에서 지정한다(시행규칙 제8조 제2항). 그리고 치매관리법 제4장 보칙 제3조에서 치매관리사업에 필요한 전문인력의 교육·훈련에 드는 비용을 국가와 지방자치단체에서 지원하게 하였다.

받은 요양보호사가 교육기관에서 교육을 받도록 되어 있다. 표준교육과정은 240시간인데, 국가자격(면허)소지자(간호사, 간호조무사, 물리치료사, 사회복지사, 작업치료사)의 경우는 40~50시간(경력자의 경우 경력인정기관에 따라 이수 시간 다름)의 교육과정을 이수하고 요양보호사 자격시험에 합격해야 한다(교육과정에 대한 상세 안내는 노인복지법 시행규칙 별표 10~2 참조).[30]

노인장기요양보험이 도입될 때 설계 책임을 졌던 유시민(당시 보건복지부 장관)은 입안 당시를 돌이켜보며 근본 문제를 이렇게 정리한바 있다. 첫째, 평균 4천 원 정도의 보험료로는 제대로 된 서비스를 하기 힘들다. 그래서 요양서비스가 치매등급 1, 2등급으로만 한정될 수밖에 없고, 요양보호사에 대한 처우도 제대로 할 수 없다. 서비스의 질적 수준 역시 떨어질 수밖에 없는 것도 그와 무관하지 않다. 둘째, 그런데 또 처음부터 보험료를 현실화하면 보험가입에 대한 거부가 커질 수 있다(https://www.youtube.com/watch?v=l2eRFh31lYw/ 2016.12.15., 인출)[31]. 이런 상황들이 지속되는 현실에서 보다 전문성 있는 치매관련 종사자들의 활동은 한마디로 딜레마인 셈이다.

30) 간호사는 의료인에 들어가며 4년제 간호학과나 3년제 간호전문대를 졸업하고 간호사국가시험을 통해 간호사 면허증을 취득해야 한다. 최근 10년 이내 해당 분야에서 3년 이상 근무 경험을 갖추고 보건복지부장관이 인정한 교육기관(대학원 수준)에서 전문간호사 과정을 이수하거나 보건복지부장관이 인정하는 외국의 해당 분야 선문간호사 자격이 있으면 전문간호사 자격시험에 응시할 수 있다. 그에 비해 간호조무사는 고졸 이상 학력에 간호조무사 양성기관에서 1년 동안 공부하거나 전문계 고등학교의 간호 관련 학과를 졸업하고 실습과정을 거친 후(1,520시간의 이론 및 실습교육 이수, 실습시간 중 400시간 이상은 종합병원 또는 병원에서 실습) 간호조무사 자격시험을 치러야 한다. 간호조무사가 된 이후에도 주기적으로 보수 교육을 받아야 한다.

31) 요양보호사의 급여수준은 시급 6,000원(강북)에서 8,000원(강남)이지만, 지역과 시설에 따라 차이가 있다. 대부분이 계약직이며, 인원 교체가 달갑지 않아서 나이든 사람들의 채용을 꺼리는 경향이 있다(http://tip.daum.net/question/56263041/ 2016.12.20., 인출). 문재인 전 민주당 대표는 노원구 치매지원센터 방문에서 전문성을 키워가기도 어려울 만큼 급여가 낮은 것을 지적하고, 요양보호사와 사회복지사 등 복지종사자의 복지부터 해결하는 것이 국가 과제라고 주장하면서 "치매국가책임제"라는 용어를 사용하였다. 그러기 위해 공공부문에서 먼저 준공무원 급 처우를 보장해야 한다는 말도 잊지 않았다. 아울러 김연명 교수는 전국 30만 명 정도의 요양보호사 중 시설에 6만, 재가 방문이 20여만 명인데, 월 백만 원도 안 되고, 복지분야 총 90만과 간호사 90만 등 총 180만개 일자리가 "저임금 정크잡(junk job)"이라 지적한바 있다(http://haanel01.tistory.com/1347/2016.12.21., 인출).

제 5 장

치매에 대한 실천적 이해

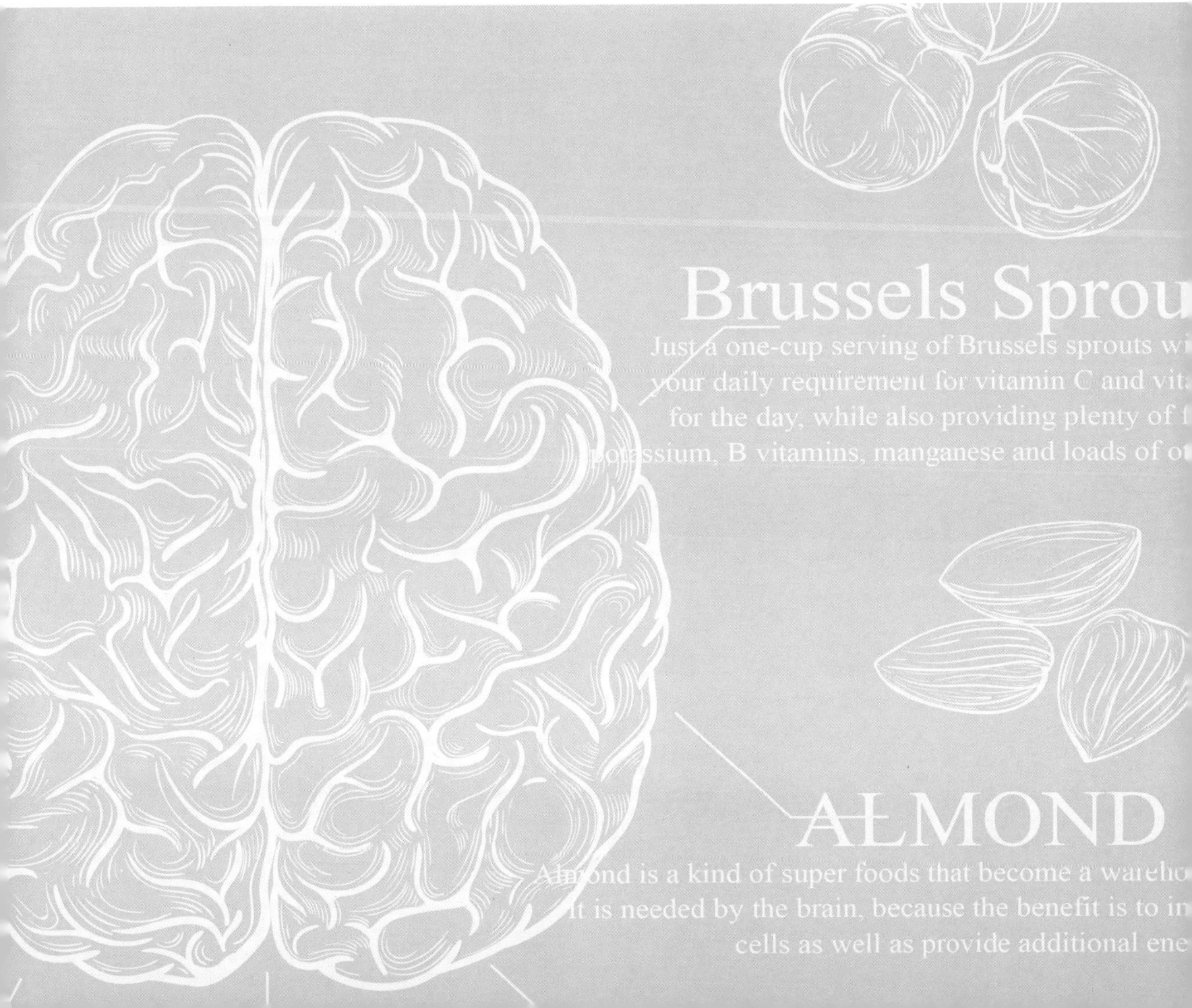

I 치매예방 활동을 위한 실천

1. 치매 예방

어느 병이나 마찬가지지만, 치매는 특히 예방이 더 중요하다. 일단 걸리고 나면 완치되기 어렵고, 본인뿐만 아니라 주변 사람까지도 삶의 질을 더 없이 악화시킬 수 있기 때문이다. 사회적으로 치매의 예방이 강화될수록 사회적 비용이 그만큼 줄고, 사회의 보장은 그만큼 강화된다. 따라서 국가와 사회 차원에서도 치매 예방을 위해, 그리고 치매 환자들에 대한 이해를 통해 공동체의식의 복원을 위해 치매 교육에 힘써야 한다. 치매 교육은 나이에 따라 방식과 내용이 달라야 한다. 청소년까지는 치매에 대한 이해에 초점을 두되, 치매 예방을 위한 생활습관이 결국은 건강한 성인이 되는 길이란 사실을 깨닫게 해야 한다. 성인들부터는 평생교육이 뿌리를 내리지 못한 상황에서 본인의 의지가 중요한데, 무엇보다 교육에 대한 관심을 키우고 교육 받을 길을 닦는 것이 중요하다. 중년 이상부터 노인들의 경우 이제 와서 갑자기 습관을 바꾸기는 어렵겠지만 그래도 치매 조기진단을 비롯해 치매에 대한 이해를 통해 스스로 경각심을 기를 수 있도록 하는 것이 중요하다.

치매의 위험요인 중 생물학적인 것들을 제외한 신체적, 정신적 질병들과 생활습관은 스스로의 자세와 행동을 통해 질병의 발생에 영향을 미칠 수 있다. 평소에 잘 관리하고 올바른 생활습관을 익히고 실행한다면 치매의 위험을 줄이거나 없앨 수 있다. 그래서 치매 예방수칙을 암기하고 이를 따르기 위해 노력하는 사람들이 늘고, 사회 전체적으로도 아직은 어렵지만 머지않아 치매를 통제할 수 있는 상태가 오리라고 기대하는 사람들도 많다.

치매 예방의 이론적 근거는 앞서 제2장에서 말한 치매의 위험요인에 대한 지식이다. 거기서 말한 위험요인들은 여러 연구들을 통해 일관되게 확인된 것들이다. 하지만 제대로 확인되지 않은 위험요인들도 있다. 과거에는 확실하다고 인정되었다가 지금은 그렇지 않은 것으로 밝혀지기도 하였다. 국제적으로도 유명한 역학연구조사에서 밝혀진 위험요인이었던 진통소염제를 사용하면 알츠하이머병의 발생이 줄어들었다는 결과나 장기간 에스트로겐을 복용한 여성에서 알츠하이머병이 적게 발생했다는 결과들은 과거에 인정되었지만, 후속 연구들을 통해 사실이 아닌 것으로 밝혀졌다. 물론 분명하게 판정되지 않은 요인들도 많다. 박수를 많이 친다는 것은? 머리가 크다는 것은? 인삼을 즐겨 먹는 것은? 아직 치매 발병과 연관된 위험인자를 모두 알 수는 없다.

의학적 위험인자 모델이란 밝혀진 또는 밝힐 수 있는 요인들을 뽑아서 치매 발병과 연관시켜 보고 통계적으로 의미 있는 것들을 위험요인이라 한다. 따라서 위험요인은 기초 가설, 자료의 수집과 분석, 해석 등에 상당한 영향을 받기 마련이다. 이때 우리 생활, 환경과 관련된 수많은 것들을 일일이 다 연관성이 있는지 없는지 연구를 통해 확인하고 검증할 수 없는 노릇이다. 그래서 현재 밝혀진 위험요인들로 치매의 발병을 100% 설명하려 한다면, 거기엔 무리가 많이 따른다. 이런 방법이 무리인 또 다른 이유는 위험요인 위험도(risk)를 높이는 임상 특성이란 뜻일 뿐, 대부분의 경우 원인(cause)을 의미하지는 않기 때문이다. 원인이란 그로 인해 결과(result)가 발생한다는 의미지만, 위험요인은 대체로 치매의 발생과 연관(assoication)된 특성들이다. 어떤 과정을 거쳐서 치매를 일으키는지 말하는 기전(mechanism)은 대부분 가설의 형태로 존재한다. 결국 치매 예방에 대한 보다 근본적인 연구들이 더욱 많아 져야만 현재보다 나은 형태의 치매 예방방법이 비로소 가능해지는 이유다.

그럼에도 치매 위험요인들에 대한 일관된 연구 결과들은 비록 그 구체적인 기전을 모를지라도, 혹은 직접적인 원인이 아닐지라도 적절한 개입을 통해 효과를 볼 수 있으리란 기대를 품게 한다. 그만큼 치매에 대한 문제는 손을 놓고 기다리기만 할 수 있는 문제가 아니라는 의미도 된다. 또한 치매 예방을 위한 개입들은 대부분 치매뿐만 아니라 뇌졸중, 심장질환 등 각종 질병이나 노화 방지에도 좋은 것으로 이미 밝혀진 만큼 기피하거나 마다할 이유가 없다. 치매 예방의 방법들을 구체적으로 살펴보고 실천하는 것은 충분히 의미가 있다.

치매예방을 위해서는 먼저 근거에 바탕을 둔 이론적인 틀을 설정할 필요가 있다. 하지만 현재의 이론적 근거의 수준으로는 좀 더 수준이 높은 이론을 만들기 위한 연구와 이를 활용한 실천적 지침에 초점을 둔 지침개발이란 두 가지 커다란 방향에서 동시에 접근하는 것이 효율적이다. 따라서 본 장에서는 실천적 지침의 치매 예방법을 정리하는 것으로 만족하고자 한다. 현재 대체로 합의된 위험요인을 바탕으로 볼 때 치매 예방을 위한 개입의 영역으로는 신체적, 정신적 건강에 대한 관리와 함께 활동과 영양 등 생활습관의 교정 등이 있다.

2. 건강관리

고혈압, 뇌졸중, 심장질환, 당뇨, 비만 등을 사전에 예방하거나 조기발견하고 치료하는 것이 치매의 예방에 중요하다는 것은 무엇보다 의학적 근거가 분명한 사실이다. 예컨대 뇌졸중 위험이 있는 노인에게 고혈압 치료를 잘 하면 뇌졸중뿐만 아니라 인지기능 저하의 위험도 감소하였고, 당뇨는 뇌혈관질환의 위험을 높이는 것과 독립적으로 알츠하이머병의 발생을 높인다는 연구결과들이 있다. 혈중 콜레스테롤이 높으면 혈관에 손상을 주고 심장이나 뇌세포의 손상을 야기하며 치매의 위험을 높이기 마련이다. 따라서 중년 이후의 만성질병에 대한 적극적인 관리가 치매 예방은 물론 전반적인 건강관리에 매우 중요하다.

젊었을 때 혈압이 높지 않았다가 중년을 지나면서 고혈압이 되는 경우가 많다. 고혈압은 혈관성 치매의 직접적인 위험요인이 되고 퇴행성 치매와도 연관된다는 보고가 많으므로 평소에 혈압을 자주 체크하고 높다면 의사와 상의해서 적절한 치료를 지속적으로 받아야 한다. 고혈압 치료를 받다가 혈압이 정상으로 돌아오면 이제 다 나았다고 생각하고 치료를 중단해버리는 사람들이 있다. 그러나 혈압은 치료 중단과 동시에 다시 높아져 원래 상태로 돌아가는 경우가 많아 지속적으로 치료하는 것이 중요하다. 당뇨병이 있다면 혈당을 잘 조절해야 한다. 왜냐하면 그 자체가 직접 치매를 유발하기도 하고, 뇌혈관의 변화를 통해 간접적으로 혈관성 치매를 유발할 수 있기 때문이다. 그 외에 콜레스테롤이 높아지지 않도록 해야 한다. 높은 콜레스테롤 수치는 고혈압, 당뇨병과 함께 뇌혈관의 동맥경화를 초래하여 혈관성 치매를 일으킨다. 콜레스테롤이 많이 들어있는 달걀노른자, 명란젓, 버터, 치즈, 소고기, 돼지고기 등의 음식 섭취를 가급적 줄이고, 녹황색 채소 섭취를 늘리는 것이 좋다. 피검사를 통해서 콜레스테롤 수치가 높은 경우라면 내과적인 치료를 받는 것도 도움이 된다.

만성스트레스에 의해 분비되는 호르몬은 뇌 신경세포를 손상시키기 때문에 스트레스가 쌓이면 적절하게 풀어주는 것이 좋다. 노인 우울증은 기억력 등의 인지기능이 떨어져 치매로 오인될 수 있을 뿐 아니라 치매의 발병 위험성을 높이기도 한다. 가벼운 우울증은 규칙적인 생활습관, 대인관계 및 활동량 증가 등 본인의 노력에 의해 충분히 극복할 수 있다. 하지만 불면, 초조, 비관적 생각이나 자살에 대한 생각 등이 반복되는 심각한 우울증은 반드시 정신과 의사의 상담과 약물치료가 필요하다.

그 밖에 건강관리를 위해 필요한 몇 가지를 더 언급하면 다음과 같다. 첫째, 흡연을 하면 담배의 성분 중 니코틴이 뇌혈관을 수축시켜 뇌 세포를 손상시킬 수 있으므로 담배를 끊어야 한다. 둘째, 과음이나 습관적인 음주는 뇌 세포를 파괴해서 알코올성 치매를 일으킬 수 있기 때문에 과도한 음주는 금물이다. 셋째, 낮잠을 자지 말고 주간의 규칙적인 활동을 통해 적절한 수면위생을 유지하는 것이 좋다. 코를 골거나 우울증, 불안증이 있으면 불면증이 동반되는 경우가 많다. 특히 코골이가 심한 경우 심폐질환이 동반되어 있는 경우가 많고 인지기능 저하와도 관계가 있으므로 원인에 따라 적절한 치료가 필요하다. 넷째, 머리를 다치지 않도록 주의해야 한다. 교통사고를 심하게 당하거나 머리에 충격을 받은 사람의 경우, 기억력에 문제가 생기는 경우가 흔하다. 차를 탈 때는 안전띠를 매고, 오토바이나 자전거를 탈 때에도 반드시 헬멧을 착용하여 머리를 보호해야 한다.

3. 신체활동과 운동

신체활동(physical activity)이란 사람이 몸을 써서 하는 모든 움직임(movement)을 말한다. '나는 하루 종일 숨 쉬는 운동을 한다.'라는 식의 우스갯소리에서 나타나듯이 생명이 붙어 있는 한 활동은 하기 마련이다. 이렇게 신체 활동은 어떤 형식이나 시간 등에 구애받지 않는 모든 움직임을 의미하는 광범위한 용어이다. 반면에 운동(excercise)은 좀 더 좁은 의미로 어떤 목적을 위해 몸을 쓰는 움직임을 말한다. 여기서 목적이란 근력강화일 수도 있고, 구기 종목의 게임처럼 별도로 설정된 목적일 수도 있다. 이런 운동 중 구체적인 목적을 가지고 좀 더 규칙적이고 꽉 짜인 일정에 따라 실천하는 것을 특별히 피트니스(fitness)라 부른다. 하지만 일상적인 수준에서 이런 용어들을 구분하지 않고 사용하는 경우가 흔하기 때문에 여기서도 신체활동과 운동은 특별히 구분하지 않고 같은 의미로 쓰고자 한다.

1) 운동의 효과

규칙적인 운동은 심장병, 뇌졸중, 당뇨의 예방뿐만 아니라 치매도 예방할 수 있다. 특히 뇌혈류를 개선시켜서 뇌세포의 성장을 촉진시키고 뇌세포의 위축과 함께 인지기능 저하까지 막아준다. 개인의 나이와 신체 상황에 따라 적절한 운동은 다를 수가 있기 때문에 중요한 것은 규칙적으로 운동을 지속하는 것이다. 잊지 말고 기억해야 할 부분은 심장에 좋은 것은 머리에도 좋다는 것이다. 꾸준히 운동을 한 사람은 그렇지 않은 사람에 비해 알츠하이머병의 발병률이 30~40% 정도 낮다는 것은 이미 수없이 알려진 사실이다.

2) 운동의 종류

유산소 운동(aerobic exercise)은 신체운동 중에서 제일 중요하다. 매회 20~30분, 일주일에 3~5회 정도 꾸준히 유산소운동을 하면 면역기능을 강화시키고 뇌혈류를 개선시키는 효과가 있다. 개개인의 능력에 맞게 시작하여 점진적으로 운동량을 늘려 가는 것이 좋은데, 조깅, 걷기, 가벼운 수영, 자전거 타기 등이 있고 여기서 가장 쉬우면서도 효과적인 것이라면 걷기이다. 적어도 일주일에 3번 이상은 해야 그 효과를 볼 수 있다. 한번 걸을 때 20~30분 정도 하고 운동 강도는 심장이 평소보다 빨리 뛰고 숨이 다소 차지만 대화를 할 수 있을 정도가 적당하다. 꾸준히 하다보면 몇 주 뒤에는 점점 빨리 멀리 걸을 수 있는 자신을 발견할 수 있을 것이다. 반면 단 시간에 최대의 에너지와 힘을 쓰는 무산소 운동(anaerobic excercise)은 일주일에 2번 정도 실시하는 것이 좋다. 역기나 아령 들기, 골프나 테니스의 스윙 동작, 단거리 달리기 등이 여기에 해당된다. 일반적으로 노인이 되면 전체 근육 량의 20~40%를 잃어버리기 때문에 무산소 운동을 하는 것은 뼈와 근육을 강화시키고 골다공증에도 좋다.

노인에게 여러 가지 활발한 신체활동을 권장할 수 있는 영역은 여행, 등산, 트레킹, 운동경기 등 취미활동에 속하는 것뿐만 아니라, 세차하기, 화단정리와 텃밭 가꾸기, 걷기, 자전거 타기, 뛰기 등 일상생활 속에서 자연스럽게 할 수 있는 유산소 운동이 있다. 여기에 더해 근력 운동, 유연성과 균형 운동, 스트레칭과 같은 다양한 운동(excercise)을 추가하는 것이 가장 큰 이익을 얻을 수 있다.

3) 운동 계획

유산소 운동은 운동을 지속시킬 수 있는 능력인 근지구력을 높이는 운동이다. 근지구력 운동을 위해서 처음에는 강도가 낮게 시작해서 서서히 강도를 높이는 것이 좋다. 특히 장기간 운동을 하지 않았던 사람이라면 처음 시작할 때 5분 정도만 지속하는 것이 좋고, 1개월 정도에 걸쳐 약간 숨이 찰 정도의 중등도의 운동 강도에 도달하는 것이 좋다. 이런 운동 강도에 도달하였으면 회당 10분이 넘지 않으면서 하루에 30분이 되도록 횟수를 조정해야 된다. 그런 다음 하루에 30분씩 지속하는 것이 권장된다. 중등도 운동에 속하는 예로는 가벼운 수영, 자전거, 정원일, 빠른 걸음으로 걷기, 걸레질, 카트를 타지 않는 골프, 복식 테니스, 춤 등을 들 수 있다. 좀 더 격렬한 운동에는 계단 오르기, 등산, 경사에서 자전거 타기, 단식 테니스, 스키, 하이킹, 조깅 등이 포함된다. 지구력 운동을 할 때는 자신의 심장박동수가 최대 심박 수의 70~85%에 도달하도록 맞춰야 한다. 최대 심박 수는 운동을 할 때 매우 숨이 찬 상태라고 보면 된다. 심박 수의 측정은 왼손 손목에 오른손 중지를 대고 10초간 혈관 박동 수를 잰 후 6을 곱하면 된다.

근력 운동을 시작할 때는 특히 요령이 필요하다. 몸의 큰 근육을 일주일에 두 번씩 운동시키는 것이다. 처음 1주일은 0.5 내지 1kg의 가벼운 것으로 시작하고 서서히 무게를 올리는 방법을 말한다. 한번에 8~15회 정도 반복하고 몇 분 쉰 후에 다시 반복해야 된다. 일례로서 3초에 걸쳐 아령을 들거나 기구를 움직이고 1초간 정지한 후 다시 3초에 걸쳐 원상태로 돌아오는 방식이다. 이렇게 운동했을 때 약간 힘이 들 정도면 적당하기 때문에 절대 무리하면 안 된다. 근력 운동이 끝난 후에는 반드시 스트레칭 운동으로 몸을 풀어주어야 한다.

근력 및 지구력 강화 훈련 후에도 유연성 강화훈련을 실시하는 것이 좋다. 통증이 없는 상태에서 원하는 위치로 몸을 뻗은 후 10~30초 정지하고 원 상태로 이완하는 방식이다. 이렇게 각각의 운동을 3~5회 반복하는 것이 좋다. 만약 유연성 훈련만 실시할 수 있는 사람이라면 하루 20분 씩 일주일에 3회 이상 실시하도록 해야 된다.

4) 운동에 대한 조언

운동은 지금까지 그 어떤 활동보다 치매 예방에 직접 도움이 되는 것으로 알려져 있다. 특히 유산소 운동은 뇌혈류량 개선을 통해 뇌 대사에 영향을 줄 수 있어 치매 예방에 무산소 운동보다 효과가 크다. 그러나 사람이 치매 걱정만 하면서 사는 것은 아니기 때문에 근력강화를 통해 낙상 등 사고로 인한 골절 등의 위험도 감소시키는 것이 필요하다. 따라서 운동은 위에 언급한 종류를 모두 포함하는 것이 바람직하다. 어떤 것이든 꾸준히 규칙적으로 하는 것이 가장 중요하다. 꾸준한 운동을 위해서는 운동을 일상생활에 접목시키는 것이 효과적이다. 즉, 무슨 일이든 할 때 가급적 몸을 적극적으로 움직이는 방식이다. 예를 들어 2~3층을 올라간다면 엘리베이터나 에스컬레이터 보다 계단을 이용하고, 1~2개의 버스 정거장은 걸어서 움직이는 방식이다. TV를 보면서 스트레칭을 한다거나, 핸드폰 통화가 길어지면 걸으면서 통화하는 방식이 좋다. 주차할 때 일부러 목적이 다소 먼 곳에 주차하는 것도 건강을 지켜가는 지혜라 할 수 있다. 한 번에 한 시간 이상 앉아 있지 않고 잠시 휴식 삼아 걷는 것은 그 보다도 중요하다. 다양한 종류의 운동을 선택하는 것이나, 남는 시간에 운동을 계획하는 것도 필요하다. 예를 들어 산책로나 공원에서 걸으면서 친구를 만나는 것이 실내에 앉아서 만나는 것보다 좋다는 것이다. 점심 식사 후에는 친구나 배우자와 주변을 산책하거나, 팀을 이루어 경쟁 삼아 경기를 하는 것도 좋다. 이런 요령들을 적절하게 결합해서 자신한테 맞는 운동을 재미있고 안전하게 꾸준히 하는 것이 제일 중요하다.

운동이 치매 위험도를 줄일 수 있다는 것은 분명하지만, 사실 어떤 활동이 다른 활동보다 얼마나, 어떻게 좋은지는 아직 모른다. 걷기가 달리기보다 좋은지, 좋다면 어떻게 얼마나 좋은지 그리고 자전거타기와 비교하면 어떤지도 잘 모른다. 또 각각의 운동들을 일주일에 몇 번, 얼마동안 해야 하는지, 그렇게 몇 년을 계속해야 하는지, 그럴 때 치매 위험이 얼마나 감소하는지도 모른다. 고혈압이 있는 경우에 운동을 얼마나 해야 하는지 당뇨가 있는 경우에는 어떤 운동을 얼마나 해야 치매 위험을 감소시킬 수 있는지 역시 잘 모른다. 이런 말을 덧붙이는 이유는 안다고 하여 더 이상 규명할 것이 없을 정도로 완전히 다 안 것은 아니기에 운동과 치매 예방의 관계에 대한 지식이 더 필요하다는 반증일 것이다.

4. 영 양

인간은 먹을 수 없으면 살 수도 없다. 음식물을 통해 영양분을 흡수하고, 그 영양분으로 몸의 세포들이 활동하며 생명과 기능이 유지된다. 영양은 인간 생존의 필수 불가결한 요소이다. 따라서 이런 영양에 불균형이나 결핍이 생기면 각종 질병이 발생하기 마련이다. 치매도 당연히 그럴 것이다. 그래서 먹는 것과 치매와의 관계에 궁금해 하는 사람도 많고, 그와 관련한 충고들도 차고 넘친다. 한 마디로 정리하면 골고루 잘 먹으면 된다. 조금 더 신경 쓴다면 항산화효과가 큰 식품을 자주 먹으면 좋다. 일반적인 건강한 식습관을 따르고 치매의 발병기전과 관련되어 있는 산화스트레스(oxidative stress)를 막아주는 식품을 추가한다는 말이다.

1) 일반적인 권장사항

다양한 음식을 규칙적으로 먹어서 충분한 영양분을 골고루 섭취하는 게 기본이다.[1] 노인의 경우 하루에 남성은 약 2,000Kcal, 여성은 약 1,600Kcal의 에너지 섭취가 권장량이다. 적정 에너지가 얼마인지 알고 싶으면 먼저 표준 체중을 계산해 보면 된다. 표준 체중은 자신의 키를 센티미터로 표시하고 거기서 100을 뺀 후 0.9를 곱하면 된다. 이렇게 구해진 표준 체중에 평소 활동이 평균 수준이라면 35를 곱하는데, 활동량이 적거나 많은 편이면 각각 5를 빼거나(30) 더해서(40) 곱하면 된다. 활동에 비해 칼로리 섭취가 많으면 비만의 원인이 되고, 반대로 칼로리 섭취에 비해 활동이 적으면 체중감소나 허약의 주요 원인이 될 수 있다. 국민건강영양조사에 따르면 우리나라 노인의 경우 일일 섭취 에너지 권장량에 못 미치는 경우가 10~20%에 이를 것으로 추산되고 있다.

탄수화물, 지방, 단백질은 인간의 3대 영양소로 불린다. 대체로 하루 총 열량을 기준으로 볼 때 혈당지수가 낮은 음식을 위주로 탄수화물 55~65%, 불포화지방산의 비중을 높이면서 지방 20%, 필수아미노산이 골고루 함유된 육류, 가금류, 어류, 우유, 달걀 등 완전 단백질이 1/3이 되도록 단백질 15~20%로 식단을 구성하

---

1) 치매에 좋은 음식들은 다음 〈그림 5장-1〉과 같다.

〈그림 5장-1〉 치매에 좋은 음식

자료: http://artalicia.com/1382873/2017.1.23., 인출

는 것이 중요하다. 이렇게 되려면 하루 5조각 이상의 야채 및 과일과 함께 우유, 요구르트, 해조류, 뼈째 먹는 생선 등 칼슘이 풍부한 음식과 적정량의 비타민과 무기질을 섭취해야 된다. 노인이 되면 체지방이 증가하고 야간 배뇨가 잦아지기 때문에 수분을 충분히 섭취하지 않는 경향이 있는데, 그러다 보면 수분 부족의 위험이 있다. 정상적으로 목이 마르면 물을 마시는 법이지만, 신장기능이 저하된 노인의 경우 갈증에 대한 대처능력이 부족하여 변비, 신장결석 등 다양한 증상과 질병을 일으킬 수 있고, 또 탈수로 인해 큰 곤경에 처할 수도 있다. 65세 이상 노인의 일일 수분 섭취 권장량은 1,700ml(1.5L~2L)로 하루 7컵의 (1.5L) 정도다. 고혈압의 유병률이 높은 우리나라에서는 염분 섭취량이 하루 5g이 넘지 않도록 조절하는 것도 필요하다. 소금 1g은 된장 1/2큰술, 고추장 1/2큰술, 진간장 1작은 술 정도에 해당된다. 아울러 화학조미료, 베이킹파우더, 치즈, 버터, 베이컨, 햄, 어묵, 케첩, 통조림 등의 가공식품에는 염분이 많이 들어 있다는 사실을 염두에 두어야 한다.

2) 탄수화물

탄수화물은 당으로 분해되어 신체에 에너지를 공급하는 주요 음식이다. 탄수화물에는 두 가지 종류가 있는데, 하나는 설탕과 같은 순수한 당이고, 다른 하나는 곡물, 과일, 채소 등에 들어있는 전분이라는 복합 탄수화물이다. 설탕을 정제한 것을 자당이라 하고 과일에 들어있는 것도 과당, 혈액 속에 있는 당은 포도당이라 한다. 중요한 것은 모든 종류의 당, 전분, 일부 지방과 단백질은 모두 혈액 내의 포도당으로 분해된다. 포도당은 뇌의 주요 에너지원이다. 뇌는 전체 몸 에너지의 20~30%를 사용하지만, 따로 에너지를 비축할 수 없기 때문에 몸의 당 수준을 일정하게 유지해야 한다. 그러지 못할 경우 인지기능, 기분조절, 신체 기능 등 다양한 문제가 일어나는데, 대표적인 것이 바로 당뇨병이다. 당뇨는 혈액 속에 당이 지나치게 높지만 신체가 이를 조절하는 능력을 상실한 병이다. 잘못된 음식 섭취가 증상을 악화시킬 수 있다. 일반적으로 몸에 급속한 혈당 증가를 일으키는 것은 당뇨환자의 경우 특히 해롭다. 따라서 다음 몇 가지 사항을 새겨두고 실천하는 게 좋다.

- 콩류나 잡곡을 주로 먹되 천천히 먹는다.
- 혈당을 크게 높이는 음식(쌀, 밀가루, 당도 높은 과일 등)은 낮게 올리는 음식과 함께 먹는다.
- 채소와 견과류를 많이 먹는다.
- 아침식사는 반드시 먹는다.
- 소량의 음식을 자주 먹는다.
- 빵, 라면, 시리얼, 과자 등 가공 식품은 자제한다.

3) 단백질과 지방

단백질의 주요 구성성분인 아미노산은 신체 세포의 구성과 기능에 중요한 역할을 한다. 인체에 필요한 20가지 주요 아미노산 중 9가지는 신체에서 합성되지 않아서 외부에서 보충해야 한다. 생선, 가금류, 육류, 달걀, 우유, 요구르트 및 치즈 등 동물성 단백질은 9가지 필수아미노산을 보충해주기 때문에 완전 단백질로 불린다. 두부의 재료인 대두를 제외한 나머지 콩류 및 곡류, 견과류와 같은 식물성 단백질은 그렇지 못하기 때문에 불완전 단백질로 불린다. 단백질은 치매 위험도를 낮추는 것과 직접적인 관련은 없다. 하지만 지방이 포함된 음식들 중 상당수는 필수 아미노산을 섭취하기 위해서도 필요한 경우가 많아 지방 조절을 하다가 자칫 필수 아미노산 섭취에 문제가 생길 수도 있기 때문에 알아두는 것이 좋다.

세포막의 주요 구성성분인 지방은 크게 포화지방(saturated fat)과 불포화지방(unsaturated fat)으로 구분된다. 포화지방산은 실내 온도에서 딱딱하게 굳어 있는 굳기름으로 돼지기름, 버터 등 동물성 식품을 말한다. 불포화지방산은 체내에서 흡수되지 못해 음식으로 섭취해야 하는 필수 지방산으로 오메가 3(omega 3)와 오메가 6(omega 6)가 있다. 오메가 6는 리놀레산(linoleic acid), 감마리놀레산(gamma linoleic acid), 아라키돈산(arachidonic acid) 등으로 해바라기씨 기름, 옥수수기름, 콩기름, 홍화씨 기름, 땅콩기름 등에 많다. 오메가 3는 알파리놀레산(alpa linoleic acid), 에이코사펜타에노산(eicosapentaenoic acid, EPA), 도코사헥사에노산(docosahexaenoic acid,

DHA) 등인데, 연어, 참치 등 등푸른 생선, 올리브유, 참기름, 들기름 등 식물성 기름과 견과류에 포함되어 있다. 생선은 오메가 3과 같이 몸에 좋은 지방을 섭취하는 가장 좋은 음식이다. 미국 심장협회에서는 충분한 양의 오메가 3 지방을 섭취하기 위해 1주일에 2회 생선을 섭취할 것을 추천하고 있다. 물론 과도한 생선 섭취는 만성피로와 탈모 등의 증상을 일으키는 체내 수은의 농도를 높일 수 있다. 따라서 고래, 황새치(참치) 등 큰 생선보다 연어나 가자미 같은 작은 물고기가 수은 함량이 적기 때문에 권장할 수 있다. 불포화 지방 중 오메가 6는 몸에 해로운 LDL콜레스테롤을 증가시켜 심장병 등 질병의 위험을 높이는, 좋지 않은 지방으로 여겨진다. 이는 주로 육류, 가금류, 버터, 크림, 가공음식 등을 말한다. 지방질과다 섭취는 치매 위험도를 2배 이상 늘린다는 연구 결과들이 있다. 중요한 것은 오메가 3와 오메가 6의 비율이다. 예를 들어 일본의 경우 오메가 6의 섭취율은 미국과 비슷하지만 오메가 3의 섭취율이 미국의 약 50여배에 달한다. 이것이 심장질환 등 다양한 질병이 적고 장수국가로 인정받고 있는 주요 이유 중 하나이다.

4) 항산화 효과가 있는 음식

겉이 검거나 진한 색의 껍질을 가진 과일이나 녹색 채소는 자연 항산화효소가 많이 포함되어 있다. 블루베리와 같은 딸기류, 짙은 푸른색의 채소, 콩과 같은 견과류가 대표적인 음식이다. 특히 토마토는 리코펜이라는 항산화효소가 풍부하여 나쁜 지방인 LDL 콜레스테롤을 낮추는 효과가 있는데 다른 음식과 달리 조리과정에서 영양소가 파괴되지 않고 올리브 오일 등으로 조리하면 오히려 항산화 효과가 증가한다고 알려졌다. 은행잎추출물은 강력한 항산화물로 신경세포막을 보호함으로써 기억력, 혈액순환에 좋은 영향을 미치는 것으로 알려졌다. 녹차나 홍차에는 항산화성분이 풍부하지만 가루로 된 인스턴트 차, 허브차 등은 항산화 효과가 없다. 초콜릿에는 폴리페놀이라는 항산화 성분이 들어있다. 한두 잔의 적포도주 또한 항산화 효과가 좋다.

비타민 E는 세포막이 산화되어 딱딱하게 변하는 것을 막아주는 항산화 작용을 하는 대표적인 비타민으로 호두, 아몬드, 피칸 등 견과류에 풍부하다. 토코페롤로도 불리는 비타민 E는 알파, 베타, 감마, 델타 등 4가지가 있는데 이 중 천연물질인 알파와 감마가 혼합된 것이 좋다. 그러나 비타민 E의 과다복용은 뇌출혈 등으로 인한 사망률 증가를 초래할 수 있기에 하루 400mg 이하를 복용하는 것이 좋다.

5) 호모시스테인, 비타민 B12, 엽산

엽산은 오래전부터 뇌 기능에 중요한 역할을 한다고 알려져 왔다. 그럼에도 불구하고 가장 흔하게 결핍되는 아미노산은 엽산이다. 나이가 들수록 엽산 부족에 민감하기 때문에 기억력 저하, 우울증 등을 예방하기 위해서는 다양한 경로를 통해 엽산을 충분히 섭취하는 것이 좋다. 오렌지주스, 콩, 푸른 잎채소, 아몬드, 아보카도 등에 많이 포함되어 있다. 엽산의 과용량 복용은 빈혈 등 부작용을 초래할 수 있으므로 비타민 B12와 함께 복용하는 것이 좋다. 비타민 B12는 뇌 신경전달물질을 만들어 뇌 기능 향상에 기여한다. 오래전부터 비타민 B12의 결핍이 인지기능 장애와 치매를 초래할 수 있다고 알려졌기 때문에 소량의 비타민 B12 섭취가 치매 예방에 도움이 될 것이라고 예상하고 있다. 비타민 B12는 육류, 간, 달걀, 발효음식, 해조류에 풍부하다.

비타민 B12와 엽산 부족은 또 다른 중요한 아미노산인 호모시스테인의 증가를 초래하는데, 이 물질이 치매와 뇌졸중의 위험을 높인다고 알려져 있다. 스웨덴의 3년 추적연구를 보면 비타민 B12와 엽산 부족은 치매 위험을 2배 높였고, 8년을 추적한 프래밍험(Framingham) 연구에서도 혈중 호모시스테인 농도가 높은 사람은 알츠하이머병의 위험도가 2배 증가하였다고 한다. 따라서 호모시스테인이 높은 경우에는 엽산을 하루 400mcg 복용하는 것이 좋다. 엽산이 풍부한 음식을 먹을 수도 있지만, 호모시스테인을 낮추는 효과를 기대하긴 어렵기 때문에 보조제를 먹어야 한다는 논리다. 다만 호모시스테인을 생성하는 동물성 단백질의 섭취를 줄여야 하고 반대로 식물성 단백질은 비타민 B가 풍부하기 때문에 문제가 없다.

5. 정신 활동

치매 예방을 위한 정신 활동(mental activity)은 운동에서와 마찬가지로 광범위한 의미에서 정신을 자극하고 운동시켜 활성화하는 다양한 활동들을 말한다. 비슷한 의미로 두뇌 활동(brain stimulation)이라고 쓰기도 하고 좀 더 좁은 의미로 운동이란 말을 붙여서 정신 운동(mental exercise) 또는 두뇌 운동(brain exercise)이라고 부르기도 한다. 또는 수단 측면에서 정신 혹은 두뇌 자극(mental or brain stimulation), 결과 측면에서 인지 증강(cognitive enhancing)이란 용어를 사용하기도 한다. 운동과 마찬가지로 구체적인 목적과 일정을 포함하는 경우는 정신 혹은 두뇌 피트니스(fitness) 또는 훈련(training)이라 부르기도 한다. 정확한 정의 없이 이렇게 수많은 유사 용어들이 사용되고 있기 때문에, 정신활동 증가가 치매 위험도를 정말 줄일 수 있는지에 대한 연구결과들도 한 마디로 정리하기는 매우 어렵다.

1) 기억 향상

망각(forgetting)은 노인의 전유물이 아니다. 어린아이도 숙제를 하고 학교에 가져가는 것을 깜빡할 수 있고, 주부도 시장에서 사온 물건을 모두 기억하지 못해 냉장고에 처박아 두었다가 그냥 버리는 수도 있다. 그러나 기억이 사진을 찍듯이 모든 구체적인 사실들을 한꺼번에 저장하는 것이라고 생각하는 사람들이 많다. 하지만 우리의 기억은 사진과 같지 않다는데 유의해야 된다. 인간은 한꺼번에 수많은 외부 자극을 모두 수용하기에 주의력과 작업 기억력 용량에 한계가 있다. 때문에 보는 것을 기억하는 게 아니라 기억하고 싶은 것을 기억한다는 말도 있다. 아무리 기억하고 싶어도 자연스럽게 일어나는 망각으로 인해 지나간 과거의 일들을 구체적으로 기억하지 못하는 일도 다반사다. 더 나아가 자신의 지식, 개념, 신념, 편견 등 인지구조(schema), 감정 상태와 외부 환경이 만드는 소음에 따라 기억을 재구성하기도 한다. 하나의 상황에 대해 서로 다른 기억을 진술하는 일본의 구로자와 아키라가 만든 영화 "라쇼몽"(Rashomon)은 기억의 재구성이라는 목격자 진술의 문제를 잘 보여준다. 심지어 객관적 사실의 재구성이란 게 과연 가능한지도 묻게 만든다.

일상생활에서 기억력 향상에 활용할 수 있는 방법은 일단 기억과 회상을 보다 쉽게 연결시키는 방법을 들 수 있다. 이를 위해 다양한 기억법이 개발되고 활용되어 왔는데 잊지 않기 위해 가장 쉽게 쓸 수 있는 방법으로 외부 저장장치(external memory aid)가 있다. 메모하고 필기하며 머릿속으로 한 번 되뇌는 것은 필기 기록뿐만 아니라 리허설의 효과를 줄 수 있고, 수시로 다시 확인함으로써 재인의 효율성을 높이는 좋은 방법이 될 수 있다. 그러나 외부 장치를 사용하지 않으려면 일단 주어진 자료를 잘 받아들일 수 있도록 집중하고 산만해지지 않도록 하는 것이 필요하다. 불안이나 우울한 상태에서 외우기란 쉽지 않으며, 시끄러운 소음으로 정신이 산만하다면 그 자리를 피하는 것이 좋다. 좋은 상태를 유지하기 위해 자신의 생활 리듬을 잘 알고, 중요한 일일수록 좋은 리듬을 유지할 때에 하는 것이 좋다. 때로는 너무 조용한 환경이 주의 집중을 방해하는 경우도 있다. 주어진 자료에 집중하고 시간을 충분히 가지고 한 번에 한 가지 행동을 하는 것이 주의가 흩어지지 않는 방법이다.

잘 기억하려면 먼저 잘 이해하는 것이 필수적이다. 다소 긴 문장이나 내용을 기억해야 하는 경우 왜 그런지를 스스로 혹은 다른 사람과 질문과 답변을 해보는 것이 좋다. 다른 사람에게 본인이 이해한 내용을 설명해 보는 것도 좋다. 또한 기존에 알고 있는 시식과 연결 지어 생각해보는 것 등을 통해 자료에 대한 이해의 깊이를 더할 수 있다면 기억에 도움이 된다. 이런 방법은 흔히 교실에서 학습효율을 높이기 위해 자주 사용되는데, 알파벳의 앞 글자를 따서 SQ3R(survey-question-read-recite-review)방법이라고 한다. 한편 주어진 자료에 따라 설명하는 자료라면 정리하고 요약하는 것이, 서술적인 자료라면 추가적인 질문을 통해 구체적인 사항을 찾아보는 것이 도움이 된다는 주장도 있다. 이를 자료 적합적 처리가설(material appropriate processing theory)이라고 한다. 이에 따르면 이해와 함께 복잡한 자료를 입력하는 깊이를 더하기 위해 정교화(elaboration) 과정을 진행하는 것이 도움이 된다. 이를 위한 다양한 방법가운데 하나로 주어진 자료를 분석해서 조직화하고 주제를 선정하며 시간을 가지고 암기하도록 노력하는 것이 중요하다. 중요한 사항에 대해서는 기존 지식과의 융합을 통해 본인의 관점에서 스토리를 만들어서 의미를 산출하는 것이 도움이 된다. 따라서 이럴 때 이미지를 사용하는 것도 좋은 방법이라 할 수 있다. 이미지 활용 기억법에는 장소법(method of loci)과 인터액티브 영상(interactive imagery)이 있는데, 전자는 사물을 특정 장소에 두었다는 식으로 연결하여 기억하는 아주 오래된 기억법이다. 반대로 인터액티브 영상은 인물의 특징과 이름을 연결시키는 식의 기억법을 말한다. 이러한 정교화 과정을 통해 수많은 자료들 중에 암기에 필요한 것들에 특징을 부여해서 잊지 않게 하는 고유화 과정(distinctive processing)의 효과를 기대할 수 있다. 학습과 훈련의 효과를 높이기 위해 사용할 수 있는 고유화 과정의 다른 예로 툴빙(Endel Tulving, 1927~)의 부호화 특수성 원칙(encoding specificity principle)이 있다. 그에 따르면 사람은 맥락을 인식하고 기억하기 때문에 한 번의 특수한 맥락을 통해 배우기보다 여러 차례 다른 맥락에서 배우는 것이 훨씬 더 효과적이다. 이에 따라 집중적인 훈련보다 시간 간격을 두고 새로운 마음 상태에서 훈련하는 것이 개념 습득이나 문제해결에 더 나은 방법이 된다.

읽기와 무관한 기술 습득과 같은 경우는 배우려는 동기, 피드백과 슈퍼비전 등이 중요하다. 기술 습득은 매우 영역 특이적이어서 기술을 한 가지 배우는 것이 다른 기술의 습득과 저절로 연결되지는 않는다. 자전거 타는 법을 배웠다고 수영까지 잘하는 것은 아니란 말이다. 그러나 탁구를 잘 치는 사람이 비슷하게 도구를 써서 공을 다루는 테니스를 쉽게 배우고, 자전거를 배운 사람이 오토바이를 좀 더 쉽게 배우듯이 어떤 기술은 영역을 넘어서 영향을 미치기도 한다. 이렇게 같은 기술을 이용하는 경우는 영역을 넘어설 수도 있다는 주장을 동일요인 가설(theory of identical element)이라고 한다.

2) 예비용량 가설

1990년대 과학자들은 알츠하이머병을 앓다 사망한 환자의 뇌를 부검한 후 깜짝 놀랐다. 왜냐하면 환자는 그리 중증 치매 증상을 보이지 않았는데, 부검한 뇌는 심한 위축을 보였기 때문이다. 따라서 과학자들은 이런 발견이 그 동안 뇌 과학의 발전을 통해 수립되어 온 또 다른 가설을 뒷받침하는 증거라고 생각하게 되었다. 그 가설에 따르면 뇌의 기능에 중요한 것은 뇌의 크기가 아니라 신경세포의 수와 신경연결의 밀도다. 뇌에 대해 잘 모르던 19세기 초에는 뇌의 크기와 인간의 지적 능력에 대해 크게 오해하였던 것이 사실이다. 당시 사람들은 인간이 동물과 다른 점은 신체에 비해 뇌가 크다는 점이고, 이것이 침팬지와 같은 동물과 인간을 구별 짓는 요인이라고 생각하였다. 이런 생각은 나아가 흑인이나 아시아인 등 유색인종이나 여성처럼 인류 중의 일부도 종족적으로 열등하다고 여기는 차별적인 생각으로 발전하여 식민주의, 노예제, 여성차별 등 각종 차별적인 제도를 정당화하는 근거로 활용되었다. 그러나 뇌 과학의 점진적 발전과 함께 이런 주장들이 명백히 틀린 것으로 판명되었다. 사람의 뇌는 신경세포와 비신경세포로 구성되고, 신경세포의 활동을 통해 인간의 지적인 능력이 발생한다는 사실이 밝혀졌다. 그리고 각 신경세포는 광범위한 연결을 통해 상호 소통하며 이런 연결의 강도에 따라 학습과 경험이 유지되고 있다. 신경세포간의 연결은 고정불변이 아니라 인간의 발달과정에서 그리고 학습과 경험을 통해 유지, 복구, 재생되며, 이를 신경가소성(neural plasticity)이라 부른다. 알츠하이머병 환자의 부검뇌와 임상증상과의 불일치 소견은 과학자들에게 뇌신경세포와 그 연결강도에 따라 질병의 병리현상으로 인한 증상에 차이가 날 수 있으며, 신경가소성의 개념을 활용하면 알츠하이머병의 예방에도 도움을 줄 수 있을 것이라는 데에 생각이 미쳤다. 그 결과 치매에서 뇌 예비용량 가설(brain reserve hypothesis)이 제시되었다.

뇌 예비용량가설이 생물학적 자원의 주장이라면 인지 예비용량 가설(cognitive reserve hypothesis)은 그 가설을 임상적으로 옮겨 놓은 것과 같다. 교육을 통해 개발된 지적능력이 충분하다면 그 자체의 용량과 대안적 방법을 개발할 수 있는 능력을 통해 치매 증상이 나타나는 것을 줄일 수 있다는 말이다. 알려져 있다시피 치매의 위험요인들은 평생에 걸쳐 서서히 축적되다가 어떤 결정적인 순간에 증상을 보이는 질병으로 전환되기 때문에 오래 전부터 생활환경 조정을 통해 위험요인을 관리함으로써 질병의 발생을 지연, 완화시킬 수 있다는 발상이다. 이를 바탕으로 '쓰지 않으면 잃는다는 가설'(use it or loss it hypothesis) 혹은 '참여 가설'(engagement hypothesis)이 힘을 얻게 되었다. 과거 공업발전을 위해 노력하던 시절에는 흔히 '갈고 닦고 기름 치자!'라는 표어가 공장뿐만 아니라 학교에서도 자주 쓰이곤 했다. 기계를 사용하지 않으면 녹이 스는 것처럼 사람도 평생 부지런히 노력하고 배워야한다는 것이 당연하게 여겨졌다. 이런 원칙을 치매에도 그대로 적용할 수 있을 것이라는 생각이다. 일단 두뇌 자극 활동(activity)을 많이 하면 뇌의 혈류량이 늘고, 뇌 신경세포의 연결이 풍부해지기 마련이다. 그 결과 인지 예비용량이 높아져 치매 예방에 도움이 된다.

여기에 더해 두뇌 활동이 치매 위험을 높인다는 증거도 제시되었다. 최근 연구에 의하면 책을 읽거나 게임을 하는 것처럼 뇌를 지속적으로 자극해주는 활동이 치매의 발병 위험률을 낮출 수 있다는 것이다. 치매는 아직 제대로 규명되지 않은 원인 때문에 뇌세포가 줄어들고 뇌세포끼리의 연결이 느슨해지거나 없어지는 경우가 많다. 이럴 때 두뇌활동을 계속하여 뇌세포를 지속적으로 자극해 주면 뇌세포끼리의 연결이 풍성해지고, 이미 만들어진 뇌세포끼리의 연결은 더욱더 단단해지기 마련이다. 반대로 두뇌 자극이 없거나 사회적으로 고립된 생활을 하면 치매의 위험이 올라갈 수밖에 없다. 이는 취미나 규칙적인 두뇌활동을 하지 않은 사람은 알츠하이머 치매의 위험이 2.5배나 높았다는 결과와 일맥상통하는 증거라 할 수 있다.[2)]

3) 일상생활에서의 정신활동

다양한 정신 자극 활동이 치매 위험도를 낮춘다는 것은 이제 상식권이 되었다. 그런데 이런 활동들은 대부분 일상생활에서 쉽게 찾을 수 있고, 다음과 같이 실제로 하고 있는 것도 많다.

컴퓨터, 외국어, 요가 등 교육 프로그램에 참여
낱말 맞추기, 퍼즐, 장기, 바둑, 카드놀이

2) (주)마인더스의 멘탈 트레이닝(MINDERS)의 경우 올림픽 양궁과 사격 분야에서 효과를 보였다는데, 컴퓨터(노트북, 탭북)에 간단한 장치를 연결하여 뇌 운동을 시킬 수 있다. 분당 노인복지센터에서 노인들을 대상으로 실험이 진행되었는데, 그 결과 활용을 눈여겨 볼 필요가 있다.

책, 신문, 잡지 읽기 대체로 유지되는 일상생활능력
새로운 주제를 찾아서 인터넷 검색이나 도서관 찾아가기
편지, 일기, 카드, 엽서 쓰기, 가족, 친구들과 대화하기
그림그리기, 음악듣기, 화분 가꾸기 같은 취미활동
새로운 요리방법 배워 요리하기 등

이런 활동들을 권고하는 이유는 대체로 생활 밀착형 활동들이어서 친숙하고 접근이 용이하며 비용이 크지 않으면서도 일정한 근거가 있기 때문이다. 물론 이보다 좀 더 구조적이고 체계적인 프로그램을 만들어서 활동을 격려할 수도 있고, 그런 편이 일정 정도 더 효과를 볼 수도 있다. 그러나 어떤 활동이 가장 좋고, 얼마나 열심히 공을 들여야 의미 있는 정도로 치매 위험도를 낮추는지에 대해서는 아직 결론이 내려지지 않았다. 따라서 그런 프로그램을 짜고 도입하는 것이 과연 비용-효과적 측면까지 고려한다면 접근하기가 쉽지 않을 수 있다. 그럼에도 불구하고 노년기에 정신적으로 도전적인 과제를 설정하고 배우려는 자세로 임하는 것은 비단 치매 예방을 위해서 뿐만 아니라 삶의 의미를 찾아가는 과정으로서 충분히 의미가 있을 것이다.

일상생활에서 효과적으로 정신 자극 활동을 하려면 한 가지 활동이나 예전부터 잘 하던 것만 되풀이하기보다는 여러 가지 활동을 섞어서 새롭게 시작하는 것이 더 도움이 된다. 더 나아가 전혀 해보지 않았던 것들을 새로 도전해 보는 것도 좋다. 더욱이 약간은 어려운 과제에 도전함으로써 두뇌 활동량을 늘리고 성공했을 때 성취감을 느끼는 것이 두뇌 활동을 격려하는 데 도움이 된다. 두뇌활동을 할 수 있는 것이면 어떤 것이라도 괜찮지만, 조건이 너무 어려워 좌절감만 느끼거나 너무 쉬워서 반사적으로 하는 것은 바람직하지 않다. 일단은 재미를 느낄 수 있고 지속적으로 할 수 있는 일이어야 한다. 시간이나 돈이 너무 많이 들면 지속적으로 하기 어렵고, 지나치게 단순하고 지루해도 재미가 없어 금방 싫증이 나기 마련이다.

나이가 들어서도 사회활동을 지속하는 것이 치매 예방에 도움이 된다고 밝힌 최근 연구들이 많다. 특히 혼자보다 여럿이서 하는 클럽활동에 적극적으로 참가

하고, 여행이나 야외 활동을 하는 친목 모임을 지속하는 경우를 꼽을 수 있다. 교회, 성당, 절에 규칙적으로 나가서 종교생활을 하고 사람들과 사귀면서 자원봉사 활동까지 겸할 수 있다면 더할 나위 없다. 친척이나 친구들 집을 방문하기도 하고 다양한 게임을 하는 것도 중요하다. 하다못해 지역을 돌아다니면서 이웃과 담소를 나누기도 하고 상가를 둘러보며 직원과 이야기를 나누는 것도 좋다. 이런 다양한 사회활동의 장점은 무엇보다 인간관계를 통해 두뇌와 신체를 한꺼번에 자극할 수 있는 가장 저렴한 활동이라는 것이다. 굳이 운동센터에 등록하지 않아도, 따로 시간을 만들어 신체와 두뇌를 자극하지 않더라도, 다양한 활동들이 시너지 효과를 낼 수 있다면, 이보다 더 좋은 일이 있겠는가 싶다.

Ⅱ 치매 인식 개선을 위한 나이별 교육 제안

1. 청소년 치매 교육

어린이와 청소년의 경우 무엇보다 노인과 치매에 대한 바른 이해를 통해 잘못 굳어진 편견, 특히 치매노인에 대한 편견에 물들지 않도록 하는 게 가장 중요하다. 그런데 답변하기 쉽지 않은 어려운 문제가 있다. 노인과 치매에 대한 편견 깨기 또는 예방 교육이 다른 편견들보다 우선해야 하는가? 이를테면 외국인 노동자나 장애인 혹은 아주 가난하거나 못생기고 또/아니면 약한 사람들에 대한 '왕따'는 놓아두어도 된다는 말인가? 그렇다면 그거야말로 대증요법에 지나지 않을까 싶다. 그래서 먼저 타자에 대한 배제, 타자성의 성립 자체의 문제성과 이러한 타자성을 만들고 키우는 구조, 근본의 문제를 먼저 또는 적어도 함께 물어야만 한다.

그러나 다른 무엇보다, 치매에 대한 이해보다도 가장 먼저 근본적인 물음을 스스로에게 던져보자. 나는 어떤 사람이 되어 어떤 일을 하며 어떻게 삶을 마무리할 것인가? 삶의 마무리까지는 어렵더라도 적어도 어떤 사람이 될지는 물어보자. 우리는 왜 그렇게 힘들게 일어나 억지로 학교에 가고 학원에 가는가? 아무 이유 없이 엄마, 아빠가 그러라고 해서 그러는가? 초등학교라면 몰라도 중학생 이상인데도 그렇기 때문이라면 고민하는 법을 배워야 한다.

장래의 취직 때문에 그런다는 말을 듣는 경우가 많다. 그러나 단지 먹고사니즘 때문에 그렇게 오래 시련을 겪어야 한다는 것도 참 안타깝다. 그리고 그것은 무슨 일, 어떤 일을 하려는가에 대한 대답으로도 모자라다. 나라 살림을 해보겠다든가, 모든 생명 기르는 농사를 짓겠다든가 아니면 우주의 비밀을 캐는 천문학자나 아니면 컴퓨터 게이머가 되겠다는 것이 그래도 바라는 일이 된다. 그러나 남보다 나은 자리, 남보다 잘 버는 일, 아니 남보다 덜 벌지 않는 일을 하려고, 남에게 뒤처지는 자리에 가지 않기 위해 그렇게 힘들여 공부하고 산다는 것은 평생을 비교 속에서, 비교에 떨어지지 않기 위해서 노예의 삶을 살겠다는 것과 마찬가지다.

그런 이유들로 그보다 먼저 어떤 사람이고 싶은가가 더 중요하지 않을까 싶다. 소박하게는 내 일 스스로 처리할 수 있고, 가능하면 남들 일도 도와줄 수 있는 건강하고 공감능력 있는 사람은 어떤가? 늘 도전하며 새로운 일을 만들고 밝혀내며 호기심을 채우고 나를 비롯해 모두에게 도움을 줄 수 있는 사람 말이다. 능력껏 열심히 일하여 유능함을 인정받고 더 나아가 다른 사람들을 위해 일할 수 있는 사람 말이다. 남들보다 한 발짝 뒤에서 사람들 저마다 꿈을 이루고 한 발짝 더 갈 수 있도록 도와주는 페이스메이커….

무엇을 꿈꾸고 선택하든 반드시 필요한 것이 있다. 바로 몸과 마음의 건강함이다. 그 건강함이 있어야 저런 꿈도 이루고 세상은 정말 서로가 서로에게 덕이 되고 바람막이가 되는, 서로가 서로를 살려주는 살림의 공동체가 될 수 있다. 공부는 건강한 몸과 마음으로 할 수 있는 일들을 위한 기술, 그리고 스스로 더 많은 것을 알아내고 파헤치는 기술과 방법을 배우는 것이다. 나와 남들을 이해하고, 서로 더 공감할 수 있는 바탕을 다지는 일이다. 세상 돌아가는 원리, 더 바르게 돌아가는 방법을 배우는 일이다. 그럴 때라야 아픔도 보람이 있지 않겠는가? 아프다고 무조건 다 청춘인 것은 아니다.

그러나 이런 일들은 결국 모두 자기 자신이 마음먹고 실천하려고 해야만 가능하다. 함께 걸으며 모범을 보일 수 있고, 이런 저런 도움말을 보탤 수는 있겠지만, 궁극에는 혼자 결정하고 다짐하고 길을 나서야만 한다. 모두가 살아가는 터전인 이 세상이지만, 그러나 내가 마음먹고 발 디딜 곳을 결정하는 일은 오롯이 내 몫이다. 내 인생은 내 스스로 살아야 하니까 말이다. 그런 의미에서 사람은 저마다 혼자란 말이 의미를 갖는다.

> 어떠한 경우에도 극복할 수 없는 고독, 풀어낼 수 없는 고독 즉 절대적 고독이 있다. 나는 두통, 직업, 배우자 선택, 애정문제, 도덕적 문제를 놓고 고민한다. 그러나

내 대신 두통을 앓고, 내 대신 나의 문제를 선택하고 결정할 수 있는 이는 어디에서도 찾아볼 수 없다. 나는 사선을 헤매고 있다. 그러나 아무도 나를 죽음으로부터 구해주지도 못하고 내 대신 죽지도 못한다. 나의 부모, 내 아내, 내 자식들, 의사, 돈, 권력 그리고 전지전능하신 신도, 나에게 닥쳐오는 죽음, 나에게는 모든 것의 마지막, 절대적 적막, 어둠, 허무를 의미하는 나의 죽음으로부터 나를 도와 나를 해방시킬 수 있는 것은 아무 것도 없다. 아무도 내 삶과 죽음을 대신할 수 없다. 나의 삶은 나 혼자 살 수 있고, 나의 죽음은 나 혼자 당해야 한다. 인간은 근원적으로 고독하다(박이문, 2008: 50).

나로서 내 자신의 삶을 내 뜻에 따라 산다는 것은 여간 힘든 게 아니다. 그것은 이미 학교에서부터 확인될 것이다. 학교란 사실은 이미 굳은 사회적 규율을 받아들이고 사회에 필요한 기술을 익히게 하려는 사회화(socialization)의 장치요 기관이다. 이 사회에서 살아가기 위해 필요하지만, 그러나 스스로의 소양과 꿈을 그려보고 찾아보는 노력을 포기할 정도로 너무 길들여질 것까지는 없다. 물론 이 역시 개개인의 선택이요 결단이다.

다시 말하지만, 어떤 선택을 하고 결단을 하든 중요한 것은 몸과 마음의 건강이다. 건강한 인격체로서 세상을 살아가려면 건강이 바탕이 되어야 한다. 건강도 타고나는 부분이 없지 않지만, 개인의 노력으로 얼마든지 개선할 수 있다. 아울러 청소년기에는 건강한 습관을 들이면 평생 건강을 유지할 수 있다는 점에서도 매우 중요하다. 건강한 습관은 규칙적인 운동과 건강한 식단[3] 그리고 건강에 반하는 것(술, 담배, 향정신성물질 등)을 멀리하는 것이다. 모든 연령에 다 적용되지만, 특히 청소년들에게 중요한 것 역시 습관성이다.[4] 건강을 해치는 습관도 청소년기에 굳어지면 평생 끊기 힘들기 때문에, 아예 발을 들여놓지 않는 것이 최선

3) "고지방식품 많이 먹는 어린이, 성인 돼 알츠하이머↑" - 설탕 많고 기름기 높은 고지방 식품의 지나친 섭취가 비만은 물론 정신건강에도 좋지 않아 성인이 됐을 때 알츠하이머 등 정신질환을 유발할 가능성이 높다는 최근 스위스 취리히 연방공대 연구팀의 논문이 발표되었다(서울신문 2016.11.16. http://nownews.seoul.co.kr/news/newsView.php?id=20161116601013&wlog_tag3=naver#csidx71a63118590081e845c948ecd38eae9/2017.1.20., 인출).

4) 청소년이 교육에 집중해야 될 이유는 다음 그림에서도 생각의 여지가 분명하다.

이다. 혹시 이미 어느 정도 중독(Addicted)이 되었다 하더라도 가능한 일찍 끊는 것이 차선이다. 중독은 기간이 길어질수록 그만큼 끊어버리는 일이 더 힘들어지기 때문이다.

대학생, 대학원생들은 청소년과 성인 중간에 들 텐데, 오늘날로서는 다른 생각할 겨를 거의 없이 일자리 찾기 공부에 매달리는 형세가 현실이다. 안타깝지만 그래도 청소년에게 생각해보란 것을 좀 더 밀도 있게 생각해보라고 하고 싶다. 일자리 없이 살기도 힘들지만, 자아의식 없이 자존감도 없이 휘둘리는 삶도 역시 힘들면 더 힘들지, 덜 힘들지 않을 것이다. 이때 치매에 대한 공부는 앞으로 일로 삼을 수 있다는 의미도 있기 때문에 특히 중요하다. 그렇지 않더라도 비록 같이 살지 않는 할아버지, 할머니나 친척 또 그도 아니면 주변 어른들에게 잠시라도 신경을 써볼 수 있다. 가시 박힌 손톱이 있는 사람은 세상에서 자신이 가장 아프다고 생각하기 쉽고, 그것이 자연스럽다. 그러나 그 순간에도 나보다 더 아플 사람을 생각할 수 있는 태도야말로 진정한 의미의 성인에 다가가는 것이다. 아울러 또는 그것은 아니더라도 적어도 하나만은 신경을 써야하는데 그것은 바로 건강이다.

힘들고 지치면 건강마저 신경 쓰지 않는 경우가 많다. 먹는 것도 귀찮고 돈도 아쉬워 정크 푸드나 편의점 도시락 그도 여의치 않으면 라면으로 때우곤 한다.

〈그림 5장-2〉 청소년 기억에서 교육의 방황

자료: http://blog.samsung.co.kr/6986/ 2017.1.15., 인출

사회의 외면, 주변인의 눈치 등으로 가해자가 보이지 않은 채 당하게 되는 고독의 아픔 때문에 술을 마시거나 담배를 피거나 심지어 이른바 마약에 손을 대기도 한다. 그러나 그러는 순간 악순환에 빠져 헤어 나오기가 어렵다. '알바'로 용돈 삼아 대학공부하고 다시 알바로 등록금대출금 갚느라 제대로 스펙 쌓기도 또 취업공부도 못하는 악순환도 분명 지독하다. 이렇게 만든 앞선 세대들이 원망스럽기도 하다. 그러나 그렇다고 그 절벽 앞에서 좌절하여 스스로를 버리거나 제대로 보살피지 않는다면, 그것은 빠져나오기가 불가능에 가까운 늪, 블랙홀(black hole)에 빠져 들어가는 악순환이다. 저 구조적 악순환의 고리를 끊기 위해서라도 건강을 지켜야 한다. 그런 마음을 먹는 것부터가 마음의 건강을 지키는 일이다. 그리고 그러기 위해 운동하고 적은 비용이라도 최대의 건강식을 만들어 먹고(비싸다고 꼭 건강에 좋은 것만은 아니다.), 규칙적인 운동을 하며 자기 몸을 사랑해주어야 한다. 자기 스스로에게 사랑 받는 몸이야말로 가장 건강한 몸이다. 그 몸은 기적마저 만들어낼 수 있을 것이다.[5)]

5) 현재 청소년 대상 치매 교육의 현황은 대략 다음과 같다. 제3차 치매관리종합계획에 따르면 치매선도학교 지정과 자원봉사 활동 등으로 일부 학교에서 진행되던 치매교육이 앞으로 전체 학교로 확대될 계획이다. 대학생들의 치매 관련 봉사활동을 대학봉사문화로 정착시키기 위해 강남대 등 치매극복 선도 대학에서 시행 중인 치매 교육을 전체 대학으로 확산시키고, 대학생의 치매 관련 지식이 치매환자와 가족을 향한 봉사 활동으로 연결될 수 있도록 치매 관련 봉사지원센터와 인센티브 관리 체계를 구축하려는 계획이 있다(김기웅 외, 2016: 20). 청소년을 대상으로 공감의 장을 마련하여 치매에 대한 관심과 경각심을 고취시켜 정기적인 치매 예방 및 홍보 효과를 도모하기 위해 여름방학 동안 진행되는 '청소년 치매공감학교'도 있다(http://daejeon. nid.or.kr/community/record/view.aspx?page=2&no=578/2016.12.24., 인출.) 한편 대학의 치매극복선도동아리 양성을 위한 교육도 있다(http://gangwon.nid.or.kr/community/record/view.aspx? no=566/2016.12.24., 인출.). '치매극복 청소년리더'는 날이 갈수록 고령사회로 진입하는 대한민국의 현실 속에, 젊은 세대의 치매인식을 개선하고 아래 세대로부터 윗세대로의 치매 관련 정보 전달을 목적으로, 치매 조기검진 및 예방의 중요성을 알리는 활동을 말한다. 참여자에게는 청소년 리더 위촉장이 주어지고 치매극복의 날 기념식에서 '치매극복 청소년리더' 우수 사례에 대한 시상식도 있다.

2. 성 인

청소년까지는 학교라도 있어서 치매 교육이 그래도 가능하다. 그러나 학교를 벗어난 성인과 노인들의 경우 아직 평생교육이 제대로 뿌리내리지 못한 상황에서 스스로 의지가 없이는 치매 예방과 치매에 대한 이해의 교육을 받기 쉽지 않다.

성인의 기준도 누구나 납득하긴 어렵지만, 아무튼 19세 이상의 법적 성인보다는 공부가 끝나고 독립한 사람들을 가리키는 것으로 정의하고자 한다. 얼마전까지만 하더라도 고등학교 끝나면 해방될 줄 알았던 세대는 이미 어른이 되었다. 지금은 고등학교 졸업한다고 대학에서 자유를 만끽할 수 있다고 생각하는 경우는 별로 없다. 그래서 자유의 코스프레가 요란한지도 모른다. 곧바로 취업을 위한 스펙 쌓기와 취업지식 쌓기 공부에 매달려야 한다. 그렇게 해서 대학도 졸업하고 다행히 일자리도 얻었다. 결혼하여 이제 정말 내 세상일 수 있으리라 싶겠지만, 그러나 저기가 여기가 되고 나면 다시 거기는 저기가 아니다. 파랑새는 이미 다시 저기에서 보이고, 다람쥐 쳇바퀴 돌듯이 돌아가는 일상은 그야말로 "워~~~~~~~~~~ㄹ호~~~~~ㅏ~수~~~~모~~~ㄱ~그~ㅁ퇼"(양경수, 2016)이다. 직장 일에 집안일에 도대체 눈코 뜰 새가 없는 마당에 치매공부라니, 웬 뚱딴지인가 싶을 것이다.

그러나 잠시 잠깐만 돌이켜 생각해보자. 중·고등학생시절, 대학생시절, 딱히 그렇지 않았던 적이 있었던가? 저 과속 상태에 점점 가속도마저 붙는 쳇바퀴에 언제까지 매달려 갈 수 있을까? 과감히 독립해버리라는 용감한 충고를 할 엄두는 나지 않는다. 그 대신 잠시 쉬어 돌이켜도 보고 주위를 휘돌아 보기라도 할 여유를 가져야 한다는 말은 하고 싶다. 내가 꿈꾸던 삶인가? 내가 되겠다고 했던, 내가 되고 싶었던 사람인가? 더 가까워지기는 했는가? 내가 하는 일이 나의 자아실현(Self-realization)과 혹은 내 꿈과 얼마나 관계가 있는가? 내 주변 사람들은 행복한가? 혹시 주변에 치매를 앓는 분들은 없는가? 나는 지금 건강한가? 몸도 마음도? 계속 이렇게 살아가다가 나도 치매에 걸리고 마는 것은 아닌가? 내가 키우는 아이(들)도 지금 이런 세상에 살아가는 게 좋은가?

내 쳇바퀴만 바라보고, 그것 때문에 도저히 다른 어떤 것에도 마음을 쓸 겨를도 없다고 생각했지만, 심지어 가족에게도 그랬다. 그러나 남들의 안부를 걱정하는 시선을 회복하는 순간, 내 자식이 살아갈 미래에까지 생각이 미치는 순간, 우주의 모습이 달라질 수 있다. 그리고 그동안의 내 쳇바퀴가 돌아가는 원리, 매트릭스가 어슴푸레하게나마 눈에 들어올 수도 있다. 그럴 때 잠시 공부하면 된다. 여기서 치매공부는 인생 공부이기도 하다. 내 부모, 조부모의 건강 또는 치매예방이나 더 나은 치료, 내 자신과 우리 모두가 치매에 걸릴 가능성을 줄이는 방법, 그래서 우리 자식들도 치매 걱정 덜할 수 있게 하는 방법…. 그러고 나면 다른 공부로의 문들도 열릴 수 있다. 평생교육의 세상도 가능성의 하나다. 자녀의 학교 교과서(schoolbook)를 자녀와 함께 읽으며 우리가 배웠던 교과서와의 차이를 확인하는 방법은 다음과 같은 일거양득이 가능하다. 첫째, 자녀의 공부를 도우며 자녀와의 관계를 긍정적으로 밝힐 수 있다. 둘째, 그 사이 변한 세상 모습 혹은 세상을 보는 사람들의 해석을 확인할 수 있다. 배웠던 지식, 그 사이 짬짬이 업무 관련 공부는 했었지만 관심을 두고 수정하고 보수할 여지가 없던 그 지식들과의 차이가 새롭게 보일 것이다. 더 나아가 공부를 통해 쳇바퀴의 원리를 알고 쳇바퀴를 바꾸거나 적어도 속도라도 늦출 방법을 알 수 있다.

아는 것은 실천의 전제이되, 실천이 따르지 않으면 공염불이 되기 쉽다. 그러니까 아무 생각 없이 그냥 되뇌는 사도신경과 다름이 없다. 실천의 첫걸음은 자신의 습관을 교정하는 것이고, 그 방향은 바로 치매예방이다. 뜬금없다고 생각하겠지만, 치매예방을 위한 습관이야말로 진정 건강한 습관이다. 몸과 마음의 건강을 키우고 지키는 것이 치매를 막는 방법인데, 그게 무슨 영양제나 챙기고 운동기구 사는 것과는 다른 차원이다. 나를 사랑하는 일, 이 힘든 세상에 짓눌린 모습의 나를 사랑하는 일부터 시작해야 한다.

건강한 식습관과 규칙적인 운동은 물론이고, 우리의 건강에 직결되는 환경문제와 생태문제에 대한 관심과 적극적 참여가 필요하다. 국내의 에너지정책, 핵정책, 식량정책, 과학정책 그리고 이와 관련되는 것들을 모두 포함하면 국가정책 거의 전부와 연결된다. 그러면서 모두의 건강과 연결되는 법과 정책 그리고 행정

실태 등에 대해서도 문제를 제기하고 참여해야 한다. 그런 실천을 통해 비로소 내 몸과 마음의 건강은 물론 현재 노인들(부모나 조부모)과 더 나아가 자녀의 건강을 지킬 수 있다. 그게 바로 자신과 주변과 세상을 사랑하는 길이기도 하다.

가족의 생계비를 위해 눈 감는 것, 그것이 어쩌면 쳇바퀴를 자식들에게 그대로 넘겨주게 만드는 장치에 순응하는 것인지도 모른다. 나 하나의 아픔과 고통으로 내 자식들에게 더 나은 세상을 보장할 수 있다면, 본능과도 같은 내리사랑으로 얼마든지 참아 견딜 수 있는 사람들이 적지 않다. 그러나 바로 그 부분이 자식들에게 이 쳇바퀴를 물려주게 만든다. 나와 내 자식만 거기서 빠지면 된다는 발상이 이 쳇바퀴를 가속화시키는 동력이 되는 것이다. 영화 "매트릭스"에서 인간을 지배하는 기계의 세계에 인간의 체온으로 동력을 제공하는 것처럼 말이다. 치매가 꼭 늙어야 오는 게 아니다. 치매와 거리를 키우는 몸과 마음 자세를 실천하지 않으면, 부모보다 먼저 치매에 걸리는 불행과 불효가 되고 또 자식과 다른 가족들에게 짐이 될 수도 있다.[6] 그 반대로 치매와의 거리를 키우는 몸과 마음 자세를 실천할수록 나 자신은 물론 세상도 환해진다. 불행의 전염력도 강하지만 행복과 건강의 전염력도 그 못지않게 강하기 때문이다.

3. 새로운 과도기, 중년과 노년 사이

며칠 전까지만 해도 「고령자 고용 촉진법 시행령」에서는 '고령자'를 55세 이상 65세 미만으로, '준고령자'를 50세 이상 55세 미만으로 구분하였다(제2조).[7] 그러

6) 치매 환자인 딸 60살 임모씨를 돌보는 성남시의 박순례(83) 할머니는 제9회 '치매극복의 날' 행사 기념식에서 보건복지부 장관 표창을 수여 받았다(http://www.yonhapnews.co.kr/bulletin/2016/09/20/0200000000AKR20160920068800017.HTML/ 2016.12.24., 인출).

7) 1991년에 제정된 이 법은 50살 이상을 준고령자, 55살 이상을 고령자로 구분해 '고령자'의 고용촉진을 위한 내용을 담고 있는데, 이런 표현은 55살 이상을 '더 일하기보다 은퇴해야 할 사람'이라는 인식을 준다는 지적을 반영해, 개정안에는 준고령자 규정을 아예 삭제하고 55살 이상은 '장년'으로 통칭하도록 했다. 이에 따라 법률 이름도 국회에서 통과되면 '고용상 연령차별금지 및 장년의 고용촉진에 관한 법률'로 바뀐다. 아울러 고령자고용정보센터 · 고령자인재은행 · 중견전문인력 고용지원센터 등 유사 · 중복적 규정들을 정비해 '장년 고용지원기관'으로 일원화하기로 했다(http://www.hani.co.kr/arti/society/labor/776261.html# csidx2e005952ef9c8cc9735802a533c43f9/ 2016.12.28., 인출).

나 2016년 12월 28일부터 정부는 '고령자'란 개념을 '장년'으로 대체하기로 하였다. 장년(壯年)은 서른에서 마흔 안팎의 활동이 활발한 나이 대 혹은 그 나이 대에 있는 사람을 가리킨다. 그에 비해 '장년'(長年)은 애매하게 나이 많은 사람을 가리킨다. 이처럼 마땅한 표현이 없는 이들인데, 이들은 생애전환기 진단을 받을 수 있는 나이로 40세와 66세, 바로 그 사이의 사람들이라고 하면 좋겠다. 물론 달력의 나이가 중요한 것은 아니라 더 중요한 것은 마음의 나이다. 미네소타 의학협회가 내린 '노인'에 대한 정의를 살펴보면 다음과 같다(최재천, 2012: 14에서 재인용).

- 스스로 늙었다고 느낀다.
- 배울 만큼 배웠다고 느낀다.
- 이 나이에 그깟 일은 뭐 하려고 해 라고 말하곤 한다.
- 내일을 기약할 수 없다고 느낀다.
- 젊은이들의 활동에 아무런 관심이 없다.
- 듣는 것보다 말하는 것이 좋다.
- 좋았던 그 시절을 그리워한다.

아직 법적인 노인이 되지 않았어도 스스로 돌아보아 저런 마음이 자주 들거나 아니더라도 든 적이라도 있다면, 안타깝지만 일찍 노인이 된 거나 마찬가지다. 이 연령대에 중요한 것은 무엇보다 현실적으로 생업에서 물러날 때가 다가온다는 사실이다. 다시 말하자면 노후생활의 길목에 다다랐다는 것이다. 따라서 이때의 치매교육은 노후 준비교육의 일환으로 노후의 건강 정도 또는 치매 걸릴 확률과 직결될 수 있다. 노후준비를 제대로 하지 못하고 노후생활로 들어서면 변화에 대한 적응이 어려워 치매의 원인증상이기도 한 우울증에 걸릴 수도 있고, 그렇지 않더라도 스트레스로 치매와의 거리가 줄어들 수 있다.

이 연령대를 위한 치매교육을 위해서 3가지 제언이 있다. 첫째, 몸 공부다. 요즘 이 연령대 사람들은 그래도 노인세대보다 일찍 건강과 운동에 눈이 떠서 운동하며 건강을 챙기는 사람들이 많다. 그런가 하면 역시 바로 앞의 성인들의 쳇바퀴를 벗어나지 못해 과도한 업무 스트레스를 술과 담배로 푸는 사람들도 적지 않다. 몸 공부는 자신의 몸을 살피는 것부터 시작한다. 성인병은 없는가? 있다면 관리는 제대로 하는가? 식생활은 의식하며 하는가? 운동은 하고 있는가? 늙어서도 할 수 있는 운동인가?

둘째, 마음공부다. 몸 공부도 맘공부와 함께 해야 제대로 이루어진다. 나는 내가 생각했던 사람인가? 내가 생각하는 나와 주변 사람들이 생각하는 내가 같은가? 어떤 노후생활을 어떻게 보내고자 하는가? 노후를 생각하며 불안한 것은 준비 부족 때문인가, 아니면 모르고 막연해서인가? 자식 걱정이 지나쳐서는 아닌가?

셋째, 현실공부다. 경제적으로 노후 준비가 부족하다면 적정한 일을 하면서 늙어가야 한다. 그런 일을 찾을 수 있는지, 무엇이 필요한지 배워야 한다. 혹은 부족한 수익을 보충해줄 제도는 어떤 게 있는지 방법을 찾아야봐야 한다. 국민연금은 얼마나 받게 되는지 혹시 국민연금보험에 가입되지 않았다면, 늦게라도 가입하는 게 나은지 말이다. 혹시라도 치매가 올지 모르니 관련 제도들도 알아두는 게 좋다. 장기요양등급이 무엇이고, 언제부터 요양서비스를 어떤 절차로 받는지도 중요하다. 만약 아직 건강보험에 가입하지 않았다면 노인장기요양보험에도 가입하지 않은 것이니, 늦게라도 가입할 방법은 없는지 적극적인 준비가 필요하다. 치매든 아니면 다른 병이나 사고로 위급한 상황이 닥칠 때를 위한 준비들은 했는지?[8] 현실공부를 위해서는 노인을 위한 교육에서 추가한 초등학교 교과서

8) 의식이 없을 때 기계적인 연명 장치를 달 것인지 여부를 사전에 미리 밝혀두는 '사전연명의료의향서', 유언, 장례와 관련한 '사전장례의향서'(예컨대 인터넷 검색만으로도 신청할 수 있는 방법들이 있다(http://www.sasilmo.net/나 https://livingwillbank.com). 그리고 의식이 없거나 판단력을 잃거나 부족할 때 결정사항에 도움을 받을 성년후견제도 등도 언급될 수 있다.

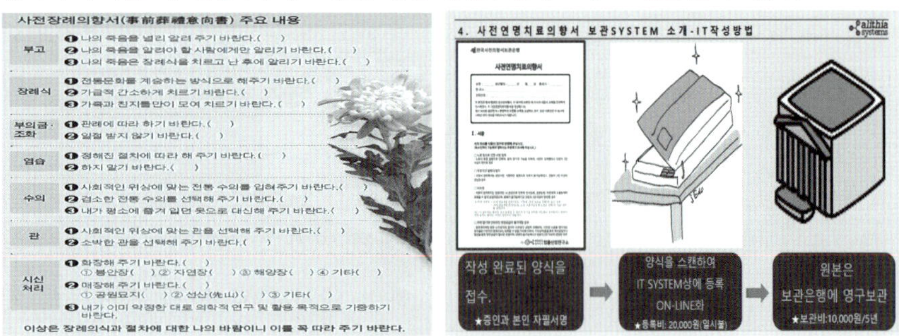

〈그림 5장-3〉 사전장례 및 연명치료 의향서

자료: https://livingwillbank.com/2017.1.15., 인출

읽기도 좋다. 세상의 기본 지식에 대한 보수인 동시에 막 생겼거나 머지않아 볼 손주들과의 어울림과 교육에 대한 대비도 된다.

4. 노 인

공자는 나이 70이 되자 하고 싶은 일을 내키는 대로 해도 도리에 어긋나는 게 없었다고 했다. 평균수명(Life expectancy)이 지금과 비교도 되지 않던 시절, 한 마디로 아주 특별한 경우에 해당하는 나이였다. 성인이니 그럴 수 있으려니 싶지만 사람으로 태어나 마무리를 바라볼 무렵에 이르면 떠올려 봄직하지 않을까 싶다. 이루고자 했으나 아직 이루지 못한 것과의 화해, 하지 않으려고 하였으나 해버리고 만 일들에 대한 화해와 정리, 남은 동안 이루어야 할 것과 이루었으면 하는 일들의 정리는 정말 중요하다. 세상을 아름답게 떠날 수 있도록 할 마무리, 남기고 싶은 것에 대한 궁리와 정리를 말이다.

앞의 치매 예방에서 다룬 내용들은 어느 연령대에나 다 필요한 것이다. 다만 마지막에 다룬 정신활동은 노인들이 주요 대상이다. 노인의 정신활동이 바로 노인들이 치매와 관련하여 할 공부라고 생각하면 된다. 다만 거기에 초등학교 교과서 읽기 하나만 더 추가하고 싶다. 살아오며 평생교육에 참여할 기회가 많지 않았고, 또 참여하였더라도 취미나 오락일 경우가 많다. 그 모두가 치매 예방에 도움이 되겠지만, 초등학교 교과서를 훑어보는 것은 어린 세대와 젊은 세대를 이해하는 데에도 도움이 될 것이다. 배울 기회가 애초 지금보다 많지 않았고, 또 배웠다 하더라도 그 지식은 오래된 것이다. 오래되어 폐기되거나 수정되어야 할 지식들도 적지 않다. 새로 밝혀진 사실이며 새로 생겨난 지식들도 아주 많다. 이런 활동은 혼자서도 할 수 있지만, 평생교육 틀 안에서도 좋고 또, 복지관이나 경로당 같은 곳에서 팀을 이루어 읽고 토론하는 것도 좋다.

Ⅲ 치매에 대한 실용적 대처법

1. 치매가 의심스러우면

스스로 치매기가 있는 것은 아닌지 의심스럽다거나, 주변에 그런 사람이 있을 때 무엇을 어떻게 해야 할지 방법을 모른다면 다음과 같은 일들을 해보자.

1) 전화 상담이 편하다면

☞ 치매상담전화 콜센터에 전화한다.

365일 연중 무휴, 24시간 운영되는 상담콜센터(전국 어디에서나 지역번호 없이 1899~9988 = 18세 기억력을 99세까지, 99세까지 88하게) 로 궁금한 점 또는 의심스러웠던 모든 것을 질문할 수 있다. 정보 상담의 경우 치매 의심 증상, 원인, 치매 예방법, 치매 진단이 나왔을 때 지원 받을 수 있는 서비스, 치매 관련 제도와 서비

스 등 다양한 정보도 습득할 수 있다.[9]

돌봄 상담은 치매 어르신 돌봄 기술, 문제 상황 대처 방법, 간병 부담과 스트레스 상담, 정서적 지지 등에 대해서도 구체적인 정보를 받을 수 있다.

2) 인터넷이 편하다면

☞ (국립) 중앙치매센터 홈페이지를 방문한다.

(국립) 중앙치매센터 홈페이지(http://www.nid.or.kr/main/main.aspx)를 방문해서 치매관련 종합 정보를 직접 확인하고 체크할 수 있다. 특히 치매 의심자의 경우 본인이 직접 간단한 치매 자가진단 검사도 가능하다. 화면에서 직접 예/아니오를 체크하면 점수로 환산되고, 다시 '확인'을 클릭하면 필요한 일들에 대한 조언까지 안내하여 준다.

치매관련 질문 문항은 다음 〈표 5장-1〉와 같다(이 문항은 치매검진 앱 '치매체크'에서도 비슷하다).

일례로써 〈표 5장-1〉의 주관적 기억감퇴 설문(SMCQ, Subjective Memory Complaints Questionnaire)은 주관적 기억력과 기분을 알아보기 위한 문항이다. 따라서 평소에

9) 치매상담콜센터는 2014년 처음 개통되어 국가의 치매관리사업을 성공적으로 수행하고 있다. 전국 치매관련 기관의 근무시간 이외 야간, 주말, 공휴일에 걸려오는 전화도 상담콜센터에 자동착신(ARS)되는 '하나로'서비스를 개통하여 치매가족들의 궁금증을 충실하게 해결하고 있다. 특히 치매환자 가족들의 어려움을 해결해 주고자 보건복지부와 중앙치매센터가 개발한 소위 '헤어림자조모임'을 상담센터에서 지원하는 시스템도 갖추고 있다. 이는 일회성 전화 상담 서비스 한계를 넘어 연속적이고 지지적인 상담과 지속적인 모니터링을 통하여 위기 상황을 파악하고 돌봄(조호) 부담을 완화하고자 하는데 궁극적 목적을 두고 있다.

18세부터 99세까지, 99까지 88하게

24시간, 365일 연중 무휴, 시내요금
치매상담콜센터(☎1899-9988)

주관적으로 경험하는 기억장애에 대한 질문들로 구성되어 있다. 이에 〈표 5장-1〉 문항들은 자신의 행동이나 생각 또는 느낌과 일치하는 것에 체크해야 좀 더 정확한 분석의 결과들이 가능하다[10].

〈표 5장-1〉 치매질문 항목

순서	질문 항목	예	아니오
1	자신의 기억력에 문제가 있다고 생각하십니까?		
2	자신의 기억력이 10년 전보다 나빠졌다고 생각하십니까?		
3	자신의 기억력이 같은 또래 다른 사람들에 비해 나쁘다고 생각하십니까?		
4	기억력 저하로 인해 일상생활에 불편을 느끼십니까?		
5	최근에 일어난 일을 기억하는 것이 어렵습니까?		
6	며칠 전에 나눈 대화 내용을 기억하기 어렵습니까?		
7	며칠 전에 한 약속을 기억하기 어렵습니까?		
8	친한 사람의 이름을 기억하기 어렵습니까?		
9	물건 둔 곳을 기억하기 어렵습니까?		
10	이전에 비해 물건을 자주 잃어버립니까?		
11	집 근처에서 길을 잃은 적이 있습니까?		
12	가게에서 2~3가지 물건을 사려고 할 때 물건이름을 기억하기 어렵습니까?		
13	가스불이나 전기불 끄는 것을 기억하기 어렵습니까?		
14	자주 사용하는 전화번호(자신 혹은 자녀의 집)를 기억하기 어렵습니까?		
총점 0 / 14			

10) 중앙치매센터 홈페이지 자료실을 방문하면 치매와 관련된 다양한 정보를 습득할 수 있고 또 기본적 치매체크도 가능토록 프로그램들이 구축되어 있다.

자료: http://www.nid.or.kr/info/pro_room_view.aspx?BID=21

만약 〈표 5장-1〉 체크해 보고 4점이 나오면 '확인' 클릭 후 아래와 같은 메시지를 확인할 수 있다.

> ☞ 운동과 외부 사회 활동을 유지하시고
> 치매예방수칙 3.3.3을 잘 실천하셔서 치매를 예방하세요.
> 좀 더 정확한 치매검진을 원하신다면
> 가까운 보건소나 치매지원센터를 방문해주세요.

(서울특별시의 경우 각 자치구 치매지원센터를 방문)

우리동네 보건소 찾아보기 | 치매예방수칙 3·3·3 바로가기 | 치매예방운동법 바로가기

홈페이지 화면에서 '우리동네 보건소 찾아보기'를 클릭하면 기관 이름으로 검색할 수 있고, 주소를 고르고 입력하여 검색할 수도 있다. 그리고 다음의 기관 분류를 통해서도 검색이 가능하다.

- □ 치매센터 □ 중앙치매센터 □ 광역치매센터 □ 치매상담(지원)센터
- □ 의료기관 □ 요양병원
  - □ 공립요양병원 □ 사립요양병원
  - □ 치매협약병원 □ 상급종합병원급 □ 종합병원급
  - □ 요양병원급 □ 병원급 □ 의원급
- □ 장기요양기관 □ 재가
  - □ 주야간보호 □ 방문간호 □ 방문요양
  - □ 방문목욕 □ 단기보호 □ 복지용구
  - □ 시설
  - □ 노인요양공동생활가정 □ 노인요양시설
  - □ 인지활동형프로그램 제공기관
  - □ 주야간보호(5등급) □ 방문요양(5등급) □ 방문간호(5등급)
- □ 노인돌봄종합서비스 □ 노인돌보미 □ 노인단기가사서비스
- □ 기타 □ 노인보호전문기관 □ 치매극복 선도도서관

여기에서도 점수가 7점 이상이면 아래와 같은 메시지가 제시된다.

☞ 치매체크 앱으로 자가검진을 해보세요.

가까운 보건소나 치매지원센터를 방문하셔서 더 정확한 치매검진을 받아보시기 바랍니다.

중앙치매센터 홈페이지를 통해 그 밖에도 알짜정보 내비게이션, 실종치매 노인지원, 치매상담 콜센터(1899~9988), 우리 동네 자조 모임(지역별 시군구를 선택하여 해당 지역의 모임 리스트 확인), 전문가 상담(가입 후 로그인하고 궁금증을 직접 질문할 수 있다.) 등의 항목에 대해서도 도움을 받을 수 있다.

특히 “나에게 힘이 되는 알짜정보 내비게이션”를 방문하면 나이, 소득 수준, 치매 진단 여부 등 상황에 알맞은 치매지원 서비스도 그 자리에서 바로 확인할 수 있다. 물론 입력되는 정보는 저장되지 않고, 치매지원 서비스 안내 목적에만 쓰이도록 되어 있다.

위에서 언급한 홈페이지 안내에 따른 이해력을 높이기 위해 가상적인 내용으로 아래와 같이 직접 실험해 보았다.

65세에 독거이며 소득은 100% 이하이고 아직 한번도 치매검진을 받아보지 않았으며 기초소득/차상위는 확인하지 못했다고 입력한 결과 다음 5가지 제안이 나왔다.

첫째, 치매조기검진(선별검사) - 만 60세 이상 노인 대상 무료 치매조기검진.

둘째, 치매조기검진(진단/감별 검사) - 세 단계에 걸쳐 치매 여부 평가. 1단계(선별검사) 거친 후, 진단검사와 감별검사.

셋째, 치매 예방 수칙 333.

넷째, 치매예방 운동법(인터넷 중앙치매센터, 유투브, ‘치매체크’앱 등에서 보며 따라 할 수 있다.).

다섯째, 치매예방 인지훈련 두근두근 뇌 운동.

이처럼 직접적인 대면을 하지 않고서도 PC의 프로그램들을 통해 인지기능 자가검사가 가능하고 질문에 맞는 기본적인 정보들을 습득할 수 있도록 되어 있다.[11] 스마트폰의 앱‘치매체크’ PC버전도 구축되어 있어 치매에 대한 실용적 대처법으로 역할이 기대된다.

3) 스마트폰 사용하거나 주변에 스마트폰으로 도와줄 사람이 있다면

☞ 자가검사 애플리케이션 '치매체크'를 해본다.

스마트폰을 다룰 수 있는 사람이라면 중앙치매센터에서 개발하여 운영 중에 있는 앱 프로그램(인지기능 자가검사 애플리케이션 '치매체크')을 다운받아 정보를 활용할 수 있다. 특히 '내 손 안의 행복 도우미', '손끝으로 전하는 가족 행복'을 활용하여 치매 위험 체크도 가능하다. 앱은 평소 쓰는 앱 마켓에서 '치매체크' 검색

11) 아래 사진은 중앙치매센터 홈페이지에 제시되어 있는 치매체크 안내서이다.

자료: https://www.nid.or.kr/notification/notice_view.aspx?BOARD_SEQ=1177

하고 받기 또는 설치하면 된다. 검사를 시작 하려면 GPS가 활성화되어야 하는데, 이는 검사 문항에 현재 있는 지역에 대한 문항이 나오기 때문이다. 지역에 따라 문항이 달라지고(성남시 - 용산구; 분당구) 그에 대한 대답의 확인도 필요하여 GPS 활성화가 필요하다.

한편 앱 메뉴에는 다음과 같은 기본적 사항 5가지가 배치되어 있다: 치매 예방 길잡이 / 치매 지원 정보 / 치매 검사하기 / 치매 파트너 신청 / 치매정보 구독 등.

검사 방법으로 총 4가지가 있는데 스스로 검사하기(음성[12]/문자) / 보호자가 검사해드리기 / 치매파트너가 검사해드리기 등도 있다.

검사를 시작하려면 '교육연한, 성별, 생년월일(실제)' 등의 개인정보 입력이 필요하다. 역시 검사와 평가(같은 점수라도 개인 특성에 따라 달리 평가되기도 함)를 위한 것일 뿐이고 달리 쓰이지도 또 따로 저장되지도 않는다. 그러나 사용목적에는 동의해야 검사가 가능하다.

---

12) 다만 아이폰의 경우는 음성 서비스가 지원 되지 않고 있다.

[음성인식 테스트(이름) 다음에 치매검사 시작하기]

1. 기억력과 집중력

① 세 가지 물건 이름 듣고, 들은 이름 입력(몇 분 후 다시 질문) – 순서 상관없이 한 번에 세 개 단어 한 번에 입력. 듣기는 한 번 – 입력 후에 단어 기억을 위해 '다시 듣기'–최대 2번

② '올해는 몇 년도입니까? (양력 혹은 음력 선택)

③ '지금은 무슨 계절입니까?'

④ '오늘은 며칠입니까?'(양력 혹은 음력 선택)

⋮

⑦ '여기는 무슨 구/시입니까?'(두 번째 큰 행정구역)

⑧ '여기는 무슨 동/구입니까?'(세 번째 큰 행정구역)

⑨ '여기는 몇 층입니까?'(검사가 이루어지는 장소 – 야외는 1층)

⑩ '여기는 무슨 장소입니까?'(예시: 집, 병원, 야외 등)

⑪ '조금 전 기억하라고 한 세 가지 물건 이름 모두 입력해 주세요.'

⑫, ⑬ '이 사진을 보고 사진 속 물건의 이름을 말씀해 주세요.'

인지검사 – 보호자/치매파트너가 검사해드리기 – 치매파트너의 경우에는 '로그인' 을 하도록 되어 있다. 아울러 검사를 위한 피검사자의 개인정보 입력과 이용 동의도 마찬가지다. 보호자/치매파트너는 앱에서 나오는 문항을 들려주고, 대답한 대로 입력하면 된다. 일례로서 올해 몇 년, 몇 월, 며칠을 묻는 물음에 간지(을미년, 섣달, 그믐 등)로 대답할 경우에는 숫자로 대답하도록 재질문할 수도 있다. 결코 힌트나 정답을 유도하는 것은 안 된다.

2. 기억감퇴 검사(평소 주관적으로 경험하는 기억장애) – 예 / 아니오 (10문항)

① 최근에 일어난 일을 기억하는 것이 어렵습니까? 예 / 아니요

② 며칠 전에 나눈 대화 내용 기억이 어렵습니까?

③ 며칠 전에 한 약속을 기억하기 어렵습니까?

⋮

⑩ 자주 사용하는 전화번호(자신 혹은 자녀의 집)를 기억하기 어렵습니까?

3. 우울검사: 최근 1주일간 경험한 기분을 기준으로 – 예 / 아니오 (10문항)

① 대체로 활기차게 사시는 편입니까?

② 당신에게 좋지 않은 일이 생길 것 같아 걱정스럽습니까?

③ 불안해지거나 안절부절 못할 때가 자주 있습니까?

⋮

⑩ 예전처럼 정신이 맑습니까?

(1) 치매체크 결과

앞에서 언급한 치매체크 검사만으로 치매 여부를 정확하게 진단받는 것은 불가능하다. 다만 이런 방법을 통해 좀 더 자세한 검진이 필요한지 여부를 확인할 수 있다는 참고 정도로 활용하는 것이 좋다. 그런 관점에서 3가지 검사와 개인 특성을 종합해 5가지 검사 결과는 아래와 같이 나올 수 있다.

① 인지기능 저하 의심–가까운 보건소나 치매지원센터 방문하여 좀 더 정확한 치매 검진 받아야.

② 인지기능 저하와 우울감 의심–가까운 보건소나 치매지원센터 방문하여 좀 더 정확한 치매 검진 받고, 가까운 지역정신보건센터나 정신건강의학과 의원에서 진료 받아야.

③ 평소 기억력 저하는 자주 느꼈겠지만 인지기능은 정상–6개월 후 다시 한 번 치매체크 시험.

④ 우울증 의심–평소 기억력 저하의 느낌은 우울증 때문일 가능성 커. 가까운 지역정신보건센터나 정신건강의학과 의원에서 진료 받아야. 우울증 치료 후 6개월 뒤 다시 한 번 치매체크 시험.

⑤ '축하합니다! 정상입니다!'–1년 후 다시 한 번 치매체크 시험.

그 밖에 본 앱에는 치매 지원 기관 찾기, 치매 예방수칙 3.3.3. 보러가기, 다시 검사하기 등에 대한 링크도 연결되어 편리성이 크다. 특히 이들 링크는 치매예방 길잡이 항목에 중용한 가교역할이 되고 있다.

4) 직접 상담하는 게 좋다면

☞ 보건소나 치매지원센터를 방문한다.

정확성을 간직하기 위해 대면 상담을 원한다면 신경정신과 병원을 찾아가는 방법이 있다. 그러나 지역사회의 가까운 치매지원센터나 보건소를 통해서도 기본적인 치매관련 대면상담 서비스가 가능하다. 치매지원센터가 하는 일은 크게 '치매예방 및 인식개선사업', '치매 조기검진 사업', '치매예방 등록 관리 사업', '치매치료비 지원 사업', '치매 지역사회 지원강화 사업' 그리고 '인지건강센터사업 등이 있다. 그에 따른 구체적인 사업내용은 다음과 같다.

(1) 치매예방 및 인식개선사업

치매에 대한 바른 이해와 인식 개선 및 관련 지식과 정보 보급을 통한 치매예방, 치료관리가 가능한 사회 분위기 조성 등의 일을 한다. 이를 위해 교육 및 홍보자료 제작 및 보급, 치매예방 교육 실시, 인식개선 캠페인, 언론 홍보활동, 치매극복의 날 행사 등의 사업을 실천하고 있다.

(2) 치매조기검진사업

치매조기검진을 통해 치매 및 치매고위험 노인을 조기에 발견하여 체계적인 치료, 관리를 받게 함으로써 실질적인 치매예방 및 악화 방지 효과를 극대화 한다. 관련 사업에는 조기검진, 정밀검진, 치매원인확진검사, 연계 원인확진 검사비 지원 등이 있다.

(3) 치매예방 등록 관리사업

치매 고위험 및 정상 노인에 대한 지속적 관리서비스를 통해 치매 발생을 감소시키거나 지연시켜 당사자의 삶의 질을 향상시키며 가족의 부양부담을 경감시킨다. 여기에는 기초상담, 등록관리, 인지재활프로그램연계, 방문간호, 조호물품 제공, 인식표 공급, 치매 관련 정보제공, 가족모임 등의 사업이 포함되어 있다.

(4) 치매 치료비 지원사업

저소득층 치매환자에게 원인확진 검사비와 치료비 지원을 통해 환자가족의 경제적 부담을 덜어주며 치매 치료율을 증가시키는 사업도 하고 있다.

(5) 치매 지역사회지원강화사업

지역사회의 인적·물적 자원 실태를 파악하고 자원의 연계를 통해 효율적 활용 체계를 구축하고 있다. 여기에는 지역사회자원 연계 구축, 지역인적자원 교육, 자원봉사자 발굴·관리, 유관기관협의체 구성, 사례관리 등의 사업을 포함하고 있다.

(6) 인지건강센터사업

경도 치매환자 및 치매고위험 노인의 인지기능 및 건강상태에 맞는 다양한 종류의 비 약물적 치료 프로그램을 제공하여 인지기능 유지 및 악화방지, 정서적 안정, 신체적 건강증진 등을 도모하고 있다.

2. 치매 판정이 나왔다면

본인이든 아니면 가족이나 주변 사람이든 치매 판정을 받았다고 해서 낙담만 할 필요도 없고, 또 그래서도 안 된다. 사람은, 아니 모든 생명체는 본디 언젠가 죽는다. 다만 사람은 그 죽음(death)을 생각해 낙담하기도 하지만, 거꾸로 그 죽음 때문에 지금 이 시간이 소중하고, 지금의 인연들이 소중하다는 걸 깨달을 수 있다. 치매 판정은 이제부터 시간과 인연 그리고 모든 것의 소중함을 깨닫고 소중하게 대하기 시작할 계기인 셈이다.

요란하고 특별할 필요 없이 평상심을 유지하되 정리하고 정할 것은 차곡차곡 진행시켜 나가야 한다. 치매는 사람마다 다 다른 양상을 보이기 때문에 어떤 식으로 앞으로 진행될지 누구도 알 수 없다. 따라서 경우의 수를 감안하되 다음과 같이 가장 기본적인 것은 미리 정해 두는 것이 좋다.

1) 누가 어떻게 돌볼 것인가

건강한 반려자가 있다면 행운이고, 또 자식 중에서 그럴 뜻과 능력이 있다면 다행이지만, 그래도 전적으로 혼자 맡아 돌보기란 어려운 일이다. 따라서 돌봐줄 사람이 있다 하더라도 먼저 어느 단계까지는 노인복지센터나 경로당에 다니고, 좀 더 진행되면 주간보호센터에 다님으로써 낮 동안 돌봐주는 사람도 자기 일을 할 수 있도록 하는 게 좋다. 아울러 돌봄의 정도가 커질 경우에는 장기요양보험을 통한 재가요양서비스를 받을 수 있도록 미리 절차를 알아두고 돌보는 사람에게 알려 놓는 게 좋다. 그러고도 돌보는 일이 아주 힘들어질 경우에는 어느 요양시설 혹은 요양병원에 들어가겠다는 결정을 본인이 미리 내려두어야 가족들이 편하다. 그런 결정을 대신 해 줄 사람이 없다거나 어려울 경우라면 성년후견인제도를 통해 미리 후견인을 예약해 놓을 수도 있다[13]. 아니면 사전의료의향서를 미리 작성해두는 것도 도움이 된다.

2) 비용 문제

가장 먼저 연금을 받을 수 있는지 체크하고, 생활과 요양에 부족하지 않은지 따져보아야 한다. 연금을 받을 수 없는 상황이라면 기초연금과 치매지원센터에서의 지원금 등 도움을 받을 수 있는 길들을 두루 알아보아야 한다. 사례관리 서비스를 제공하는 지역에서라면 그 서비스를 이용하여 최적의 방법을 모색할 수

---

13) 한국치매협회의 고령자·치매후견센터를 통해 자세한 상담을 받아 놓는 방법도 있다. 고령자·치매후견센터 연락처는 다음과 같다(02-7660710, support0710@hanmail.net).

도 있다. 그렇지 않은 경우에는 발품을 팔고 검색을 하고 물어가며 가능한 방법을 모색하는 게 좋다.

3) 정리 문제

미리부터 자서전(autobiography)을 쓰는 것도 도움이 된다. 그 이유는 첫째, 망각이 단기기억에서 장기기억으로 진행될 텐데, 과거의 장기기억들을 정리함으로써 그 진행을 늦출 수 있기 때문이다. 장기기억을 잃기 시작하더라도 자기의식이 있는 한은 그 기록들을 되풀이 짚어가며 최대한 진행을 늦출 수 있다. 둘째, 과거의 일들을 정리하며 아쉬움이 남았거나 남을 일들도 함께 해결하고 정리하면서 인생을 최대한 아름답게 마무리할 수 있어야 하기 때문이다. 자서전은 스스로 쓰는 것이 좋겠지만, 다른 한편으로는 서비스를 이용하는 방법도 좋다. 그럴 경우 사진과 동영상 등을 활용하여 영상자료까지 가능하다.

정리에는 재산과 인연의 정리도 중요하다. 그것은 결국 유서 작성으로 이어진다. 가능한 모든 걸 말끔하게 정리하여 유서로 작성해둠으로써 혹시라도 있을지 모를 집안 분쟁을 막을 수도 있다. 아울러 유서작성으로 지금 이 순간의 소중함을 더 절실하게 느낄 수도 있다는 긍정적 요소가 있다.

마무리 말

노인을 위한 나라도 있어야 한다. 그런데 그 나라는 우리가 만들어야 하지, 저절로 생기는 일은 결코 없다. 지금 노인을 위한 나라, 노인들도 모두 사람대접을 받고 인권(Human rights)을 제대로 누릴 수 있는 나라를 우리가 만들어 나가야 한다. 그럴 때 우리(여기서 우리는 이 나라에 사는 모두가 된다. 심지어 어린이까지 포함될 수 있다.)가 노인이 되었을 때 노인을 위한 나라와 더 나아가 치매노인을 위한 나라를 제대로 누릴 수 있을 것이다.

치매에 대한 연구가 다방면으로 진행되고 있다. 그러나 최근 오래 기대를 모았던 신약이 실패로 끝났다는 기사도 보도된바 있다. 아쉬워하는 사람들이 많았을 것은 자명하다. 그런데 한편으로 좀 더 이성적으로 생각해볼 필요가 있다. 완전한 치료제는 안타깝지만 나올 수 없을 것이 분명하다. 죽음을 아주 피할 수 없듯이 치매 역시 완전히 치료한다거나 없앨 수는 없다. 완전하지 않은 세상에서 완전하지 않은 사람들이 살아가는데, 완전한 해결은 애초 논리적으로나 현실적으로도 가능하지 않다. 그러기에 그걸 받아들이는 것이 현명한 길인지 모른다. 이는 관련된 연구를 게을리 한다거나 필요 없다는 뜻이 아니다. 떠나야 할 때 떠날 줄 아는 사람의 모습이 아름답듯이, 예방과 치료에 최선을 다하되, 정리는 정리대로 함으로써 떠난 자리마저 아름답게 하는 게 더 바람직하다.

전체적인 작업이 끝나고 보니 치매는 의학 차원에서나 복지 제도와 법 차원에서나 많은 진척이 있었던 것은 사실이지만, 아직도 가야 할 길이 많이 남았다. 그중에서도 치매에 대한 인식 부분이 가장 중요하고도 시급한 듯하다. 치매에 대한 인식이 바로 서야만 치매를 예방도 하고, 치매 환자들도 올바로 대할 수 있으며,

올바른 정책을 요구할 수도 있다. 아울러 그런 인식이 설 때 의학적 연구와 공학적 돌봄 보조 장치와 시설(주택)에 대한 연구도 더욱 더 살아날 수 있다. 그 다음으로는 공동체적 대응도 치매에 대한 바른 인식에서 시작될 수 있다.

치매에 대한 바른 대응은 결국 살아온 지역 공동체 안에서 살면서 부족한 부분에 대해 도움을 받을 수 있도록 하는 것이다. 결국 공동체가 살아나야만 치매에 대한 대응도 제대로 이루어질 수 있는 셈이다. 그렇다면 치매에 대한 궁극적 대응은 결국 사람 사는 세상, 온기가 있는 공동체를 만드는 것이 되어야 한다.

결론적으로 공저의 시너지를 최대화하고자 치매 전반에 대해 가능한 폭넓은 지식들을 언급하다보니 중복된 면이 나타났다. 그럼에도 의학계와 사회복지학 시각이 달라서 같이 보아도 뜻이 있겠다 싶어 그대로 두었다. 그리고 어수선하지만 아주 중요한 시간을 이 책에 매달리며 또 개인 사정과 일이 겹쳐 유럽에서 보내느라 촛불 한 번 들어보지 못했다. 촛불이든 태극기든 공동체를 바로 세우기를 놓고 서로 토론하며 더 좋은 길을 찾을 수는 없을까. 이 책이 나올 즈음 더 좋은 세상, 더 따뜻한 공동체를 만들 수 있고, 적극 실천해가는 대한민국의 모습을 볼 수 있으면 더 바랄 게 없겠다.

참고문헌

[국내자료]

경기도 보건복지국(2017),0『2017년도 경기도 치매관리사업 계획. 경기도.

경향신문(2016), “독거노인 돌보기도 IoT시대”(2016.12.19.).

권중돈(2016),『노인복지론』6판. 서울: 학지사.

김고은(2011), 치매관리법 제정에 따른 경남의 대응과제. 경남발전연구원. 창원.

김근홍(2014),『알기 쉬운 사회복지 법제론』. 서울: 신정.

김근홍 · 이정규 · 박영란(2013),『사회문제론』. 서울: 신정.

김근홍 · 최영준(2013), “치매관리법의 현황과 개선방안” In: 2013 한국노년학회 추계학술대회 자료집.

김근홍 · 심창학 · 홍금자 · 함세남 · 이만식 · 서화자(2007),『사회복지 역사와 철학』2판. 서울: 학지사.

김기웅 외(2015),『제3차 치매관리종합계획 수립 연구 최종보고서』. 보건복지부.

김용환(2015), “고령자의 권리옹호와 지원” In: 한국치매협회 외.『100세시대 고령자의 권리옹호와 지원』국회의원회관 제1세미나실(2015.3.20.), pp. 151~156.

김춘남 외(2016),『경기도 치매대응형 서비스 체계 구축 방안 연구』. 수원: 경기복지새난.

김춘진(2016), “치매케어의 태동과 나아갈 미래”: 2016 한국치매케어학회학술대회. 김춘진의원실.

김태한 · 고준기(2013), “고령화에 따른 노인복지관련법의 문제점 및 향후 개선과제”.『인하대 법학 연구』. 제16집, 제1호.

김효정 · 양재석(2016), 치매케어 제공자의 치매관련 근무특성.『한국노년학』. 36(2) 한국노년학회

노재철 · 고준기(2013), “노인보건의료의 현황과 법 제도적 개선방안”.『한국콘텐츠학회논문집』. Vol.13 No.4, pp. 170~186.

대한노인정신의학회(2004), 『노인정신의학』. 서울: 중앙문화사.

박완서 · 방민호(2007), 『옥상의 민들레꽃』. 서울: 휴이넘.

박은수(2012), 『알고 이용하자! 성년후견제도 - 마지막 순간까지 인간답게』. 파주시: 나남.

박이문(2008), 『당신에겐 철학이 있습니까?』 서울: 미다스북스.

배민숙(2014), 치매 특별등급 도입에 따른 서비스 제공 현황. In: 한국치매협회. 제8회 치매케어 컨퍼런스. 서울대학교 의과대학 3층대강당(2014.11.02.), pp. 155~166.

보건복지부(2016), 『2016년도 노인돌봄서비스 사업안내』. 보건복지부.

보건복지부 · 중앙치매센터(2016), 『2016 치매상담콜센터 사례집 고향의 봄』. 성남: 중앙치매센터.

보건복지부(2015), 제3차 치매관리종합계획('16~'20) 발표. 보도자료. 2015.12.17.

보건복지부 · 중앙치매센터(2015), 『2015 나에게 힘이 되는 치매 가이드북』. 성남: 중앙치매센터.

보건복지부 · 한국보건사회연구원(2011), 『치매노인 실태조사』. 보건복지부.

보건복지부(2002), 『마드리드 고령화 국제행동계획』. 보건복지부.

분당서울대병원(2013), 2012년 치매 유병율 조사. 분당서울대 병원.

선우덕(2015), "노인의 기능상태 · 수발실태와 정책과제". 『보건복지포럼』. 통권 제223호. pp. 40~47. 한국보건사회연구원.

양경수(2016), 『실어증입니다. 일하기 싫어증』. 파주: 오우아.

우종인 · 윤종철 · 이동영(2009), 『장애 노인과 치매 환자를 위한 조호 기술』. 서울: 도서출판 원.

우해봉 · 신화연 · 박인화 · 김선희(2014), 인구구조 변화와 복지 지출전망. 『연구보고서 2014-22-7-1』. 한국보건사회연구원.

원시연(2015), "고령자 권익보장 법제의 현황과 문제점." In: 한국치매협회, 외. 『100세 시대 고령자의 권리옹호와 지원』. 국회의원회관 제1세미나실(2015.3.20.), pp. 21~29.

윤종철 · 김근홍 · 박명화(2013), 『치매 상담콜 기반구축 보고서』. 성남: 중앙치매센터.
윤종철 · 김춘길 · 이석범 등(2009), 『치매 진단 및 관리 해외 사례조사 사업 보고서』. 서울: 한국치매협회.
이병호(2015). 『노인정책 인식과 참여의 지역별 차이』. GRI 경기연구원.
이윤경 · 손창균 · 선우덕 등(2012), 『장기요양 등급판정 도구개편에 관한 연구』. 국민건강보험공단.
이종득(2016), 『민간고용서비스 경영실무』. 서울: 지식과감성.
장일순(2005), 『나락 한알 속의 우주』. 대구: 녹색평론사.
정경희 외(2014), 『2014년도 노인실태조사』. 보건복지부/한국보건사회연구원.
정경희 · 정은지 · 남현주 · 최혜지(2012), 고령화에 관한 마드리드 국제행동계획(MIPAA) 이행실태 및 평가. 『연구보고서 2012-47-18』. 한국보건사회연구원.
정경희 외(2006), 노인문화의 현황과 정책적 함의-'성공적 노화' 담론에 대한 비판적 검토를 중심으로. 한국보건사회연구원.
조인순(2014), "치매 특별등급 서비스 제공 현장 경험". In: 한국치매협회. 제8회 치매케어 컨퍼런스. 서울대학교 의과대학 3층 대강당(2014.11.02.), pp. 193~199.
주진형 · 윤종철 (2010), 『치매 사례관리 매뉴얼』. 보건복지부.
최봉영(2001), "인간이란 무엇인가". In: 우리사상연구소(편). 『우리말 철학사전 1』. 서울: (주)지식산업사.
최창환(2015), 『남자 50, 다시 살며 사랑하며 배우며-남자, 남편, 아버지로 살아가는 오십대를 위한 허세 당당 생존법』. 서울: 끌리는 책.
한국치매협회(2000), 『치매조기발견의 이론과 실제』. 서울: 하나문화사.
한-영 치매극복국제심포지엄(2015/2016): 『국가치매관리정책 효과 제고 전략』. 중앙치매센터-브라이튼 앤 서섹스 의과대학(미출판).
홍창형(2016), "한국에서의 치매케어를 위한 다학제간 접근". In: 한국치매케어학회 『2016 학술대회-치매케어의 태동과 나아갈 미래』. pp. 7~46.
황윤(2016), AI살처분, 21세기의 학살. 경향신문.

[국외자료]

加藤悦子(카토 에츠코, 2008), 介護殺人：司法福祉の視点から. 東京：クレ ス出版

内閣府(내각부, 2014), 平成25年中における自殺の状況.(http://www.cao.go.jp/ 2016.12.23., 인출)

Beaver, M. L.(1983), Human Service Practice with the Elderly. Englewood Cliffs, NJ.: Prentice-Hall.

Bertram, H.(1997), Familien leben: Neue Wege zur flexiblen Gestaltung von Lebenszeit, Arbeitszeit, und Familienzeit. Verl. Vertelsmann-Stiftung. Gütersloh.

Birren, J. E.(1959), Principle of Research on Aging, in: Handbook of Aging and the Individual, Chicago.

Braak H, Braak E, Bohl J(1993), Staging of Alzheimer-related cortical destruction. Eur Neurol 33: 403~8.

Bruce PSaE(2008), Remembering Yesterday, Caring Today: Reminiscence in Dementia Care. 1st ed. London, UK: Jessica Kingsley Publishers.

Cruikshank, Margaret. Learning to Be Old: Gender, Culture, and Aging(3rd edit.)(2013), Rowman & Littlefield Publishers/이경미(역)(2016), 『나이 듦을 배우다-젠더, 문화, 노화』. 파주: 동녘.

Dawn B(2007). Person-centred Dementia Care: making service better. 1st ed. London and Philadelphia: Jesscai Kingsley Publishers.

Diamond, Jared(1993), The Third Chimpanzee: The Evolution and Future of the Human Animal. Paperback./김정흠 역(2015), 『제3의 침팬지』. 서울: 문학사상사.

Die Malterse in Deutschland(Hg.)(2015), Mit Demenz leben. Trias. Stuttgart.

Edvardsson D, Winblad B, Sandman PO(2008). Person-centred care of people with severe Alzheimer's disease: current status and ways forward. Lancet Neurol. Apr 7(4):362~367.

Feil N.(2002) The Validation Breakthrough. 6th ed. Baltimore, Maryland, USA: Health Professional Press Inc.

Goodall, Jane. Reason for Hope-A Spiritual Jouney. Grand Central Pub./박순영 (역)(2011), 『희망의 이유』. 서울: 궁리.

Hardy J, Selkoe DJ.(2002) The amyloid hypothesis of Alzheimer's disease: progress and problems on the road to therapeutics. Science 297: 353~6.

Hazel May (2009). Enriched care planning for people with dementia. London: Jessica Kingsley Publishers.

Innes A AC, Murphy C, ed (2004) Dementia and Social Inclusion. London and Philadelphia: Jessica Kingsley Publishers.

Julian C. Hughes ML-W, Greg A. Sachs, ed(2010) Supportive care for the person with dementia. 1st ed. New York: Oxford University Press.

Kastner, U. & Loebach R.(2014), Handbuch Demenz. 3 Auflage. Urban&Fischer Verlag. Muenchen.

Kitwood T.(1997) The experience of dementia. Aging & Mental Health. 1(1):13~22.

Kurzweil, Ray(2007), The Singularity Is Near. 장시형 · 김명남(역)(2007), 『특이점이 온다』. 서울: 김영사.

Leo Katz(2011), Why the Law is so Perverse. Univ. of Chicago Press./이주만 역 (2012), 『법은 왜 부조리한가』. 서울: 와이즈베리.

Livingston G, Johnston K, Katona C, Paton J, Lyketsos CG. (2005) Systematic review of psychological approaches to the management of neuropsychiatric symptoms of dementia. Am J Psychiatry. Nov 162(11): 1996~2021.

LoboPrabhu SM MV, Lomax JW.(2006) Supporting the Caregiver in Dementia. 1st ed. Baltimore, USA: The Johns Hopkins University Press.

Lyketsos CG, Colenda CC, Beck C, et al.(2006) Position statement of the American Association for Geriatric Psychiatry regarding principles of care for patients with dementia resulting from Alzheimer disease. Am J Geriatr Psychiatry. Jul 14(7): 561~572.

McKeith IG, Dickson DW, Lowe J, Emre M, O'Brien JT, Feldman H, et al.(2005)

Diagnosis and management of dementia with Lewy bodies: third report of the DLB Consortium. Neurology 65: 1863~72.

McKhann G, Drachman D, Folstein M, Katzman R, Price D, Stadlan EM.(1984) Clinical diagnosis of Alzheimer's disease: report of the NINCDS-ADRDA Work Group under the auspices of Department of Health and Human Services Task Force on Alzheimer's Disease. Neurology 34: 939~44.

McKhann GM, Albert MS, Grossman M, Miller B, Dickson D, Trojanowski JQ.(2001) Clinical and pathological diagnosis of frontotemporal dementia: report of the Work Group on Frontotemporal Dementia and Pick's Disease. Arch Neurol 58: 1803~9.

Mittelman MS, Ferris SH, Shulman E, et al.(1995) A comprehensive support program: effect on depression in spouse-caregivers of AD patients. Gerontologist. Dec 35(6): 792~802.

OECD(1973), New Patterns for Working Time. Final Report. Paris.

Paul Knoepfler(2015), Gmo Sapiens: The Life-Changing Sciences of Designer Babies. World Scientific Pub Co Inc./김보은(역)(2016), 『GMO사피엔스의 시대-맞춤아기. 복제인간, 유전자 변형기술이 가져올 가까운 미래』. 서울: 반니.

Payk, Theo R.(2010). Demenz. Reihard. Muenchen.

Qizilbash N, Schneider LS, Chui H et al.(2002), Evidence-based Dementia Practise, UK, Blackwell Science.

Rietbergen, Peter. Europe : A Cultural History(Paperback, 1999)/정지창 · 김경한(2003), 『유럽문화사-하』. 서울: 지와 사랑.

Sandal, J. M.(2009), Justice: What's the Right Thing to Do? Farrar Straus & Giroux./이창신 역(2010), 『정의란 무엇인가』. 서울: 김영사.

Sacks, Oliver(1998), The Man Who Mistook His Wife for a Hat. Touchstone./조석현 역(2015), 『아내를 모자로 착각한 남자』. 서울: 알마.

Scherf, Henning(2006), Grau ist bunt - Was im Alter möglich ist. Verl. Herder.

Freiburg im Breisgau./김현정(역)(2007), 『눈부시게 아름다운 노후』. 서울: 휴먼 비지니스.

Seiwert, Lothar(2014), Das neue Zeit-Alter. Ariston Verlag.

Selkoe DJ.(2004) Alzheimer disease: mechanistic understanding predicts novel therapies. Ann Intern Med 140: 627~38.

Shekhar S. MW.(2012) Dementia; A public health priority. 1 ed. London, UK: World Health Organization.

Singer, Peter; Mason, Jim(2007), The Ethics of What We Eat – Why Our Food Choices Matter. Rodale Books/함규진(역)(2008), 『죽음의 밥상-농장에서 세탁까지. 그 길고 잔인한 여정에 대한 논쟁적 탐험』. 서울: 산책자.

Snoden, David(2003), Aging With Grace. What the Nun Study Teaches Us About Leading Longer, Healthier, and More Meaningful Lives/유은실(역)(2015). 『우아한 노년』. 서울: 사이언스북스.

Sorensen S, Duberstein P, Gill D, Pinquart M.(2006) Dementia care: mental health effects, intervention strategies, and clinical implications. Lancet Neurol. Nov 5(11):961~973.

Woods B.(2003) Evidence-based practice in psychosocial intervention in early dementia: how can it be achieved? Aging Ment Health. Jan ;7(1):5~6.

Yaffe K, Fox P, Newcomer R, et al.(2002) Patient and caregiver characteristics and nursing home placement in patients with dementia. JAMA. 287(16): 2090~2097.

Youn JC, Lee D.Y., Kim, K.W., Woo, J.I.(2004) Eopidemiology of dementia. Psychiatric Investigation 2: 2~9.

[기타자료]

http://ecotopia.hani.co.kr/60697/ 2016.11.8., 인출

https://elaw.klri.re.kr/kor_service/struct.do/ 2016.11.11., 인출

http://gyeonggi.nid.or.kr/education/intro/view.aspx/ 2016.12.20., 인출

http://koc.chunjae.co.kr/Dic/dicDetail.do?idx=30944/ 2016.11.11., 인출

http://m.post.naver.com/viewer/postView.nhn?volumeNo=5158805&memberNo=6132524&vType=VERTICAL/ 2017년 1월 5일, 인출

http://oneclick.law.go.kr/CSP/CnpClsMain.laf?popMenu=ov&csmSeq=673&ccfNo=1&cciNo=1&cnpClsNo=1/ 2017.1.18., 인출

https://www.guro.go.kr/senior/indisposed_senior_support/long_medicalcare_insure.jsp/ 2017.1.15., 인출

http://www.law.go.kr/lsEfInfoP.do?lsiSeq=57474#/2016.12.01., 인출

http://www.law.go.kr/lsInfoP.do?lsiSeq=57474&ancYd=20030529&ancNo=06908&efYd=20031130&nwJoYnInfo=N&efGubun=Y&chrClsCd=010202#0000/ 2016.12.01., 인출

http://www.nocutnews.co.kr/news/985388/ 2016.11.13., 인출

http://www.rapportian.com/n_news/news/view.html?no=19652/2016.10.15., 인출

http://www.seehint.com/hint.asp?no=13209/ 2016.11.11., 인출

http://www.socialservice.or.kr/user/htmlEditor/view.do?p_sn=1/2017.1.15., 인출

https://www.seouldementia.or.kr/business/volunteer.asp/ 2017.1.20., 인출

http://www.unescap.org/ageing-asia/ko/about-mipaa/ 2016.12.14., 인출

http://www.yonhapnews.co.kr/bulletin/2015/05/10/0200000000AKR20150510054100017.HTML/ 2017.1.6., 인출

https://www.youtube.com/watch?v=8KXINkt_V9w/ 2016.11.25., 인출

https://www.youtube.com/watch?v=CqGxWMW55Z4/ 2016.11.05., 인출

https://www.youtube.com/watch?v=DGX33xfHQow#t=689.549646/2016.11.11., 인출

https://www.youtube.com/watch?v=tKLRQs_nOxM/ 2016.11.11., 인출

https://www.youtube.com/watch?v=usXFdDwv7PI/ 2017.1.5., 인출

부 록

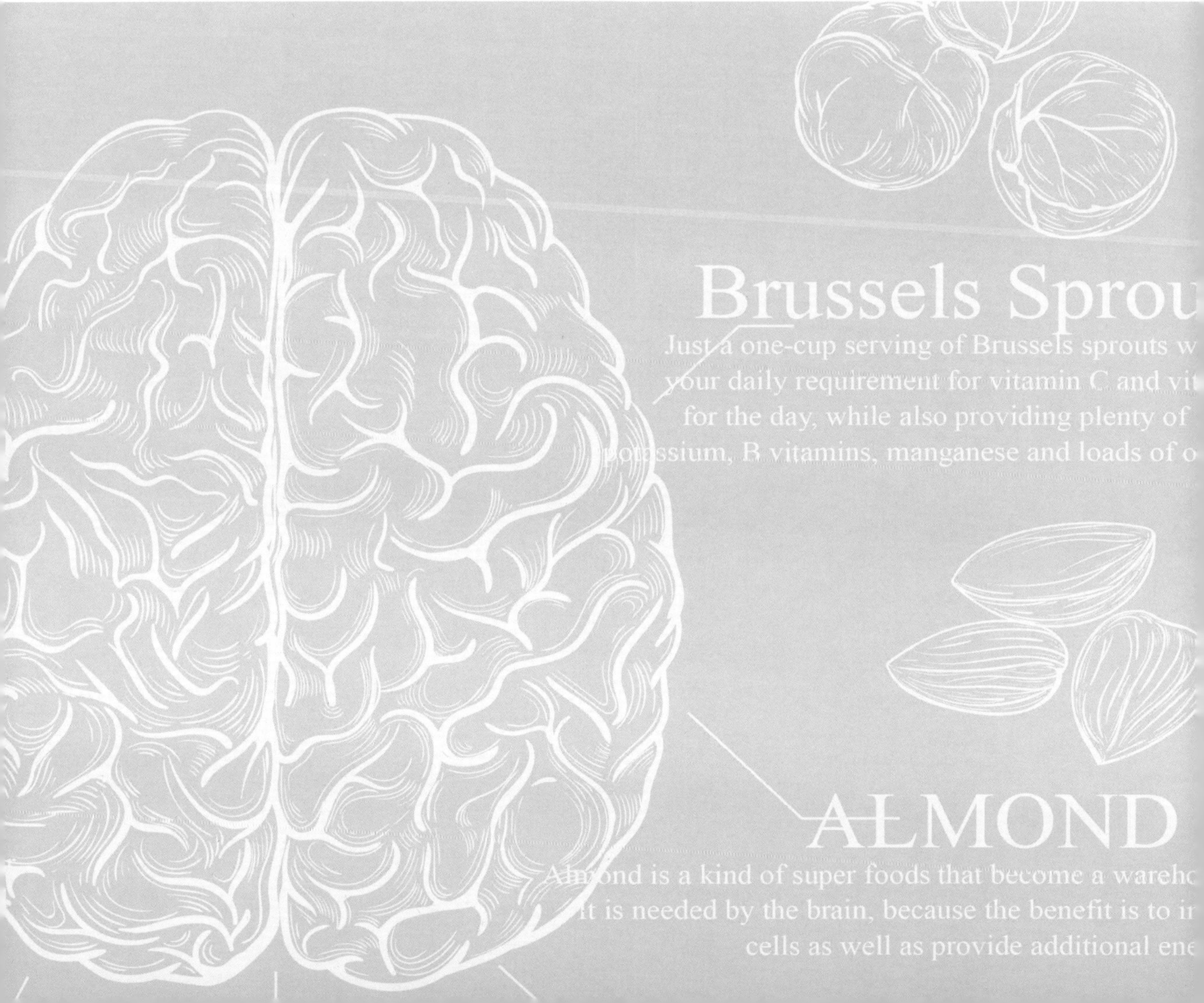
Brussels Sprou
Just a one-cup serving of Brussels sprouts w
your daily requirement for vitamin C and vi
for the day, while also providing plenty of
potassium, B vitamins, manganese and loads of o
ALMOND
Almond is a kind of super foods that become a wareho
It is needed by the brain, because the benefit is to i
cells as well as provide additional ene

치매환자와 가족들을 위한 주요 정부기관 번호와 홈페이지

중앙 치매센터 TEL : 1666-0921

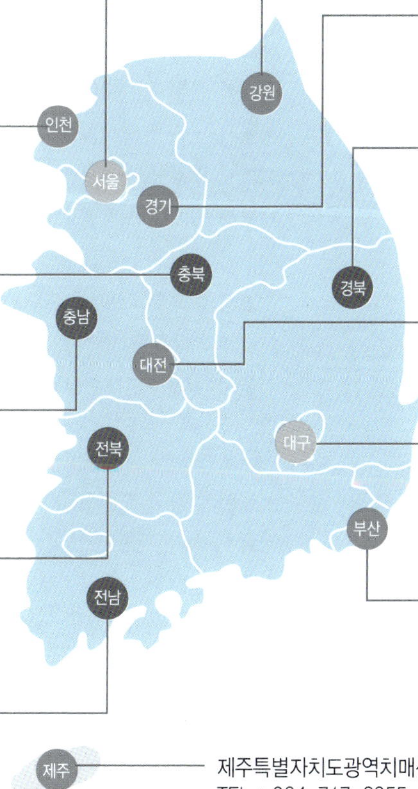

강원도광역치매센터
TEL : 033-257-9164~5
http://gangwon.nid.or.kr

서울특별시광역치매센터
TEL : 02-711-3808~9
http://seoul.nid.or.kr

경기도광역치매센터
TEL : 031-271-7021
http://gyeongbuk.nid.or.kr

인천광역시광역치매센터
TEL : 032-467-0921
http://incheon.nid.or.kr

경상북도광역치매센터
TEL : 054-777-6400~2
http://gyeongbuk.nid.or.kr

충청북도광역치매센터
TEL : 043-269-6891~3
http://chungbuk.nid.or.kr

대전광역시광역치매센터
TEL : 042-280-8968~9
http://daejeon.nid.or.kr

충청남도광역치매센터
TEL : 041-550-7400~5
http://chungnam.nid.or.kr

대구광역시광역치매센터
TEL : 053-323-6321
http://daegu.nid.or.kr

전라북도광역치매센터
TEL : 063-247-6081~2
http://jeonbuk.nid.or.kr

부산광역시광역치매센터
TEL : 051-240-2560~5
http://busan.nid.or.kr

전라남도광역치매센터
TEL : 061-726-6980~1
http://jeonnam.nid.or.kr

제주특별자치도광역치매센터
TEL : 064-717-2355
http://jeju.nid.or.kr

서울시 자치구 치매지원센터(25개소)

자치구	전화번호	주 소
강남구	02)568-4206	서울시 강남구 선릉로108길27(삼성동 113-26)
강동구	02)489-1130~2	서울시 강동구 성내로45(성내동 541-2)
강북구	02)991-9830~2	서울시 강북구 4.19로18(우이동279-236)
강서구	02)3663-0943~6	서울시 강서구 화곡로371 경향교회회관3층(등촌동658-4
관악구	02)879-4910	서울시 관악구 관악로145 3,4층(봉천4동1570-1)
광진구	02)450-1381~4	서울시 광진구 긴고랑로110(광진구 중곡2동 125-11) 중곡 종합검진센터3층
구로구	02)2612~7041~4	서울시 구로구 경인로 397 4층(고척동76-160)
금천구	02)3281-9082~6	서울시 금천구 시흥대로123길11 7층(독산1동 289-5)
노원구	02)911-7778,7712, 7748, 7750	서울시 노원구 노해로437(상계6,7동 701-1)
도봉구	02)955-3591~3	서울시 도봉구 마들로650 4층(방학1동 720-33)
동대문구	02)957-3062~4	서울시 동대문구 홍릉로81 1층(청량리동 203-1)
동작구	02)598-6088	서울시 동작구 남부순환로 2025(사당동 1049-11)
마포구	02)3272-1578~9	서울시 마포구 대흥로 122(대흥동 32-29)
서대문구	02)379-0183, 0193	서울시 서대문구 연희로 290(홍은2동 425-3)
서초구	02)591-1833	서울시 서초구남부순환로340길 15(서초구립 한우리정보 문화센터 지하1층)
성동구	02)499-8071~4	서울시 성동구 서울숲길 54 2층(성수동1가 685-54)
성북구	02)918-2223, 2225, 2227	서울시 성북구 화랑로63 5층(하월곡동46-1)
송파구	02)425-1694~6	서울시 송파구 충민로184 1층(장지동 850-2)
양천구	02)2698-8680~1	서울시 양천구 가로공원로146 3층(신월1동 94-1)
영등포구	02)831-0855~8	서울시 영등포구 당산로29길 9(당산동3가 408)
용산구	02)790-1541~3	서울시 용산구 녹사평대로150(이태원동 34-87)
은평구	02)388-8233	서울시 은평구 연서로34길11(불광동 130-2)
종로구	02)3675-9001~2, 9005	서울시 종로구 평창문화로50(평창동 235-2)
중구	02)2238-3400	서울시 중구 퇴계로12길 17(회현동1가 203-4)
중랑구	02)435-7540	서울시 중랑구 동일로 608 2,3층(면목5동 161-34)

전국 보건소 치매상담센터

시도명	보건소명	전화번호	주 소
부산	중구	051-600-4682	부산 중구 중구로120
부산	서구	051-240-4851	부선 서구 부용로30(부용동2가)
부산	동구	051-440-6522	부산 동구 구청로1
부산	영도구	051-419-4912	부산 영도구 태종로423
부산	부산진구	051-605-6030/6038	부산 진구 황령대로8번길36
부산	동래구	051-550-6721	부산 동래구 명륜로187번길56
부산	남구	051-607-6422	부산 남구 못골로23
부산	북구	051-309-7032	부산 북구 금곡대로348(화명동)
부산	해운대구	051-749-7576	부산 해운대구 양운로37번길59
부산	사하구	051-220-5727	부산 사하구 하신번영로127번길2
부산	금정구	051-519-5077	부산 금정구 중앙대로1777
부산	강서구	051-970-3421	부산 강서구 공항로811번길10
부산	연제구	051-665-4781	부산 연제구 연제로2
부산	수영구	051-610-5644	부산 수영구 수영로637-5
부산	사상구	051-310-4802	부산 사상구 학감대로242
부산	기장군	051-723-5343	부산 기장군 기장읍 기장대로560
대구	중구	053-661-3866	대구 중구 서성로20길25
대구	동구	053-662-3218	대구 동구 동촌로79
대구	서구	053-663-3111	대구 서구 국채보상로257
대구	남구	053-664-3650	대구 남구 영선길34
대구	북구	053-665-3255	대구 북구 성북로49 보건소내 치매상담실
대구	수성구	053-765-0033	대구 수성구 수성로213 수성구보건소 별관1층 방문보건실
대구	달서구	053-667-5651,5626	대구 달서구 와룡로49길
대구	달성군	053-643-0199	대구 달성군 옥포면 비슬로 458길 6-2

시도명	보건소명	전화번호	주 소
인천	계양구	032-430-7867, 7866	인천 계양구 계산새로88
인천	남동구	032-453-6162	인천 남동구 소래로633
인천	동구	032-770-5732	인천 동구 석수로90 건장증진과 2층
인천	서구	032-567-9115~6	인천 서구 심곡동325-1번지 구립연희노인문화센터3층
인천	중구	032-760-6023	인천 중구 참외전로72번길21 3층
인천	강화군	032-933-8979, 930-4039	인천 강화군 강화읍 충렬사로26-1
인천	옹진군	032-899-3134	인천 남구 매소홀로120 옹진군청 3층 보건소
광주	동구	062-608-3282	광주 동구 서남로1 동구보건소 건강정책과
광주	서구	062-350-4194	광주 서구 운천로172번길 32 상무금호보건지소 2층
광주	남구	062-607-4606	광주 남구 봉선로1
광주	북구	062-410-8971	광주 북구 우치로65 정신보건팀
광주	광산구	062-960-8747	광주 광산구 광산로29번길 15 건강증진과
대전	동구	042-251-6153	대전 동구 동구청로147
대전	중구	042-606-7792	대전 중구 산성로63
대전	서구	042-611-5373	대전 서구 만년로74
대전	유성구	042-611-5121	대전 유성구 유성대로730번길51
대전	대덕구	042-608-5472	대전 대덕구 석봉로38번길55
울산	중구	052-290-4352	울산 중구 외솔큰길225
울산	남구	052-226-2492	울산 남구 삼산중로132
울산	동구	052-209-4117	울산 동구 봉수로155
울산	북구	052-241-8141	울산 북구 산업로1018
울산	울주군	052-229-8503	울산 울주군 삼남면 서향교1길 67-12
세종	세종시	044-301-2141	세종시 조치원읍 건강길16(교리129-1)
경기	수원시/장안구	031-228-5794	경기도 수원시 장안구 송원로101
경기	수원시/권선구	031-228-6761	경기도 수원시 권선구 호매실로22-50
경기	수원시/팔달구	031-228-7794	경기도 수원시 팔달구 팔달산로6
경기	수원시 치매지원센터	031-228-8447	경기도 수원시 영통로396
경기	수원시통합정신건강센터	031-273-7511, 7521	경기도 수원시 영통로396
경기	성남시/수정구	031-729-3843	경기도 성남시 수정구 수정로218
경기	성남시/중원구	031-729-3694	경기도 성남시 중원구 금상로137

시도명	보건소명	전화번호	주 소
경기	성남시/분당구	031-729-3962	경기도 성남시 분당구 양현로306
경기	부천시/원미구	032-625-4227	경기도 부천시 원미구 옥산로10번길16
경기	부천시/소사구	032-625-4382	경기도 부천시 소사구 경인옛로73
경기	부천시/오정구	032-625-4471	경기도 부천시 오정구 성오로172
경기	안양시/만안보건과	031-8045-3472	경기도 안양시 만안구 문예로48
경기	안양시/동안보건과	031-8045-4472~5	경기도 안양시 동안구 평촌대로253번길41
경기	안양시치매상담센터	031-381-3770~1	경기도 안양시 동안구 평촌대로253번길41(3층)
경기	안산시/상록구	031-481-5953	경기도 안산시 상록구 차돌배기로1길5
경기	안산시/단원구	031-481-3482	경기도 안산시 단원구 화랑로387
경기	용인시/처인구	031-324-4905	경기도 용인시 처인구 중부대로1199
경기	용인시치매예방관리센터	031-323-0886	경기도 용인시 처인구 삼가동 556번지
경기	용인시/기흥구	031-324-6942	경기도 용인시 기흥구 신길로58번지11
경기	용인시/수지구	031-324-8942	경기도 용인시 수지구 포은대로435(풍덕천동720
경기	평택시/평택	031-8024-4444	경기도 평택시 평택5로56(비전동)
경기	평택시/송탄	031-8024-7283	경기도 평택시 서정로295
경기	광명시	02-897-3366~7	경기도 광명시 오리로613 광명시립노인요양센터 1층
경기	시흥시	031-310-5867	경기도 시흥시 호현로55시흥시보건소2층 물리치료실
경기	군포시	031-390-8984	경기도 군포시 군포로221
경기	화성	031-369-3561	경기도 화성시 향남읍 발안리309
경기	이천시	062-644-4088	경기도 이천시 부발읍 부촌로117 부발보건지소팀
경기	김포시	031-980-5011	경기도 김포시 시우중로108
경기	광주시	031-760-2379	경기도 광주시 파발로194 건강증진과
경기	안성	031-678-5743	경기도 안성시 강변로74번길18
경기	하남시	031-790-5549	경기도 하남시 대청로10
경기	의왕시	031-345-3553	경기도 의왕시 오봉로34
경기	오산	031-374-8680	경기도 오산시 경기동로59
경기	여주군	031-887-3633	경기도 여주군 여주읍 여흥로 160번길14
경기	양평군	031-770-3534	경기도 양평군 양평읍 마유산로17
경기	과천시	02-2150-3825	경기도 과천시 관문로69
경기	고양시/덕양구	031-8075-4075	경기도 고양시 덕양구 원당로 33번길 28

시도명	보건소명	전화번호	주 소
경기	고양시/일산동구	031-8075-4146	경기도 고양시 일산동구 중앙로1228
경기	고양시/일산서구	031-8075-4223	경기도 고양시 일산서구 일중로54
경기	의정부시	031-828-4862	경기도 의정부시 범골로128번길 3층
경기	남양주시	031-590-4461	경기도 남양주시 경춘로 1037
경기	파주시	031-940-5586	경기도 파주시 후곡로13
경기	구리시	031-550-8627	경기도 구리시 건원대로 34번길84
경기	포천시	031-538-3672	경기도 포천시 포천로1612
경기	양주시	031-8082-7143	경기도 양주시 부흥로1533
경기	동두천시	031-860-3386	경기도 동두천시 중앙로167
경기	가평군	031-580-2824	경기도 가평군 가평읍 가화로155-18
경기	연천군/보건의료원	031-839-4166	경기도 연천군 전곡읍 은대성로95
강원	춘천시	033-250-4559,4579	강원 춘천시 중앙로135
강원	원주시	033-737-4062	강원 원주시 원일로139
강원	강릉시	033-660-3085	강원 강릉시 남부로17번길38
강원	동해시	033-530-2426	강원 동해시 발한로227 묵호건강증진센터(치매상담센터)
강원	태백시	033-550-2714	강원 태백시 태백로905
강원	속초시	033-639-2926	강원 속초시 수복로36
강원	삼척시	033-570-4678	강원 삼척시 척주로76
강원	홍천군	033-430-4031	강원 홍천군 홍천읍 신장대로5
강원	횡성군	033-340-5653	강원 횡성군 횡성읍 횡성로379
강원	영월군	033-370-1678	강원 영월군 영월읍 하송로44
강원	평창군/보건의료원	033-330-4872	강원 평창군 평창읍 종부로61
강원	정선군	033-560-2736	강원 정선군 정선읍 녹송로33
강원	철원군	033-450-4128	강원 철원군 갈말읍 군탄로16
강원	화천군/보건의료원	033-440-2840	강원 화천군 화천읍 강변로111
강원	양구군	033-480-2817	강원 양구군 양구읍 관공서로42
강원	인제군	033-460-2245	강원 인제군 인제읍 인제로140번길34
강원	고성군	033-680-4020	강원 고성군 간성읍 수성로30
강원	양양군	033-670-2565	강원 양양군 양양읍 양양로 9-5
충북	청주시 상당구	043-201-3164	충북 청주시 상당구 남일면 단재로480

시도명	보건소명	전화번호	주 소
충북	청주시 흥덕구	043-201-3362	충북 청주시 흥덕구 비하로12번길46(비하동)
충북	청주시 서원구	043-201-3262	충북 청주시 서원구 사직대로227(사직동)
충북	청주시 청원구	043-201-3462	충북 청주시 청원구 오창읍 과학산업3로 238
충북	충주시	043-850-3511	충북 충주시 으뜸로21(금릉로)
충북	제천시	043-641-3053	충북 제천시 의림대로242(청전동)
충북	보은군	043-540-5654	충북 보은군 보은읍 동광길50
충북	옥천군	043-730-2142	충북 옥천군 옥천읍 삼양로8길10
충북	영동군	043-740-5613	충북 영동군 영동읍 반곡동길7
충북	증평군	043-835-4245	충북 증평군 증평읍 보건복지로64-1
충북	진천군	043-539-7372	충북 진천군 진천읍 중앙북1길 11-8 3층 방문보건팀
충북	괴산군	043-830-2352	충북 괴산군 괴산읍 동진천길43
충북	음성군	043-871-2432	충북 음성군 음성읍 중앙로49
충북	단양군	043-420-3243	충북 단양군 단양읍 별곡1로17
충남	천안시 동남구	041-521-5056	충남 천안시 동남구 버들로40
충남	천안시 서북구천안시치매지원센터	041-574-0994~5	충남 천안시 서북구 번영로 601
충남	공주시	041-840-8807	충남 공주시 의당로23
충남	보령시	041-930-4182	충남 보령시 남포면 보령남로234
충남	아산시	041-537-3453	충남 아산시 번영로 224번길20
충남	서산시	041-661-6592	충남 서산시 벌말1길51
충남	논산시	041-746-8073	충남 논산시 논산대로382
충남	계룡시	042-840-3572	충남 계룡시 장안로54
충남	당진시	041-360-6075	충남 당진시 서부로56
충남	금산군	041-750-4352~3	충남 금산군 금산읍 금산로 1559/2층
충남	부여군	041-830-2483	충남 부여군 부여읍 성왕로 205
충남	서천군	041-950-6731, 950-6734	충남 서천군 서천읍 사곡길26
충남	청양군 보건의료원	041-940-4543	충남 청양군 청양읍 칠갑산로 7길54
충남	홍성군	041-630-9017	충남 홍성군 홍성읍 내포로 136번길30
충남	예산군	041-339-8023	충남 예산군 예산읍 아리랑로147
충남	태안군 보건의료원	041-671-5262	충남 태안군 태안읍 서해로 1952-16
전북	전주시	063-281-6248	전북 전주시 완산구 중산1길 16-7 노블레스빌딩4층

시도명	보건소명	전화번호	주 소
전북	군산시	063-462-4923	전북 군산시 수송동로58
전북	익산시	063-859-4901	전북 익산시 무왕로975
전북	정읍시	063-539-6083	전북 정읍시 수성1로61
전북	남원시	063-620-7993	전북 남원시 요천로1285
전북	김제시	063-540-1325	전북 김제시 성산길138
전북	완주군	063-540-3052	전북 완주군 삼례읍 삼봉로 215-20
전북	진안군	063-430-8527	전북 진안군 진안읍 진무로1189
전북	무주군 보건의료원	063-320-8230	전북 무주군 무주읍 한풍루로413
전북	장수군 보건의료원	063-351-8000	전북 장수군 장수읍 장천로247
전북	임실군 보건의료원	063-640-3152	전북 임실군 임실읍 호국로 1680
전북	순창군 보건의료원	063-650-5247	전북 순창군 순창읍 순창로127
전북	고창군	063-560-8728	전북 고창군 고창읍 전봉준로90
전북	부안군	063-580-3798	전북 부안군 부안읍 오리정로124
전남	목포시	061-270-4014	전남 목포시 석현로48(석현동)
전남	여수시	061-659-4298	전남 여수시 시청서4길 47
전남	순천시	061-749-6953	전남 순천시 중앙로232, 순천시문화건강센터 건강증진과 3층 정신보건센터
전남	나주시	061-339-2128	전남 나주시 풍물시장2길 57-32
전남	광양시	061-797-3779	전남 광양시 광양읍 인덕로 1100
전남	담양군	061-380-3968	전남 담양군 담양읍 완동길 10-11
전남	곡성군 보건의료원	061-360-7582	전남 곡성군 곡성읍 곡성로854
전남	구례군 보건의료원	061-780-2026	전남 구례군 구례읍 동편제길30
전남	고흥군	061-830-6637	전남 고흥군 고흥읍 등암3길5
전남	보성군	061-850-5672	전남 보성군 보성읍 송재로153
전남	화순군	061-379-5314	전남 화순군 화순읍 쌍충로62
전남	장흥군	061-860-0549	전남 장흥군 장흥읍 홍성로49
전남	강진군	061-430-3542	전남 강진군 강진읍 목리길11
전남	해남군	061-531-3763	전남 해남군 해남로46번지
전남	영암군	061-470-6539	전남 영암군 영암읍 오리정길39
전남	무안군	061-450-5033	전남 무안군 무안읍 무안로530
전남	함평군	061-320-2421	전남 함평군 함평읍 중앙길 54-8

시도명	보건소명	전화번호	주 소
전남	영광군	061-350-4806	전남 영광군 영광읍 신남로4길17
전남	장성군	061-390-8373	전남 장성군 장성읍 청운11길13
전남	완도군, 보건의료원	061-550-6742	전남 완도군 오나도읍 농공단지길34
전남	진도군	061-540-6055	전남 진도읍 남동1길 40-9
전남	신안군	061-240-8847	전남 신안군 압해읍 천사로1004
경북	포항시 남구	054-270-4074	경북 포항시 남구 동해안로6119
경북	포항시 북구	054-270-4173	경북 포항시 북구 삼흥로98
경북	경주시	054-779-8614	경북 경주시 양정로300
경북	김천시	054-420-8052	경북 김천시 시청1길221
경북	안동시	054-840-5924	경북 안동시 서동문로165
경북	구미시 구미	054-480-4062	경북 구미시 선산대로111
경북	구미시 선산	054-480-4134	경북 구미시 선산읍 선주로121
경북	영주시	054-639-5976	경북 영주시 시청로 1번길19
경북	영천시	054-339-7796	경북 영천시 옛군청1길31
경북	상주시	054-537-8742	경북 상주시 중앙로111
경북	문경시	054-550-8081	경북 문경시 점촌1길9
경북	경산시	053-810-6989	경북 경산시 남매로158
경북	군위군	054-380-7422	경북 군위군 군위읍 군청로70
경북	의성군	054-830-6689	경북 의성군 의성읍 구봉길228
경북	청송군 보건의료원	054-870-7263	경북 청송군 청송읍 의료원길19
경북	영양군	054-680-5191	경북 영양군 영양읍 동서대로82
경북	영덕군	054-730-6828	경북 영덕군 영덕읍 경동로8367
경북	청도군	054-370-2655	경북 청도군 화양읍 청화로79-11
경북	고령군	054-950-7932	경북 고령군 고령읍 연조길39
경북	성주군	054-930-8113	경북 성주군 성주읍 성밖숲길12
경북	칠곡군	054-979-8234	경북 칠곡군 왜관읍 관문로1길30
경북	예천군	054-650-8033	경북 예천군 예천읍 충효로424
경북	봉화군	054-679-6732	경북 봉화군 봉화읍 봉화로1203
경북	울진군	054-789-5023	경북 울진군 울진읍 읍내8길 61-8
경북	울릉군 보건의료원	054-790-6823	경북 울릉군 울릉읍 울릉순환로396-18

시도명	보건소명	전화번호	주 소
경남	창원시 창원	055-225-5795	경남 창원시 의창구 중앙대로 162번길9
경남	창원시 마산	055-225-5993	경남 창원시 마산합포구 월영동북로15
경남	창원시 진해	055-225-6692	경남 창원시 진해구 중원동로62
경남	전주시	055-749-4576	경남 진주시 문산읍 월아산로983
경남	통영시	055-650-6062	경남 통영시 안개4길 108
경남	사천시	055-831-3573	경남 사천시 용현면 시청로77
경남	김해시	055-330-4518	경남 김해시 분성로227
경남	밀양시	055-359-7086	경남 밀양시 삼문중앙로41
경남	거제시	055-639-6194	경남 거제시 수양로506
경남	양산시	055-392-5133	경남 양산시 삽량로169
경남	의령군	055-570-4024	경남 의령군 의령읍 의병로8길16
경남	함안군	055-580-3202	경남 함안군 가야읍 중앙남4길10
경남	창녕군	055-530-6234	경남 창녕군 창녕읍 창녕대로 172
경남	고성군	055-670-4055	경남 고성군 남포로 79번길 103-3
경남	남해군	055-860-8722	경남 남해군 남해읍 선소로6
경남	하동군	055-880-6643	경남 하동군 하동읍 군청로31
경남	산청군 보건의료원	055-970-7552	경남 산청군 산청읍 중앙로97
경남	함양군	055-960-4673	경남 함양군 함양읍 한들로141
경남	거창군	055-940-8344	경남 거창군 거창읍 강남1길170
경남	합천군	055-930-3718	경남 합천군 합천읍 동서로39
제주	제주시 제주	064-728-4062	제주도 제주시 연삼로264(도남동)
제주	제주시 동부	064-728-4212	제주도 제주시 구좌읍 김녕로 14길6
제주	제주시 서부	064-728-4152	제주도 제주시 한림읍 강구로5
제주	서귀포시 서귀포	064-760-6033, 6071	제주도 서귀포시 중앙로 101번길52
제주	서귀포시 동부	064-760-6142	제주도 서귀포시 남원읍 태위로527
제주	서귀포시 서부	064-760-6242	제주도 서귀포시 대정읍 최남단해안로 15번길12

전국 지자체 치매센터

시도명	기관명	전화번호	주 소
인천광명시	강화치매보호센터	032-933-8979	인천광역시 강화군 강화읍 충렬사로 26-1
인천광명시	계양구치매주간보호센터 늘봄사랑터	032-555-1601	인천광역시 계양구 장제로 728 영프라자6층
인천광명시	계양구치맺간보호센터 장기늘봄사랑터	032-553-7900	인천광역시 계양구 장기서로8 장기보건지소 4층
인천광명시	남구 치매통합관리센터	032-876-4310	인천광역시 남구 한나루로604 롯데월드타워9층
인천광명시	남구치매주간보호센터 남구돌봄의집	032-883-0310	인천광역시 남구 경인로51번길21 남구시설관리공단 2층
인천광명시	남구치매주간보호센터 학악돌봄의 집	032-876-0310	인천광역시 남구 재넘이길61번길55
인천광명시	남동구 치매주간보호센터 사랑의집	032-433-7443	인천광역시 남동구 호구포로292 논현종합사회복지관3층
인천광명시	동구치매주간보호센터 희망의집	032-765-8291	인천광역시 동구 동산로34
인천광명시	부평구 치매통합관리센터	032-505-5940	인천광역시 부평구 부흥로291 부평보건소 4층
인천광명시	부평구치매주간보호센터 갈산행복의집	032-523-4466	인천광역시 부평구 주부토로262번길 45-7
인천광명시	부평구치매주간보호센터 부평행복의집	032-523-2224	인천광역시 부평구 부흥로291 부평보건소 4층(부평행복의집)
인천광명시	서구 치매통합센터	032-567-9115	인천광역시 서구 송학로263 구립연희노인문화센터 3층(상담실)
인천광명시	서구치매주간보호센터 도움의집	032-579-9112	인천광역시 서구 승학로 263 구립연희노인문화센터 3층
인천광명시	연수구 치매통합관리센터	032-820-4850	인천광역시 연수구 함박뫼로191 가천대학교 약학대학 5층
인천광명시	연수구치매주간보호센터 은빛사랑방	032-819-9701	인천광역시 연수구 원인재로 263 적십자병원 내
인천광역시	중구치매주간보호센터 금빛사랑채	032-765-3545	인천광역시 중구 홍예문로 78-1
부산광역시	부산 기장군치매센터	051-723-5343	부산광역시 기장군 장안읍 좌방길6 장안보건지소 내
대구광역시	달성군 통합정신·치매센터	053-617-0199	대구광역시 달성군 유가면 테크노상업로95, 1층
경기도	수원시노인정신건강센터	031-273-7511	경기도 수원시 영통로 396
경기도	성남노인보건센터	031-739-3011	경기도 성남시 중원구 금상로, 137

시도명	기관명	전화번호	주 소
경기도	용인시치매예방관리센터	031-323-0886	경기도 용인시 처인구 중부대로 1199 처인구보건소 지하1층
경기도	부천치매센터	032-713-7354	경기도 부천시 오정구 까치로26
경기도	양평군치매지원센터	031-771-5773	경기도 양평군 양평읍 중앙로 111번길34
경기도	연천군치매지원센터	031-839-4166	경기도 연천구 전곡읍 은대성로95
경상북도	경상북도 안동의료원 거점치매센터	054-850-6179	경상북도 안동시 태사2길55 안동의료원 5층
경상북도	경상북도 김천의료원 거점 치매센터	054-429-8379	경상북도 김천시 모암길24 김천의료원 3층
경상북도	경상북도 포항의료원 거점치매센터	054-245-0169	경상북도 포항시 북구 용흥로36 포항의료원 본관2층
충청남도	천안시 치매지원센터	041-574-0994	충청남도 천안시 서북구 서북8길29
전라북도	익산시 보건소치매상담센터	063-859-4086	전라북도 익산시 선화로255
세종특별자치시	세종시 노인성질환 통합관리센터	044-861-8530	세종특별자치시 조치원읍 수원지1길 16

색 인

ㄱ

ㄴ

ㄷ

ㄹ

ㅁ

ㅂ

ㅅ

ㅇ

大

ㅋ

ㅌ

ㅍ

ㅎ

A

B

C

저자 약력

김근홍

University of Hamburg(철학박사)

[주요경력]

- 보건복지부 전문위원 역임
- 국가보훈처 자문교수 역임
- University of Wien and Hamburg(Invited Professor)
- EBS-TV '행복의 오솔길' 진행
- 강남대학교 경영대학/사회복지대학 대학장 역임

(현)
- 제29대 한국노년학회 학회장
- (국립) 중앙치매센터 전문위원
- 국민건강보험공단 자문위원
- 경기도 사회보장위원회 부위원장
- 사회복지법인 천주교 진우리 법인이사
- 강남대학교 사회복지전문대학원 교수

주요저서

- 사회복지역사와 철학(공저) (2007, 학지사)
- 노인복지학 개론(공저) (2007, 형설출판사)
- 노인복지와 르네상스(2010, 신정)
- 사회문제론(공저) (2013, 신정)
- 알기 쉬운 사회복지법제론(2014, 신정) 외 다수 및 80여편 학술논문

윤종철

서울대학교 의과대학(의학박사)

[주요경력]

- 경기도 광역치매센터 센터장 역임
- 용인시치매예방관리센터 센터장 역임
- 서울대학교 외래교수 역임
- 강남대학교 겸임교수 역임

(현)
- (사단법인) 한국치매협회 이사
- (국립) 중앙치매센터 전문위원
- 한국 노년신경정신약물학회 이사
- 한국 정신병리학회 이사
- 한림대 동탄병원 외래교수
- 경기도립 용인 노인전문병원 진료원장

주요저서

- 치매 진단 평가를 위한 한국판 CERAD 평가집(공저) (2002, 도서출판 원)
- 치매조호평가집(공저) (2003, 도서출판 원)
- 장애노인과 치매 환자를 위한 조호기술(공저) (2009, 도서출판 원)
- 노인 낙상 : 예방과 관리(공저) (2012, 도서출판 원)
- 알츠하이머병 가이드(공저) (2013, 도서출판 원) 외 국내외 80여편 학술논문

알기 쉬운 치매의 이해

2017년 3월 2일 1판 1쇄 인쇄
2017년 3월 9일 1판 1쇄 발행
2018년 4월 20일 1판 2쇄 발행

공 저 자 : 김근홍 · 윤종철
발 행 인 : 신창동
발 행 처 : fides 도서출판
주 소 : 서울 관악구 봉천로 485
전 화 : (02) 876-2246
팩 스 : (02) 876-2237
E-mail : fidesbook@naver.com
홈페이지 : www.fidesbook.com
등록번호 : 제320-2001-44호
ISBN : 978-89-6479-310-7 (93330)

정가 19,000원